Software Development Kit

인텔 리얼센스 SDK 센서 프로그래밍

나카무라 가오루, 사이토 유스케, 다니구치 나오지, 하쓰네 아키라,
마에모토 사토시 지음
〈Tokyo MotionControl Network〉
정유경 옮김 | 이현준 감역

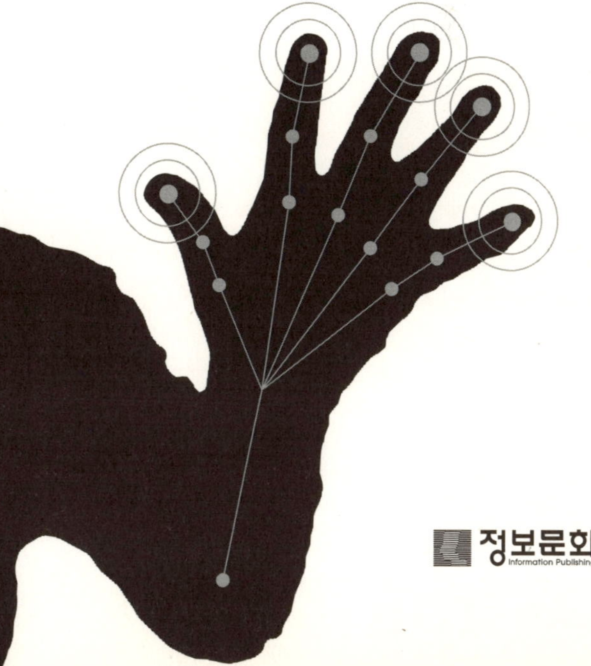

정보문화사
Information Publishing Group

인텔 리얼센스 SDK 센서 프로그래밍

초판 1쇄 인쇄 | 2016년 2월 12일
초판 1쇄 발행 | 2016년 2월 17일

지 은 이 | 나카무라 가오루, 사이토 유스케, 다니구치 나오지, 하쓰네 아키라,
　　　　　마에모토 사토시
발 행 인 | 이상만
옮 긴 이 | 정유경
감　　역 | 이현준
발 행 처 | 정보문화사

책임편집 | 최동진
편집진행 | 오운용

주　　소 | 서울시 종로구 대학로 12길 38 (정보빌딩)
전　　화 | (02)3673-0037(편집부) / (02)3673-0114(代)
팩　　스 | (02)3673-0260
등　　록 | 1993년 8월 20일 제1-1013호
홈페이지 | www.infopub.co.kr

I S B N | 978-89-5674-672-2

시작하면서

Microsoft가 Kinect, Apple이(Xbox 360의 Kinect를 개발했던) PrimeSense를 인수하고, Google은 Tango와 함께 세계적으로 유명한 메이커인 적외선 Depth 센서 개발에 힘을 쏟고 있습니다. 또한, Leap Motion과 같은 센서 기기를 개발하는 벤처기업도 생겨났습니다.

이러한 흐름 속에서 Intel도 '인텔 RealSense' 기술(이후, RealSense)이라는 새로운 기술을 발표하였습니다. 원래 Intel도 'Perceptual Computing'(PerC)라는 명칭으로 적외선 Depth 센서 개발을 진행하였으나, 언제부터인가 이것을 '센트리노' 기술로 PC에 표준 탑재하는 기술로서 개발을 진행하고 있습니다.

RealSense의 구성 요소인 '인텔 RealSense 3D 카메라'는 지금까지의 적외선 깊이지각(Depth) 센서 와는 달리 PC에 내장되는 것을 전제로 합니다. 이는 CPU 메이커인 Intel의 정책이라고 할 수 있을 것입니다.

Kinect가 등장하면서 시작된 저가격의 적외선 Depth 센서는 가격이 저렴하기는 하지만 외장 카메라 기기를 새로 구입하는 것은 일반 사용자 입장에서 번거로운 일입니다. 그렇기 때문에 지금까지는 이벤트 또는 기업용 기기라는 이미지가 강했습니다. 그러나 호환 카메라가 PC에 내장되면 사용자는 새롭게 주변 기기를 구입할 필요도 없으며, PC의 판매수＝적외선 Depth 센서의 수가 되기 때문에 지금까지와는 비교도 되지 않을 정도로 사용자층이 확대될 것입니다.

Kinect의 최초 버전이 Xbox 360과 함께 출시되어 단일 버전을 포함하여 2,000만대 이상이 판매된 전례도 있습니다. 또한, Windows 10에서는 생체 인증을 위한 기기로서 RealSense의 이용이 화제가 되고 있습니다. 이 기능은 RealSense가 PC에 내장된 상태를 전제로 하고 있으며 이를 사용하길 원하는 사용자들에게 많은 호응이 있을 것으로 전망되고 있습니다. RealSense는 단순한 움직임의 감지 뿐만 아니라 표정과 심장 박동수, 얼굴 인증, 음성인식 등 사람의 내면을 탐지하는 기능을 겸하고 있습니다.

이 책의 목차에서 보듯이 RealSense 호환 앱을 개발하기 위한 '인텔 RealSense SDK'는 매우 많은 기능을 가지고 있습니다. 카메라의 경우 이 책에서 소개하는 사용자 측(앞)을 향하는 근거리용 카메라 'F200'외에 Android 태블릿 등에서도 사용 가능한 후처리형의 'Snapshot', 환경 탐지를 위한 후방(Rear)의 중거리용 카메라 'R200' 등 다양한 제품이 있습니다. 이러한 기기들을 사용하면 풍부한 탐지 기능을 비교적 간단히 이용할 수 있습니다.

이렇듯 현재 RealSense 앱 개발을 시작한 이유는 여러 가지가 있을 것입니다. 부디, 이 책을 통해 새로운 시대에 앞서 나가길 바랍니다.

저자대표 **Nakamura Kaoru**

이 책의 대상

이 책은 인텔 RealSense SDK를 사용하기 위해 필요한 정보만을 한정적으로 제공하고 있습니다. 이 책에서 사용되는 각종 기술(프로그래밍 언어, OpenCV와 WPF 등의 프레임워크 관련, Visual Studio와 Unity, openFrameworks와 같은 개발 환경 등)에 관해 보다 자세히 알고 싶다면 각각의 기술에 관한 참고 정보와 서적을 참고합니다. 인텔 RealSense SDK를 이용한 개발을 필두로, 각종 기술에 관한 이해를 심화하기를 바랍니다.

실행 확인 환경

〈하드웨어〉

- OS : Windows 10(64비트)
- CPU : 인텔 Core 프로세서 제4세대
- 카메라 : 인텔 RealSense 3D 카메라(F200)

〈소프트웨어〉

- 인텔 RealSense SDK R2
- F200 Depth Camera Manager Version 1.4
- Visual Studio Community 2015
- Unity 5.x Personal Edition

예제 프로그램에 관해

이 책에서 소개하고 있는 예제 프로그램은 아래의 당사 홈페이지에서 다운로드할 수 있습니다.

정보문화사 홈페이지 (▶ http://www.infopub.co.kr) 게재되어 있는 예제 코드 중 지면상 생략한 부분은 생략 표시를 해두었습니다.

이 책의 내용에 대한 문의

※이 책에 기재된 URL 등은 예고 없이 변경되는 경우가 있습니다.

※이 책을 출판하는데 있어 정확한 기술에 노력했지만, 저자와 출판사 양쪽 모두 이 책의 내용에 대해 보증을 하지 않으며, 내용과 예제를 바탕으로 한 모든 실행 결과에 관해서도 일체 책임을 지지 않습니다.

※이 책에 기재되어 있는 예제 프로그램과 스크립트, 실행 결과를 기입한 화면 이미지 등은 특정 설정을 바탕으로 한 환경에서 재현된 예입니다.

※이 책에 기재되어 있는 회사명, 제품명은 각각 각사의 상표 및 등록상표입니다.

※Intel RealSense는 미국 및 그 외의 국가에서의 Intel Corporation의 상표입니다.

※이 책에서는 TM, ®, ©는 생략하였습니다.

차례

Part 1 개발 준비   1

Chapter 1 >> 인텔 RealSense 기술의 개요   ③

Chapter 2 >> Visual Studio에 의한 개발 준비 (31)

Chapter 3 >> Unity에 의한 개발 준비 (63)

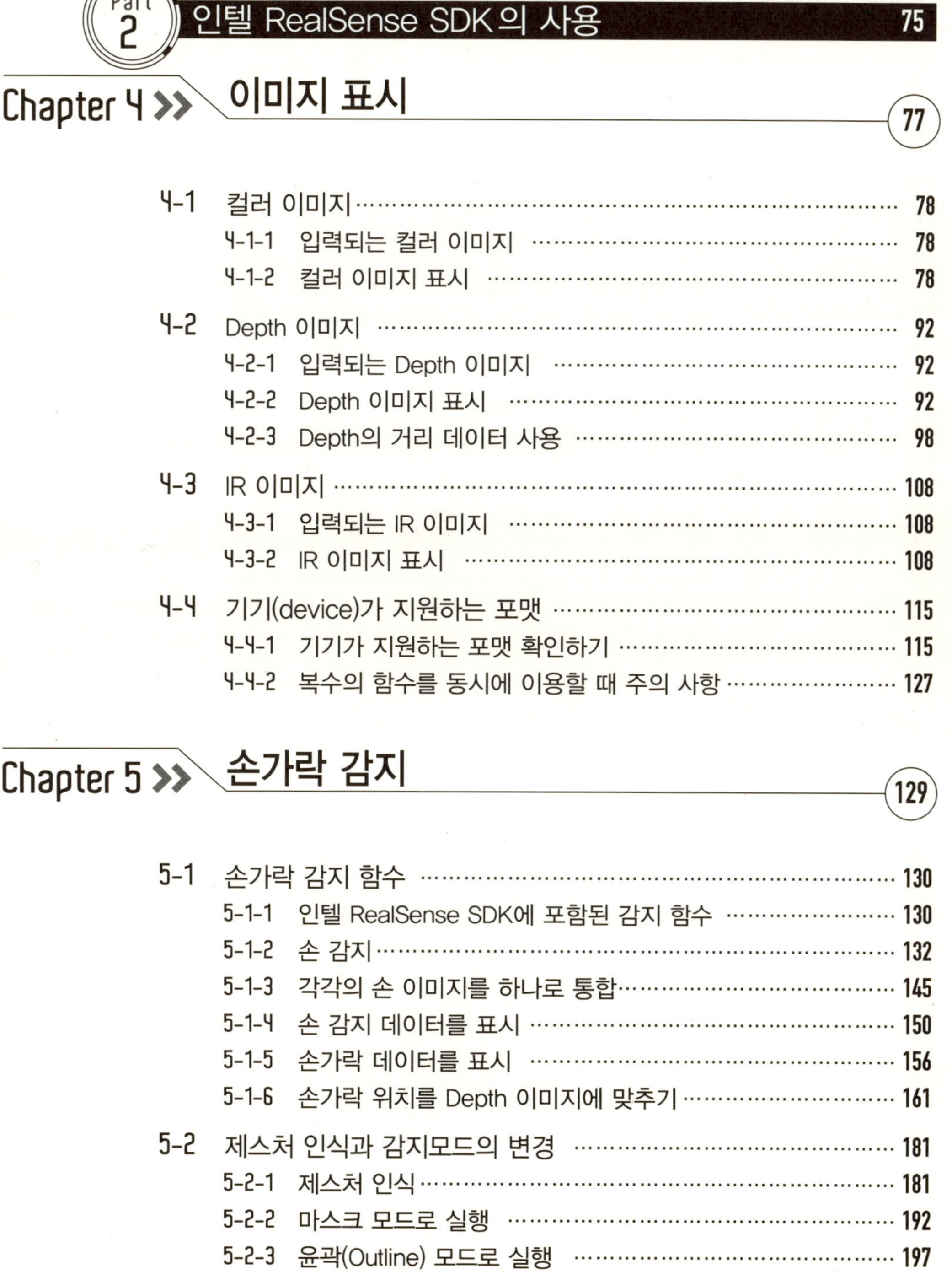

Chapter 8 >> Unity로 만드는 응용 프로그램 403

Chapter 9 >> Visual Studio로 만드는 응용 프로그램 447

Chapter 10 ›› openFrameworks로 만드는 응용 프로그램 (475)

개발 준비

먼저, 인텔 RealSense 기술에 대응하는

응용 프로그램 개발을 위한 준비사항에 관해서 설명하겠습니다.

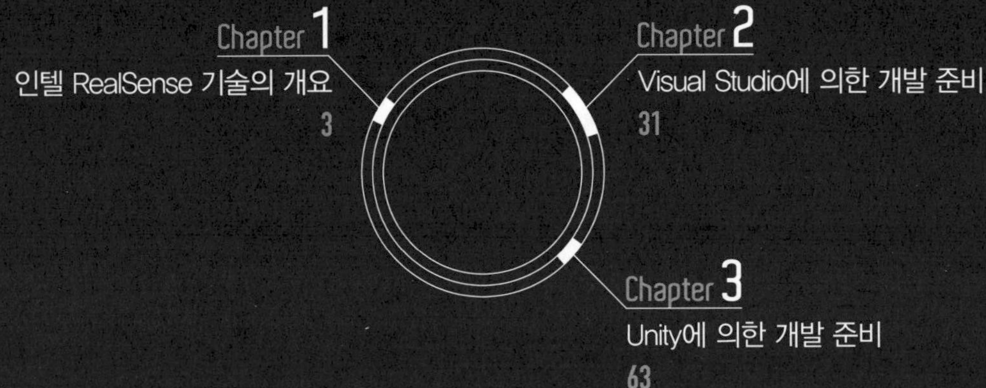

Chapter 1

인텔 RealSense
기술의 개요

이번 장에서는 인텔 RealSense 기술의 전체적인 맥락에 관해서 설명하도록 하겠습니다. 지금까지의 경위, 구성요소, 해당 응용 프로그램을 소개합니다.

1-1 인텔 RealSense 기술의 변천

Intel(인텔) RealSense 기술이 등장하기 전후의 상황과 등장한 후의 환경변화에 관해 간단히 소개하고자 합니다.

1-1-1 ▶▶ 지금까지의 경과

Intel(인텔) RealSense 기술(이하 RealSense)은 2014년 1월 CES(Consumer Electronics Show)에서 대대적으로 발표되었습니다. SDK, 카메라, 적외선 센서를 모듈화하여 제공하고 2014년 내에는 RealSense를 내장한 PC를 출시한다는 발표가 있었습니다.

2014년 초반기는 Microsoft의 Kinect for Windows v2가 개발자 프리뷰로 출시되기 시작한 시기이며 PrimeSense가 Apple에 인수되어 OpenNI가 폐쇄 위기에 몰리고 Leap Motion이 지금 처럼 멋지게 진화하기 이전의 시기입니다.

그중에서 적외선의 Depth센서를 모듈화하여 PC에 통합된 것은 매우 충격적이었고 기대되는 발표였습니다. 시간이 흘러 2015년이 되자 실제로 RealSense가 탑재된 PC가 출시되었습니다.

[그림1.1] RealSense 탑재 PC로 연주 응용 프로그램을 즐기는 사용자

후지쓰가 세계에서 최초로 RealSense 탑재 PC를 출시하였습니다. 컴퓨터 쇼핑몰에 가면 실제로 볼 수 있을 것입니다.

지금까지는 PC와는 별도로 센서를 구입할 필요가 있었으나 최근에는 센서를 자체 내장한 제품들

이 속속들이 선보이고 있습니다. 이로 인하여 더욱 많은 사용자들이 RealSense 응용 프로그램을 경험할 수 있는 기반이 마련되고 있습니다. 한정된 센서 탑재 PC 사용자층 때문에 센서 관련 응용 프로그램은 개인용보다는 상업용 이벤트에서 이용되는 경우가 많았는데 RealSense 자체 탑재 PC 가 증가함으로써 가정에서도 센서 응용 프로그램이 확대되리라 예상됩니다.

1-1-2 ➤➤ Windows 10은 운영체제 차원에서 지원

Windows 10에서는 Windows Hello라고 불리는 생체인식기능에 인텔 RealSense 3D 카메라를 지원합니다. 이것은 RealSense가 널리 이용될 계기가 될 수 있는 가능성을 시사하고 있습니다.

앞으로 상업용은 물론 가정용으로도 센서 응용 프로그램을 배포하기 수월해지기 때문에 센서 프로그래밍을 시작한다면 지금이야말로 절호의 기회라고 할 수 있을 것입니다.

RealSense의 구성요소

RealSense를 구성하는 SDK 및 카메라에 관하여 설명하겠습니다.

1-2-1 >> 구성요소

인텔 RealSense 기술은 인텔 RealSense SDK 및 인텔 RealSense 3D 카메라로 구성되어 있습니다. 또한, 인텔 RealSense SDK는 인텔 RealSense 3D 카메라를 사용함으로써 모든 기능을 사용할 수 있는데, 이미지에 관련된 몇 가지 기능은 일반적인 Web 카메라, 음성 관련은 일반적인 마이크를 이용한 입력도 처리 가능합니다.

1-2-2 >> 인텔 RealSense SDK

인텔 RealSense SDK는 무료로 배포되는 SDK이며, RealSense의 핵심을 이루고 있습니다. 인텔 RealSense 3D 카메라를 사용함으로써 모든 기능이 이용 가능합니다.

인텔 RealSense SDK에는 깊이지각을 포함한 3차원 인식과 이미지 처리의 2차원 인식이 있습니다. 2차원의 인식에 관해서는 인텔 RealSense 3D 카메라 이외의 일반적인 Web 카메라로도 이용 가능하기 때문에, 기존의 하드웨어에 인텔 RealSense SDK를 사용한 응용 프로그램을 실행시키는 것이 가능합니다.

인텔 Perceptual Computing SDK

`Column`

인텔 RealSense SDK의 전신에 해당하는 것이 인텔 Perceptual Computing SDK입니다.

손가락 인식과 얼굴 감지, 음성인식 등 인텔 RealSense SDK의 기본기능이 포함되어 있습니다.

[그림 A] 인텔 RealSense SDK의 전신 인텔 Perceptual Computing SDK

인텔 RealSense SDK의 모든 기능을 이용하기 위한 카메라입니다. RGB 카메라 및 적외선 카메라로 구성되어 있으며, 일반적인 색상 정보 외에 깊이지각에 대한 정보를 수집할 수 있으며, 3차원으로의 인식이 가능합니다. 인텔 RealSense 3D 카메라에는 종류가 몇 가지 있습니다.

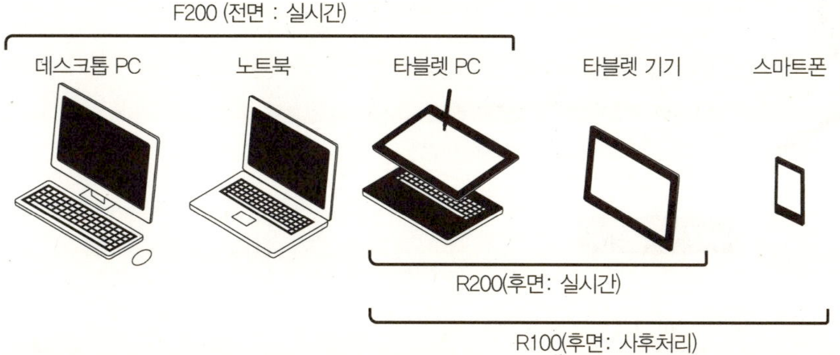

[그림 1.2] 인텔 RealSense 3D 카메라의 종류

- 데스크톱 PC와 노트북, 타블렛 PC의 앞측에 내장되는 「F200」
- 타블렛 PC, 테블릿 기기의 후면(바깥측)에 내장되는 「R200」
- 타블렛 PC, 타블렛 기기, 스마트폰의 후면(바깥측)에 내장되는 「R100」

PC용 카메라(F200/R200)는 실시간 처리가 지원되어, 앞측은 사용자의 인식에 의한 제스처 조작과 얼굴 감지 등에 활용할 수 있습니다. 후면은 공간스캔과 AR 등의 용도에 활용할 수 있습니다.

한편, 스마트폰용의 카메라(R100)는 실시간이 아니라 사후처리를 지원합니다. 촬영한 사진에 RGB 데이터와 함께 깊이지각에 대한 정보를 사후 처리 합니다.

용도로는 이미지 내의 물체간의 거리를 측정하고, 깊이지각 정보를 이용한 사진의 가공 등이 있습니다.

◆ **구입방법**

이번 장의 첫머리에서 언급하였듯이, 인텔 RealSense 3D 카메라는 자체 내장 PC를 전제로 하고 있습니다. 모든 기능을 테스트하기 위해서[1] 응용 프로그램 개발에는 인텔 Real Sense 3D 카메라 자체 내장 PC를 구입하거나 개발용의 Intel RealSense Developer Kit를 구입할 필요가 있

---

1) 일부 기능은 일반적인 Web 카메라와 마이크도 사용할 수 있습니다.

습니다. Intel RealSense Developer Kit는 2015년 12월 현재 F200/R200이며 Intel의 웹사이트 (https://software.intel.com/en-us/realsense/devkit)에서 구입 가능합니다.

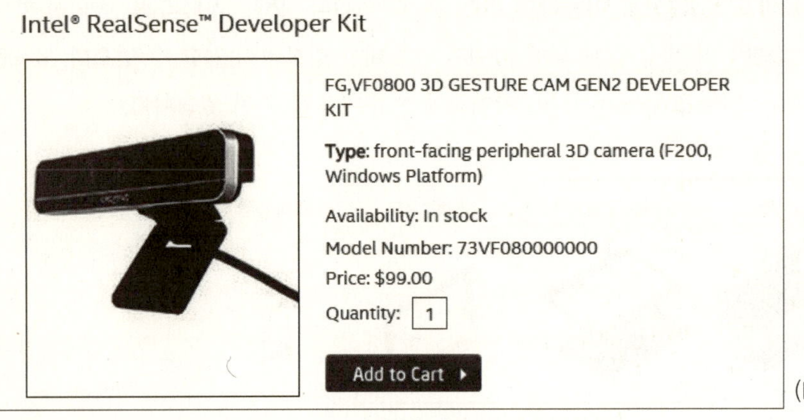

[그림 1.3] Intel RealSense Developer Kit 구입 페이지

RealSense의 작동환경

여기에서는 RealSense의 하드웨어 요구, 카메라 사양, 소프트웨어 개발환경에 관해 설명하도록 하겠습니다.

1-3-1 >> 하드웨어 요구사항

RealSense를 F200에서 사용하는 경우의 하드웨어 요구사항은 [표 1.1]과 같습니다. CPU가 Haswell 이상만 되기 때문에 최근에 나온 PC에서만 작동합니다. R200 등에 관해서는 Intel의 웹 사이트에서 최신 정보를 확인해주세요.

[**표 1.1**] 인텔 RealSense 기술의 하드웨어 요구사항

호환 OS 버전	Windows 8.1(x64) 이상
CPU	4세대(Haswell) 이후의 인텔 Core 프로세서
저장공간	8GB 이상의 빈 공간
카메라	인텔 RealSense 3D 카메라(외장의 경우 USB 3.0 포트가 필요)

1-3-2 >> 인텔 RealSense 3D 카메라의 사양

인텔 RealSense 3D 카메라의 사양을 [표 1.2]에 명시하였습니다. 여기에서는 이 책에서 사용하는 F200 전면 카메라를 명시하였습니다.

[**표 1.2**] 인텔 RealSense 3D 카메라(F200)의 사양

컬러 이미지 해상도	최대 1920×1080@30FPS
Depth 데이터 해상도	최대 640×480@60FPS(VGA) 또는 최대 640×240@120FPS(HVGA)
IR (적외선) 이미지 해상도	최대 640×480@120FPS
컬러 카메라 시야각 (D×V×H)	77°×43°×70°
DEPTH카메라 시야각(D×V×H)	90°×59°×73°
IR 프로젝터 시야각(D×V×H)	N/A×56°×72°
인식범위	20cm~120cm
제스처 인식범위	VGA : 20cm~55cm, HVGA : 20cm~60cm
얼굴 감지	2D : 35cm~120cm, 3D : 35cm~70cm

1-3-3 >> 소프트웨어 개발환경

인텔 RealSense SDK는 다음의 언어 및 개발환경에서 응용 프로그램을 개발할 수 있습니다.

· **Visual Studio 2010~ 2013 이후(최신 서비스팩 적용, Express, Community도 가능)**

 - 기본언어(C++)

 - 관리(.NET, C#, VB 등)

 - Microsoft .NET 4.0

· **Unity(C#)**

 - 4.1.0 이후(4에서는 Pro 버전 필요, 5에서는 Personal 버전도 가능)

· **Java**

 - JDK 1.7.0_11 이후

· **JavaScript(브라우저)**

 - Microsoft Internet Explorer 10.0.13 이후

 - Google Chrome 33.0.1750.146 이후

 - Mozilla Firefox 27.0.1 이후

· **Processing**

 - 2.1.2 이후

인텔 RealSense SDK의 기능 개요

RealSense를 제공하는 인텔 RealSense SDK의 기능에 관해서 설명하겠습니다. 앞에서 소개한 대로 인텔 RealSense 3D 카메라를 이용함으로써 모든 기능을 활용할 수 있는데, 일반 Web 카메라(노트북의 디스플레이 위에 부착되어 있는 카메라)에서도 이미지 처리 관련 기능을 이용할 수 있습니다. 또 음성처리에 관해서도 일반적인 마이크로 이용가능합니다.

[표 1.3] 기기 종류와 사용 가능한 기능

입력 구분	기능	인텔 RealSense 3D 카메라	일반 기기(카메라, 마이크)
손	손과 손가락 추적	○	×
	제스처 인식	○	×
얼굴	얼굴 감지	○	○
	얼굴 부위 감지	○	○
	표정 인식	○	○
	얼굴 인식	○	×
음성	음성인식	○	○
환경	세분화	○	×
	3D 스캔	○	×
	가상현실	○	×

1-4-1 >> 기본 스트림

RealSense의 기본은 스트림입니다. 인텔 RealSense 3D 카메라로는 1920×1080 해상도의 컬러 이미지, 640×480의 7차원 깊이(Depth)지각 데이터 640×480의 IR(적외선 이미지)을 수집할 수 있습니다. 이를 기반으로 각종 처리를 하지만, 이들 이미지 데이터 자체도 이용가능합니다.

◆ 컬러 이미지

RGB의 컬러 이미지입니다. 최대 1920×1080 해상도를 지원하므로 풀스크린의 응용 프로그램과 디지털 사인(digital signage) 콘텐츠 이용도 문제 없습니다.

[그림 1.4] 컬러 이미지 스트림

◆ 3차원 깊이(Depth)지각 데이터

640×480의 해상도로 60FPS까지의 속도로 처리합니다. 또 세로 해상도를 절반으로 한 640× 240으로는 100FPS를 넘는 속도로의 감지도 가능합니다.

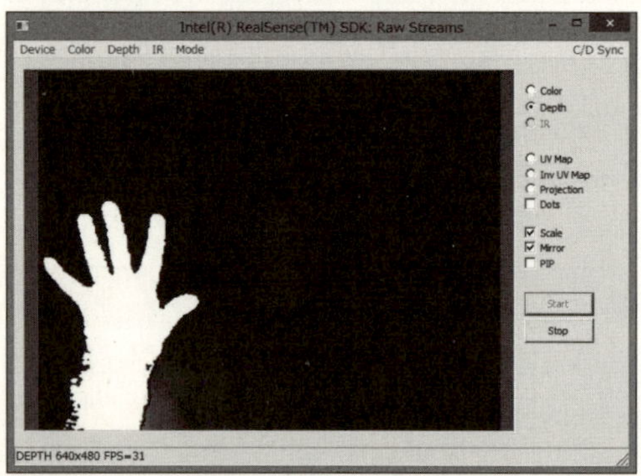

[그림 1.5] 3차원 깊이(Depth)지각 센서 이미지 스트림

◆ IR 이미지

640×480의 해상도에서 100FPS를 넘는 속도로 처리합니다.

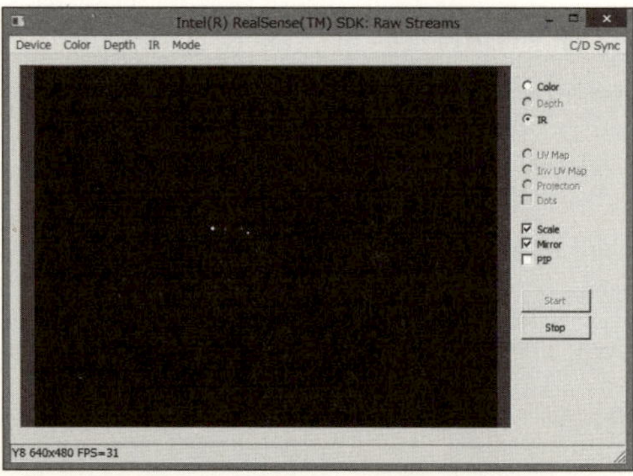

[그림 1.6] 적외선 카메라 이미지 스트림

RealSense의 핵심을 이루는 기능입니다. 인텔 RealSense SDK에서는 손과 손가락의 위치를 총 22개의 점으로 인식 가능합니다. 인텔 Perceptual Computing SDK에서는 손과 손가락 끝을 6개의 점으로 인식할 수 있었던 것에 비해 매우 상세하게 인식이 가능해졌습니다.

그 외에도 손바닥을 펴거나 가위 같은 손가락의 포즈, 스와이프(손의 좌우 동작)와 같은 제스처 등 총 10개의 패턴인식이 가능합니다.

◆ 손과 손가락 추적

손과 손가락의 위치를 추적합니다. 추적된 위치는 카메라를 중심으로 하여 3차원 위치 또는 3차원 깊이(Depth)지각 이미지 좌표계의 2차원 위치로 수집가능합니다. 3차원에서는 위치를 추적할 수 있기 때문에 손가락의 길이와 상호 위치관계를 알 수 있습니다.

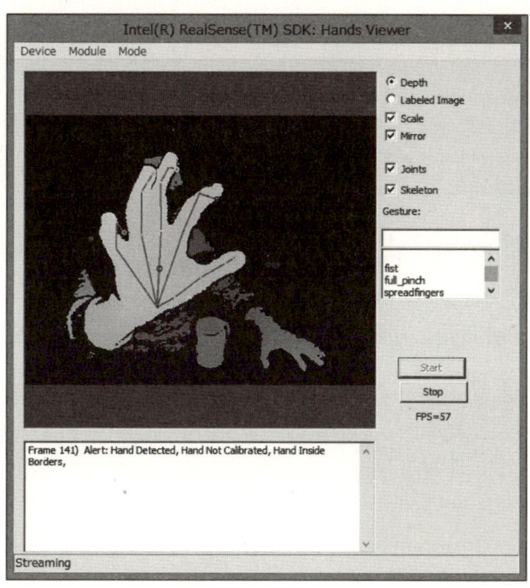

[그림 1.7] 손가락 추적

◆ 제스처 인식

손바닥을 펴거나 주먹, 스와이프와 핀치 같은 제스처를 인식할 수 있습니다. 제스처를 응용 프로그램에 통합하여 무접촉 사용자 인터페이스를 만들 수 있습니다.

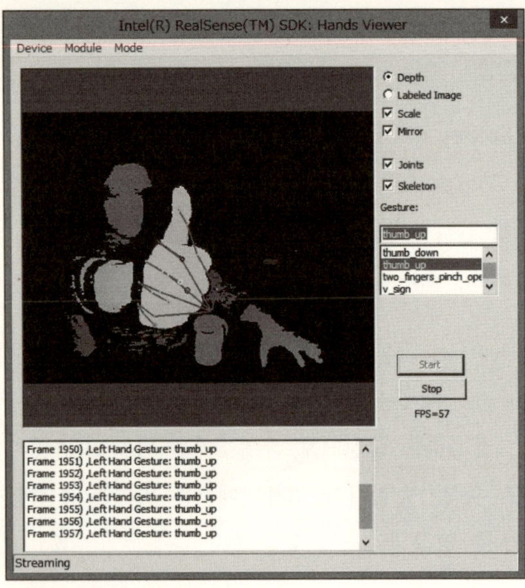

[그림 1.8] 제스처 인식

1-4-3 >> 얼굴 감지

얼굴 감지 기능은 인텔 RealSense SDK의 특장점 중 하나인데, 필자는 상당히 유용한 기능이라고 생각하고 있습니다. 왜냐하면, 얼굴 감지 기능은 3D 또는 2D 모두 이용 가능하기 때문입니다. 3D는 인텔 RealSense 3D 카메라가 있어야만 하는데 2D는 일반적인 RGB 카메라(Web 카메라)의 이용도 가능합니다. 이로 인하여, 새로운 하드웨어를 추가하지 않고 인텔 RealSense SDK를 설치하는 것만으로도 이용 가능합니다.

얼굴 감지 기능은 다음과 같습니다.

◆ 얼굴 위치의 감지

해상도를 높여도 비교적 빠른 속도로 감지합니다. 또한 얼굴 감지는 이미지로 처리하기 때문에 숫자상의 감지 인원수의 제한이 없습니다(물리적으로 촬영 가능한 범위 내에 몇 명 들어가라는 제약이 있습니다).

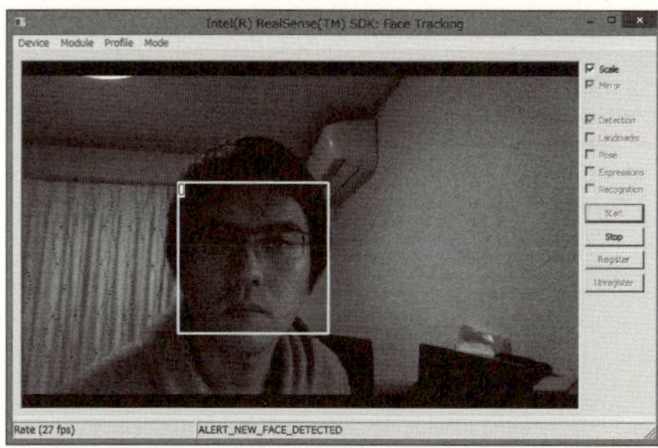

[그림 1.9] 얼굴 위치의 감지

◆ 얼굴 부위와 얼굴, 눈, 코, 입의 형상

　얼굴과 눈, 코, 입의 형상을 수집할 수 있습니다. 실시간으로 감지하므로 입을 열면 입의 형상도 열리며 눈을 감으면 눈의 형상도 변경됩니다.

[그림 1.10] 얼굴 부위의 감지

◆ 표현(Expression)

　눈과 입을 여는 정도를 감지합니다.

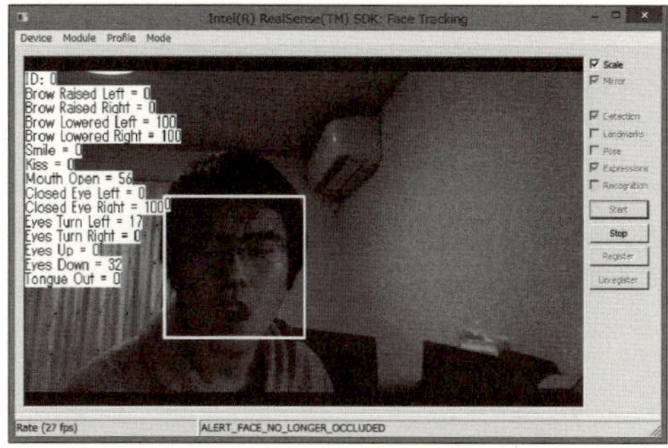

[그림 1.11] 표현을 감지

◆ 심장 박동

심장 박동수를 측정합니다.

[그림 1.12] 심장 박동수를 측정(오른쪽 위에 수치가 표시)

◆ 표정

기쁠 때, 즐거울 때, 슬플 때, 화났을 때와 같은 표정을 추정합니다.

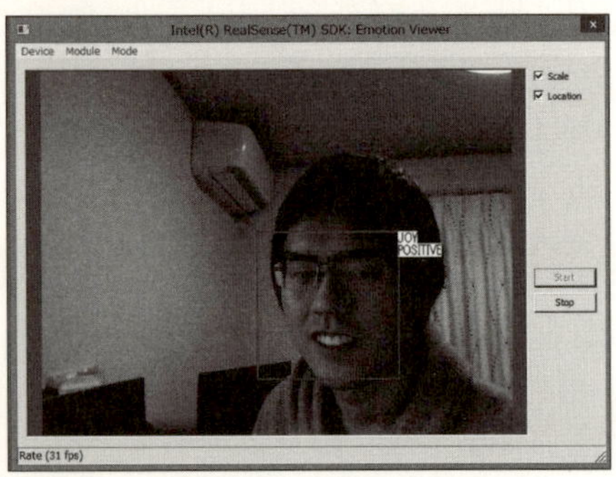

[그림 1.13] 표정의 추정

◆ 얼굴 인식

얼굴을 식별하고 신규 등록 및 대조 기능이 있습니다. 인식은 이미지 처리로 하기 때문에 사진으로도 얼굴을 인식합니다.

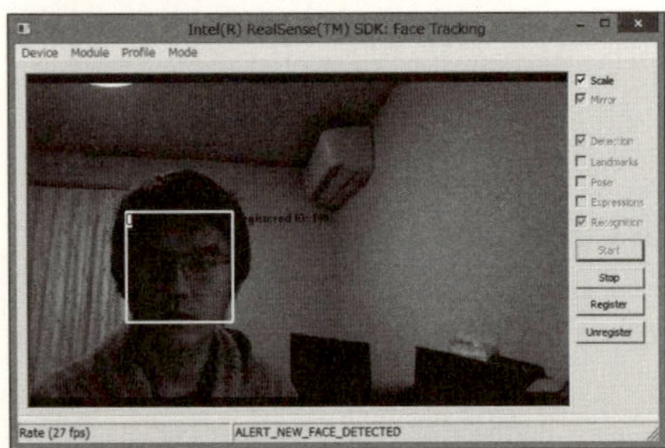

[그림 1.14] 얼굴 인식

1-4-4 >> 음성

인텔 RealSense SDK는 음성관련의 여러 가지 기능을 갖고 있습니다. 사용자의 음성을 텍스트로 변환하는 음성인식과 텍스트를 음성으로 변환하는 기능 등이 있습니다. 음성인식에 관해서는 인식시키고자 하는 명령을 미리 등록해두는 '명령 방식'과 소리를 낸 언어를 그대로 텍스트로 변환하는 '받아쓰기 방식'이 있습니다.

◆ 음성인식

마이크에 대고 소리를 내면, 그 언어가 텍스트로 변환됩니다.

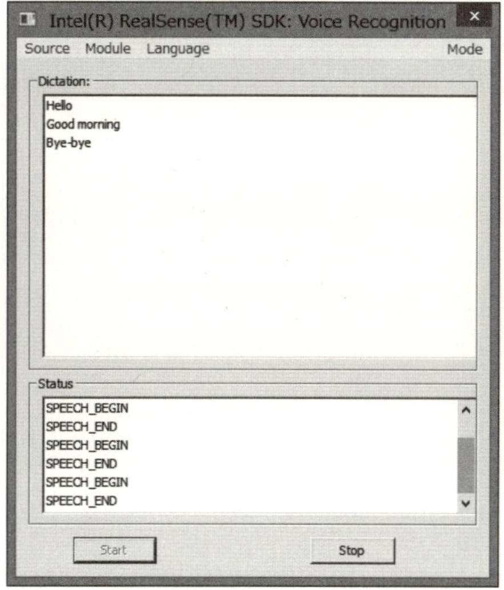

[그림 1.15] 음성인식

◆ 음성변환

텍스트에 입력한 문자를 음성 데이터로 변환합니다.

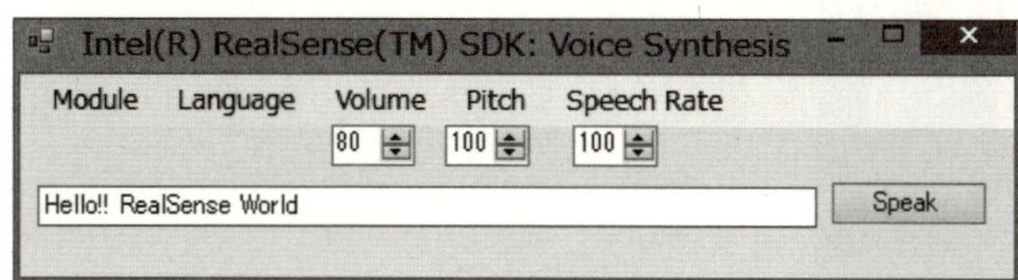

[그림 1.16] 음성변환

환경이란 사람과 물건에 작용하는 기능입니다. 배경을 제거하는 세분화, 입체물을 스캔하는 3D 스캔, AR(Augmented Reality, 증강현실)을 위한 물체 추적 등의 기능입니다.

◆ 세분화(Segmentation)

일정한 거리 내에 있는 물체만 묘사합니다. 배경 합성 또는 영상통화에서 배경 제거에 사용됩니다.

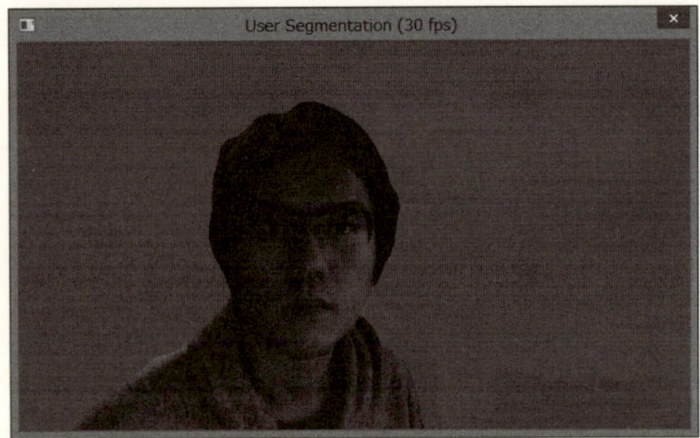

[그림 1.17] 세분화(Segmentation)에 의한 배경 제거

◆ 3D 스캔

R2에서 새로 추가되었으며 입체물을 3D 스캔하는 기능입니다.

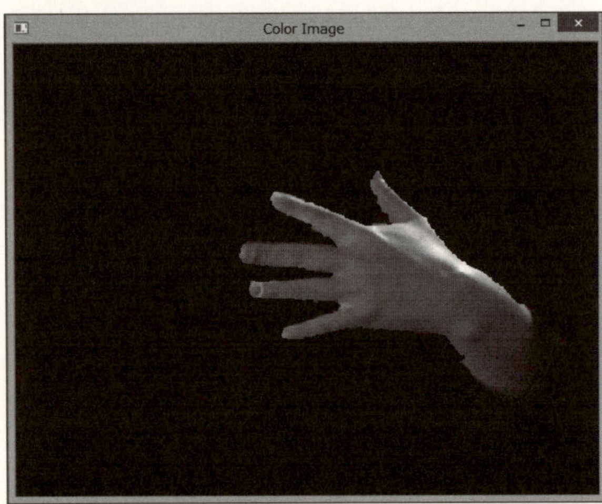

[그림 1.18] 입체물의 3D 스캔

◆ AR(Augmented Reality, 증강현실)

카메라가 인식한 표식(Marker)을 대상으로 임의의 반응(또는 명령 실행)을 위한 표식 인식기능
입니다.

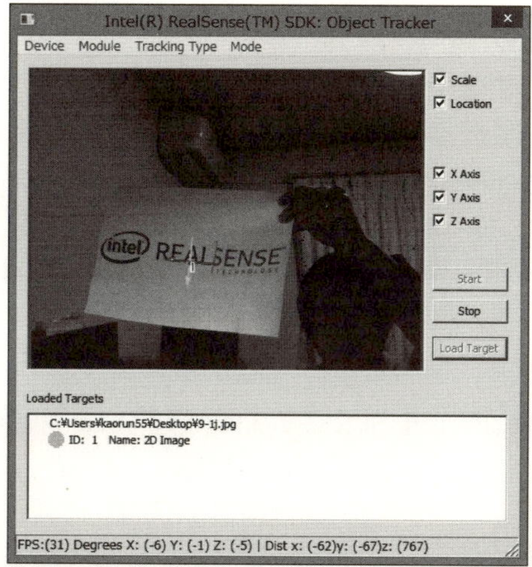

[그림 1.19] 표식(Marker)의 인식

1-4-6 >> 브라우저 응용 프로그램

이 책에서는 설명을 하지 않지만 인텔 RealSense SDK는 JavaScript와 Unity Web Player를
지원하는 웹브라우저와 호환됩니다. 이를 이용하면 일반 사이트에서도 인텔 RealSense SDK의 기
능을 활용할 수 있습니다.

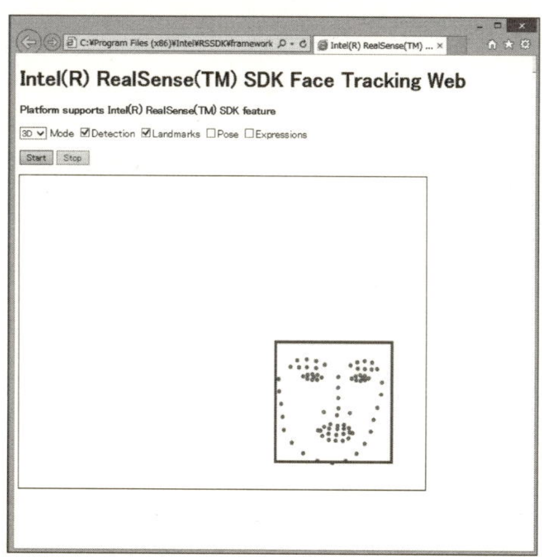

[그림 1.20] 카메라를 이용한 얼굴 감지(웹브라우저용 응용 프로그램)

1-5 호환 응용 프로그램

호환 응용 프로그램은 아직 많지는 않지만 KAGURA(http://www.kagura.cc/jp/) 라는 훌륭한 응용 프로그램이 출시되었습니다. KAGURA는 일본 후쿠오카의 시쿠 미 디자인사가 개발 출시하였으며 Intel Perceptual Computing Challenge 2013라 고 하는 인텔 Perceptual Computing SDK 시절의 세계 콘테스트에서 그랑프리를 수상한 프로그램입니다.

앞에서 서술한 대로, 인텔 RealSense SDK는 3D 카메라를 사용함으로써 모든 기능을 이용할 수 있지만, Web 카메라로도 일부 기능을 이용할 수 있습니다. 시쿠미 디자인사의 KAGURA는 Web 카메라만으로도 즐길 수 있는 응용 프로그램입니다.

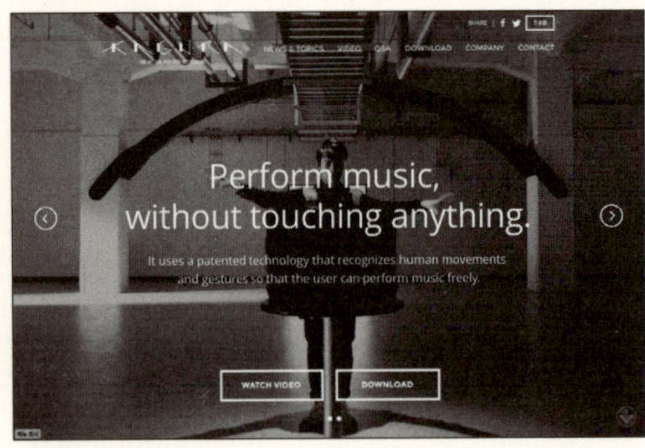

[그림 1.21] RealSense 호환 연주 응용 프로그램 KAGURA 웹사이트

[그림 1.22] 사용자 인터페이스(UI)에 접촉하듯 제스처 를 취하면 연주 기능

인텔 RealSense SDK에서 제공되는 기능이 자연스럽게 사용되고 있습니다. 응용 프로그램 콘셉 트도 훌륭하여 가지고 놀면 즐거움과 동시에 많은 것들을 발견할 수 있을 것입니다.

인텔 RealSense SDK 설치

여기에서는 인텔 RealSense SDK의 설치 순서를 소개합니다. 카메라는 F200, SDK 버전은 4.0.0.112526(Version 2014, R2)입니다. 카메라와 버전이 변경된 경우에는 순서도 변경될 가능성이 있으므로 주의하세요.

1-6-1 ›› 설치 순서

인텔 RealSense SDK의 설치에는 2가지의 설치 파일과 3단계의 설치 순서가 있습니다. 필요한 설치 파일은 다음의 2가지입니다.

- F200 Depth Camera Manager
- 인텔 RealSense SDK

순서는 다음과 같습니다.

1. 인텔 RealSense 카메라(F200)를 컴퓨터에 접속한다.
2. F200 Depth Camera Manager를 설치한다.
3. 인텔 RealSense SDK를 설치한다.

F200 Depth Camera Manager는 인텔 RealSense 3D 카메라로부터 3차원 깊이(Depth)지각 데이터를 추출하기 위한 서비스 응용 프로그램이 포함되어 있습니다.

1-6-2 ›› 인텔 RealSense SDK 다운로드

인텔 RealSense SDK를 웹사이트(https://software.intel.com/en-us/intel-realsense-sdk/download)에서 다운로드합니다. 먼저 F200 Depth Camera Manager를 다운로드합니다(그림 1.23). 가능하면 최신버전을 다운로드합니다. 계속하여 SDK를 다운로드하기 위해 오른쪽 위의 [Free Download]의 링크 또는 화면 아래로 스크롤하면 나타나는 [Download]을 클릭합니다. 그러면 계정 등록화면이 표시됩니다(그림 1.24). 필요사항을 입력하고 [계속]을 클릭합니다. 등록한 메일주소로 전송되는 메일 내용에 따라 SDK를 다운로드합니다.

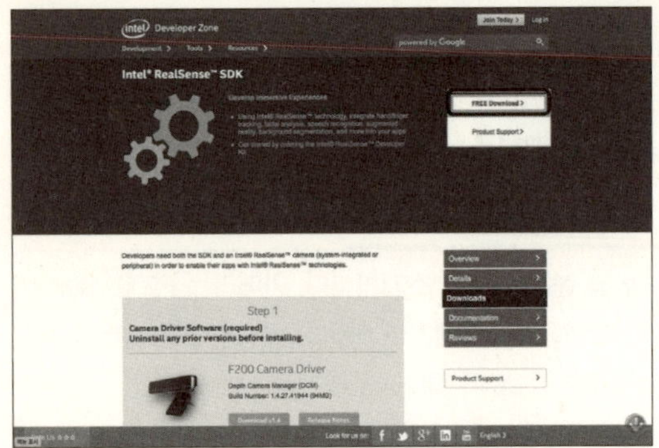

[그림 1.23] 인텔 RealSense SDK의 웹사이트

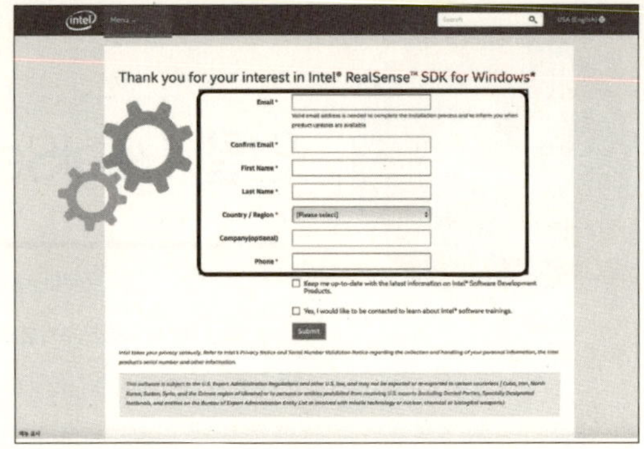

[그림 1.24] 다운로드하기 전에 개인정보를 입력

다운로드할 파일은 Online Installer(intel_rs_sdk_websetup_XXXXX.exe) 또는 Offline Installer 중의 하나와 F200 Depth Camera Manager의 총 2가지입니다. 기본적으로 Offline Installer를 다운로드하도록 되어 있습니다(그림 1.25). Online Installer는 설치할 구성요소를 설치할 때 다운로드하고 Offline Installer는 모든 구성 요소가 포함되어 있습니다(설치 시에 다운로드 불필요).

사용자 환경에서의 런타임 파일을 원한다면 [그림 1.23]의 화면을 아래로 스크롤하여 Optional 란에 있는 버튼을 클릭하여 'SDK Runtime Distributables'를 다운로드합니다(그림 1.26).

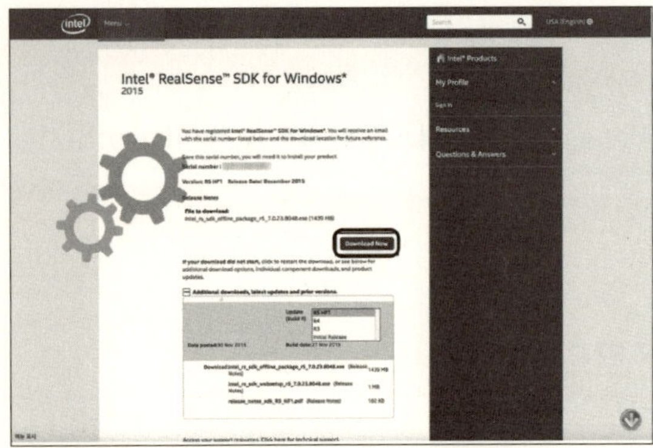

[그림 1.25] 설치 파일을 다운로드

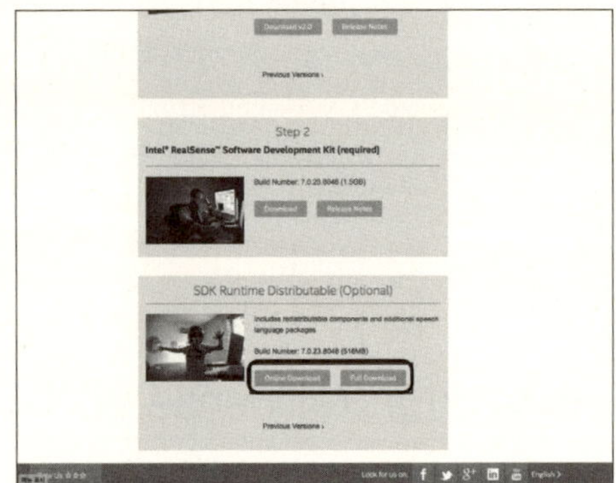

[그림 1.26] Online 또는 Full(Offline)을 선택

1-6-3 ▶▶ 인텔 RealSense 3D 카메라 연결

SDK의 설치에 앞서 인텔 RealSense 카메라를 USB 3.0 포트에 연결합니다. Windows의 장치 관리자의 이미징 장치에 Depth와 RGB 카메라가 추가되면 정상적으로 연결된 것입니다(그림 1.27).

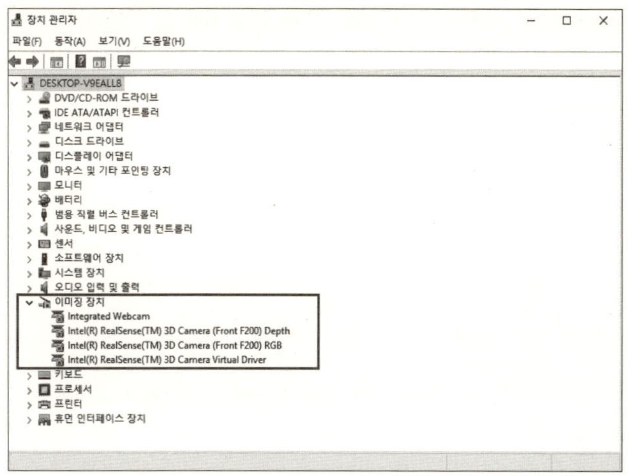

[그림 1.27] Windows 장치 관리자에서 3D 카메라가 인식된 상태

1-6-4 >> 인텔 Depth Camera Manger를 설치

가장 먼저 인텔 Depth Camera Manger를 설치합니다.

설치 파일(intel_rs_dcm_f200_1.2.14.24922.exe)을 실행했을 때 Windows의 사용자 계정 컨트롤이 표시된다면 [예]를 클릭한 후 [다음]을 클릭합니다(그림 1.29).

[그림 1.28] Depth Camera Manager를 설치

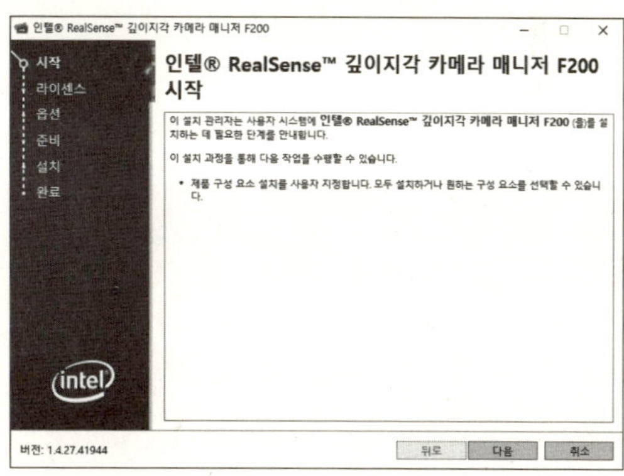

[그림 1.29] 설치 마법사 초기화면

사용권 관련 내용을 확인하고 [동의함]에 체크 표시한 뒤 [다음]을 클릭합니다.

설치되는 항목을 확인하고 [다음]을 클릭합니다. 기본 설정 옵션을 변경할 필요는 없습니다.

설치를 시작합니다. [다음]을 클릭합니다.

설치가 완료되면 [종료]를 클릭합니다. Windows의 장치 관리자에 Virtual Driver가 추가되었다면 정상적으로 설치된 것입니다(그림 1.30).

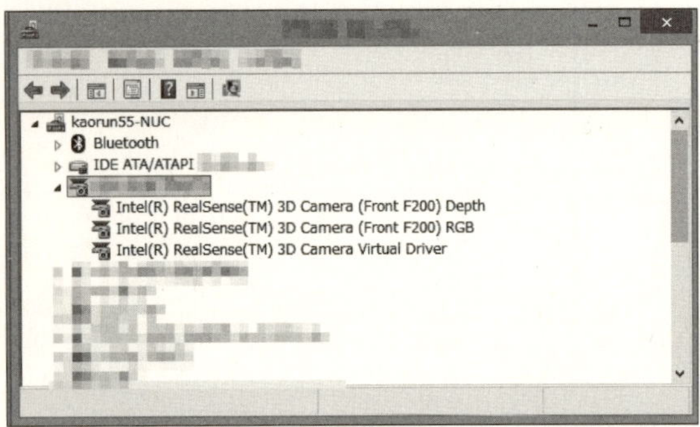

[**그림 1.30**] 추가된 장치 드라이버 확인

이상으로 인텔 Depth Camera Manager의 설치가 완료되었습니다.

1-6-5 >> 인텔 RealSense SDK를 설치

계속하여 다운로드한 intel_rs_sdk_websetup_4.0.0.112526.exe를 실행하여 인텔 RealSense SDK를 설치합니다. 여기에서도 Windows 사용자 계정 컨트롤이 표시된다면 [예]를 클릭하고 다음 단계로 넘어갑니다.

[Next]를 클릭합니다(그림 1.32).

[**그림 1.31**] 인텔 RealSense SDK 설치

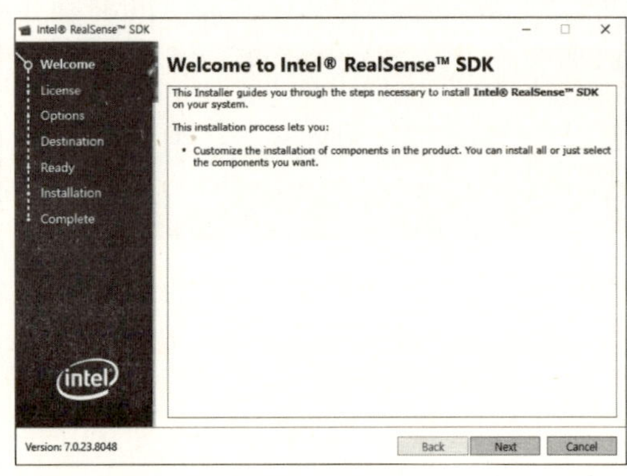

[**그림 1.32**] 설치 마법사의 초기화면

라이선스 관련 내용을 확인합니다. 라이선스를 확인한 뒤 문제없으면, 'I accept the terms of the license'를 선택하고 [Next]를 클릭합니다(그림 1.33).

설치 항목을 선택합니다. 기본 설정 옵션에 더하여 필요한 음성인식 및 음성 통합 엔진을 설치합니다. 설치 항목을 설정한 후 [Next]를 클릭합니다(그림 1.34).

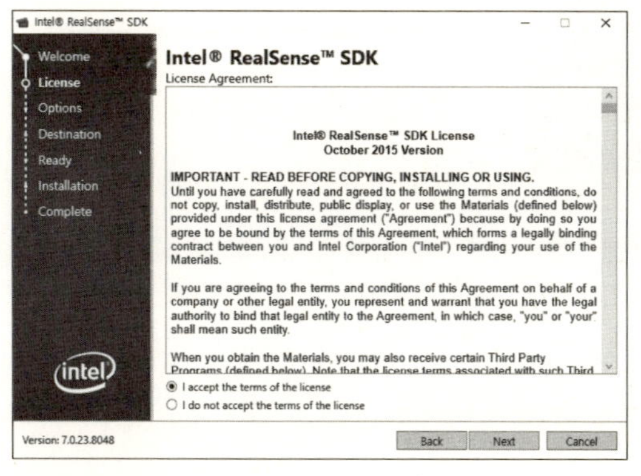

[그림 1.33] 라이선스를 확인

[그림 1.34] 설치 항목의 확인

설치할 위치를 확인하고 [Next]를 클릭합니다. 여기에서는 기본 위치에 설치합니다(그림 1.35).

소프트웨어 사용 개선을 위한 사용자 데이터 전송 여부를 선택하고 [Next]를 클릭합니다(그림 1.36).

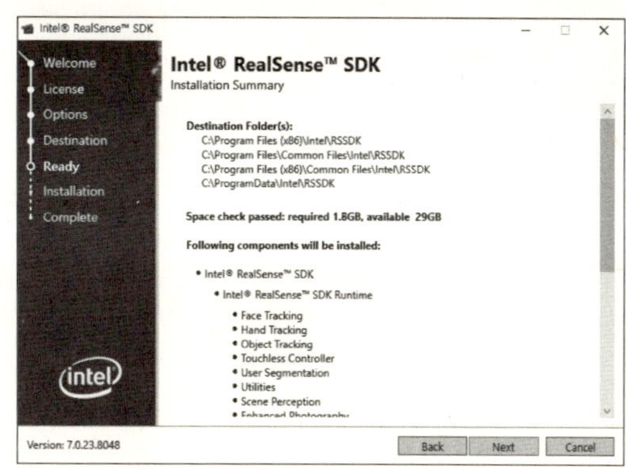

[그림 1.35] 설치 위치 확인

[그림 1.36] 소프트웨어 개선 참여 선택 화면

설치 요약 내용을 확인하고 [Next]를 클릭합니다(그림 1.37).

설정한 옵션에 따라 설치가 시작됩니다. Online Installer의 경우 설치 중에 필요한 파일을 다운로드하기 때문에 시간이 오래 걸릴 수 있습니다.

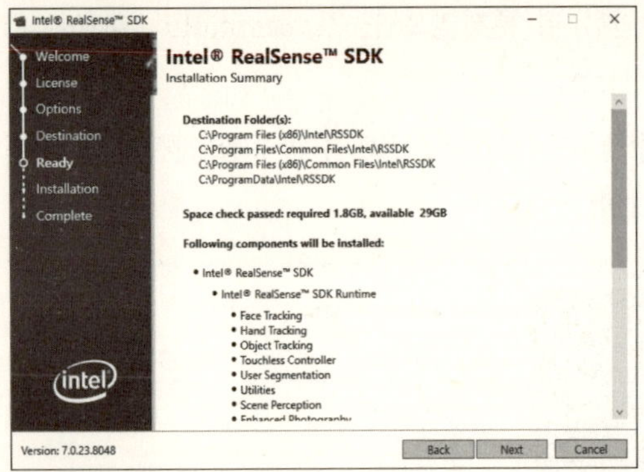

[그림 1.37] 설치 내용 확인

[그림 1.38] 설치 시작 화면

모든 설치가 완료되면 [Finish]를 클릭합니다(그림 1.43).

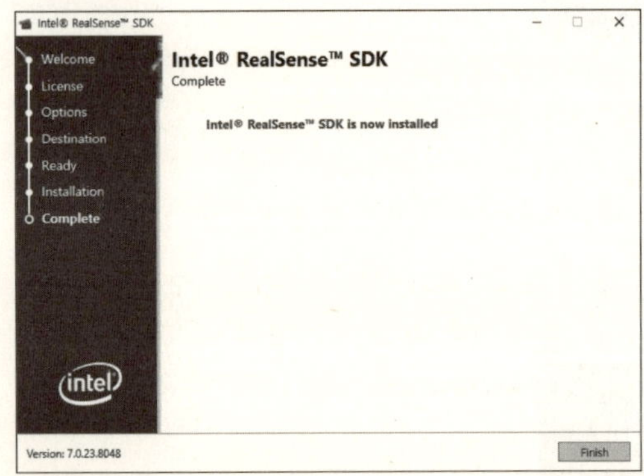

[그림 1.39] 설치 종료

인텔 RealSense SDK의 구성

인텔 RealSense SDK의 폴더 구성, 샘플 구성에 관해 설명하겠습니다.

1-7-1 ▶▶ 폴더 구성

인텔 RealSense SDK는 기본적으로 C:₩Program Files (x86)₩Intel₩RSSDK에 설치됩니다 (그림 1.40).

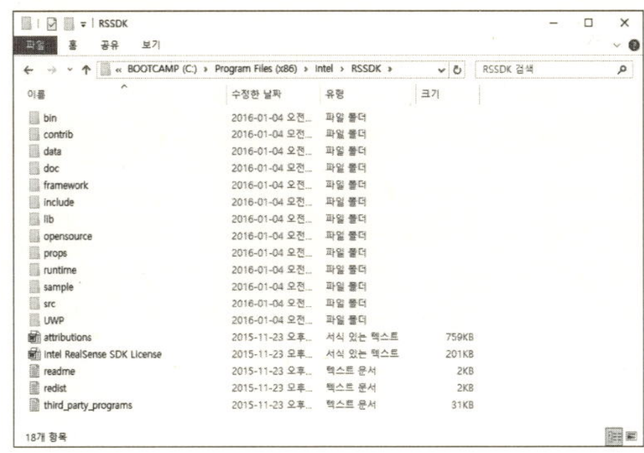

[그림 1.40] 인텔 RealSense SDK의 폴더 구성

폴더 구성은 [표 1.4]와 같습니다.

[표 1.4] 각 폴더의 용도

폴더명	개요
bin	라이브러리와 샘플 실행 파일
contrib	3D 추적의 Metaio와 음성인식 Nuance의 도구
data	샘플의 이미지 데이터
doc	도큐멘트
framework	C#와 JavaScript, Unity 등 각종 환경의 라이브러리
include	C++의 헤더 파일
lib	C++의 라이브러리
props	C++ 프로젝트의 설정 파일
runtime	런타임 설치 파일
sample	샘플 소스
src	라이브러리 작성을 위한 프로젝트

1-7-2 >> 각 리소스 접근

인텔 RealSense SDK를 설치하면, 데스크톱에 'Intel RealSense SDK 2014'라는 바로 가기 아이콘이 추가됩니다.

이 아이콘을 더블클릭하면 도큐멘트, 샘플, 도구 폴더 등으로 빠르게 이동할 수 있습니다.

[그림 1.41] 추가된 바로 가기 아이콘

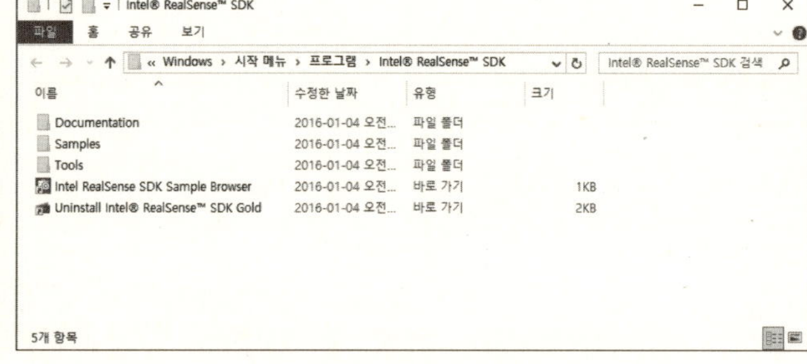

[그림 1.42] 도큐멘트와 샘플 등에 빠르게 접근 가능

1-7-3 >> 샘플 소개

인텔 RealSense SDK로 어떤 것이 가능한지를 알기 위해 'Intel RealSense SDK Sample Browser'를 실행해 봅니다. 여기에서 제공되는 샘플 응용 프로그램을 한 눈에 볼 수 있으며 필요에 따라 실행할 수 있습니다. F200 Samples가 전면용 F200(이 책에서 사용하고 있는 카메라)의 샘플, R200 Samples이 후면용 R200, Common Samples이 F200/R200 양쪽 모두 이용 가능한 샘플 Tools이 각종 도구 모음입니다.

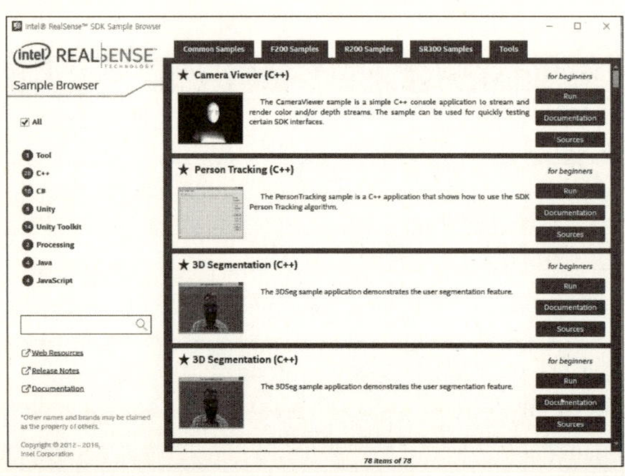

[그림 1.43] 준비된 RealSense 데모

또한, 바탕 화면의 바로 가기에서 샘플 바이너리 폴더로 이동하면 각각의 샘플이 있습니다. 접두사에 'FF_'라고 되어 있는 것이 F200용(Front Facing, 전면), 'RF_'라고 되어 있는 것이 R200용(Rear Facing, 후면), 'DF_'라고 되어 있는 것이 양쪽 모두 사용할 수 있는 샘플(Dual Facing, 양면)입니다.

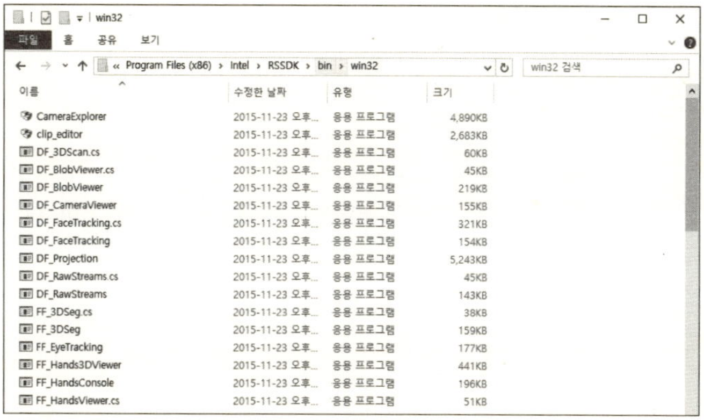

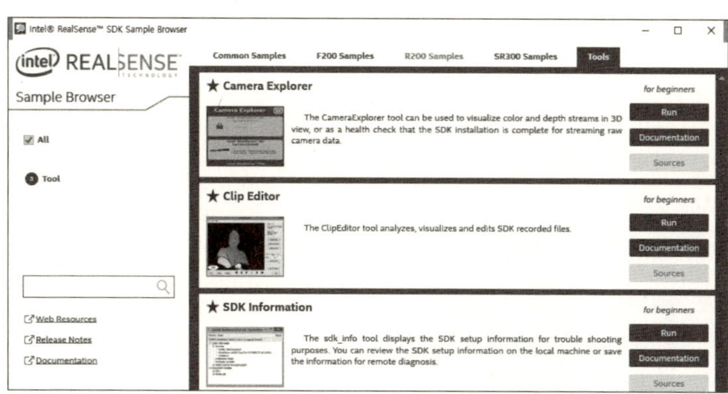

[그림 1.44] 샘플 실행 파일

먼저 Capture Viewer 샘플을 실행해 봅니다. 이 샘플은 RGB, Depth, IR 해상도, 프레임 속도 등을 표시하는 응용 프로그램입니다. 인텔 RealSense 3D 카메라의 작동 상태를 확인하는 도구로서도 이용가능합니다.

Capture Viewer는 [Tools] 탭에서 실행할 수 있습니다.

[그림 1.45] Capture Viewer를 실행

Capture Viewer를 실행하면 인식하고 있는 카메라가 표시됩니다. 이 책에서 사용하고 있는 F200은 'IVCam'이라고 표시됩니다.

또한, 인텔 RealSense SDK를 사용한 응용 프로그램을 실행하면 Windows의 알림 영역에 개인 정보 사용에 관련된 알림이 표시됩니다.

[그림 1.46] RealSense 응용 프로그램을 실행하면 알림이 표시

알림을 클릭하면 응용 프로그램이 어떤 데이터를 사용하고 있는지 확인할 수 있습니다.

[Capture Viewer]의 설정 화면에서 작동 해상도와 프레임 속도를 ▶ 을 클릭하여 'Stream(s) for viewing'에 추가합니다.

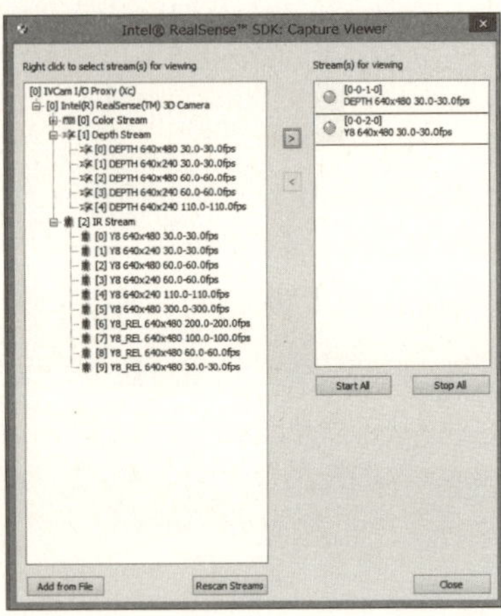

[그림 1.47] 해상도와 프레임을 선택

[Start All]을 클릭하면 스트림 이미지가 표시됩니다.

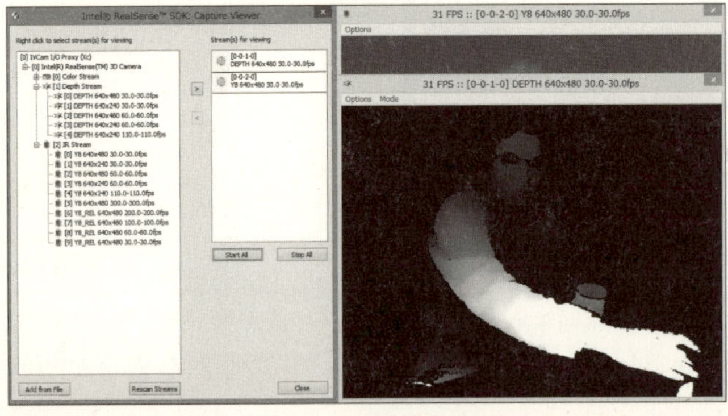

[그림 1.48] 선택한 스트림의 이미지가 표시

Visual Studio에 의한 개발 준비

이번 장에서는 Visual Studio의 설치 방법을 설명하도록 하겠습니다. C++ 및 C#(WPF)으로 개발하는 경우에는 Visual Studio를 주로 사용합니다. Unify의 경우 기본 에디터가 Mono Develop이지만 Visual Studio를 사용하여 개발하는 방법도 있습니다(다음 장에서 Unify의 설치 방법을 설명할 때 함께 설명하겠습니다).

2-1 Visual Studio의 설치

Visual Studio 설치 순서에 관한 설명입니다. 이번 장에서는 Visual Studio Community 2015 버전을 설치하는 방법에 대해 알아보겠습니다.

2-1-1 >> Visual Studio의 에디션

Visual Studio에는 여러 가지 에디션이 있는데, 이 책에서는 Visual Studio 2015를 사용하고 있습니다. 또한, Visual Studio 2015는 여러 개의 에디션으로 나뉘어져 있습니다.

- Visual Studio Express 2015(for Windows Desktop)
- Visual Studio Community 2015
- Visual Studio Professional 2015
- Visual Studio Test Professional 2015
- Visual Studio Enterprise 2015

Visual Studio Express 2015 및 Visual Studio Community 2015은 무료로 제공되는 에디션이며 Visual Studio Professional 2015, Visual Studio Test Professional 2015, Visual Studio Enterprise 2015 등은 유료로 제공되는 에디션입니다.

이 책에서의 이용범위인 Visual Studio Express 2015와 Visual Studio Community 2015의 차이는 [표 2.1]을 참고합니다. 유료 에디션에 관해서는 이 책에서 다루는 내용에 있어서 차이가 없기 때문에 명시하지 않겠습니다.

[표 2.1] Visual Studio Express 2015와 Visual Studio Community 2015의 비교

항목	Visual Studio Express 2015	Visual Studio Community 2015
비상용 이용	○	○
상용 이용	○	조건에 따름
확장기능	×	○

C++ 및 C#로 개발할 때에는 Visual Studio Express 2015와 Visual Studio Community 2015의 차이는 없으나 Unity로 개발할 때 Visual Studio를 에디터로 사용하는 경우 Unity용의 확장 기능을 설치할 필요가 있으므로 Visual Studio Express 2015는 이용할 수 없습니다.

따라서 이 책에서는 Visual Studio Community 2015[1] 를 기준으로 설명하도록 하겠습니다.

또한, 일부 스크린샷에는 유료 버전에 관한 것이 포함되는 경우가 있습니다.

2-1-2 ≫ Visual Studio Community 2015의 설치 순서

Visual Studio Community 2015의 웹사이트(https://www.visualstudio.com)에서 Visual Studio Community 2015의 설치 파일을 다운로드 합니다(그림 2.1).

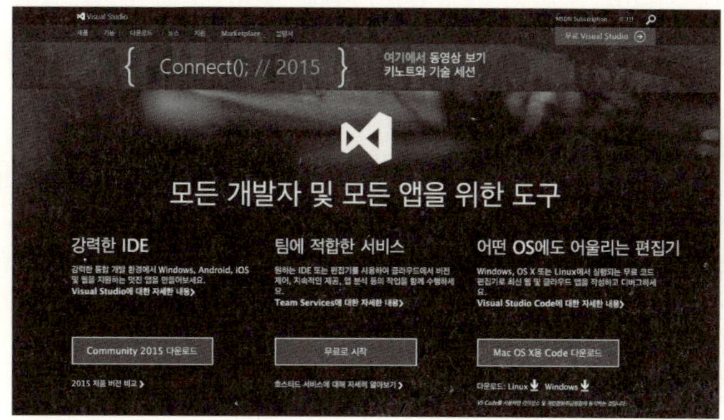

[그림 2.1] Visual Studio Community 2015 다운로드

여기에서는 [Community 2015 다운로드]을 클릭하여 다운로드합니다.

다운로드 후 먼저 'vs_community_KOR.exe'를 실행하여 설치를 시작합니다(그림 2.2).

---

1) Visual Studio Community 2015의 라이선스 등에 관한 상세사항은 웹사이트(http://www.microsoft.com/ja-jp/dev/products/community.aspx)를 참조하세요.

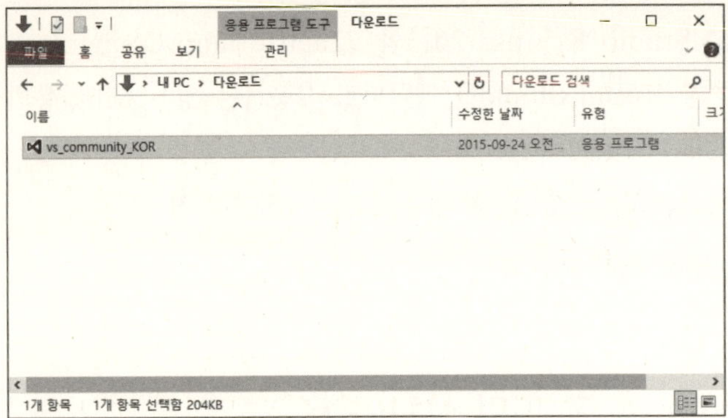

[그림 2.2] vs_community_KOR.exe(Visual Studio 2015 Community의 설치 파일)를 실행

설치 위치 및 항목을 확인하고 [설치]를 클릭하여 설치를 시작합니다.

설치할 항목을 선택합니다. 여기에서는 '사용자 지정 설치' 옵션을 선택하고 Visual C++를 포함시킵니다. 그리고 나머지는 기본 설정대로 진행합니다(그림 2.3).

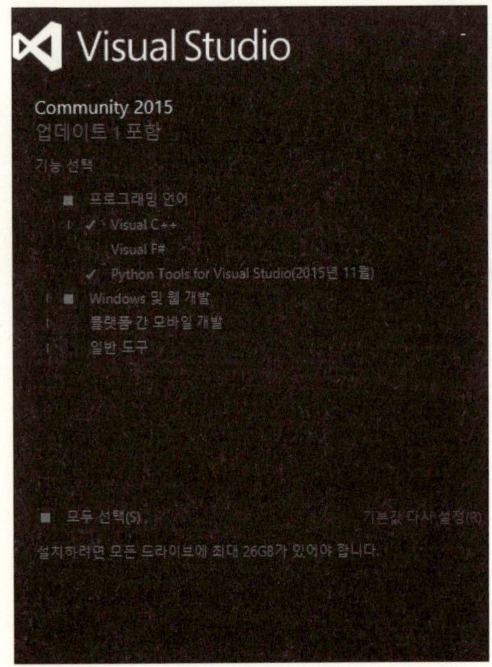

[그림 2.3] 설치 항목 선택

설치가 시작됩니다(그림 2.4). 설치 항목을 인터넷에서 다운로드하기 때문에 인터넷 연결 속도가 빠를수록 설치가 빠르게 진행됩니다.

처리가 완료되면 Windows를 재시동합니다(그림 2.5).

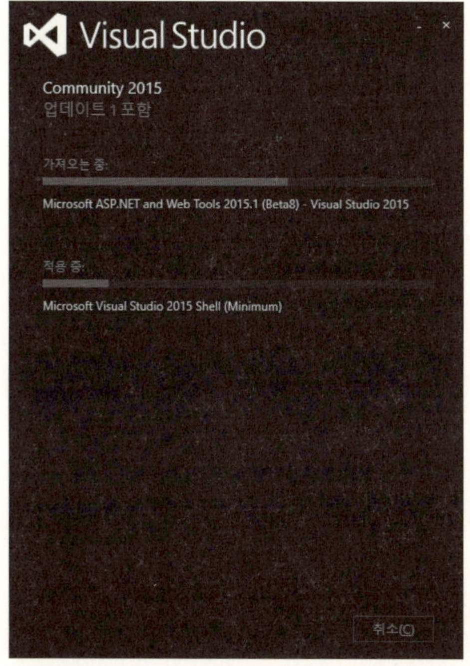

[그림 2.4] 설치 시작

[그림 2.5] 설치 완료

　재시동한 뒤 조금 기다리면 설치가 완료됩니다. Visual Studio Community 2015를 실행해봅시다(그림 2.6).

　처음 실행하면 마이크로소프트 계정등록이 요구합니다(그림 2.7). 마이크로소프트 계정에 등록하면 복수의 PC에서 Visual Studio 설정이 동기화되므로 등록할 것을 추천합니다.

[그림 2.6] Visual Studio Community 2015 실행 화면

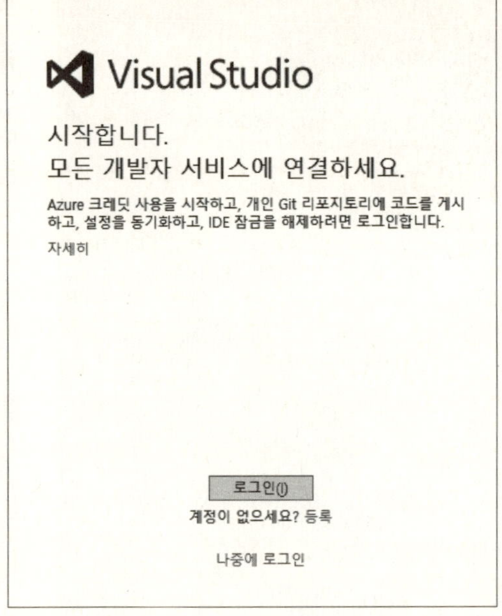

[그림 2.7] 마이크로소프트 계정 등록하기

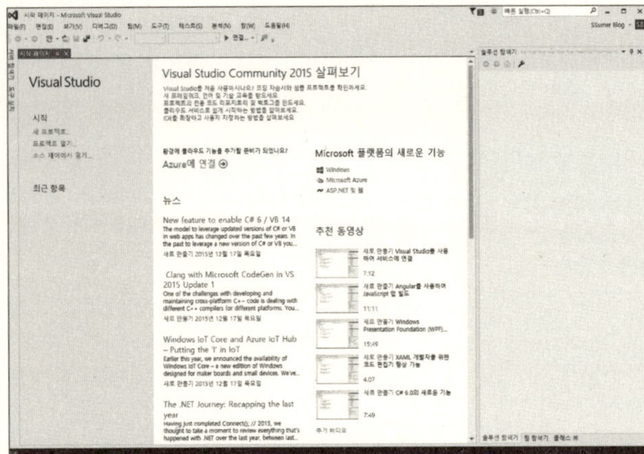

[그림 2.8] Visual Studio Community 2015 실행

2-2 C++를 이용한 개발환경 구축

C++를 이용한 개발 프로젝트 생성 순서에 관하여 설명하도록 하겠습니다. 여기에서는 콘솔 응용 프로그램 프로젝트를 생성하고, OpenCV 라이브러리를 이용하여 표시하도록 하겠습니다.

2-2-1 >> 프로젝트의 생성

가장 먼저 개발할 프로젝트를 생성합니다. 우선 콘솔 응용 프로그램의 프로젝트를 생성합니다.

Visual Studio Community 2015를 실행하고 [파일] 메뉴에서 [새로 만들기]→[프로젝트]를 선택합니다(그림 2.9).

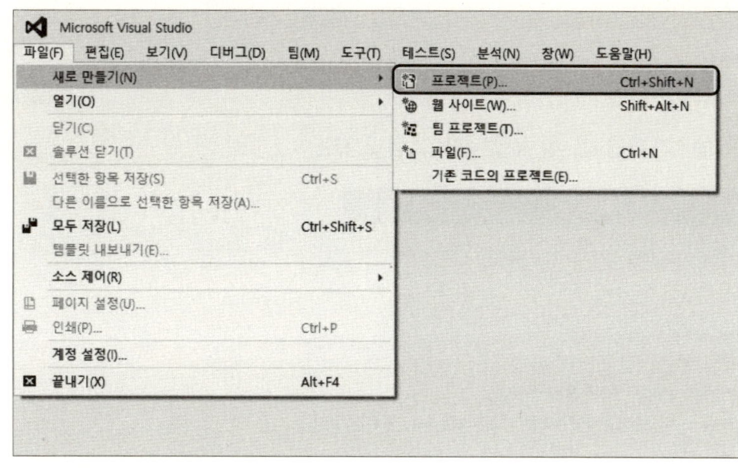

[그림 2.9] 프로젝트를 생성

표시되는 '새로운 프로젝트' 화면(그림 2.10)에서 왼쪽 목록에 있는 템플릿에서 [Visual C++]를 선택하고(그림에서 ❶), 중앙에 표시되는 목록에서 [Win32 콘솔 응용 프로그램]을 선택합니다(그림에서 ❷). 프로젝트명과 프로젝트의 생성위치를 확인하고 [확인]을 클릭합니다. 여기에서는 프로젝트명을 'SampleProject'로 하였습니다.

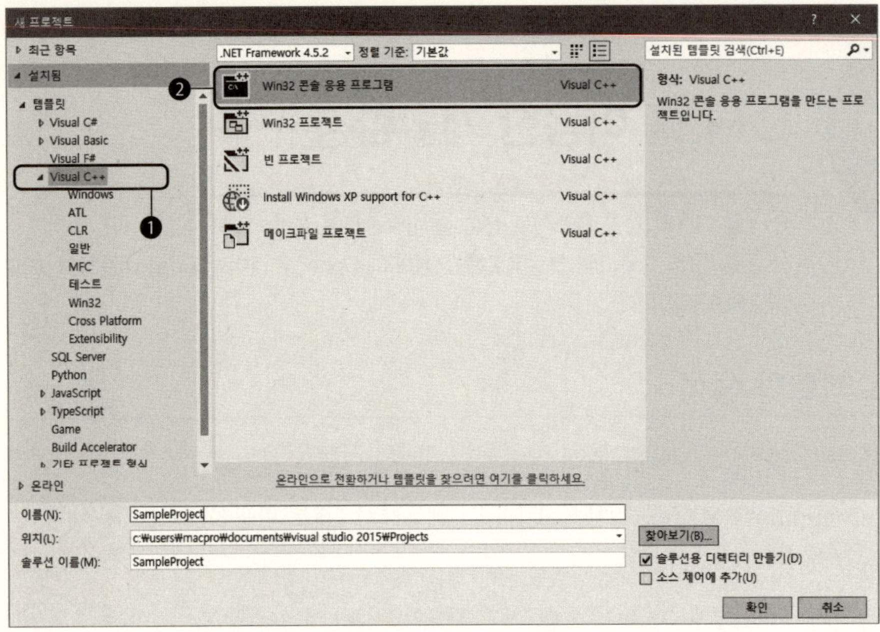

[그림 2.10] 생성할 프로젝트를 선택

[Win32 응용 프로그램 마법사]에서 [다음]을 클릭합니다(그림 2.11).

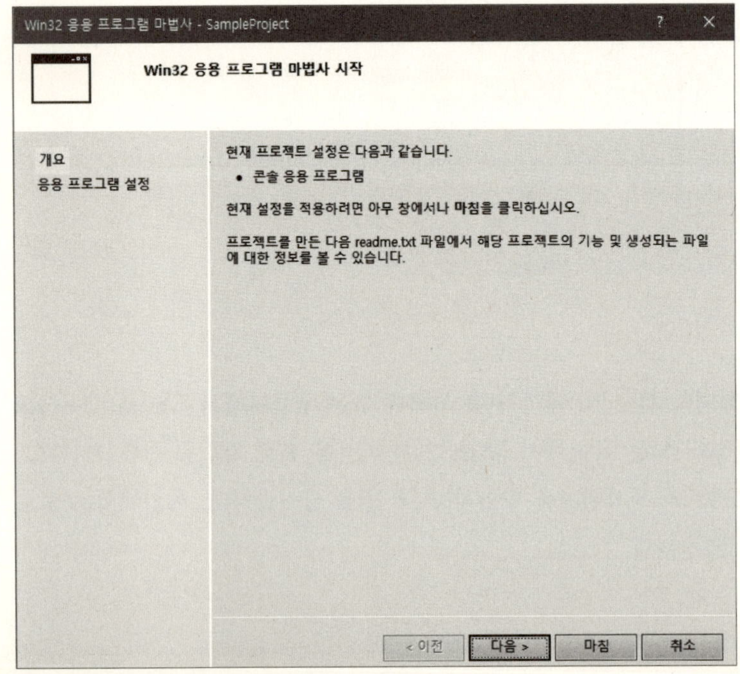

[그림 2.11] 콘솔 응용 프로그램 프로젝트 설정 ①

[응용 프로그램 설정] 화면에서 '빈 프로젝트'에 체크 표시하고 [마침]을 클릭합니다(그림 2.12).

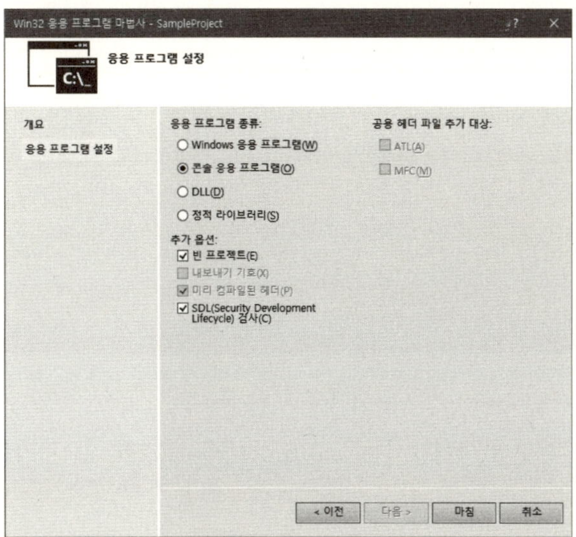

[그림 2.12] 콘솔 응용 프로그램의 프로젝트 설정 ②

[그림 2.13]과 같은 화면이 표시되면, 프로젝트 생성은 완료된 것입니다.

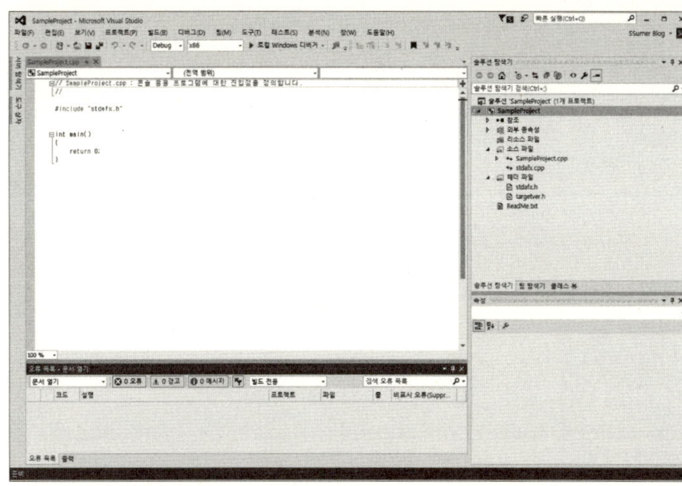

[그림 2.13] 프로젝트 생성이 완료된 상태

소스 파일을 추가합니다. 솔루션 탐색기에서 프로젝트를 마우스 오른쪽 버튼을 클릭하고 [추가] →[새 항목]으로 선택합니다(그림 2.14).

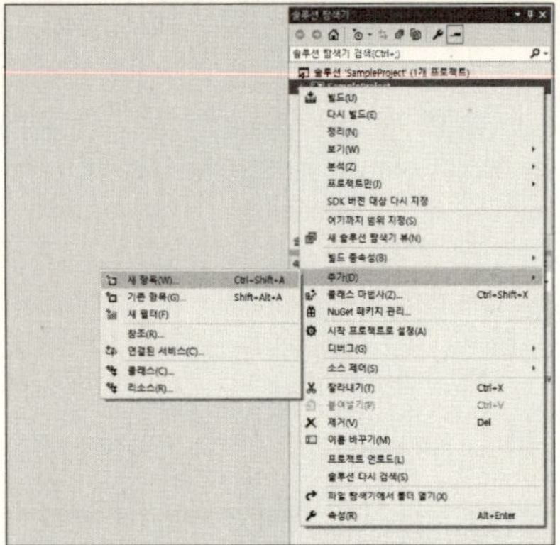

[그림 2.14] 새 항목을 추가

표시되는 화면에서 'C++ 파일'을 선택하고 파일명(여기에서는 'main.cpp')을 입력한 후 [추가]를 클릭합니다(그림 2.15).

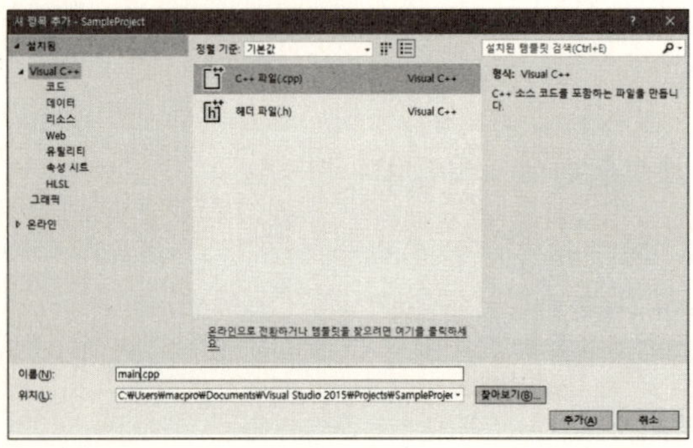

[그림 2.15] C++ 파일을 추가

파일을 추가하면 빈 cpp 파일이 생성됩니다(그림 2.16).

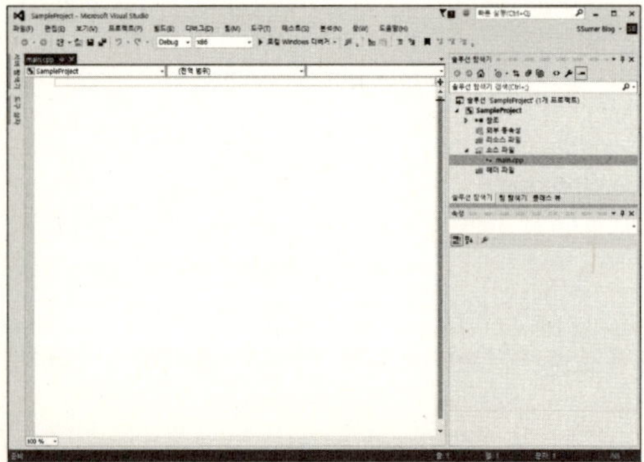

[그림 2.16] C++ 파일이 추가된 상태

다음으로 인텔 RealSense SDK의 헤더 파일과 라이브러리 등을 설정합니다.

인텔 RealSense SDK를 설정하기 전에 현재의 프로젝트 설정을 확인합니다. 솔루션 탐색기에서 프로젝트를 오른쪽 클릭하고 속성을 엽니다(그림 2.17).

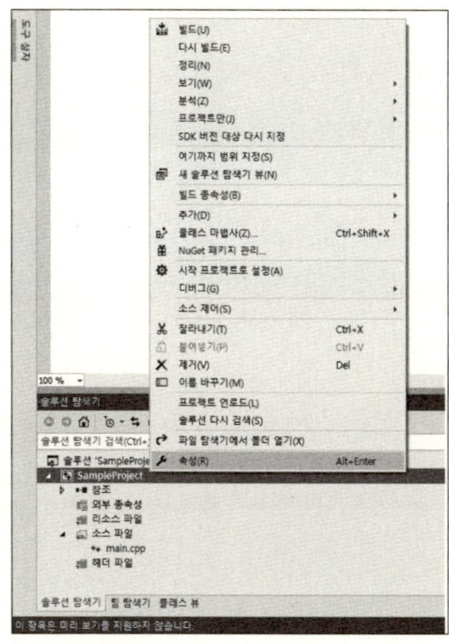

[그림 2.17] 프로젝트 속성

[구성 속성]→[C/C++]→[코드 생성]을 열어 '런타임 라이브러리'에서 선택된 항목을 확인합니다 (그림 2.18). 디버그 설정의 기본값은 '멀티스레드 디버그 DLL(/MDd)', Release 설정에서는 '멀티스레드 DLL(/MD)'로 설정되어 있습니다. 괄호 안의 표기는 /MDd, /MD, /MT, /MTd 중의 한가지이므로 MD가 붙어있는지 MT가 붙어있는지 확인합니다.

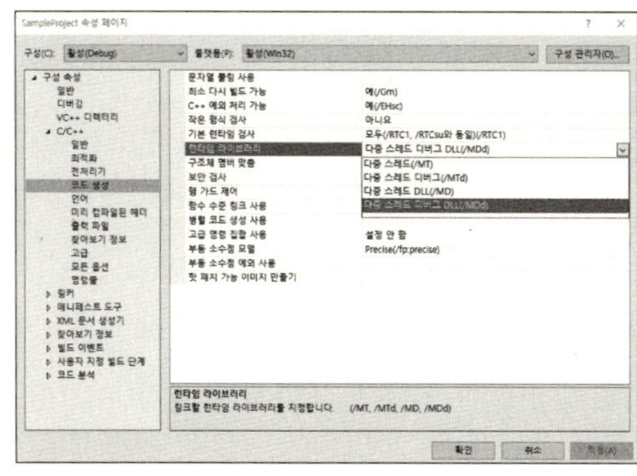

[그림 2.18] 속성 확인

드디어 인텔 RealSense SDK의 설정을 하게 됩니다. SDK 설정은 속성 파일에 정리되어 있으므로 속성 파일을 프로젝트에 추가합니다. 속성 파일은 [속성 관리자]에서 추가합니다. 속성 관리자는 기본 메뉴에는 표시되지 않으므로 [보기] 메뉴에서 [다른 창]→[속성 관리자]를 선택합니다(그림 2.19).

솔루션 탐색기의 탭 위치에 속성 관리자가 추가됩니다.

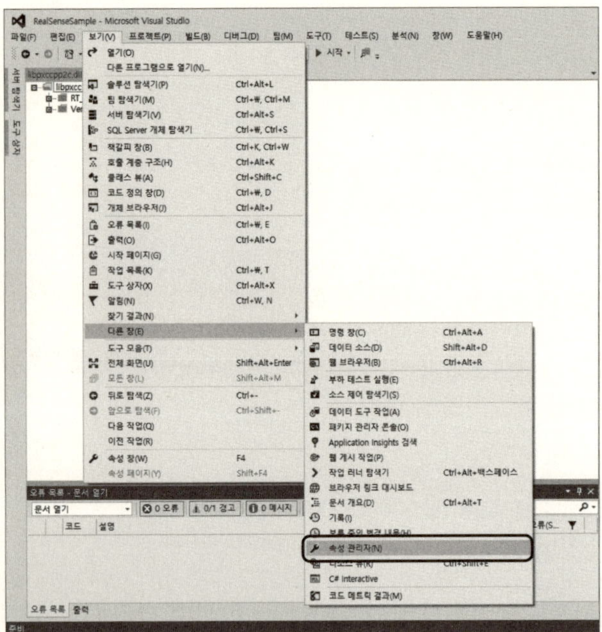

[그림 2.19] 속성 관리자 열기 메뉴

속성 관리자를 열어 '기존 속성 시트 추가'에서 속성 파일을 선택합니다(그림 2.20).

[그림 2.20] 속성 파일 추가

속성 파일은 설치 폴더(기본 위치: C:\Program Files (x86)\Intel\RSSDK) 아래의 [props] 폴더 이하에 있습니다(그림 2.21). MD와 MT가 붙는 2개의 파일이 있는데 프로젝트 설정(MD) 또는 (MT)에 맞추어 선택합니다.

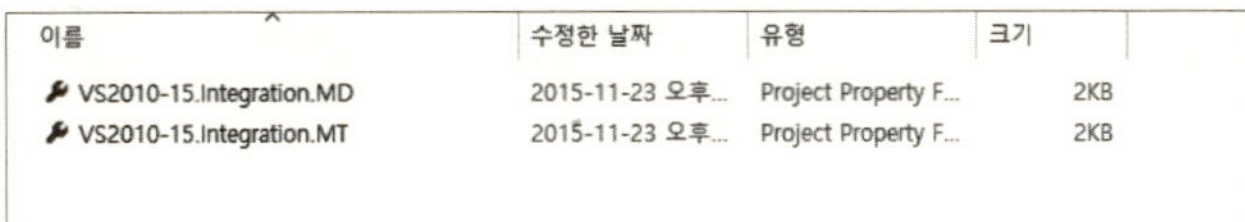

이름	수정한 날짜	유형	크기	
VS2010-15.Integration.MD	2015-11-23 오후...	Project Property F...	2KB	
VS2010-15.Integration.MT	2015-11-23 오후...	Project Property F...	2KB	

[그림 2.21] 인텔 RealSense SDK의 속성 파일

마지막으로 설정이 올바르게 되었는지, 간단한 코드를 작동해봅시다.

예제 2.1의 코드는 SDK의 버전을 표시할 샘플입니다.

예제 2.1 설정 확인용 코드

```cpp
// SampleProject.cpp.cpp : 콘솔 응용 프로그램에 대한 진입점을 정의합니다 .//

#include "stdafx.h"
#include <iostream>
#include "pxcsession.h"

void main()
{
    auto version = PXCSession_Create()->QueryVersion();

    std::cout << version.major << "." << version.minor << std::endl;
}
```

이것을 실행하면([디버그] 메뉴에서 [디버그하지 않고 시작]을 선택하거나 Ctrl + F5를 누름), [그림 2.22]와 같은 화면이 표시됩니다. 여기에는 R2를 나타내는 '4.0'이 표시됩니다.

빌드 에러 없이 이 화면이 표시되면 인텔 RealSense SDK 설정은 완료됩니다.

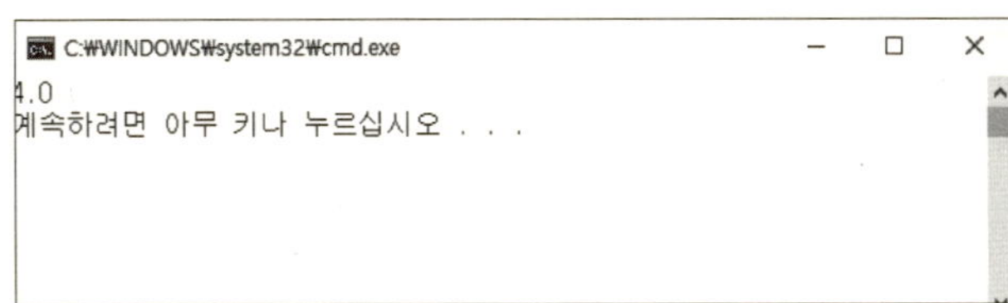

[그림 2.22] 실행 결과

마지막으로 OpenCV를 설정합니다. OpenCV는 컴퓨터 비전용의 라이브러리입니다.

비교적 간단히 이미지 표시가 가능하브로 이 책에서는 OpenCV를 이용하여 표시하도록 하겠습니다. OpenCV 설정 방법은 여러 가지가 있으나, 여기에서는 가장 간단한 방법을 설명하겠습니다. 솔루션 탐색기에서 프로젝트를 마우스 오른쪽 버튼을 클릭하여 [NuGet 패키지 관리]를 선택합니다(그림 2.23).

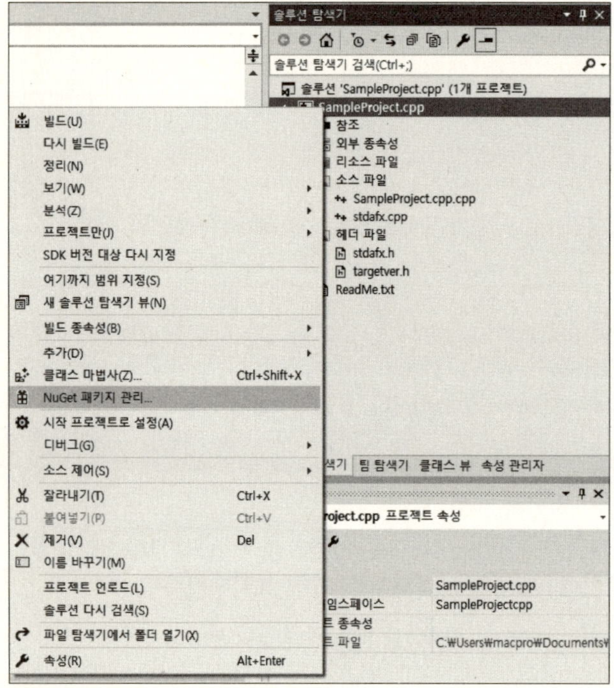

[그림 2.23] NuGet 패키지 관리 메뉴를 선택

왼쪽에서 [찾아보기]를 선택한 후, 검색 필드에 'opencv'를 입력하여 검색결과에 나오는 [OpenCV] 를 설치합니다(그림 2.24).

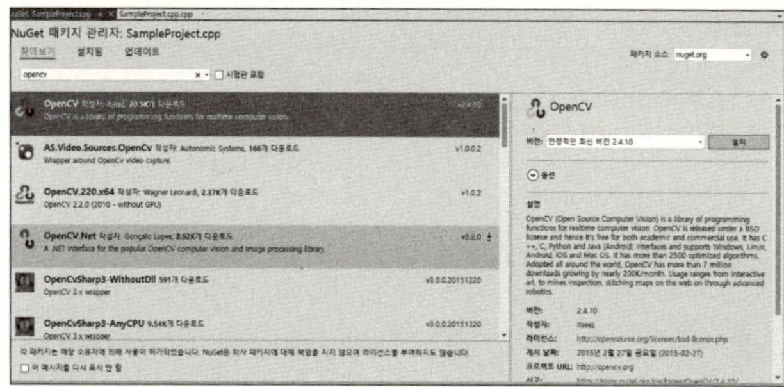

[그림 2.24] opencv 검색

이상으로 OpenCV 설정은 완료되고 이 책에서의 C++ 개발 환경도 준비 완료됩니다.

2-2-4 >> 프로젝트 상세 설정

이미 소개한 프로젝트 속성 설정 방법은 RealSense SDK에 포함된 속성 파일을 통한 방법입니다. 실제 개발에서 이 방법으로 문제는 없으나 속성 파일로 무엇을 설정하고 있는지를 파악해두면 좋을 것입니다.

상세한 내용은 웹문서의 Configuring Project Settings[2]를 참조합니다.

2-2-5 >> C++의 코드 템플릿

이 책의 Part 2(Chapter 4~7)의 코드는 여기에서 설명할 템플릿을 기본으로 생성하였습니다. 이 템플릿에 각각의 기능을 추가하였습니다.

◆ main 함수

main 함수는 RealSenseApp 클래스라고 하는 응용 프로그램 클래스를 선언하고 초기화 (initialize) 및 실행(run)을 합니다. 인텔 RealSense SDK의 기능은 RealSense App 클래스에 구현되어 있습니다.

---

2) https://software.intel.com/sites/landingpage/realsense/camera-sdk/v1.1/documentation/html/index.html?devguide_project_settings.html

예제 2.2 main 함수(C++)

```cpp
void main()
{
    try {
        RealSenseApp app;
        app.initialize();
        app.run();
    }
    catch (std::exception& ex) {
            std::cout << ex.what() << std::endl;
    }
}
```

◆ RealSenseApp 클래스

RealSenseApp 클래스는 인텔 RealSense SDK의 기능 샘플을 위한 클래스입니다. 설명을 위하여 기능 단위로 함수화 하였으며 재사용이 가능하게 되어 있습니다. 이 코드 템플릿에서는 컬러 이미지를 표시하는 기능이 포함되어 있습니다. SDK 자체에 대한 상세사항은 컬러 이미지 항목에서 설명하겠으며, 여기에서는 큰 흐름에 관해서만 설명하겠습니다.

◆ 변수 선언

인텔 RealSense SDK의 모든 기능을 제공하는 PXCSenseManager를 표시하기 위한 cv::Mat를 선언합니다. 그 외에 기능마다 클래스가 있으면 선언됩니다. 컬러 및 Depth(사용시)의 해상도 정수도 여기에서 선언합니다.

예제 2.3 RealSenseApp 클래스의 변수 선언(C++)

```cpp
cv::Mat colorImage;
PXCSenseManager* senseManager = nullptr;


const int COLOR_WIDTH = 640;
const int COLOR_HEIGHT = 480;
const int COLOR_FPS = 30;


// const int COLOR_WIDTH = 1920;
// const int COLOR_HEIGHT = 1080;
// const int COLOR_FPS = 30;
```

◆ initialize( )

초기화 함수입니다. 인텔 RealSense SDK에서 사용하는 기능의 초기화를 실행합니다.

예제 2.4 초기화 함수(C++)

```cpp
void initialize()
{
  // SenseManager 생성
  senseManager = PXCSenseManager::CreateInstance();
  if (senseManager == nullptr) {
    throw std::runtime_error("SenseManager 생성에 실패하였습니다");
  }
  // 컬러 스트림을 활성화합니다
  auto sts = senseManager->EnableStream(
    PXCCapture::StreamType::STREAM_TYPE_COLOR,
    COLOR_WIDTH, COLOR_HEIGHT, COLOR_FPS);
  if (sts<PXC_STATUS_NO_ERROR) {
    throw std::runtime_error(" 컬러 스트림 활성화에 실패했습니다");
  }
  // 파이프 라인을 초기화
  sts = senseManager->Init();
  if (sts<PXC_STATUS_NO_ERROR) {
    throw std::runtime_error(" 파이프 라인의 초기화에 실패했습니다");
  }
  // 미러 표시
  senseManager->QueryCaptureManager()->QueryDevice()->SetMirrorMode(
    PXCCapture::Device::MirrorMode::MIRROR_MODE_HORIZONTAL);
}
```

◆ run( )

메인루프입니다. 데이터 업데이트와 표시를 실행합니다. 이후의 설명은 기본적으로 코드를 그대로 실행합니다. 기능마다 처리가 변동하는 것은 데이터 업데이트의 updateFrame( )과 데이터 표시의 showImage( )입니다.

예제 2.5 메인 루프(C++)

```cpp
void run()
{
  // 메인루프
  while (1) {
    // 프레임 데이터 업데이트
    updateFrame();

    // 표시
    auto ret = showImage();
    if (!ret) {
        break;
    }
  }
}
```

◆ updateFrame( )

　프레임마다 데이터 업데이트를 합니다. 여기에서부터 컬러와 Depth 등 개별 데이터의 업데이트
를 합니다.

예제 2.6 프레임마다 업데이트 처리(C++)

```cpp
void updateFrame()
{
    // 프레임 가져오기
    auto sts = senseManager->AcquireFrame(false);
    if (sts < PXC_STATUS_NO_ERROR) {
        return;
    }

    // 프레임 데이터 가져오기
    const PXCCapture::Sample* sample = senseManager->QuerySample();
    if (sample != nullptr) {
        // 각 데이터를 표시
        updateColorImage(sample->color);
    }

    // 프레임 릴리즈
    senseManager->ReleaseFrame();
}
```

◆ showImage( )

데이터의 표시를 처리합니다. 표시하는 데에는 OpenCV를 사용합니다. 응용 프로그램을 종료할 때에는 OpenCV의 키 입력기능을 사용합니다.

예제 2.7 데이터의 표시 처리(C++)

```cpp
// 이미지 표시하기
bool showImage()
{
  // 표시
  cv::imshow("Color Image", colorImage);
  int c = cv::waitKey(10);
  if ((c == 27) || (c == 'q') || (c == 'Q')) {
    // ESC || q || Q for Exit
    return false;
  }

  return true;
}
```

◆ Destructor(소멸자)

SDK의 종료 처리를 합니다. C++에서는 Release( )를 호출합니다.

예제 2.8 종료 처리(C++)

```cpp
RealSenseApp()
{
  if (senseManager != nullptr) {
    senseManager->Release();
  }
}
```

2-3 C#에서의 개발환경 구축

C#을 이용한 개발 프로젝트 생성 순서를 설명하겠습니다. 이 책에서는 WPF 응용 프로그램으로 개발합니다.

2-3-1 ▶▶ 프로젝트의 생성

가장 먼저 프로젝트를 생성합니다. 이번에는 WPF 응용 프로그램 프로젝트를 생성합니다.

Visual Studio 2015를 실행하고 [파일] 메뉴에서 [새로 만들기]→[프로젝트]를 선택합니다(그림 2.25).

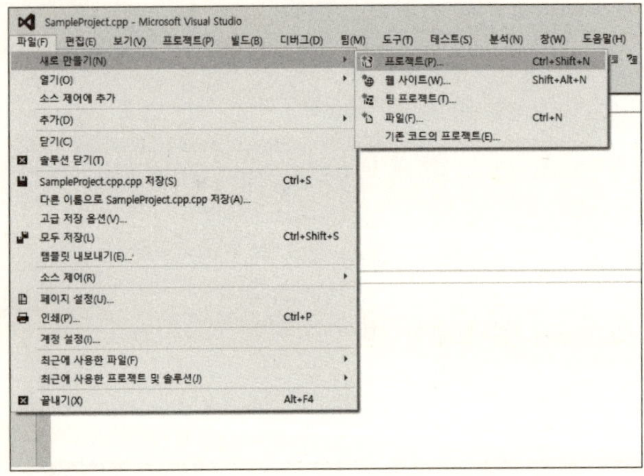

[그림 2.25] 프로젝트 생성

표시되는 [새 프로젝트] 대화상자(그림 2.26)에서 왼쪽 목록에 있는 템플릿에서 [Visual C#]를 선택하고(그림에서 ❶), 중앙에 표시되는 목록에서 [WPF 응용 프로그램]을 선택합니다(그림에서 ❷). NET프레임 워크의 버전은 4.0 이상을 선택합니다(그림에서 ❸).

프로젝트명 및 프로젝트 생성위치를 확인하고 [확인]을 클릭합니다. 여기에서는 프로젝트명을 'SampleProjectCS'로 합니다.

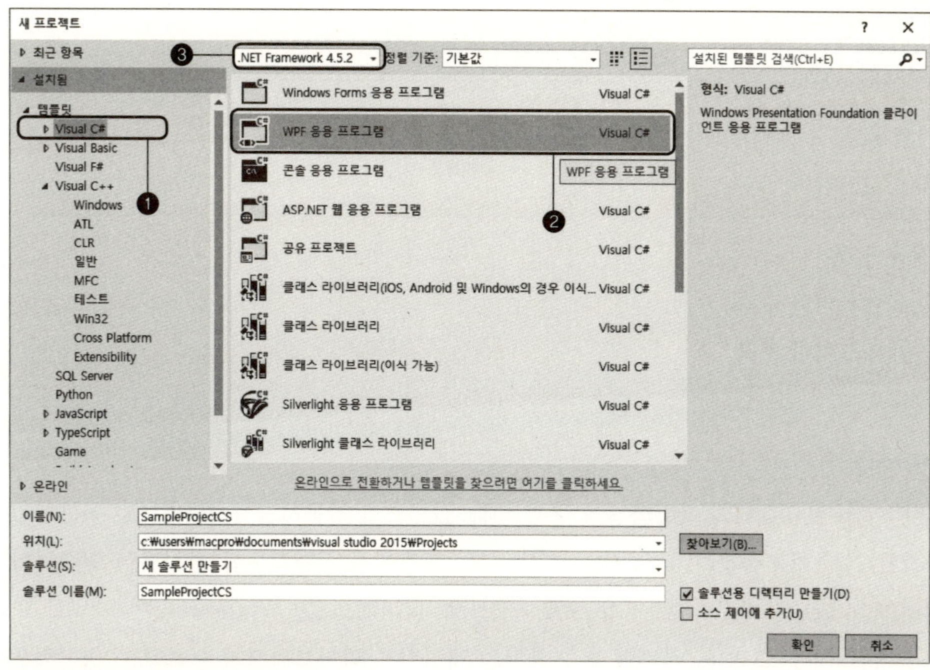

[그림 2.26] 생성할 프로젝트를 선택

[그림 2.27]과 같은 화면이 표시되면 프로젝트 생성은 완료된 것입니다.

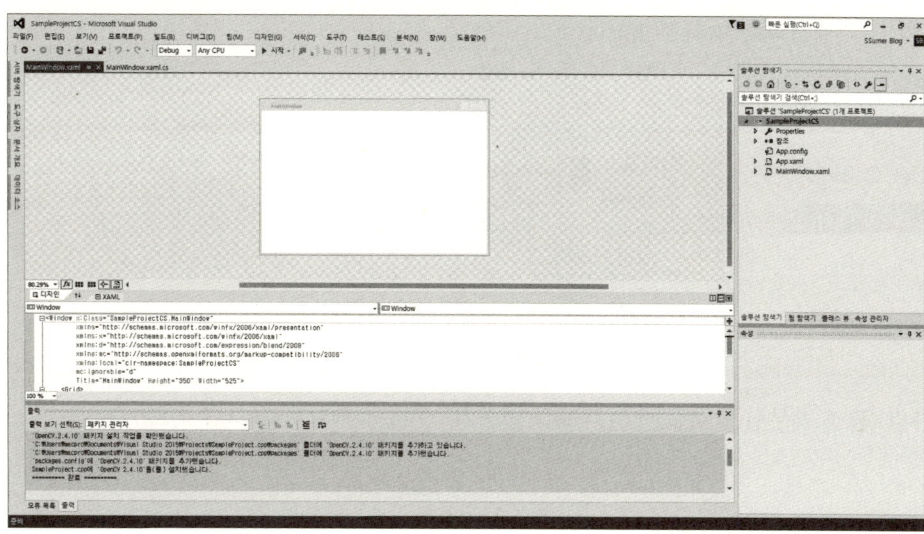

[그림 2.27] 생성된 프로젝트

다음으로 인텔 RealSense SDK의 설정을 합니다.

순서는 아래와 같습니다.

1. 실행 플랫폼 선택
2. 관리되는 라이브러리 추가
3. 네이티브 라이브러리 추가

◆ 실행 플랫폼 선택

　실행 플랫폼은 응용 프로그램의 작동환경을 뜻하는데, 32비트로 작동시킬지, 64비트로 작동시킬지에 관한 설정입니다. 기본설정은 'Any CPU'이며 모든 환경에서 실행되도록 설정되어 있습니다(32비트 버전의 Windows라면 32비트 응용 프로그램으로, 64비트 버전 Windows라면 32비트 또는 64비트로 실행됩니다). 그러나, 플랫폼과 호환되는 네이티브 라이브러리가 다르므로 명시적으로 어느 환경에서 실행할지 선택할 필요가 있습니다. 선택 기준으로서는 64비트 OS만으로 실행한다면 64비트, 32비트 OS에서도 실행한다면 32비트를 선택합니다.

　그렇다면 플랫폼의 설정방법에 관하여 설명합니다. 시작버튼 옆에 있는 [Debug]의 ■를 클릭하고 '구성 관리자'를 선택합니다(그림 2.28).

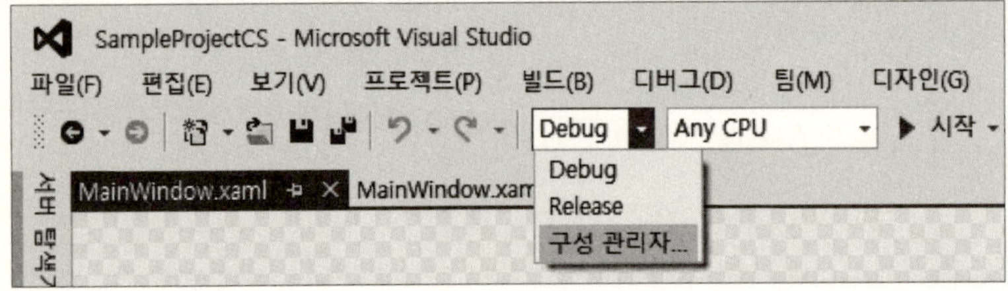

[그림 2.28] 플랫폼 선택

구성 관리자의 [활성 솔루션 플랫폼]에서 '〈새로 만들기…〉'을 선택합니다(그림 2.29).

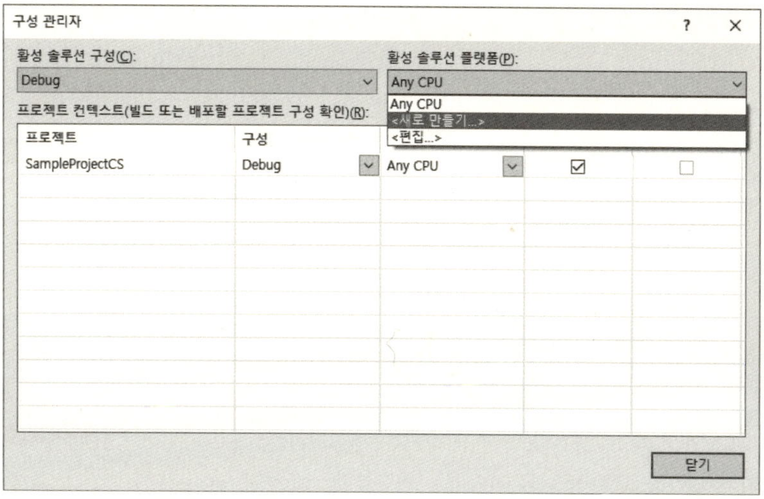

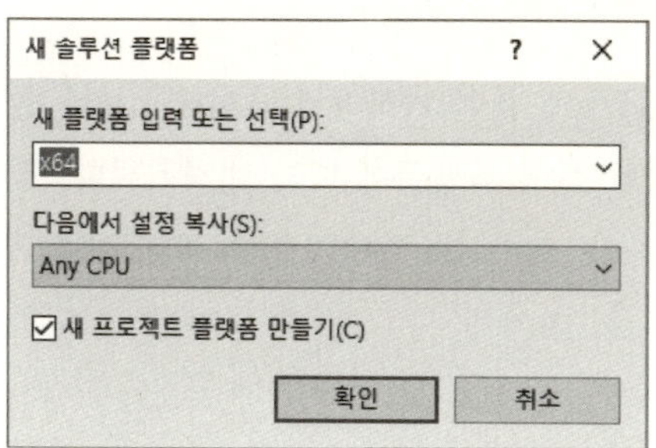

[그림 2.29] 플랫폼 신규 생성

64비트 버전에서 생성할 경우에는 'x64'가 그대로 선택된 상태에서 [확인]을 클릭합니다.

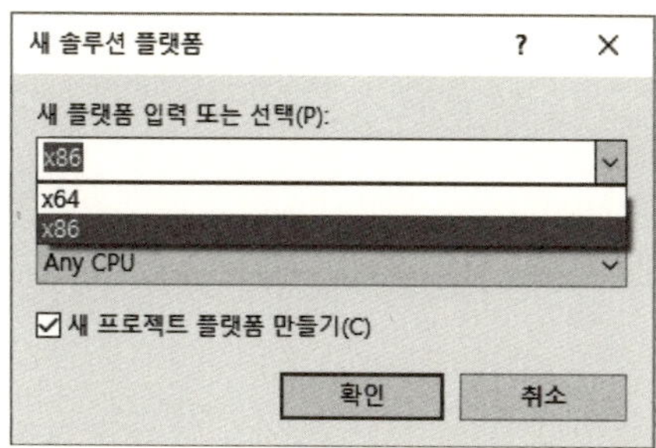

[그림 2.30] 64비트 버전의 응용 프로그램 설정

32비트 버전으로 할 경우에는 [새 플랫폼 입력 또는 선택] 항목에서 'x86'을 선택하고 [확인]을
클릭합니다(그림 2.31).

[그림 2.31] 32비트 버전의 응용 프로그램 설정

[구성 관리자]로 돌아와서 [활성 솔루션 플랫폼]이 'x64' 또는 'x86'으로 변경되면 완료된 것입니다(그림 2.32).

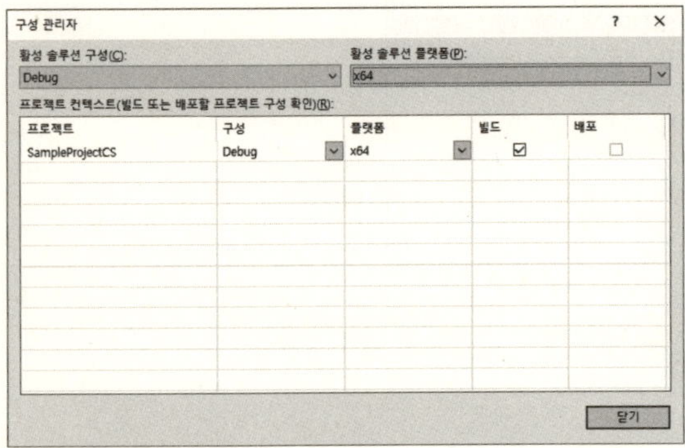

[그림 2.32] 생성할 플랫폼 선택

◆ 관리되는 라이브러리 추가

계속하여 관리되는 라이브러리를 추가합니다. 이것은 C# 또는 VB 등 관리되는 환경의 인터페이스를 제공하는 라이브러리입니다.

관리되는 라이브러리는 libpxcclr.cs.dll 이름으로 RSSDK₩bin 폴더 이하에 있습니다. [bin] 폴더에는 'win32'와 'x64'의 2개의 폴더가 있으며 앞에서 설정한 실행 플랫폼에 따라 변경됩니다. 실행 플랫폼을 32비트(x86)로 한 경우에는 [win32] 폴더 이하의 libpxcclr.cs.dll를 64비트(x64)로 한 경우에는 [x64] 폴더 이하의 libpxcclr.cs.dll를 추가합니다. 여기에서는 64비트(x64)를 선택하였기 때문에 [x64] 폴더 이하의 libpxcclr.cs.dll를 추가합니다.

먼저 프로젝트의 [참조]를 마우스 오른쪽 버튼을 클릭하여 [참조 추가]를 선택합니다(그림 2.33).

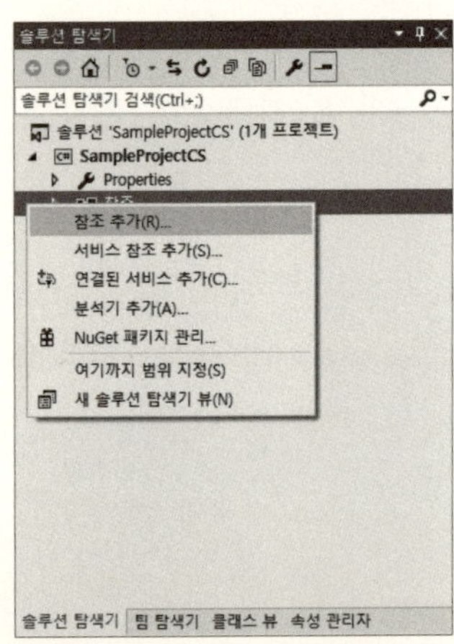

[그림 2.33] 라이브러리에 참조 파일을 추가

표시되는 [참조 관리자] 화면에서 [찾아보기]를 클릭합니다(그림 2.34).

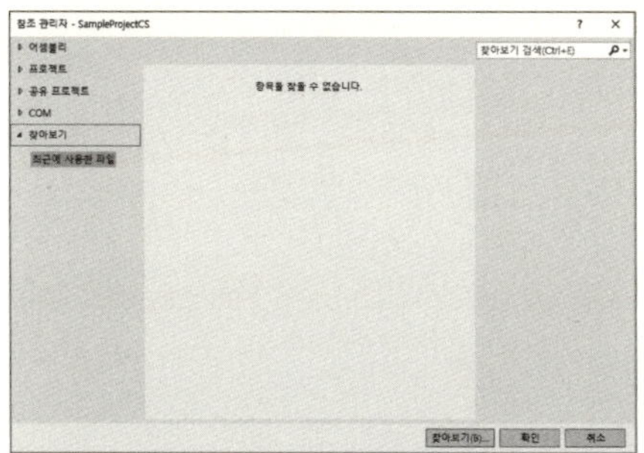

[그림 2.34] 수동으로 라이브러리를 추가

'C:₩Program Files(x86)₩Intel₩RSSDK₩bin₩x64에 있는 libpxcclr.cs.dll'을 선택합니다 (그림 2.35).

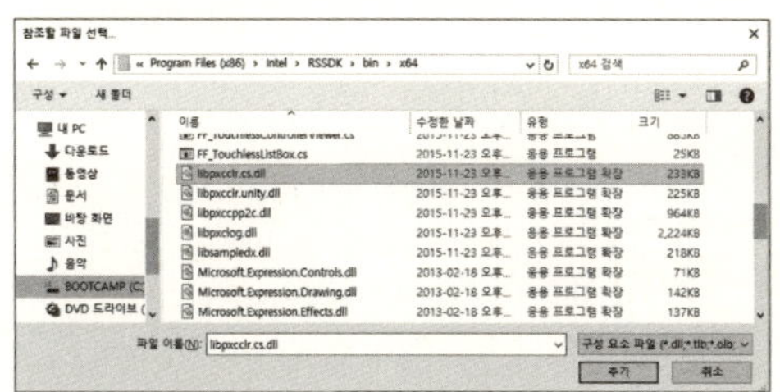

[그림 2.35] libpxcclr.cs.dll 파일을 추가

◆ 네이티브 라이브러리 추가

계속하여 네이티브 라이브러리를 추가합니다. 추가된 라이브러리는 프로그램에서 직접 참조하는 것이 아니라 방금 설정한 libpxcclr.cs.dll이 네이티브 기능에 접근하기 위한 호출용 라이브러리입니다.

네이티브 라이브러리는 libpxccpp2c.dll 이름으로 설치되며, libpxcclr.cs.dll과 같이 실행 플랫폼에 따라 win32 또는 x64를 선택합니다. 여기에서는 x64를 선택합니다.

네이티브 라이브러리는 프로그램에서 직접 참조하는 것이 아니므로 프로젝트 자체에 추가합니다.

프로젝트를 마우스 오른쪽 버튼을 클릭하여 [추가]→[기존 항목] 메뉴를 차례로 선택합니다(그림 2.36).

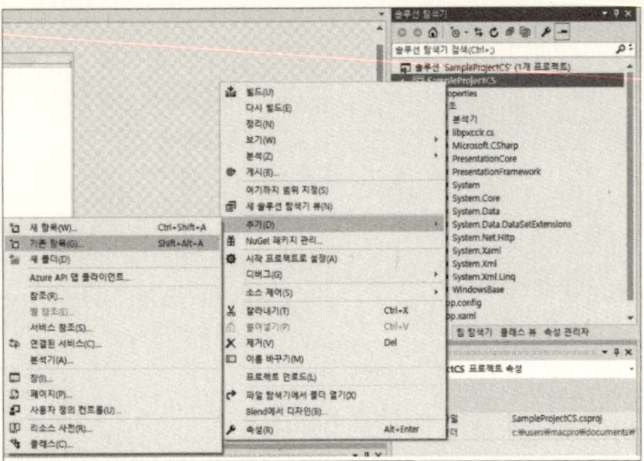

[그림 2.36] 네이티브 라이브러리 추가

파일 종류를 모든 파일(*.*)로 변경합니다(그림 2.37).

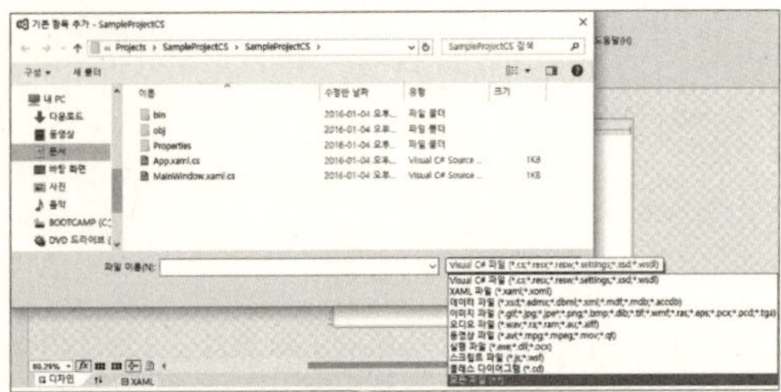

[그림 2.37] 파일 선택의 필터 변경

[C:\Program Files(x86)\Intel\RSSDK\bin\x64] 폴더에 있는 'libpxccpp2c.dll'를 선택합니다(그림 2.38).

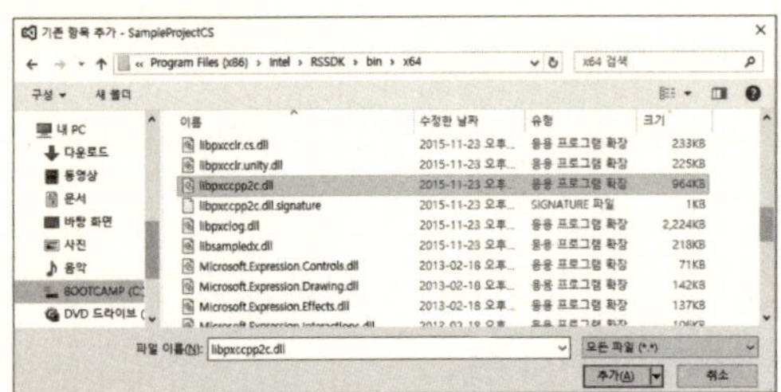

[그림 2.38] libpxccpp2c.dll 파일을 선택한다.

프로젝트에 libpxccpp2c.dll이 추가됩니다. libpxccpp2c.dll은 실행 파일과 같은 위치의 libpxcclr.cs.dll에서 호출되므로 실행 파일이 있는 위치에 동일하게 배치해야 합니다. 그러므로 추가한 'libpxccpp2c.dll'을 마우스 오른쪽 버튼을 클릭하여 [속성]을 선택합니다(그림 2.39).

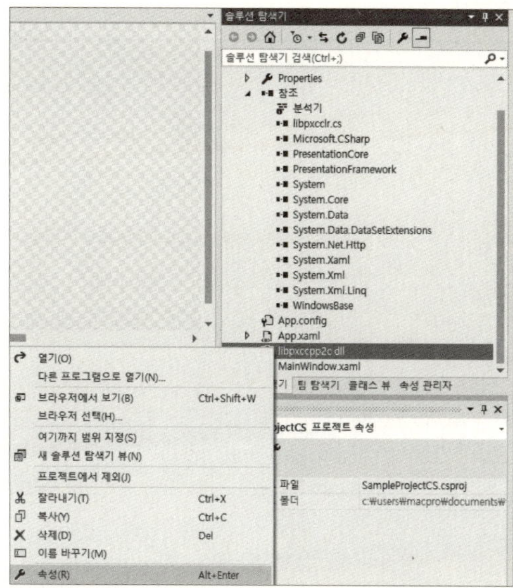

[그림 2.39] libpxccpp2c.dll 의 속성 변경

　[고급]의 '출력 디렉토리에 복사'를 '새 버전이면 복사'로 변경합니다(그림 2.40). 이렇게 설정함으로서 필요에 따라 libpxccpp2c.dll 파일이 실행 파일 위치로 복사됩니다.

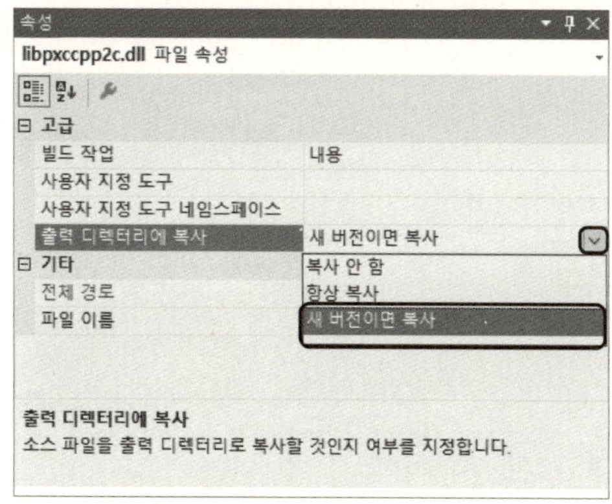

[그림 2.40] 빌드할 때 libpxccpp2c.dll이 실행 파일의 위치로 복사

◆ 실행 확인

　설정은 여기까지입니다. 실제로 설정에 문제 없는지, 간단한 프로그램에서 확인합니다. **예제 2.9**의 코드는 SDK의 버전을 표시하는 샘플입니다.

```csharp
using System;
using System.Collections.Generic;
using System.Linq;
using System.Text;
using System.Windows;
using System.Windows.Controls;
using System.Windows.Data;
using System.Windows.Documents;
using System.Windows.Input;
using System.Windows.Media;
using System.Windows.Media.Imaging;
using System.Windows.Navigation;
using System.Windows.Shapes;

namespace SampleProjectCS
{
    /// <summary>
    /// MainWindow.xaml 에 대한 상호 작용 논리
    /// </summary>
    public partial class MainWindow : Window
    {
        public MainWindow()
        {
            InitializeComponent();

            // 여기서부터 추가

            var version = PXCMSession.CreateInstance().QueryVersion();
            MessageBox.Show(string.Format("{0}.{1}", version.major, version.minor));
        }
    }
}
```

이것을 실행하여 [그림 2.41]의 화면이 표시되면 인텔 RealSense SDK의 설정은 완료된 것입니다.

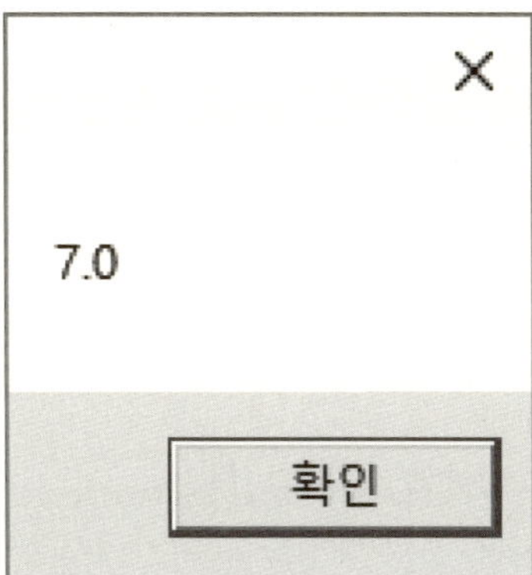

[그림 2.41] 실행 결과

2-3-3 ▶▶ C#의 코드 템플릿

이 책의 Part 2(Chapter 4~7)의 코드는 여기에서 설명하는 WPF 응용 프로그램의 템플릿을 기본으로 생성하였으며 부수적인 기능들도 추가하였습니다.

◆ **화면(XAML)**

화면에는 이미지 표시를 위한 Image와 손가락 위치 등을 표시하는 Canvas로 구성됩니다. 이미지 표시만 처리한다면 Image만 있으면 됩니다. 또한 초기화 및 종료 처리를 위해 Loaded 이벤트 및 Unloaded 이벤트를 추가하였습니다. 이 이벤트는 코드 부분에서 사용합니다.

예제 2.10 화면 코드(C#)

```xml
<Window x:Class="RealSenseSample.MainWindow"
        xmlns="http://schemas.microsoft.com/winfx/2006/xaml/presentation"
        xmlns:x="http://schemas.microsoft.com/winfx/2006/xaml"
        Title="MainWindow" Height="350" Width="525"
        Loaded="Window_Loaded"
        Unloaded="Window_Unloaded"
        >
    <Grid>
        <Image x:Name="ImageColor" />
        <Canvas x:Name="CanvasPoint" />
    </Grid>
</Window>
```

Part 2에서 MainWindow.xaml.cs에 모든 코드를 생성하였습니다. 보다 실무적인 생성 방법에 관해서는 'Chapter 9 Visual Studio로 만드는 응용 프로그램'을 참조합니다. Chapter 9에서는 MVVM 패턴에서의 응용 프로그램 개발에 관해 설명하였습니다.

• 변수 선언

인텔 RealSense SDK의 모든 기능을 제공하는 PXCMSenseManager를 선언합니다.

그 외에 기능마다 클래스가 있으면 선언됩니다. 컬러 및 Depth(사용시)의 해상도도 여기에서 선언합니다.

예제 2.11 변수 선언(C#)

```csharp
PXCMSenseManager senseManager;

const int COLOR_WIDTH = 640;
const int COLOR_HEIGHT = 480;
const int COLOR_FPS = 30;

// const int COLOR_WIDTH = 1920;
// const int COLOR_HEIGHT = 1080;
// const int COLOR_FPS = 30;
```

• Window_Loaded( )

윈도우를 로드할 때 초기화 및 주기적 처리를 등록합니다. CompositionTarget.Rendering은 WPF의 표시 주기(대략 1초간에 50에서 60회)에 맞추어 이벤트 핸들러를 호출합니다. 이 타이밍에 인텔 RealSense SDK의 데이터를 업데이트 합니다.

또한, 이벤트 구동형으로도 기술 가능하지만 주기적 처리가 간단하므로 이를 선택합니다.

예제 2.12 윈도우를 로드할 때 초기화 및 주기적 처리 등록(C#)

```csharp
private void Window_Loaded(object sender, RoutedEventArgs e)
{
    Initialize();

    CompositionTarget.Rendering += CompositionTarget_Rendering;
}
```

• Initialize( )

인텔 RealSense SDK에서 사용하는 기능(function)을 초기화합니다.

예제 2.13 기능(function) 초기화(C#)

```csharp
private void Initialize()
{
    try
    {
        // SenseManager 를 생성
        senseManager = PXCMSenseManager.CreateInstance();

        // 컬러 스트림을 활성화
        senseManager.EnableStream(PXCMCapture.StreamType.STREAM_TYPE_COLOR,
            COLOR_WIDTH, COLOR_HEIGHT, COLOR_FPS);

        // 파이프 라인 초기화
        pxcmStatus ret = senseManager.Init();
        if (ret < pxcmStatus.PXCM_STATUS_NO_ERROR)
        {
            throw new Exception("초기화에 실패하였습니다");
        }

        // 미러 표시
        senseManager.QueryCaptureManager().QueryDevice().SetMirrorMode(
            PXCMCapture.Device.MirrorMode.MIRROR_MODE_HORIZONTAL);
    }
    catch (Exception ex)
    {
        MessageBox.Show(ex.Message);
        Close();
    }
}
```

• CompositionTarget_Rendering( )

WPF의 표시 업데이트 주기에서 호출되는 핸들러입니다. 여기에서 프레임 당 데이터를 업데이트하여 컬러와 Depth 등 개별 데이터를 업데이트합니다.

예제 2.14 프레임 당 데이터 업데이트 및 개별 데이터 업데이트 처리(C#)

```csharp
Void CompositionTarget_Rendering(object sender, EventArgs e)
{
    try
    {
        // 프레임 가져오기
        var ret = senseManager.AcquireFrame(false);
        if (ret < pxcmStatus.PXCM_STATUS_NO_ERROR)
        {
            return;
        }

        // 프레임 데이터 검색
        PXCMCapture.Sample sample = senseManager.QuerySample();
        UpdateColorImage(sample.color);

        // 프레임 릴리즈
        senseManager.ReleaseFrame();
    }
    catch(Exception ex)
    {
        MessageBox.Show(ex.Message);
        Close();
    }
}
```

• Uninitialize( )

SDK를 종료 처리합니다. C#에서는 Dispose( )를 호출합니다.

예제 2.15 종료 처리(C#)

```csharp
private void Uninitialize()
{
    if (senseManager != null)
    {
        senseManager.Dispose();
        senseManager = null;
    }
}
```

Unity에 의한 개발 준비

여기에서는 Unity의 개발환경을 구축하고 보조 도구까지 설치하는 순서를 설명하도록 하겠습니다. Unity 자체는 Windows 이외의 환경에서도 실행되지만, 인텔 RealSense SDK에서의 개발과 실행할 수 있는 것은 오직 Windows 환경뿐입니다.

3-1 Unity의 설치

우선 Unity를 다운로드하여 설치하는 순서를 설명하겠습니다. 이 책에서는 Unity 5.3을 사용하기로 합니다.

3-1-1 ▶▶ Unity 다운로드

Unity는 Unity의 웹사이트(http://unity3d.com/kr)에서 다운로드 가능합니다(그림 3.1).

이 책에서는 Unity5의 Personal Edition(64bit)으로 설명하겠습니다.

홈화면에서 다운로드 페이지로 이동합니다.

다운로드 페이지에서 [Personal Edition]의 다운로드 페이지로 이동합니다(그림 3.2).

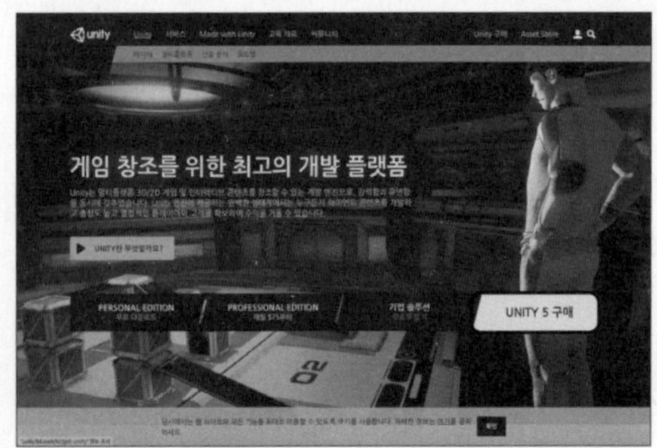

[그림 3.1] Unity 웹사이트

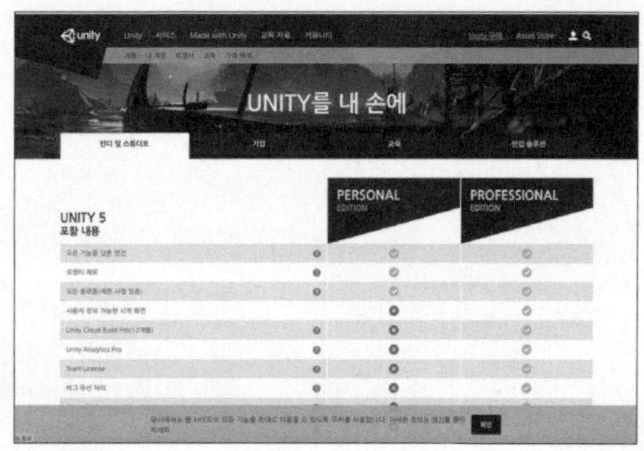

[그림 3.2] 다운로드 페이지

[설치 프로그램 다운로드]을 클릭하여 Unity의 설치 프로그램을 다운로드합니다(그림 3.3).

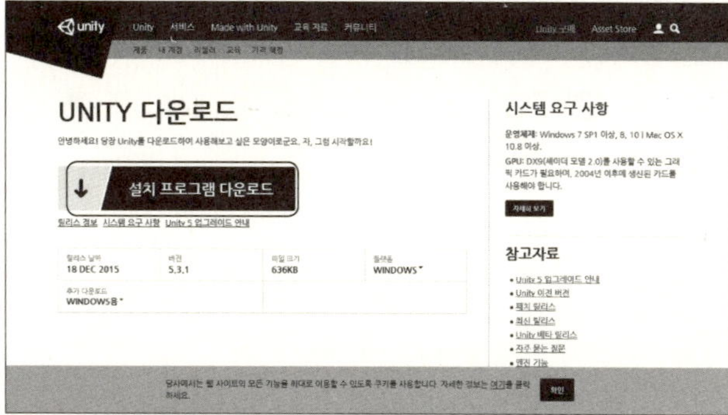
[그림 3.3] Unity 다운로드 페이지

3-1-2 >> Unity 설치

다운로드 한 UnityDownloadAssistant.exe 설치 프로그램을 실행합니다(그림 3.4).

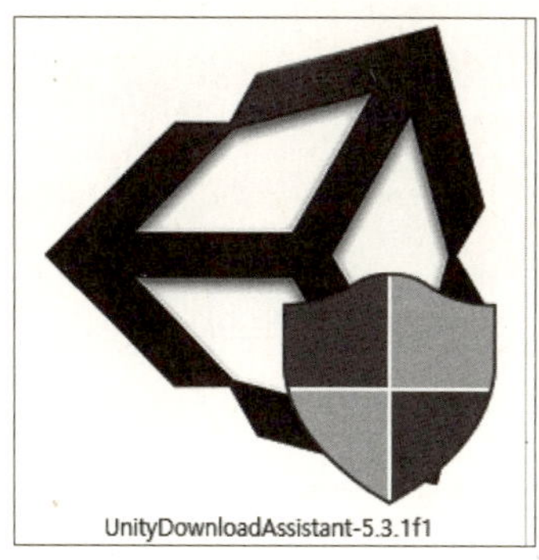

[그림 3.4] Unity의 설치 프로그램

Windows의 사용자 계정 컨트롤 대화상자가 표시되는 경우에는 [예]를 선택합니다(그림 3.5).

[그림 3.5] 사용자 계정 컨트롤 대화상자

이후에는 화면의 지시에 따라서 설치를 진행합니다(그림 3.6).

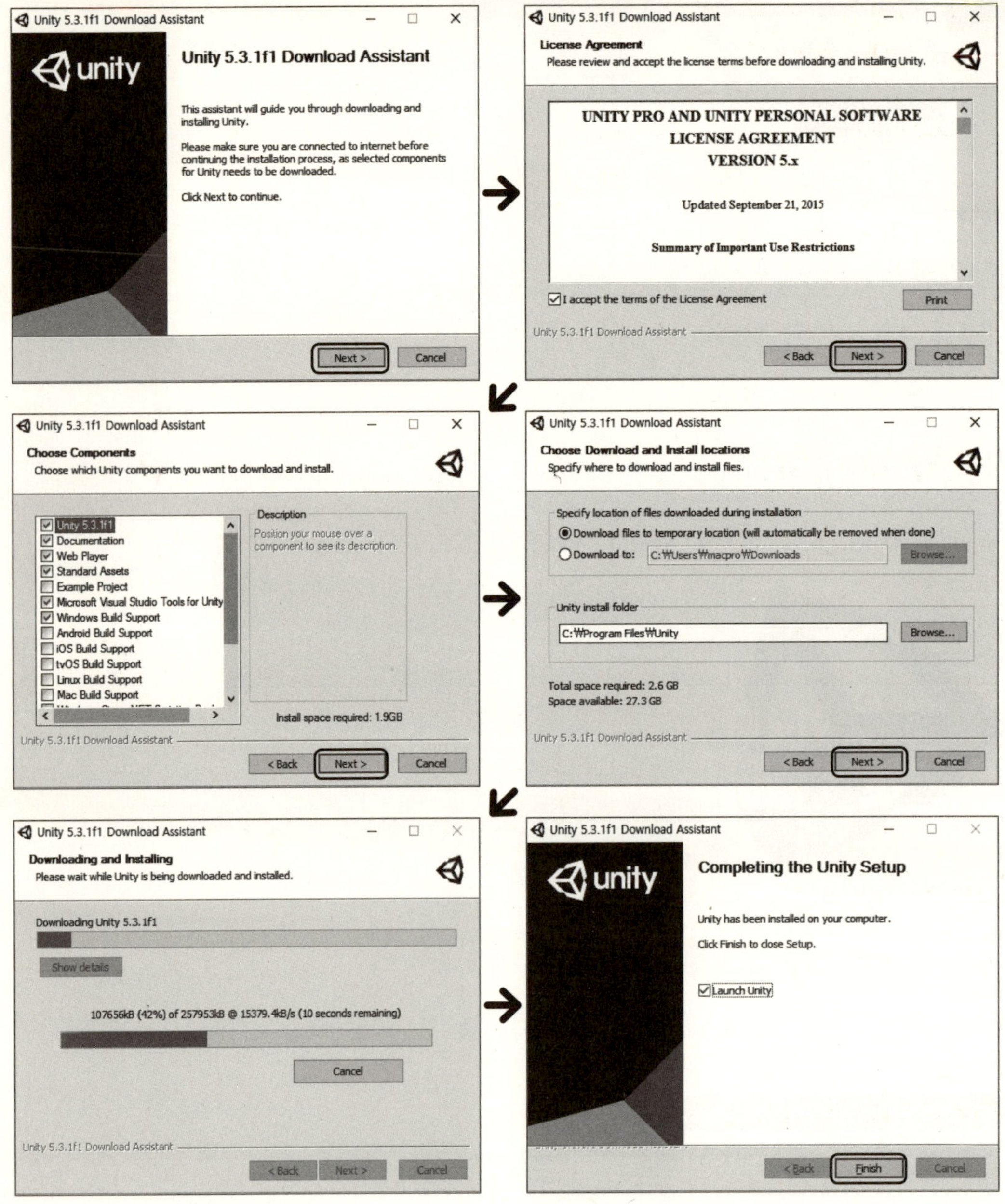

[**그림 3.6**] Unity의 설치

이상으로 Unity의 설치가 완료되었습니다.

 Chapter 3 Unity에 의한 개발 준비

Visual Studio 2015 Tools for Unity 설치

Unity에는 표준 코드 에디터(Mono Develop)가 갖추어져 있으나 코드 편집에 Visual Studio를 사용할 수도 있습니다. Visual Studio를 사용하면 표준 Mono Develop 보다도 강력한 코드 편집 기능을 이용할 수 있습니다. 여기에서는 Unity와 동기화된 디버그 지원, Unity의 GameObject로 특화한 코드 편집 지원 등이 추가되는 Visual Studio 2015 Tools for Unity(이하 VSTU)를 설치하는 방법에 관하여 설명하도록 하겠습니다 (Unity 5.2 이상 버전은 자체적으로 VSTU가 내장되어 있으므로 별도로 설치할 필요 없습니다). 이 책에서는 Visual Studio Community 2015를 기반으로 설명하기 때문에 아직 Visual Studio를 설치하지 않은 경우에는 2.1 Visual Studio의 설치를 참조하여 설치합니다.

3-2-1 ≫ Visual Studio 2015 Tools for Unity 다운로드

Unity 5.2 미만 사용자이거나 Unity 5.2 이상 버전을 설치할 때 Visual Studio Tools for Unity 항목을 제외했다면, Microsoft의 Visual Studio 기능 확장 프로그램을 소개하는 웹사이트에서 Visual Studio 2015 Tools for Unity(구글 검색에서 'Visual Studio 2015 Tools for Unity'를 검색하면 빠르게 다운로드 페이지로 접속할 수 있습니다)를 다운로드합니다(그림 3.7).

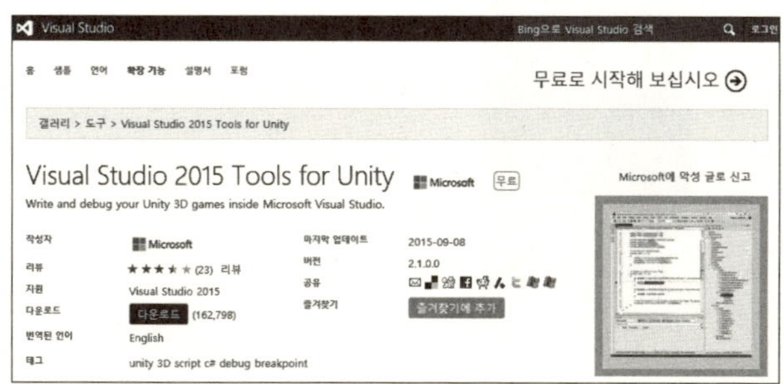

[그림 3.8] Visual Studio 2015 Tools for Unity의 설치 프로그램

[그림 3.7] Visual Studio 2015 Tools for Unity의 다운로드 페이지

다운로드한 vstu2015.msi 설치 프로그램을 실행합니다(그림 3.8).

설치화면의 License Agreement 단계에서 [I accept terms in the License Agreement] 항목
에 체크 표시하고 [Install]을 클릭합니다. 사용자 계정 컨트롤 대화상자가 표시된 경우에는 [예]를
선택합니다.

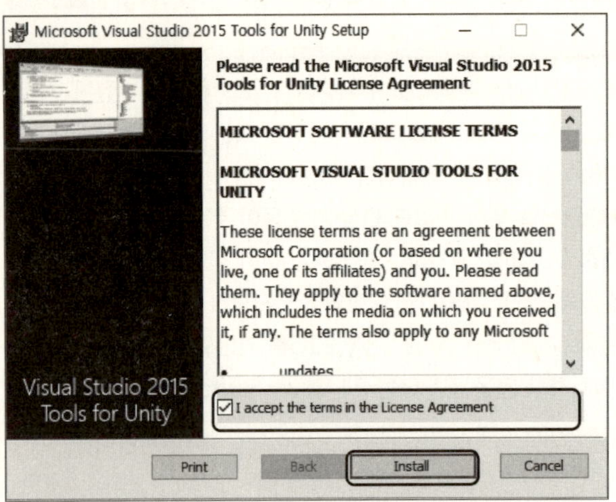

[그림 3.9] Visual Studio 2015 Tools for Unity의 설치 ①

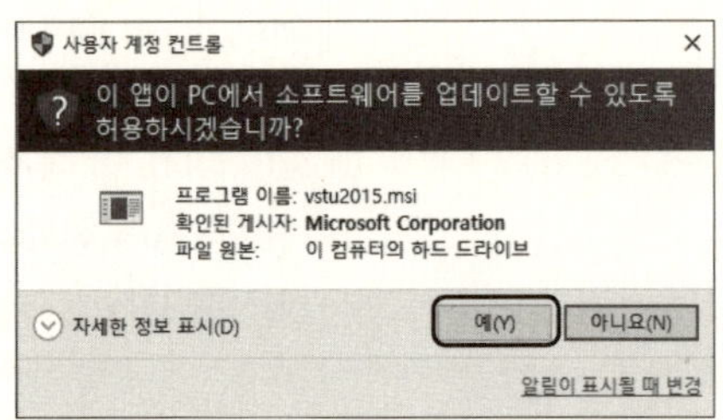

[그림 3.10] 사용자 계정 컨트롤 대화상자

이하, 화면의 지시에 따라 설치를 진행합니다(그림 3.11).

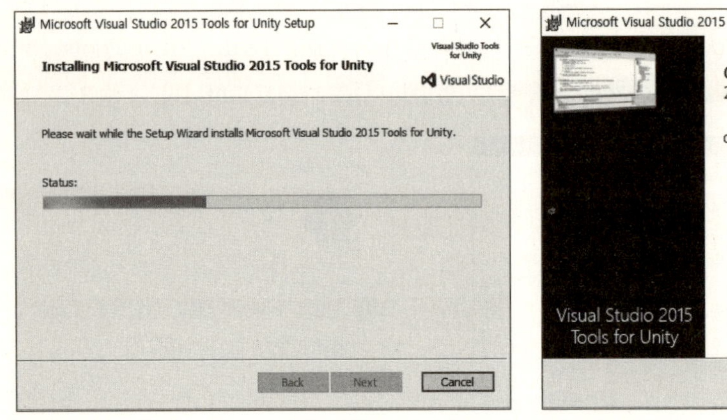

[그림 3.11] Visual Studio 2015 Tools for Unity의 설치 ②

이상으로 Visual Studio 2015 Tools for Unity의 설치가 완료되었습니다.

  Chapter 3 Unity에 의한 개발 준비

3-3   Unity의 초기 설정

Unity를 사용하려면 라이선스를 활성화해야 합니다. 또한, Unity를 이용하여 인텔 RealSense SDK를 이용한 개발을 하기 위해서는, Unity 5.x 버전은 일정한 조건하에서 무료인 Personal Edition을 사용할 수 있으나 Unity 4 버전(4.6.3p1 이후를 제외)은 Pro 라이선스가 필요합니다.

3-3-1 >> Unity 라이선스 등록

라이선스를 등록하지 않은 상태에서 Unity를 실행하면 Unity 계정에 로그인하고 라이선스를 활성화 할 수 있는 대화상자가 표시됩니다(그림 3.12). 만약 계정이 없다면 로그인 대화상자의 'create Project' 링크를 클릭하여 새로 생성합니다. Unity 계정으로 로그인하면 유료로 구입한 Pro 라이선스(Professional Edition) 또는 Personal Edition의 라이선스를 선택할 수 있습니다. 이 책에서는 무료로 이용 가능한 Personal Edition으로 활성화를 합니다.

[Unity 5 Personal Edition]를 선택하여 'I hereby confirm..'에 체크한 후 [OK]를 클릭합니다. 이후에는 화면의 지시에 따라 라이선스를 활성화합니다.

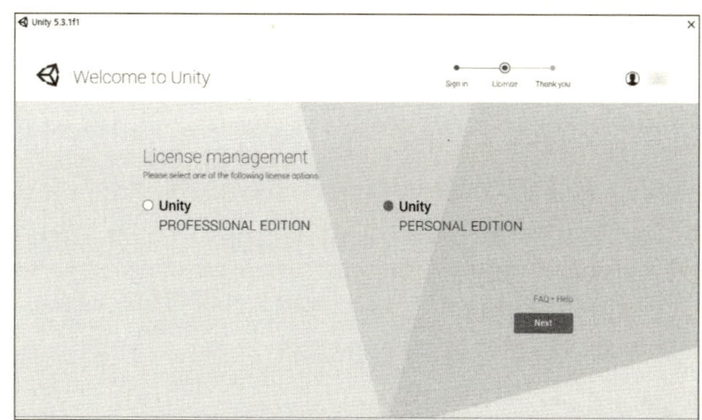

[**그림 3.12**] Unity의 라이선스 활성화 화면

이상으로 Unity 설치가 완료됩니다.

3-4 Unity에서의 개발환경 구축

Unity에서의 인텔 RealSense SDK 개발 환경 구축 순서에 관해 설명하도록 하겠습니다.

3-4-1 >> 프로젝트의 생성

Unity의 프로젝트를 생성합니다. Unity를 실행하고 [New Project] 버튼을 클릭하거나, 대화상자 오른쪽 위의 [New] 메뉴를 클릭한 후 새로운 프로젝트를 생성합니다(그림 3.13).

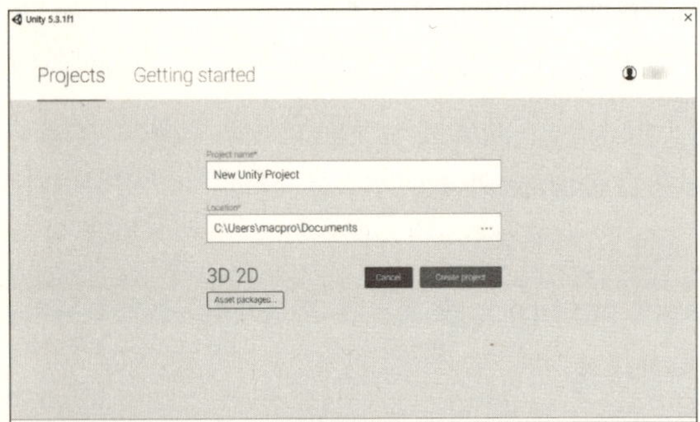

[그림 3.13] Unity 프로젝트의 신규 생성

Unity 5.2 미만 버전 사용자 중 코드 편집에 Visual Studio 2015 Tools for Unity(이하 VSTU)를 이용하고자 한다면 다음 경로의 파일을 더블클릭하여 패키지를 프로젝트에 포함시킵니다(Unity 5.2 이상 버전은 자동으로 VSTU 설치 유무를 확인하고, 이미 설치되어 있으면 VSTU를 기본 코드 편집 에디터로 설정합니다. 기본 편집 코드 에디터는 [Edit]→[Preferences]→[External Tools]→[External Script Editor] 항목에서 확인할 수 있습니다).

```
C:\Program Files(x86)\Microsoft Visual Studio Tools for Unity\2015\Visual
Studio 2015 Tools.unitypackage
```

3-4-2 >> 인텔 RealSense SDK의 설정

Unity 프로젝트에서 인텔 RealSense SDK를 이용할 수 있도록 설정합니다.

◆ 인텔 RealSense SDK Unity Toolkit 설치

인텔 RealSense SDK에는 Unity에서 손쉬운 이용이 가능하도록 Unity 패키지 형식으로 툴킷(SDK Unity Toolkit)이 제공됩니다. SDK Unity Toolkit은 다음과 같은 방법으로 Unity 프로젝트에 포함시킬 수 있습니다.

Unity의 [Assets] 메뉴를 클릭하고 [Import Package]→[Custom Package…] 메뉴를 차례로 선택합니다(그림 3.14).

기본 위치에 인텔 RealSense SDK를 설치한 경우에는 'C:\Program Files(x86)\Intel\RSSDK\framework\Unity\RSUnityToolkit.unitypackage'를 선택하여 [열기]를 클릭합니다.

프로젝트에 포함될 패키지 내용물을 확인하고 [Import]를 클릭합니다(그림 3.15).

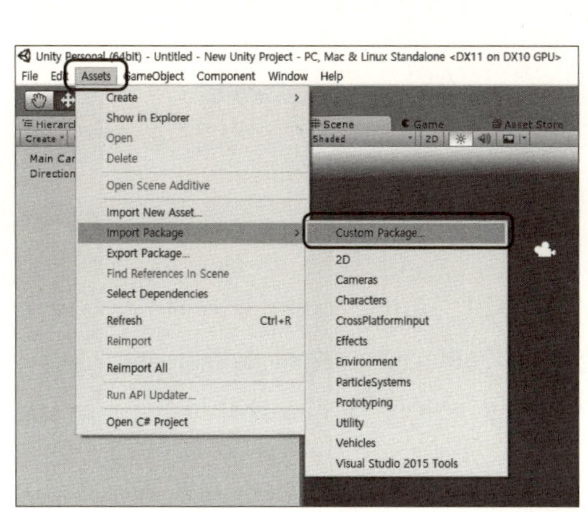

[그림 3.14] 사용자 패키지를 프로젝트에 포함시키기

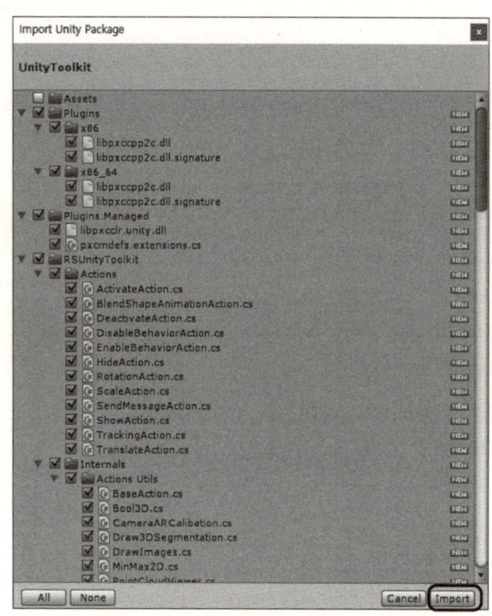

[그림 3.15] 패키지 내용 표시

프로젝트의 업그레이드 확인 대화상자가 표시되면 [I Made a Backup, Go Ahead!]를 선택합니다(그림 3.16).

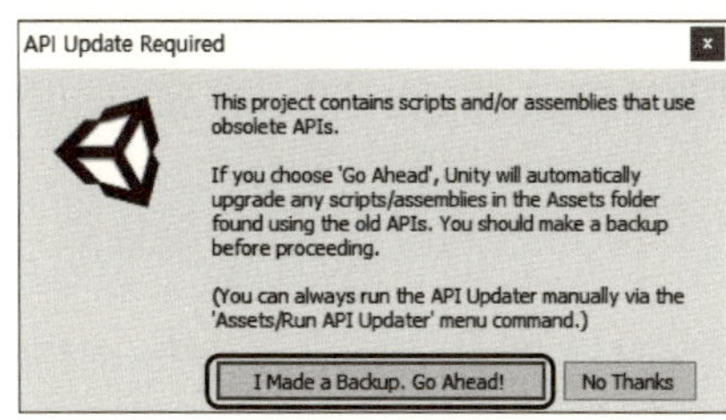

[그림 3.16] 프로젝트 업그레이드 확인 대화상자

프로젝트에 패키지가 모두 정상적으로 포함되었다면 SDK Unity Toolkit의 설치는 완료됩니다 (그림 3.17).

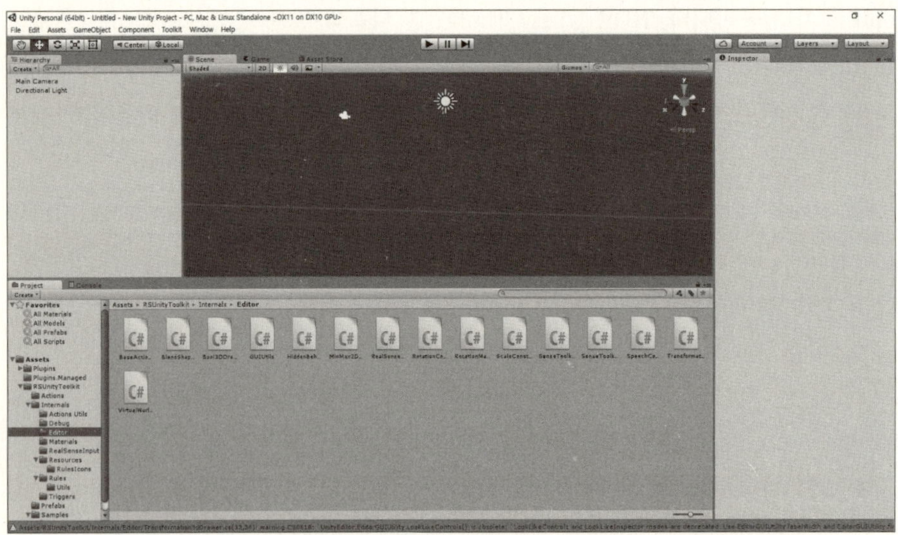

[그림 3.17] Unity 개발환경 구축 완료

◆ 64비트용 파일 배치

인텔 RealSense SDK R5(버전 7)이상 버전에 포함된 SDK Unity Toolkit을 프로젝트에 포함 시키면 Unity 플랫폼에 따라 자동으로 32비트 또는 64비트의 DLL 파일이 포함됩니다. 그러나 RealSense SDK R2 이하 버전을 사용중이라면 기본적으로 32비트 DLL 파일이 포함되므로, 64 비트 버전의 Unity에서는 에러가 발생합니다.

이러한 문제를 해결하기 위해서는 다음과 같이 프로젝트 폴더 내의 플러그인 폴더 재구성하고 DLL 파일을 재배치합니다. 폴더 생성 및 파일 이동은 Unity 내에서의 하는 것이 아니라 파일 탐색 기에서 합니다.

1. Assets￦Plugins￦x86 폴더를 생성합니다.
2. Assets￦Plugins￦libpxccpp2c.dll와 Assets￦Plugins￦libpxccpp2c.dll.signature를 Assets￦Plugins￦x86 폴더로 이동합니다.
3. Assets￦Plugins￦x86_64 폴더를 생성합니다.
4. C:￦Program Files(x86)￦Intel￦RSSDK￦bin￦x64에 있는 libpxccpp2c.dll과 libpxccpp2c.dll.signature를 Assets￦Plugins￦ x86_64에 복사합니다.

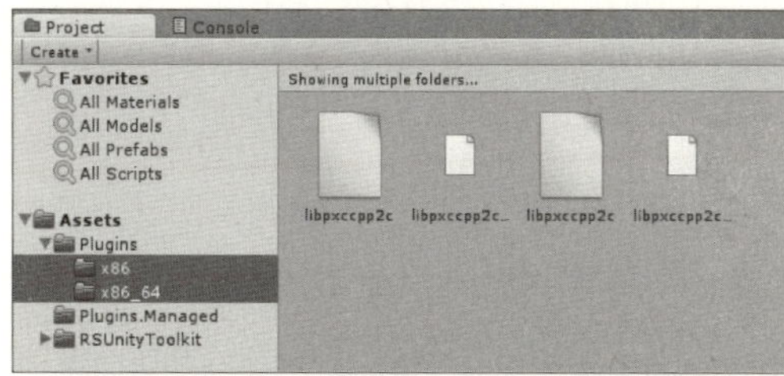

[그림 3.18] 64비트 버전의 DLL 파일 재배치

◆ 작동 확인

설정이 제대로 되었는지 확인해봅니다. Unity의 [Project] 윈도우의 [RSUnityToolkitPrefabs] 에 있는 [Debug Viewer] 항목을 [Hierarchy] 윈도우로 드래그&드롭합니다(그림 3.19).

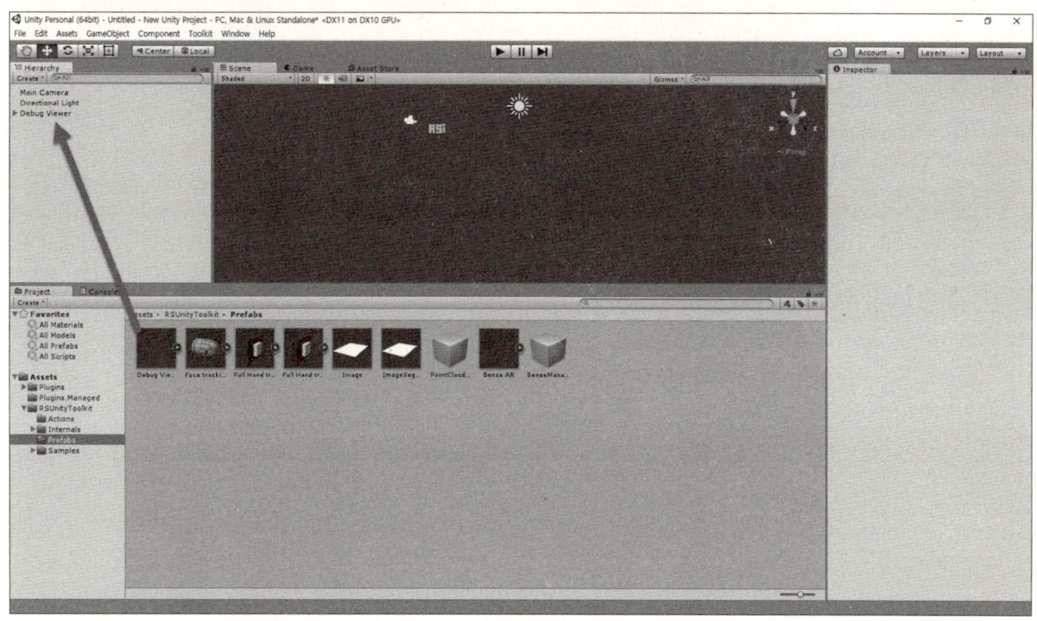

[그림 3.19] Debug Viewer 배치

프로그램을 실행합니다. [Game] 윈도우에 Depth 데이터 이미지와 감지한 손의 위치에 GameObject가 표시된다면 설정은 완료된 것입니다(그림 3.20).

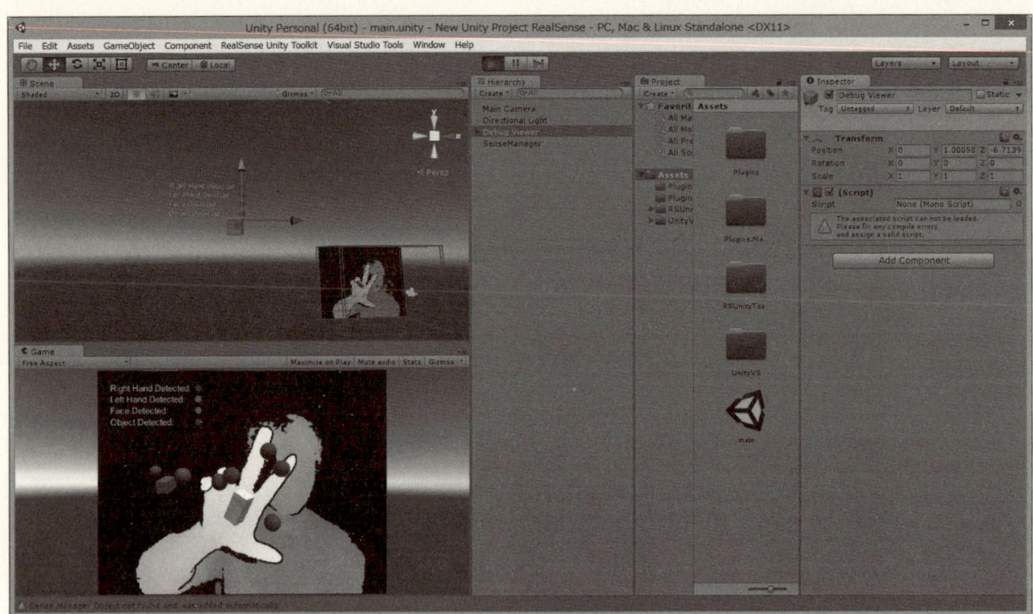

[그림 3.20] 처음으로 Unity 프로젝트 실행

인텔 RealSense SDK의 사용

여기서부터는 인텔 RealSense SDK가 지닌, 기본적인 함수를 소개하겠습니다.

이 함수들은 조합하여 사용하는 것도 가능합니다.

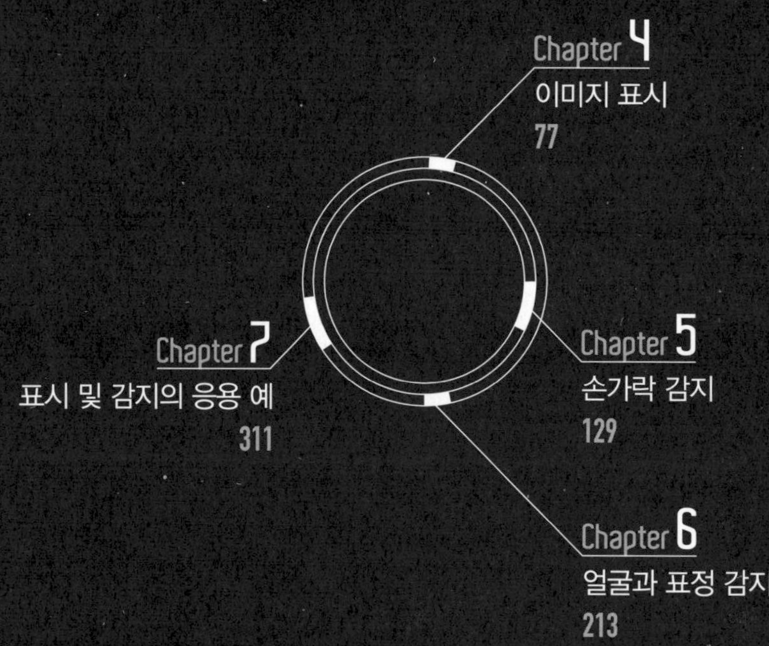

Chapter 4

이미지 표시

인텔 RealSense SDK에서 처리할 수 있는 이미지 데이터는 컬러(RGB), Depth the, IR(적외선)의 3종류입니다. 컬러는 컬러 카메라에서 입력되는 이미지입니다. Depth는 거리 데이터를 그레이 스케일화 한 이미지와 거리 데이터 자체를 이미지 데이터로서 가져올 수 있습니다. IR은 적외선 카메라로부터 입력되는 그레이 스케일 이미지로 거리 감지의 기반이 됩니다.

4-1 컬러 이미지

컬러 이미지는 컬러 카메라에서 입력되는 이미지입니다. 해상도와 프레임 재생률 (FPS)을 지정하는 것도 가능합니다.

4-1-1 >> 입력되는 컬러 이미지

컬러 이미지는 Web 카메라 등에서 입력되는 일반적인 이미지입니다. 배경 합성과 제스처 조작을 할 때 실행 화면에서 사용자를 표시하는 화면으로서 사용할 수 있으며 그 외에 이미지 처리에서도 이용 가능합니다.

4-1-2 >> 컬러 이미지 표시

먼저 컬러 이미지를 가져오고 이를 표시하는 코드에 관하여 설명하겠습니다. 이미지를 가져오는 방법은 컬러, Depth, IR과 데이터 포맷, 해상도, 프레임 재생률(FPS)이 각각 다르지만 순서는 거의 같습니다.

큰 흐름은 다음과 같습니다.

1. 초기화 처리
   (i) 사용할 스트림과(얼굴 감지 등의) 함수를 활성화합니다.
   (ii) SDK를 초기화합니다.
   (iii) 스트림과 함수를 설정합니다.
2. 데이터 업데이트 처리
   (i) 스트림과 함수의 데이터를 업데이트, 이용, 표시한다.
3. 종료 처리
   (i) SDK를 종료합니다.

◆ 실행 결과【샘플 프로그램 : CH4-1】

본 프로그램을 실행하면 컬러 카메라 이미지가 표시됩니다.

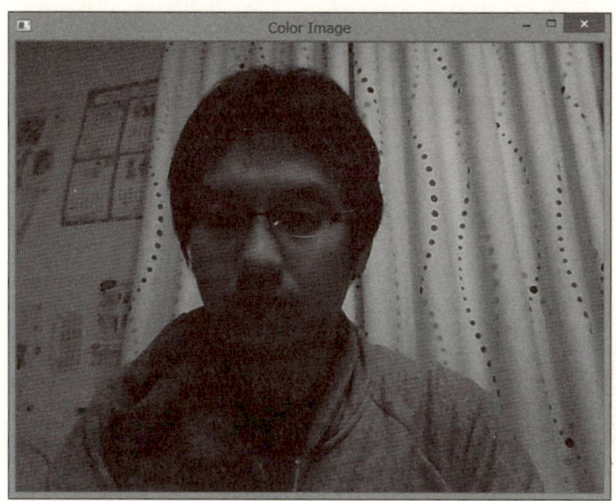

[**그림 4.1**] 컬러 이미지 표시

◆ 변수 선언

인텔 RealSense SDK의 모든 함수를 제공하는 PXC(M)SenseManager[1] 및 컬러 이미지 해상도를 선언합니다.

C++에서는 표시하기 위해 cv::Mat를 선언합니다.

예제 4.1 컬러 이미지 표시를 위한 변수 선언(C++)

```cpp
cv::Mat colorImage;
PXCSenseManager* senseManager = nullptr;


const int COLOR_WIDTH = 640;
const int COLOR_HEIGHT = 480;
const int COLOR_FPS = 30;


// const int COLOR_WIDTH = 1920;
// const int COLOR_HEIGHT = 1080;
// const int COLOR_FPS = 30;
```

C#에서는 XAML(**예제 4.2**)에서 화면에 이미지를 표시하기 위해 Image를 두었습니다. 또한 초기화 및 종료 처리용으로 Loaded 이벤트 및 Unloaded 이벤트를 추가하였습니다.

---

1) C++에서는 PXCSenseManager, C#에서는 PXCMSenseManager(M은 Managed의 M)로 되어 있다. 따라서 이 책에서는 PXC(M)
SenseManager라는 표기를 사용하고 있다.

코드 숨김(예제 4.3)에서 인텔 RealSense SDK의 모든 함수를 제공하는 PXCMSenseManager
와 이미지의 해상도를 선언합니다.

예제 4.2 컬러 이미지 표시를 위한 변수 선언(C# XAML)

```
<Window x:Class="RealSenseSample.MainWindow"
            xmlns="http://schemas.microsoft.com/winfx/2006/xaml/
presentation"
        xmlns:x="http://schemas.microsoft.com/winfx/2006/xaml"
        Title="MainWindow" Height="350" Width="525"
        Loaded="Window_Loaded"
        Unloaded="Window_Unloaded"
        >
    <Grid>
        <Image x:Name="ImageColor" />
    </Grid>
</Window>
```

예제 4.3 컬러 이미지 표시를 위한 변수 선언(C# 코드 숨김)

```
PXCMSenseManager senseManager;

const int COLOR_WIDTH = 640;
const int COLOR_HEIGHT = 480;
const int COLOR_FPS = 30;

// const int COLOR_WIDTH = 1920;
// const int COLOR_HEIGHT = 1080;
// const int COLOR_FPS = 30;
```

계속하여 초기화 처리입니다.

예제 4.4 컬러 이미지 표시의 초기화(C++)

```cpp
void initialize()
{
  // SenseManager 생성
  senseManager = PXCSenseManager::CreateInstance();              ❶
  if (senseManager == nullptr) {
    throw std::runtime_error("SenseManager 생성 실패");
  }
  // 컬러 스트림 활성화
  pxcStatus sts = senseManager->EnableStream(
    PXCCapture::StreamType::STREAM_TYPE_COLOR,
    COLOR_WIDTH, COLOR_HEIGHT, COLOR_FPS);                       ❷
  if (sts<PXC_STATUS_NO_ERROR) {
    throw std::runtime_error("컬러 스트림 활성화 실패");
  }
  // 파이프 라인 초기화
  sts = senseManager->Init();                                   ❸
  if (sts<PXC_STATUS_NO_ERROR) {
    throw std::runtime_error("파이프 라인 초기화 실패");
  }
  // 미러 표시
  senseManager->QueryCaptureManager()->QueryDevice()->SetMirrorMode(
    PXCCapture::Device::MirrorMode::MIRROR_MODE_HORIZONTAL);    ❹
}
```

예제 4.5 컬러 이미지 표시의 초기화(C#)

```csharp
private void Initialize()
{
    // SenseManager 생성
    senseManager = PXCMSenseManager.CreateInstance();           ❶

    // 컬러 스트림 활성화
    pxcmStatus sts = senseManager.EnableStream(
        PXCMCapture.StreamType.STREAM_TYPE_COLOR,
        COLOR_WIDTH, COLOR_HEIGHT, COLOR_FPS);                   ❷
```

```
    if (sts < pxcmStatus.PXCM_STATUS_NO_ERROR)
    {
        throw new Exception("컬러 스트림 활성화 실패");
    }
    // 파이프 라인 초기화
    sts = senseManager.Init();                                              ➌
    if (sts < pxcmStatus.PXCM_STATUS_NO_ERROR){
        throw new Exception("초기화 실패");
    }
    // 미러 표시
    senseManager.QueryCaptureManager().QueryDevice().SetMirrorMode(          ➍
        PXCMCapture.Device.MirrorMode.MIRROR_MODE_HORIZONTAL);
}
```

PXC(M)SenseManager가 SDK의 핵심을 이루는 클래스이며 이전의 **PerC SDK**에서는 파이프 라인이라고 불리던 것입니다. 여기서부터 각 함수에 접근하겠습니다. PXC(M)SenseManager. CreateInstance()에서 인스턴스를 생성합니다(➊). 계속하여 PXC(M)SenseManager. EnableStream()에서 스트림을 활성화 합니다(➋). 여기에서는 컬러 이미지를 가져오기 때문에 PXC(M)Capture.StreamType.STREAM_TYPE_COLOR를 설정합니다.

PXC(M)Capture는 컬러와 Depth, IR 등의 이미지 데이터를 가져오기 위한 클래스입니다. EnableStream()에서는 이미지 종류별 외에 이미지 해상도(폭, 높이)와 프레임 재생률(FPS)를 설정합니다. 이 해상도와 프레임 재생률은 기기(device)에서 지원되는 사양에 따라 지정합니다.

이 지원 사양은 SDK에서 확인 가능하므로 그 방법에 관해서는 나중에 설명하도록 하겠습니다('4-4 기기(device)가 지원하는 포맷' 참조). 이번에는 첫부분에서 선언하였듯이 640×480 30FPS를 설정하였으나, 인텔 RealSense 3D 카메라를 사용하는 경우에는 1920×1080 30FPS까지 설정 가능합니다.

PXC(M)SenseManager.EnableXxxx()의 형태로 호출함에 따라 각 함수를 활성화합니다. 이것에는 [표 4.1]과 같은 종류가 있습니다.

수단	개요
Enable3DScan( )	3D 스캔
Enable3DSeg( )	세분화(배경 제거)
EnableEmotion( )	표정
EnableFace( )	얼굴
EnableHand( )	손, 손가락
EnableModule( )	추가, 자작 모듈
EnableStream( )	스트림(개별)
EnableStreams( )	멀티 스트림
EnableTouchlessController( )	비접촉 인터페이스
EnableTracker( )	물체 추적

계속하여 PXC(M)SenseManager.Init()에서 SDK를 초기화합니다(❸). Init()를 호출하기 전에 사용하고 싶은 함수를 설정해두도록 합니다.

Init()가 정상적으로 종료하면 각 함수의 속성을 설정합니다(❹). 여기서는 PXC(M)Sense Manager.QueryCaptureManager()에서 PXC(M)CaptureManager를 가져오고, PXC(M) CaptureManager.QueryDevice()에서 PXC(M)Capture.Device를 가져옵니다. 또한 PXC(M) Capture.Device.SetMirrorMode()에서 미러 모드를 설정합니다. 미러 모드는 가져올 이미지를 거울과 같이 반대로 회전시키는 설정이며 PXC(M)Capture.Device.MirrorMode. MIRROR_MODE_HORIZONTAL에서 수평(좌우)으로 반전하게 됩니다. 그 외에 Capture. DeviceMirrorMode에는 Capture.Device.MirrorMode.MIRROR_MODE_DISABLED가 있으며 이를 설정하면 미러 모드가 비활성화(반대로 회전하지 않음) 됩니다.

PXC(M)CaptureManager 등의 인스턴스는 PXC(M)SenseManager.Init()가 정상 종료했을 때에 생성됩니다. 그렇기 때문에 함수에 대한 각종 설정은 Init()의 호출 이후가 됩니다.

◆ 데이터의 업데이트 처리

데이터의 업데이트 처리는 프레임 전체 업데이트와 개별 함수의 업데이트를 수행합니다.

예제 4.6 컬러 이미지 표시의 프레임 데이터 업데이트(C++)

```cpp
void updateFrame()
{
  // 프레임 가져오기
  pxcStatus sts = senseManager->AcquireFrame(true);                    ➊
  if (sts < PXC_STATUS_NO_ERROR) {
    return;
  }


  // 프레임 데이터 가져오기
  const PXCCapture::Sample *sample = senseManager->QuerySample();      ➌
  if (sample != nullptr) {
    // 각 데이터 표시
    updateColorImage(sample->color);                                   ➍
  }


  // 프레임 해제
  senseManager->ReleaseFrame();                                        ➋
}
```

예제 4.7 컬러 이미지 표시의 프레임 데이터 업데이트(C#)

```csharp
void UpdateFrame()
    {
        // 프레임 가져오기
        pxcmStatus ret =  senseManager.AcquireFrame( true );           ➊
        if ( ret < pxcmStatus.PXCM_STATUS_NO_ERROR ) {
            return;
        }

        // 프레임 데이터 가져오기
        PXCMCapture.Sample sample = senseManager.QuerySample();        ➌
        if ( sample != null ) {
            // 각 데이터 표시
            UpdateColorImage( sample.color );                          ➍
        }

        // 프레임 해제
        senseManager.ReleaseFrame();                                   ➋
    }
```

먼저, 프레임의 업데이트는 PXC(M)SenseManager.AcquireFrame( )에서 합니다(❶). 인수에는 모드 모듈(함수)의 업데이트 처리가 끝날 때까지 기다릴 것인지 여부를 지정합니다.

true를 지정하면 모든 모듈의 업데이트를 기다리고, false를 지정하면 기다리지 않습니다. 컬러와 Depth에 따라, 업데이트 간격(프레임 재생률 : FPS)이 다르므로 설정에 따라 값을 변경합니다.

PXC(M)SenseManager.AcquireFrame( )을 하면 반드시 PXC(M)SenseManager.ReleaseFrame( )을 호출하여 프레임을 해제합니다(❷). ReleaseFrame( )을 호출할 때까지 다음의 프레임 처리는 할 수 없습니다.

프레임이 업데이트되면 각각의 함수 업데이트와 데이터 처리를 합니다. 여기에서는 컬러 이미지를 표시합니다. 이미지 데이터는 PXC(M)SenseManager.QuerySample( )에서 PXC(M)Capture.Sample 클래스로서 가져옵니다(❸). PXC(M)Capture.Sample 클래스에는 컬러, Depth, IR의 이미지 정보를 포함하고 있습니다. 이번에는 컬러 이미지 처리를 하길 원하므로 PXC(M)Capture.Sample.color(PXC(M)Image 클래스)를 사용하여 이미지를 표시합니다(❹).

계속하여 컬러 이미지 업데이트 처리를 합니다.

예제 4.8 컬러 이미지 업데이트(C++)

```cpp
void updateColorImage(PXCImage* colorFrame)
{
  if (colorFrame == nullptr) {
    return;
  }

  // 데이터 가져오기
  PXCImage::ImageData data;
  pxcStatus sts = colorFrame->AcquireAccess(
    PXCImage::Access::ACCESS_READ,
    PXCImage::PixelFormat::PIXEL_FORMAT_RGB32, &data);     // ❶
  if (sts < PXC_STATUS_NO_ERROR) {
    throw std::runtime_error("컬러 이미지 가져오기 실패");
  }

  // 데이터 복사
  PXCImage::ImageInfo info = colorFrame->QueryInfo();       // ❷

  colorImage = cv::Mat(info.height, info.width, CV_8UC4);   // ❺
```

```cpp
    memcpy(colorImage.data, data.planes[0], data.pitches[0] * info.height);    ──────── ❸❹


    // 데이터 해제
    colorFrame->ReleaseAccess(&data);
}
```

예제 4.9 컬러 이미지 업데이트(C#)

```csharp
private void UpdateColorImage(PXCMImage colorFrame)
{
    if (colorFrame == null)
    {
        return;
    }

    // 데이터 가져오기
    PXCMImage.ImageData data;
    pxcmStatus ret = colorFrame.AcquireAccess(                       ───────────┐
        PXCMImage.Access.ACCESS_READ,                                           ├──── ❶
        PXCMImage.PixelFormat.PIXEL_FORMAT_RGB32, out data);         ───────────┘
    if (ret < pxcmStatus.PXCM_STATUS_NO_ERROR)
    {
        throw new Exception("컬러 이미지 가져오기 실패");
    }

    // 비트 맵으로 변환
    var info = colorFrame.QueryInfo();                               ──────────────── ❷
    var length = data.pitches[0] * info.height;                     ──────────────── ❹

    var buffer = data.ToByteArray(0, length);                       ──────────────── ❸
    ImageColor.Source = BitmapSource.Create(info.width, info.
    height, 96, 96,
        PixelFormats.Bgr32, null, buffer, data.pitches[0]);         ──────────────── ❺

    // 데이터 해제
    colorFrame.ReleaseAccess(data);
}
```

컬러 이미지 업데이트 처리의 흐름은 다음과 같습니다.

1. 접근 권한을 취득합니다.
2. 데이터를 가져오기합니다.
3. 접근 권한을 해제합니다.

접근 권한 취득은 PXC(M)Image.AcquireAccess( )에서 하며 인수에는 접근 권한의 종류, 가져올 이미지 포맷 및 데이터를 설정합니다(❶). 여기에서는 읽기 전용 접근 권한(PXC(M) Image.Access.ACCESS_READ), 이미지 포맷은 24비트 BGR데이터(PXC(M)Image. PixelFormatPIXEL_FORMAT_RGB24)로 하였습니다. 접근 권한(PXC(M)Image.Access 열거형)의 종류는 [표 4.2]와 같습니다.

[표 4.2] PXC(M)Image.Access 열거형

접근 권한	개요
ACCESS_READ	읽기 전용
ACCESS_WRITE	쓰기 전용
ACCESS_READ_WRITE	읽기, 쓰기

이미지 포맷(PXC(M)Image.PixelFormat 열거형)의 종류는 [표 4.3]과 같습니다.

[표 4.3] PXC(M)Image.PixelFormat 열거형(Enumeration type)

포맷	개요
PIXEL_FORMAT_ANY	불명, 미정의
PIXEL_FORMAT_YUY2	YUY2 형식
PIXEL_FORMAT_NV12	NV12 형식
PIXEL_FORMAT_RGB32	BGRA 형식(컬러, Depth 이미지)
PIXEL_FORMAT_RGB24	BGR 형식(컬러, Depth 이미지)
PIXEL_FORMAT_Y8	8비트 그레이 스케일(IR 이미지)
PIXEL_FORMAT_DEPTH	mm 단위의 거리 데이터(16비트 부호 없이 정수)
PIXEL_FORMAT_DEPTH_RAW	기기(device) 고유단위의 거리 데이터(16비트 부호 없이 정수) 단위는 device → QueryDepthUnit( )로 가져옵니다.
PIXEL_FORMAT_DEPTH_F32	mm 단위의 거리 데이터(32비트 float)
PIXEL_FORMAT_Y16	16비트 그레이 스케일(IR 이미지)
PIXEL_FORMAT_Y8_IR_RELATIVE	8비트 그레이 스케일(IR 이미지)

이미지 포맷은 PXC(M)Image.PixelFormat.PIXEL_FORMAT_RGB24를 지정하였습니다. 정의는 RGB이지만, 실제 데이터는 BGR 순서로 되어 있습니다(그림 4.2).

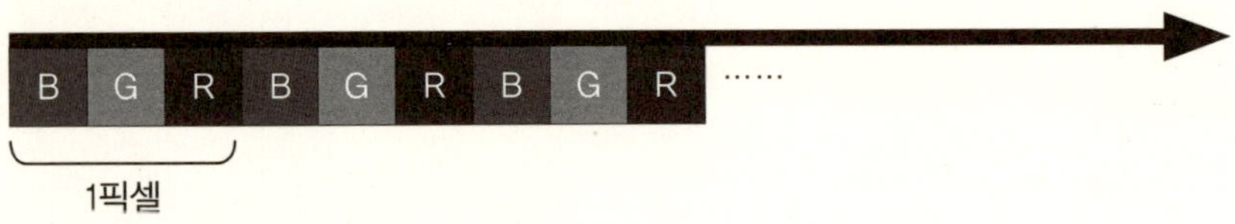

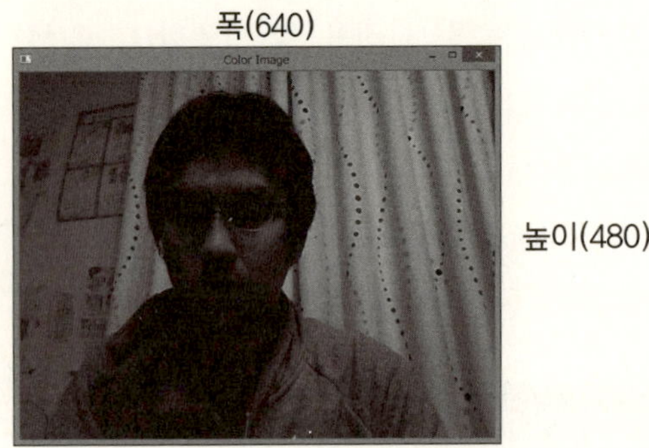

[그림 4.2] PIXEL_FORMAT_RGB24의 데이터 구조

데이터를 가져온 뒤 비트 맵 데이터로 변환합니다. 이를 위해 이미지 해상도 등의 정보를 가져옵니다.

PXC(M)Image.ImageInfo 클래스의 PXC(M)Image.QueryInfo()에서 이미지 폭과 높이, 포맷을 가져올 수 있습니다(❷).

픽셀의 색상 데이터는 PXC(M)Image.ImageData에서 가져올 수 있습니다(❸). C++에서는 PXCImage.ImageData.planes[0]로 색상 데이터 배열의 선두 어드레스를 C#에서는 PXCMImage.ImageData.ToByteArray( )로 색상 데이터의 바이트 열을 가져올 수 있습니다.

또한, 한 줄당 바이트 수(예를 들면 가로 폭 640 픽셀의 경우, 1픽셀 당 3바이트로, 1 줄당 1920 바이트)는 PXC(M)Image.ImageData.pitches[0]으로 가져올 수 있습니다(❹). 이를 이용하여, 바이트 열을 비트맵으로 변환하고 있습니다(❺). 비트맵화 할 때에는 C++에서는 OpenCV 설정으로 1픽셀 당 8바이트×3을 나타내는 CV_8UC3을, C#에서는 PixelFormats.Bgr24를 지정하고 있습니다.

컬러 이미지의 경우, 24비트 포맷 외에 32비트 포맷(알파값 없음)이 있습니다. 32비트 포맷의 코드는 **예제 4.10, 4.11**과 같습니다.

예제 4.10 32비트 포맷 표시(C++)

```cpp
// 컬러 이미지 업데이트(32비트 포맷)
void updateColorImage(PXCImage* colorFrame)
{
  if (colorFrame == nullptr) {
    return;
  }


  // 데이터 가져오기
  PXCImage::ImageData data;
  pxcStatus sts = colorFrame->AcquireAccess(
    PXCImage::Access::ACCESS_READ,
    PXCImage::PixelFormat::PIXEL_FORMAT_RGB32, &data);     ❶
  if (sts < PXC_STATUS_NO_ERROR) {
    throw std::runtime_error("컬러 이미지 가져오기 실패");
  }


  // 데이터 복사
  PXCImage::ImageInfo info = colorFrame->QueryInfo();


  colorImage = cv::Mat(info.height, info.width, CV_8UC4);     ❷
  memcpy(colorImage.data, data.planes[0], data.pitches[0] * info.height);


  // 데이터 해제
  colorFrame->ReleaseAccess(&data);
}
```

예제 4.11 32비트 포맷 표시(C#)

```csharp
// 컬러 이미지 업데이트(32비트 포맷)
private void UpdateColorImage(PXCMImage colorFrame)
{
    if (colorFrame == null)
    {
        return;
    }


    // 데이터 가져오기
    PXCMImage.ImageData data;
    pxcmStatus ret = colorFrame.AcquireAccess(
```

```
        PXCMImage.Access.ACCESS_READ,
        PXCMImage.PixelFormat.PIXEL_FORMAT_RGB32, out data);  ———————————❶
    if (ret < pxcmStatus.PXCM_STATUS_NO_ERROR)
    {
        throw new Exception("컬러 이미지 가져오기 실패");
    }

    // 비트맵으로 변환
    var info = colorFrame.QueryInfo();
    var length = data.pitches[0] * info.height;

    var buffer = data.ToByteArray(0, length);
    ImageColor.Source = BitmapSource.Create(info.width, info.height, 96, 96,
        PixelFormats.Bgr32, null, buffer, data.pitches[0]);  ———————————❷

    // 데이터 해제
    colorFrame.ReleaseAccess(data);
}
```

32비트 포맷으로 가져올 경우 컬러 이미지의 접근 권한을 취득할 때 포맷을 PXC(M)Image. PixelFormat.PIXEL_FORMAT_RGB32로 합니다(❶). 표시할 때에는 C++는 CV_8UC4를 C#는 PixelFormats.Bgr32를 지정합니다(❷). 표시상의 변화는 없지만, 데이터 포맷은 [그림 4.3]과 같습니다. 이미지 처리를 할 때에 어떤 포맷으로 가져왔는지 정확하게 확인합니다.

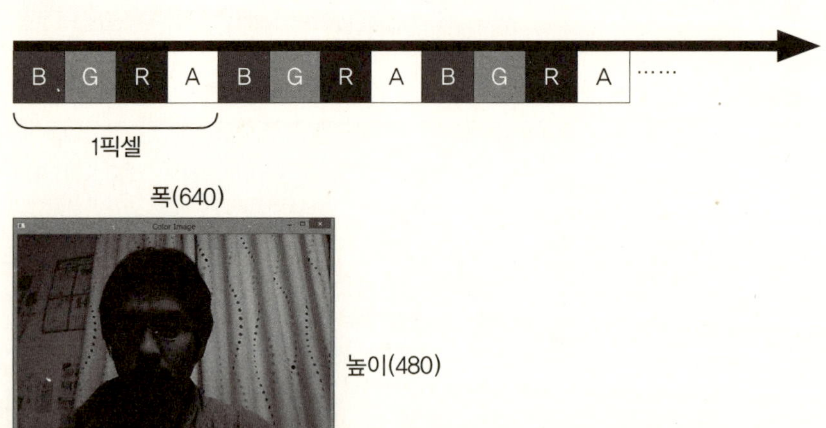

[그림 4.3] PIXEL_FORMAT_RGB32의 데이터 구조

24비트 포맷과 32 비트 포맷은 기본적으로는 동일하나 설정 가능한 해상도에 차이가 있습니다. 해상도를 가져오는 방법에 관해서는 나중에 설명하겠습니다('4-4 기기(device)가 지원하는 포맷' 참조).

◆ 종료 처리

PXC(M)SenseManager를 해제합니다. C++에서는 Release( )를 C#에서는 Dispose( )를 호출합니다.

예제 4.12 컬러 이미지 표시의 종료(C++)

```cpp
RealSenseApp()
{
  if (senseManager != nullptr) {
      senseManager->Release();
      senseManager = nullptr;
  }
}
```

예제 4.13 컬러 이미지 표시의 종료(C#)

```csharp
private void Uninitialize()
    {
        if ( senseManager != null ) {
            senseManager.Dispose();
            senseManager = null;
        }
    }
```

Depth 이미지

Depth 이미지는 Depth 카메라로 얻은 거리 데이터를 기본으로 이미지를 가져옵니다. 컬러 이미지와 마찬가지로 해상도와 프레임 재생률(FPS)를 지정하는 것도 가능합니다.

4-2-1 >> 입력되는 Depth 이미지

Depth 이미지는 Depth 카메라로 얻어지는 거리 데이터를 그레이 스케일화한 이미지와 거리 데이터 자체를 이미지 데이터로서 취급할 수 있습니다.

4-2-2 >> Depth 이미지 표시

Depth 이미지를 가져오고 이를 표시해 보겠습니다. 기본적인 흐름은 컬러 이미지와 같으므로 차이가 있는 부분을 중심으로 설명하겠습니다.

◆ **실행 결과【샘플 프로그램 : CH4-2】**

본 프로그램을 실행하면 [그림 4.4]와 같은 이미지가 표시됩니다. 가까운 위치는 하얗게 멀어짐에 따라 까맣게 됩니다.

[그림 4.4] Depth 이미지 표시

◆ 변수 선언

 변수 선언의 흐름은 기본적으로 컬러 이미지 예제와 같지만, 변수 이름이 변경된 점에 주의합니
다. 여기에서는 Depth 이미지의 해상도 및 프레임 재생률도 640×480 30FPS 으로 컬러 이미지
와 동일한 설정을 하였습니다.

예제 4.14 Depth 이미지 표시의 변수 선언(C++)

```cpp
cv::Mat depthImage;
PXCSenseManager* senseManager = nullptr;

const int DEPTH_WIDTH = 640;
const int DEPTH_HEIGHT = 480;
const int DEPTH_FPS = 30.0f;
```

예제 4.15 Depth 이미지 표시의 변수 선언(C# XAML)

```xml
<Window x:Class="RealSenseSample.MainWindow"
        xmlns="http://schemas.microsoft.com/winfx/2006/xaml/presentation"
        xmlns:x="http://schemas.microsoft.com/winfx/2006/xaml"
        Title="MainWindow" Height="350" Width="525"
        Loaded="Window_Loaded"
        Unloaded="Window_Unloaded"
        >
    <Grid>
        <Image x:Name="ImageDepth" />
    </Grid>
</Window>
```

예제 4.16 Depth 이미지 표시의 변수 선언(C# 코드 숨김)

```csharp
PXCMSenseManager senseManager;

const int DEPTH_WIDTH = 640;
const int DEPTH_HEIGHT = 480;
const int DEPTH_FPS = 30;
```

◆ **초기화 처리**

여기에서의 흐름도 컬러 이미지와 거의 동일합니다. PXC(M)SenseManager.EnableStream( )의 지정이 PXC(M)Capture.StreamType.STREAM_TYPE_DEPTH로 변경되고 해상도 및 프레임 재생률의 변수가 변경되었습니다(❶).

예제 4.17 Depth 이미지 표시의 초기화(C++)

```cpp
void initilize()
{
  // SenseManager를 생성
  senseManager = PXCSenseManager::CreateInstance();
  if (senseManager == 0) {
    throw std::runtime_error("SenseManager 생성 실패");
  }


  // Depth 스트림 활성화
  pxcStatus sts = senseManager->EnableStream(
    PXCCapture::StreamType::STREAM_TYPE_DEPTH,
    DEPTH_WIDTH, DEPTH_HEIGHT, DEPTH_FPS);
  if (sts<PXC_STATUS_NO_ERROR) {
    throw std::runtime_error("Depth 스트림 활성화 실패");
  }


  // 파이프 라인 초기화
  sts = senseManager->Init();
  if (sts<PXC_STATUS_NO_ERROR) {
    throw std::runtime_error("파이프 라인 초기화 실패");
  }


  // 미러 표시
  senseManager->QueryCaptureManager()->QueryDevice()->SetMirrorMode(
    PXCCapture::Device::MirrorMode::MIRROR_MODE_HORIZONTAL);
}
```

```csharp
private void Initialize()
{
    // SenseManager를 생성
    senseManager = PXCMSenseManager.CreateInstance();

    // 컬러 스트림 활성화
    pxcmStatus sts = senseManager.EnableStream(
        PXCMCapture.StreamType.STREAM_TYPE_DEPTH,
        DEPTH_WIDTH, DEPTH_HEIGHT, DEPTH_FPS);
    if (sts < pxcmStatus.PXCM_STATUS_NO_ERROR)
    {
        throw new Exception("Depth 스트림 활성화 실패");
    }

    // 파이프 라인 초기화
    sts = senseManager.Init();
    if (sts < pxcmStatus.PXCM_STATUS_NO_ERROR)
    {
        throw new Exception("초기화 실패");
    }

    // 미러 표시
    senseManager.QueryCaptureManager().QueryDevice().SetMirrorMode(
        PXCMCapture.Device.MirrorMode.MIRROR_MODE_HORIZONTAL);
}
```

◆ **업데이트 처리**

업데이트 처리도 컬러 이미지 처리 방법 같습니다. 기본적으로는 컬러를 위한 데이터를 Depth로 변경함으로써 Depth 이미지 표시가 가능합니다.

데이터의 컬러 이미지는 PXC(M)Capture.Sample.color였으나 Depth의 경우는 PXC(M) Capture.Sample.depth가 됩니다(❷).

예제 4.19 Depth 이미지 표시의 프레임 데이터 업데이트(C++)

```cpp
void updateFrame()
{
  // 프레임 가져오기
  pxcStatus sts = senseManager->AcquireFrame(false);
  if (sts < PXC_STATUS_NO_ERROR) {
    return;
  }

  // 프레임 데이터 가져오기
  const PXCCapture::Sample *sample = senseManager->QuerySample();
  if (sample) {
    // 각 데이터 표시
    updateDepthImage(sample->depth);
  }

  // 프레임 해제
  senseManager->ReleaseFrame();
}
```

예제 4.20 Depth 이미지 표시의 프레임 데이터 업데이트(C#)

```csharp
void UpdateFrame()
{
    // 프레임 가져오기
    pxcmStatus ret = senseManager.AcquireFrame(true);
    if (ret < pxcmStatus.PXCM_STATUS_NO_ERROR)
    {
        return;
    }

    // 프레임 데이터 가져오기
    PXCMCapture.Sample sample = senseManager.QuerySample();
    if (sample != null)
    {
        // 각 데이터 표시
        UpdateDepthImage(sample.depth);  // ──────────────────────────── ❶
    }

    // 프레임 해제
    senseManager.ReleaseFrame();
}
```

Depth 이미지 표시도 지금까지와 같이 컬러 이미지와 같은 순서로 합니다. 이미지화를 위한 변수를 SDK로부터 가져온 값으로 설정하였기 때문에 해상도가 변경되도 그대로 이용가능합니다.

예제 4.21 Depth 이미지 표시(C++)

```cpp
void updateDepthImage(PXCImage* depthFrame)
{
  if (depthFrame == 0) {
    return;
  }

  // 데이터 가져오기
  PXCImage::ImageData data;
  pxcStatus sts = depthFrame->AcquireAccess(
    PXCImage::Access::ACCESS_READ,
    PXCImage::PixelFormat::PIXEL_FORMAT_RGB32, &data); ————————————————①
  if (sts < PXC_STATUS_NO_ERROR) {
    throw std::runtime_error("Depth 이미지 가져오기 실패");
  }

  // 데이터 복사
  PXCImage::ImageInfo info = depthFrame->QueryInfo();
  depthImage = cv::Mat(info.height, info.width, CV_8UC4);
  memcpy(depthImage.data, data.planes[0], data.pitches[0] * info.height);

  // 데이터 해제
  depthFrame->ReleaseAccess(&data);
}
```

예제 4.22 Depth 이미지 표시(C#)

```csharp
private void UpdateDepthImage(PXCMImage depthFrame)
{
    if (depthFrame == null)
    {
        return;
    }

    // 데이터 가져오기
    PXCMImage.ImageData data;
```

```csharp
pxcmStatus ret = depthFrame.AcquireAccess(
    PXCMImage.Access.ACCESS_READ,
    PXCMImage.PixelFormat.PIXEL_FORMAT_RGB32, out data); ─────────────────── ❶
if (ret < pxcmStatus.PXCM_STATUS_NO_ERROR)
{
    throw new Exception("Depth 이미지 가져오기 실패");
}

// 비트맵으로 변환
var info = depthFrame.QueryInfo();
var length = data.pitches[0] * info.height;

var buffer = data.ToByteArray(0, length);
ImageDepth.Source = BitmapSource.Create(info.width, info.height, 96, 96,
    PixelFormats.Bgr32, null, buffer, data.pitches[0]);

// 데이터 해제
depthFrame.ReleaseAccess(data);
}
```

Depth 이미지 포맷은 PXC(M)Image.PixelFormat.PIXEL_FORMAT_RGB32만 되고 PXC(M)Image.PixelFormat.PIXEL_FORMAT_RGB24는 사용할 수 없습니다(❶).

◆ 종료 처리

컬러 이미지 표시(예제 4.12, 4.13)와 같기 때문에 설명은 생략하도록 하겠습니다.

4-2-3 ≫ Depth의 거리 데이터 사용

거리 데이터를 이미지가 아니라 본래의 거리 데이터로서 사용해 보겠습니다. 거리 데이터는 거리 이미지와 같이 픽셀마다 거리 데이터를 가져올 수 있습니다. VGA 해상도라면 640×480픽셀의 거리 데이터가 포함되어 있습니다. 네 모서리 쪽은 유효한 거리 데이터가 아니므로 실제로는 조금 더 적은 수이지만, 화면 하나하나의 점에 거리 데이터가 포함되어 있다고 생각해도 됩니다.

◆ **실행 결과【샘플 프로그램 : CH4-2_2】**

마우스로 클릭한 포인트의 거리를 표시합니다. 포인트의 위치를 앞뒤로 움직이면, 어느 정도의 거리를 인식하고 있는지 확인할 수 있습니다.

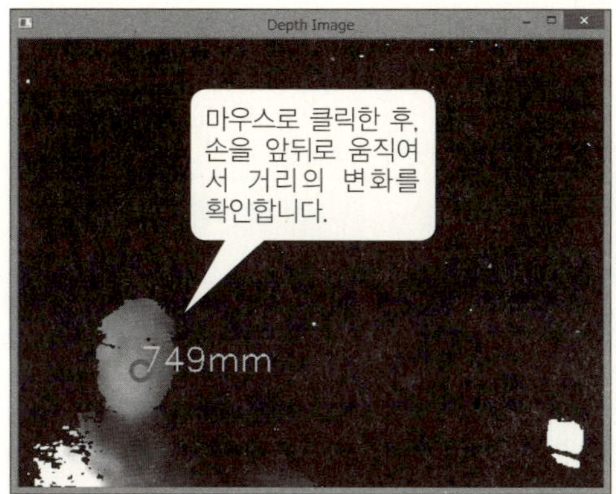

[그림 4.5] 클릭된 위치의 거리를 표시

◆ **변수 선언**

C++, C# 둘다 거리 데이터용의 버퍼와 거리표시용의 포인트 변수를 선언합니다(❶). 그 외에 C++에서는 OpenCV로 마우스 조작을 가져오기 위해 윈도우 이름을, C#에서는 마우스 이벤트 등록과 포인트 표시용의 Canvas를 추가합니다(❷).

예제 4.23 거리 데이터 표시의 변수 선언(C++)

```
cv::Mat depthImage;
PXCSenseManager *senseManager = 0;


std::vector<unsigned short> depthBuffer;
cv::Point point;                                              ❶


const std::string windowName = "Depth Image";                ❷


const int DEPTH_WIDTH = 640;
const int DEPTH_HEIGHT = 480;
const int DEPTH_FPS = 30.0f;
```

예제 4.24 거리 데이터 표시의 변수 선언(C# XAML)

```xml
<Window x:Class="RealSenseSample.MainWindow"
        xmlns="http://schemas.microsoft.com/winfx/2006/xaml/presentation"
        xmlns:x="http://schemas.microsoft.com/winfx/2006/xaml"
        Title="MainWindow" SizeToContent="WidthAndHeight"
        Loaded="Window_Loaded"
        Unloaded="Window_Unloaded"
        MouseLeftButtonDown="Window_MouseLeftButtonDown"          ❶
        >
    <Grid>
        <Image x:Name="ImageDepth" Width="640" Height="480"/>
        <Canvas x:Name="CanvasPoint" />          ❷
    </Grid>
</Window>
```

예제 4.25 거리 데이터 표시의 변수 선언(C# 코드 숨김)

```csharp
PXCMSenseManager senseManager;

short[] depthBuffer;
Point point = new Point( DEPTH_WIDTH / 2, DEPTH_HEIGHT / 2 );          ❶

const int DEPTH_WIDTH = 640;
const int DEPTH_HEIGHT = 480;
const int DEPTH_FPS = 30;
```

◆ 초기화 처리

초기화 처리는 C++만 추가합니다. 거리 버퍼의 생성, 거리표시점의 초기화와 마우스 클릭을 입력받기 위한 콜백 함수의 등록입니다.

예제 4.26 거리 데이터 표시의 초기화(C++)

```cpp
void initialize()
{
    // SenseManager 생성(코드 생략)
    // Depth 스트림 활성화(코드 생략)
    // 파이프 라인 초기화(코드 생략)
```

```cpp
    // 미러 표시(코드 생략)
    // Depth 거리 표시 초기화
    initializeDepth();
}


void initializeDepth()
{
    // 버퍼 생성
    depthBuffer.resize(DEPTH_WIDTH * DEPTH_HEIGHT);

    // 중심점에서 초기화
    point.x = DEPTH_WIDTH / 2;
    point.y = DEPTH_HEIGHT / 2;

    // 마우스 입력받기 준비
    cv::namedWindow(windowName, CV_WINDOW_AUTOSIZE);
    cv::setMouseCallback(windowName, &RealSenseAsenseManager::mouse_callback,
this);
}
```

◆ 마우스 클릭의 위치 가져오기

표시하는 거리 데이터의 위치를 마우스 클릭으로 변경가능하도록 합니다.

예제 4.27 마우스 클릭의 위치 가져오기(C++)

```cpp
static void mouse_callback(int event, int x, int y, int flags, void* param)
{
    RealSenseAsenseManager* pThis = (RealSenseAsenseManager*)param;
    pThis->mouse_callback(event, x, y, flags);
}


void mouse_callback(int event, int x, int y, int flags)
{
    if (event == cv::EVENT_LBUTTONDOWN) {
        point.x = x;
        point.y = y;
    }
}
```

```csharp
private void Window_MouseLeftButtonDown(
        object sender, System.Windows.Input.MouseButtonEventArgs e )
    {
        point = e.GetPosition( CanvasPoint );
    }
```

    C++는 콜백 함수로 호출하므로 static 멤버 함수를 통해서 멤버에게 접근 가능하도록 하고 있습니다. 마우스의 왼쪽 버튼을 누르면 그 위치를 가져옵니다.

    C#에서는 마우스 버튼의 이벤트를 입력 받도록 하고 있습니다. CanvasPoint의 좌표계에서 어느 위치가 포인트에 맞추어지는지 확인하고 가져옵니다.

◆ 업데이트 처리

    업데이트 처리 부분에서는 앞에서 설명한 Depth 이미지 업데이트외에 Depth 데이터의 업데이트 및 그것을 가시화하는 처리가 추가됩니다.

예제 4.29 거리 데이터 표시의 프레임 데이터 업데이트(C++)

```cpp
void updateFrame()
{
  // 프레임 가져오기
  pxcStatus sts = senseManager->AcquireFrame(false);
  if (sts < PXC_STATUS_NO_ERROR) {
    return;
  }

  // 프레임 데이터 가져오기
  const PXCCapture::Sample *sample = senseManager->QuerySample();
  if (sample) {
    // 각 데이터 표시
    updateDepthImage(sample->depth);
    updateDepthData(sample->depth);
    showSelectedDepth();
  }

  // 프레임 해제
  senseManager->ReleaseFrame();
}
```

예제 4.30 거리 데이터 표시의 프레임 데이터 업데이트(C#)

```csharp
void UpdateFrame()
{
    // 프레임 가져오기
    pxcmStatus ret = senseManager.AcquireFrame(true);
    if (ret < pxcmStatus.PXCM_STATUS_NO_ERROR)
    {
        return;
    }


    // 프레임 데이터 가져오기
    PXCMCapture.Sample sample = senseManager.QuerySample();
    if (sample != null)
    {
        // 각 데이터 표시
        UpdateDepthImage(sample.depth);
        UpdateDepthData(sample.depth);
        ShowSelectedDepth();
    }

    // 프레임 해제
    senseManager.ReleaseFrame();
}
```

거리 데이터의 업데이트는 거리 이미지 업데이트와 거의 같습니다.

예제 4.31 Depth 데이터의 업데이트(C++)

```cpp
void updateDepthImage(PXCImage* depthFrame)
{
    if (depthFrame == 0) {
        return;
    }


    // 데이터 가져오기
    PXCImage::ImageData data;
    pxcStatus sts = depthFrame->AcquireAccess(
        PXCImage::Access::ACCESS_READ,
        PXCImage::PixelFormat::PIXEL_FORMAT_RGB32, &data);
```

```cpp
  if (sts < PXC_STATUS_NO_ERROR) {
    throw std::runtime_error("Depth 데이터 가져오기 실패");
  }


  // 데이터 복사
  PXCImage::ImageInfo info = depthFrame->QueryInfo();
  depthImage = cv::Mat(info.height, info.width, CV_8UC4);
  memcpy(depthImage.data, data.planes[0], data.pitches[0] * info.height);


  // 데이터 해제
  depthFrame->ReleaseAccess(&data);
}
```

예제 4.32 Depth 데이터의 업데이트(C#)

```csharp
private void UpdateDepthData(PXCMImage depthFrame)
{
    if (depthFrame == null)
    {
        return;
    }


    // 데이터 가져오기
    PXCMImage.ImageData data;
    pxcmStatus ret = depthFrame.AcquireAccess(
        PXCMImage.Access.ACCESS_READ,
        PXCMImage.PixelFormat.PIXEL_FORMAT_DEPTH, out data);          ❶
    if (ret < pxcmStatus.PXCM_STATUS_NO_ERROR)
    {
        throw new Exception("이미지 가져오기 실패");
    }


    // Depth 데이터 가져오기
    var info = depthFrame.QueryInfo();
    depthBuffer = data.ToShortArray(0, info.width * info.height);      ❷


    // 데이터 해제
    depthFrame.ReleaseAccess(data);
}
```

PXC(M)Image.AcquireAccess( )에서 픽셀 포맷을 PXC(M)Image.PixelFormat. PIXEL_FORMAT_DEPTH로 합니다(❶). 이것으로 거리 데이터를 가져올 수 있습니다.

거리 데이터는 부호없이 16비트 값으로 되어 있습니다. 단위는 mm이기 때문에 인텔 RealSense 3D 카메라의 유효 거리범위인 20cm~120cm는 200~1200의 범위에서 가져오게 됩니다. C#에서는 부호없이 16비트 배열로의 변환이 안될 수 있기 때문에 부호있는 16비트 배열로 변환하였습니다(❷). 값의 범위가 작고 최상위 비트를 사용하지 않기 때문에 문제가 되지는 않습니다.

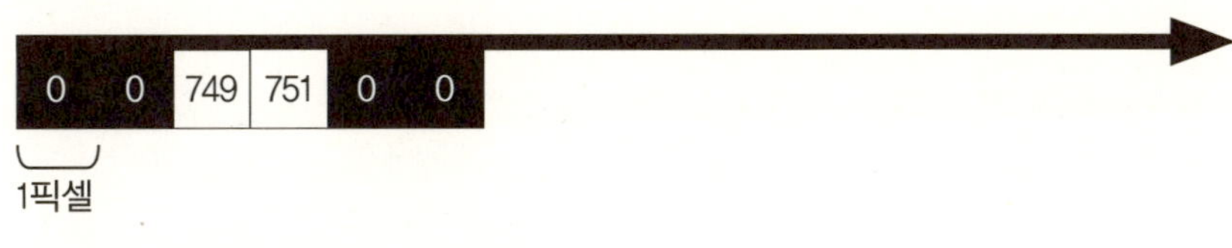

[그림 4.6] PIXEL_FORMAT_DEPTH(거리 데이터)의 데이터 구조

마지막으로 클릭된 위치의 Depth 데이터를 표시합니다.

예제 4.33 Depth 데이터 표시(C++)

```cpp
void showSelectedDepth()
{
    cv::circle(depthImage, point, 10, cv::Scalar(0, 0, 255), 3);

    int index = (point.y * DEPTH_WIDTH) + point.x;
    auto depth = depthBuffer[index];

    {
    std::stringstream ss;
```

```cpp
        ss << depth << "mm";
        cv::putText(depthImage, ss.str(), point,
        cv::FONT_HERSHEY_SIMPLEX, 1.2, cv::Scalar(128, 255, 128), 2, CV_AA);
    }
}
```

예제 4.34 Depth 데이터 표시(C#)

```csharp
private void ShowSelectedDepth()
{
    CanvasPoint.Children.Clear();

    // 포인트 위치 표시
    const int R = 10;
    var ellipse = new Ellipse()
    {
        Width = R,
        Height = R,
        Stroke = Brushes.Red,
        StrokeThickness = 3,
    };
    Canvas.SetLeft(ellipse, point.X - (R / 2));
    Canvas.SetTop(ellipse, point.Y - (R / 2));
    CanvasPoint.Children.Add(ellipse);

    // 거리 표시
    int index = (int)((point.Y * DEPTH_WIDTH) + point.X);
    var depth = depthBuffer[index];
    var text = new TextBlock()
    {
        FontSize = 20,
        Foreground = Brushes.Green,
        Text = string.Format("{0}mm", depth),
    };
    Canvas.SetLeft(text, point.X);
    Canvas.SetTop(text, point.Y);
    CanvasPoint.Children.Add(text);
}
```

◆ **종료 처리**

컬러 이미지 표시(예제 4.12, 4.13)와 같기 때문에 설명은 생략하도록 하겠습니다.

4-3 IR 이미지

IR 이미지는 적외선 카메라에서 입력 받은 이미지입니다. 컬러 이미지, Depth 이미지와 같이 해상도나 프레임 재생률(FPS)를 지정할 수도 있습니다.

4-3-1 >> 입력되는 IR 이미지

IR(적외선) 이미지는 적외선 카메라에서 입력되는 그레이 스케일 이미지로 거리 감지의 기본이 되기도 합니다. IR 이미지 자체를 사용하는 경우는 적지만, 심장 박동이나 맥박은 IR 이미지를 이용 가능한 경우가 있습니다.

4-3-2 >> IR 이미지 표시

IR 이미지를 가져오고 이를 표시해 보겠습니다. 여기에서도 기본적인 흐름은 컬러 이미지, Depth 이미지와 같으므로, 차이가 있는 부분을 중심으로 설명하겠습니다.

◆ **실행 결과【샘플 프로그램 : CH4-3】**

이 프로그램을 실행하면 IR(적외선) 이미지가 표시됩니다.

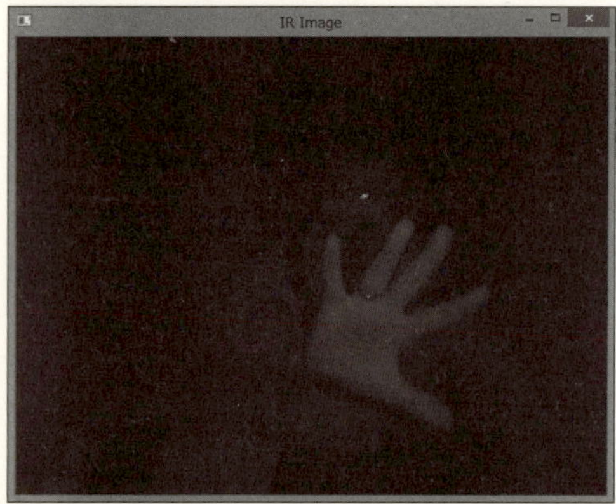

[그림 4.7] IR(적외선) 이미지 표시

◆ 변수 선언

변수 선언에서의 기본적인 흐름은 컬러, Depth 이미지 때와 같고, 차이는 변수 이름 뿐입니다.

IR 이미지 해상도 및 프레임 재생률도 640×480 30FPS으로, 컬러, Depth 이미지와 같은 설정
으로 하였습니다.

예제 4.35 IR 이미지 표시의 변수 선언(C++)

```cpp
cv::Mat irImage;
PXCSenseManager *senseManager = 0;


const int IR_WIDTH = 640;
const int IR_HEIGHT = 480;
const int IR_FPS = 30.0f;
```

예제 4.36 IR 이미지 표시의 변수 선언(C# XAML)

```xml
<Window x:Class="RealSenseSample.MainWindow"
        xmlns="http://schemas.microsoft.com/winfx/2006/xaml/presentation"
        xmlns:x="http://schemas.microsoft.com/winfx/2006/xaml"
        Title="MainWindow" Height="350" Width="525"
        Loaded="Window_Loaded"
        Unloaded="Window_Unloaded"
        >
    <Grid>
        <Image x:Name="ImageIr" />
    </Grid>
</Window>
```

예제 4.37 IR 이미지 표시의 변수 선언(C# 코드 숨김)

```csharp
PXCMSenseManager senseManager;

        const int IR_WIDTH = 640;
        const int IR_HEIGHT = 480;
        const int IR_FPS = 30;
```

◆ 초기화 처리

여기서의 처리도 컬러, Depth 이미지와 같습니다. PXC(M)SenseManager.EnableStream()의 지정이 PXC(M)Capture.StreamType.STREAM_TYPE_IR로 변경되고, 해상도 및 프레임 재생 률의 변수가 변경되었습니다(❶).

예제 4.38 IR 이미지 표시의 초기화 (C++)

```cpp
void initilize()
{
  // SenseManager를 생성
  senseManager = PXCSenseManager::CreateInstance();
  if (senseManager == 0) {
    throw std::runtime_error("SenseManager 생성 실패");
  }

  // IR 스트림 활성화
  pxcStatus sts = senseManager->EnableStream(
    PXCCapture::StreamType::STREAM_TYPE_IR,              ❶
    IR_WIDTH, IR_HEIGHT, IR_FPS);
  if (sts<PXC_STATUS_NO_ERROR) {
    throw std::runtime_error("IR 스트림 활성화 실패");
  }

  // 파이프 라인 초기화
  sts = senseManager->Init();
  if (sts<PXC_STATUS_NO_ERROR) {
    throw std::runtime_error("파이프 라인 초기화 실패");
  }

  // 미러 표시
  senseManager->QueryCaptureManager()->QueryDevice()->SetMirrorMode(
    PXCCapture::Device::MirrorMode::MIRROR_MODE_HORIZONTAL);
}
```

```csharp
private void Initialize()
{
    // SenseManager 생성
    senseManager = PXCMSenseManager.CreateInstance();

    // IR 스트림 활성화
    pxcmStatus sts = senseManager.EnableStream(
        PXCMCapture.StreamType.STREAM_TYPE_IR,
        IR_WIDTH, IR_HEIGHT, IR_FPS);                    ❶
    if (sts < pxcmStatus.PXCM_STATUS_NO_ERROR)
    {
        throw new Exception("IR 스트림 활성화 실패");
    }

    // 파이프 라인 초기화
    sts = senseManager.Init();
    if (sts < pxcmStatus.PXCM_STATUS_NO_ERROR)
    {
        throw new Exception("초기화 실패");
    }

    // 미러 표시
    senseManager.QueryCaptureManager().QueryDevice().SetMirrorMode(
        PXCMCapture.Device.MirrorMode.MIRROR_MODE_HORIZONTAL);
}
```

◆ 업데이트 처리

업데이트 처리도 같습니다. 컬러, Depth 이미지 처리를 IR로 변경함으로써 IR 이미지 표시를 할 수 있습니다.

데이터의 컬러 이미지는 PXC(M)Capture.Sample.color였으나, IR의 경우는 PXC(M)Capture.Sample.ir이 됩니다(❶).

예제 4.40 IR 이미지 표시의 프레임 데이터 업데이트(C++)

```cpp
void updateFrame()
{
  // 프레임 가져오기
  pxcStatus sts = senseManager->AcquireFrame(false);
  if (sts < PXC_STATUS_NO_ERROR) {
    return;
  }

  // 프레임 데이터 가져오기
  const PXCCapture::Sample *sample = senseManager->QuerySample();
  if (sample) {
    // 각 데이터 표시
    updateIrImage(sample->ir);                                        ❶
  }

  // 프레임 해제
  senseManager->ReleaseFrame();
}
```

예제 4.41 IR 이미지 표시의 프레임 데이터 업데이트(C#)

```csharp
void UpdateFrame()
{
    // 프레임 가져오기
    pxcmStatus ret = senseManager.AcquireFrame(true);
    if (ret < pxcmStatus.PXCM_STATUS_NO_ERROR)
    {
        return;
    }

    // 프레임 데이터 가져오기
    PXCMCapture.Sample sample = senseManager.QuerySample();
    if (sample != null)
    {
        // 각 데이터 표시
        UpdateIrImage(sample.ir);                                     ❶
    }

    // 프레임 해제
    senseManager.ReleaseFrame();
}
```

IR 이미지 표시도 지금까지의 처리 방법과 동일하게 합니다. 이미지화를 위한 파라미터를 SDK 에서 가져오는 값으로 설정하기 때문에 해상도가 변경되도 그대로 이용가능합니다.

예제 4.42 IR 이미지 표시(C++)

```cpp
void updateIrImage(PXCImage* depthFrame)
{
  if (depthFrame == 0) {
    return;
  }


  PXCImage::ImageInfo info = depthFrame->QueryInfo();


  // 데이터 가져오기
  PXCImage::ImageData data;
  pxcStatus sts = depthFrame->AcquireAccess(
    PXCImage::Access::ACCESS_READ,
    PXCImage::PixelFormat::PIXEL_FORMAT_Y8, &data);            ❶
  if (sts < PXC_STATUS_NO_ERROR) {
    throw std::runtime_error("IR 이미지 가져오기 실패");
  }


  // 데이터 복사
  irImage = cv::Mat(info.height, info.width, CV_8U);           ❷
  memcpy(irImage.data, data.planes[0], data.pitches[0] * info.height);


  // 데이터 해제
  depthFrame->ReleaseAccess(&data);
}
```

예제 4.43 IR 이미지 표시(C#)

```csharp
private void UpdateIrImage(PXCMImage irFrame)
{
    if (irFrame == null)
    {
        return;
    }
```

```csharp
// 데이터 가져오기
PXCMImage.ImageData data;
pxcmStatus ret = irFrame.AcquireAccess(
    PXCMImage.Access.ACCESS_READ,
    PXCMImage.PixelFormat.PIXEL_FORMAT_Y8, out data);    ❶
if (ret < pxcmStatus.PXCM_STATUS_NO_ERROR)
{
    throw new Exception("IR 이미지 가져오기 실패");
}

// 비트맵으로 변환
var info = irFrame.QueryInfo();
var length = data.pitches[0] * info.height;

var buffer = data.ToByteArray(0, length);
ImageIr.Source = BitmapSource.Create(info.width, info.height, 96, 96,
    PixelFormats.Gray8, null, buffer, data.pitches[0]);    ❷

// 데이터 해제
irFrame.ReleaseAccess(data);
}
```

 IR 이미지 포맷은 PXC(M)Image.PixelFormat.PIXEL_FORMAT_Y8만 됩니다(❶). 비트맵화
할 때에는 C++의 경우 OpenCV 설정으로 1픽셀 당 8바이트를 나타내는 CV_8U를, C#에서는 8비
트 그레이스케일을 나타내는 PixelFormats.Gray8을 지정합니다(❷).

◆ 종료 처리

 컬러 이미지 표시(**예제 4.12, 4.13**)와 같기 때문에 설명은 생략하도록 하겠습니다.

기기(device)가 지원하는 포맷

지금까지 소개한 이미지 표시에서는 해상도 및 프레임 재생률의 포맷은 고정값을 사용하였습니다. 인텔 RealSense SDK에서는 컬러, Depth, IR 모두 몇 가지의 포맷을 지원하고 있습니다. 또한, 컬러 이미지와 컬러 이미지를 이용하는 함수는 인텔 RealSense 카메라가 아닌 일반적인 Web 카메라를 사용할 수도 있습니다. 여기에서는 컴퓨터에 연결되어 있는 기기를 나열하고, 각각의 기기가 어떤 스트림, 포맷을 지원하는지 확인하는 방법을 설명하도록 하겠습니다.

4-4-1 ▶▶ 기기가 지원하는 포맷 확인하기

PC에 연결한 카메라와 호환되는 포맷을 표시해 보겠습니다.

◆ 실행 결과【샘플 프로그램 : CH4-4】

이 프로그램을 실행하면 인텔 RealSense 카메라의 컬러, Depth, IR로 지원하는 포맷, 또는 일반적인 Web 카메라가 연결되어 있는 경우에는 그 카메라가 지원하는 포맷이 표시됩니다.

다음 화면을 보고 알 수 있는 것은 기기로서 인텔 RealSense 3D 카메라와 Web 카메라를 감지하고 있으며 인텔 RealSense 3D 카메라로는 컬러, Depth, IR 이미지를 지원하고 해상도가 복수 표시되어 있습니다. 예를 들면, 컬러 이미지라면 RG B24비트이며 1920×1080 30FPS의 포맷(그림 4.8 중 ❶), Depth 이미지에서는 640×480 60FPS 포맷(그림 4.8 중 ❷)을 사용할 수 있습니다.

Web 카메라는 컬러 이미지만 지원하며 각종 포맷을 사용 가능한지 알 수 없습니다. 이 정보를 가져오기 위한 코드를 살펴 보도록 합니다. 처리는 크게 나누어 2가지가 있습니다.

「캡처」라 불리는 기기 정보(인텔 RealSense 3D 카메라 또는 Web 카메라)를 가져오는 처리와 캡처로부터 스트림(컬러, Depth, IR)의 종류, 해상도를 가져와서 표시하는 처리입니다.

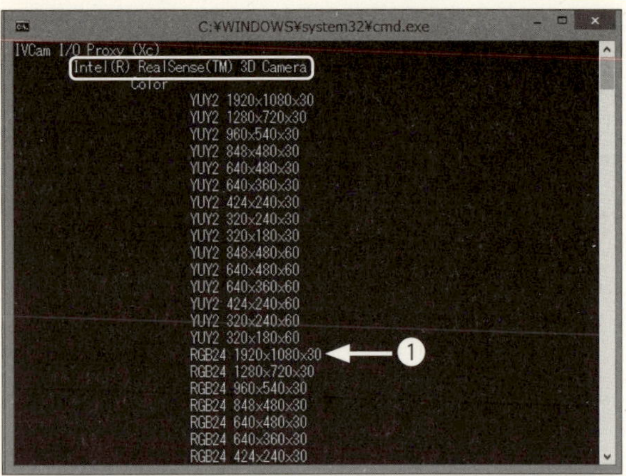
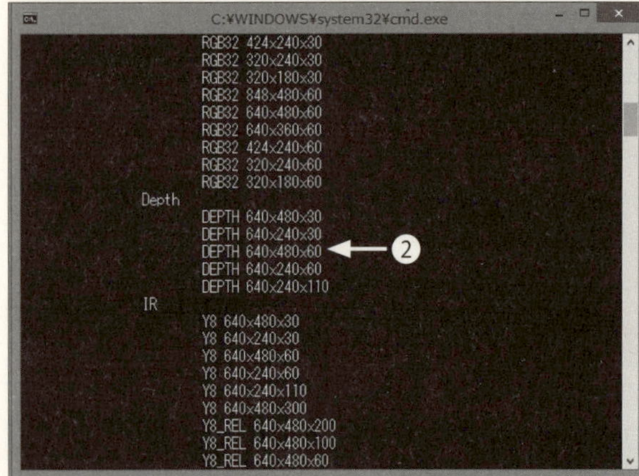
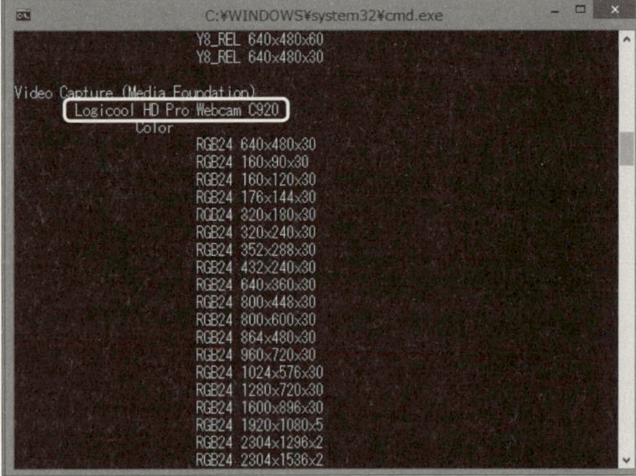

[그림 4.8] 카메라가 지원하는 포맷을 표시

◆ **프로젝트**

이번에는 설정을 표시하는 것뿐이므로 C#의 프로젝트도 콘솔 응용 프로그램으로 생성하겠습니다. 프로젝트를 생성할 때 [콘솔 응용 프로그램]을 선택합니다. 인텔 RealSense SDK의 설정 방법은 WPF와 같습니다('2-2-2 인텔 RealSense SDK의 설정' 참조).

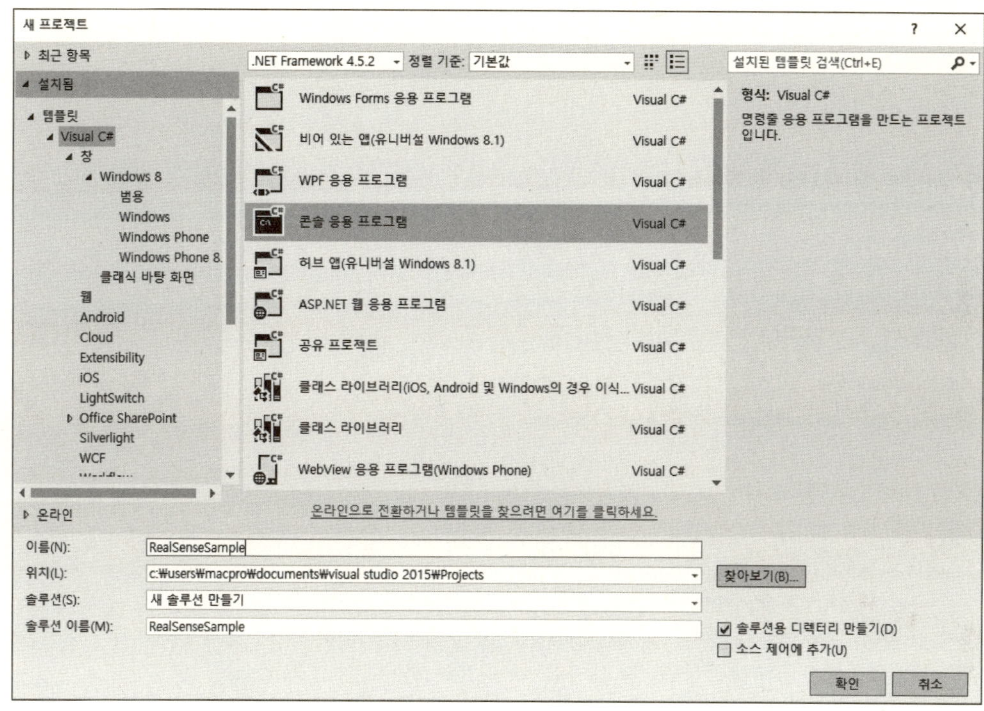

[그림 4.9] 콘솔 응용 프로그램의 프로젝트를 생성

◆ **변수 선언**

여기에서는 이미지 표시 등은 하지 않으므로 PXC(M)SenseManager만 선언합니다. C#에서는 콘솔 응용 프로그램의 Main에서부터 사용하기 때문에 static으로서 선언하고 있습니다.

예제 4.44 지원 포맷 표시의 변수 선언(C++)

```
PXCSenseManager *senseManager = 0;
```

예제 4.45 지원 포맷 표시의 변수 선언(C#)

```
static PXCMSenseManager senseManager;
```

◆ **초기화 처리**

PXC(M)SenseManager의 생성과 초기화를 하고 있습니다. 그리고 기기 및 해상도를 열거합니다.

예제 4.46 지원 포맷 표시의 초기화(C++)

```cpp
void initilize()
{
  // SenseManager 생성
  senseManager = PXCSenseManager::CreateInstance();
  if (senseManager == 0) {
    throw std::runtime_error("SenseManager 생성 실패");
  }


  // 파이프 라인 초기화
  auto sts = senseManager->Init();
  if (sts<PXC_STATUS_NO_ERROR) {
    throw std::runtime_error("파이프 라인 초기화 실패");
  }


  // 사용 가능한 기기 열거
  enumDevice();

}
```

예제 4.47 지원 포맷 표시의 초기화(C#)

```csharp
static void Main(string[] args)
{
    try
    {
        // SenseManager 생성
        senseManager = PXCMSenseManager.CreateInstance();
        if (senseManager == null)
        {
```

```csharp
            throw new Exception("SenseManager 생성 실패");
        }


        // 파이프 라인 초기화
        var sts = senseManager.Init();
        if (sts < pxcmStatus.PXCM_STATUS_NO_ERROR)
        {
            throw new Exception("파이프 라인 초기화 실패");
        }


        // 사용 가능한 기기 열거
        enumDevice();

    }
    catch (Exception ex)
    {
        Console.WriteLine(ex.Message);
    }
}
```

◆ 캡처 가져오기

먼저 캡처를 가져옵니다. 캡처는 이미지를 가져오는 함수로서 실제로는 카메라와 센서를 가리킵니다. SDK로 이용 가능한 인텔 RealSense 3D 카메라와 Web 카메라 단위로 가져옵니다.

예제 4.48 캡처 가져오기(C++)

```cpp
void enumDevice()
{
  // 세션 가져오기
  auto session = senseManager->QuerySession();
  if (session == 0) {
    throw std::runtime_error("세션 가져오기 실패");
  }


  // 가져올 그룹 설정
  PXCSession::ImplDesc mdesc = {};
```

```cpp
    mdesc.group = PXCSession::IMPL_GROUP_SENSOR;
    mdesc.subgroup = PXCSession::IMPL_SUBGROUP_VIDEO_CAPTURE;

    for (int i = 0;; ++i) {
        // 센서 그룹 가져오기
        PXCSession::ImplDesc desc1;
        auto sts = session->QueryImpl(&mdesc, i, &desc1);             ❶
        if (sts < PXC_STATUS_NO_ERROR) {
            break;
        }


        // 센서 그룹 이름 표시
        std::wcout << desc1.friendlyName << std::endl;


        // 캡처 객체 생성
        PXCCapture* capture = 0;
        sts = session->CreateImpl<PXCCapture>(&desc1, &capture);      ❷
        if (sts < PXC_STATUS_NO_ERROR) {
            continue;
        }


        // 기기 열거
        enumDevice(capture);


        // 캡처 객체 해제
        capture->Release();                                          ❸
    }
}
```

예제 4.49 캡처를 가져오기(C#)

```csharp
static void enumDevice()
{
    // 세션 가져오기
    var session = senseManager.QuerySession();
    if (session == null)
    {
        throw new Exception("세션 가져오기 실패");
    }
```

```csharp
// 가져올 그룹을 설정
PXCMSession.ImplDesc mdesc = new PXCMSession.ImplDesc();
mdesc.group = PXCMSession.ImplGroup.IMPL_GROUP_SENSOR;
mdesc.subgroup = PXCMSession.ImplSubgroup.IMPL_SUBGROUP_VIDEO_CAPTURE;

for (int i = 0; ; ++i)
{
    // 센서 그룹 가져오기
    PXCMSession.ImplDesc desc1;
    var sts = session.QueryImpl(mdesc, i, out desc1);         ①
    if (sts < pxcmStatus.PXCM_STATUS_NO_ERROR)
    {
        break;
    }

    // 센서 그룹 이름 표시
    Console.WriteLine(desc1.friendlyName);

    // 캡처 객체 생성
    PXCMCapture capture = null;
    sts = session.CreateImpl<PXCMCapture>(desc1, out capture);    ②
    if (sts < pxcmStatus.PXCM_STATUS_NO_ERROR)
    {
        continue;
    }

    // 기기 열거
    enumDevice(capture);

    // 캡처 객체 해제
    capture.Dispose();                                          ③
}
```

PXC(M)SenseManager.QuerySession()에서 PXC(M)Session을 가져옵니다. PXC(M)
Session만 사용한다면, PXCSession::CreateInstance()에서 인스턴스를 생성하는 방법도 있습니
다. PXC(M)Session.QueryImpl()에서 입력된(mdesc) 파일에 일치하는 기기 디스크립터(desc1)

를 가져옵니다(❶).

계속해서 PXC(M)Session.CreateImpl〈PXC(M)Capture〉( )에서 캡처의 인스턴스를 생성합니다(❷). 이 인스턴스를 사용하여 함수와 해상도 열거를 합니다. 캡처 사용이 끝나면 PXC(M)Capture.Release( ), Dispose( )에서 해제합니다(❸).

◆ 캡처로부터 스트림 가져오기

가져온 캡처를 이용하여 기기 정보를 가져옵니다. 기기 정보에서는 기기 이름(인텔 RealSense 3D 카메라 등), 이용 가능한 스트림의 종류(컬러, Depth, IR), 해상도, 프레임 재생률을 가져올 수 있습니다.

예제 4.50 캡처에서 스트림 가져오기(C++)

```
void enumDevice(PXCCapture* capture)
{
  for (int i = 0;; ++i) {
    // 기기 정보 가져오기
    PXCCapture::DeviceInfo dinfo;
    auto sts = capture->QueryDeviceInfo(i, &dinfo);              ❶
    if (sts < PXC_STATUS_NO_ERROR) {
      break;
    }

    // 기기 이름 표시
    std::wcout << "\t" << dinfo.name << std::endl;               ❸

    // 기기 인스턴스 가져오기
    auto device = capture->CreateDevice(i);                     ❷

    for (int s = 0; s < PXCCapture::STREAM_LIMIT; ++s) {
      // 스트림 종류별로 가져오기
      PXCCapture::StreamType type = PXCCapture::StreamTypeFromIndex(s);   ❹
      if ((dinfo.streams & type) == 0) {
        continue;                                                ❺
      }

      // 스트림 이름 가져오기
      const pxcCHAR *name = PXCCapture::StreamTypeToString(type);   ❻
```

```cpp
        std::wcout << "\t\t" << name << std::endl;

        // 스트림 포맷 가져오기
        int nprofiles = device->QueryStreamProfileSetNum(type);
        for (int p = 0; p<nprofiles; ++p) {
            PXCCapture::Device::StreamProfileSet profiles = {};
            sts = device->QueryStreamProfileSet(type, p, &profiles);
            if (sts < PXC_STATUS_NO_ERROR) {
                break;
            }

            // 스트림 포맷 표시
            std::wcout << "\t\t\t" <<
            Profile2String(&profiles[type]).c_str()
                << std::endl;
        }
    }
}

  std::wcout << std::endl;
}
```

예제 4.51 캡처에서 스트림 가져오기(C#)

```csharp
static void enumDevice(PXCMCapture capture)
{
    for (int i = 0; ; ++i)
    {
        // 기기 정보 가져오기
        PXCMCapture.DeviceInfo dinfo;
        var sts = capture.QueryDeviceInfo(i, out dinfo);
        if (sts < pxcmStatus.PXCM_STATUS_NO_ERROR)
        {
            break;
        }

        // 기기 이름 표시
        Console.WriteLine("Wt" + dinfo.name);
```

```csharp
        // 기기 인스턴스 가져오기
        var device = capture.CreateDevice(i);                              ❷


        for (int s = 0; s < PXCMCapture.STREAM_LIMIT; ++s)
        {
            // 스트림 종류별로 가져오기
            PXCMCapture.StreamType type = PXCMCapture.StreamTypeFromIndex(s);  ❹
            if ((dinfo.streams & type) == 0){
                continue;                                                  ❺
            }


            // 스트림 이름 가져오기
            var name = PXCMCapture.StreamTypeToString(type);               ❻
            Console.WriteLine("\t\t" + name);


            // 스트림 포맷 가져오기
            int nprofiles = device.QueryStreamProfileSetNum(type);         ❼
            for (int p = 0; p < nprofiles; ++p)
            {
                PXCMCapture.Device.StreamProfileSet profiles;
                sts = device.QueryStreamProfileSet(type, p, out profiles);    ❽
                if (sts < pxcmStatus.PXCM_STATUS_NO_ERROR)
                {
                    break;
                }

                // 스트림 포맷 표시
                Console.WriteLine("\t\t\t" + ProfileToString(profiles[type]));   ❾
            }
        }
    }

    Console.WriteLine("");
}
```

PXC(M)Capture.QueryDeviceInfo()에서 PXC(M)Capture.DeviceInfo에 기기(device) 정보
를 가져오고(❶), PXC(M)Capture.CreateDevice()에서 PXC(M)Capture.Device에 기기 인스턴
스를 생성합니다(❷).

PXC(M)Capture.DeviceInfo.name을 사용하여 기기 이름을 표시하게 합니다(❸). 기기 종류 (인텔 RealSense 3D 카메라 또는 Web 카메라)는 PXC(M)Capture.DeviceInfo.model에서 가져 옵니다. PXC(M)Capture.DeviceModel 은 열거형으로서 [표 4.4]의 항목에 정의되어 있습니다.

[표 4.4] PXC(M)Capture.DeviceModel 열거형

값	개요
DEVICE_MODEL_GENERIC	범용 기기(device) 및 불명확한 기기(Web 카메라)
DEVICE_MODEL_IVCAM	인텔 RealSense 3D 카메라(F200)
DEVICE_MODEL_DS4	인텔 RealSense 3D 카메라(R200)

PXC(M)Capture.DeviceInfo.model이 DEVICE_MODEL_IVCAM일 때 인텔 RealSense 3D 카메라로 처리합니다.

계속해서 스트림의 지원 여부에 대한 데이터를 가져옵니다.

PXC(M)Capture.Stream TypeFromIndex( )에서 인덱스에 대한 종류별 스트림을 가져옵니다 (❹). 이것을 PXC(M)Capture.DeviceInfo.Streams과 비교하여 스트림의 지원 여부를 확인합니 다(❺). 스트림을 지원하고 있으면, 스트림 이름 및 스트림 포맷을 가져옵니다.

스트림 이름은 PXC(M)Capture.StreamTypeToString( )에서 가져옵니다(❻). 스트림의 포맷은 포맷의 수와 포맷을 각각 가져옵니다.

스트림의 포맷 수는 PXC(M)Capture.Device.QueryStreamProfileSetNum( )에서 가져옵니다 (❼).

각각의 포맷 수에서 스트림 포맷을 가져오고 이를 표시합니다. 스트림의 포맷은 PXC(M) Capture.Device.QueryStreamProfileSet( )에서 PXC(M)Capture.Device.StreamProfileSet에 가져옵니다(❽). StreamProfileSet에는 해상도 및 프레임 재생률 등이 포함되어 있으므로 이것을 표시합니다(❾). 표시 처리는 raw_streams 샘플(C++)또는 raw_streams 샘플(C#)에 포함된 방 법을 사용하고 있습니다(예제 4.52, 4.53).

```cpp
static std::wstring Profile2String(PXCCapture::Device::StreamProfile *pinfo) {
   pxcCHAR line[256] = L"";
   if (pinfo->frameRate.min && pinfo->frameRate.max &&
     pinfo->frameRate.min != pinfo->frameRate.max) {
     swprintf_s<sizeof(line) / sizeof(pxcCHAR)>(
        line, L"%s %dx%dx%d-%d",
        PXCImage::PixelFormatToString(pinfo->imageInfo.format),
        pinfo->imageInfo.width, pinfo->imageInfo.height,
        (int)pinfo->frameRate.min, (int)pinfo->frameRate.max);
   }
   else {
     pxcF32 frameRate = pinfo->frameRate.min ?
        pinfo->frameRate.min : pinfo->frameRate.max;

     swprintf_s<sizeof(line) / sizeof(pxcCHAR)>(
        line, L"%s %dx%dx%d",
        PXCImage::PixelFormatToString(pinfo->imageInfo.format),
        pinfo->imageInfo.width, pinfo->imageInfo.height,(int)frameRate);
   }
   return std::wstring(line);
}
```

예제 4.53 포맷을 표시하는 ProfileToString( ) 방법(C#)

```csharp
static string ProfileToString(PXCMCapture.Device.StreamProfile pinfo)
{
    string line = "Unknown ";
    if (Enum.IsDefined(typeof(PXCMImage.PixelFormat), pinfo.imageInfo.format))
    {
        line = pinfo.imageInfo.format.ToString().Substring(13) + " " +
               pinfo.imageInfo.width + "x" + pinfo.imageInfo.height + "x";
    }
    else {
        line += pinfo.imageInfo.width + "x" + pinfo.imageInfo.height + "x";
    }

    if (pinfo.frameRate.min != pinfo.frameRate.max)
    {
```

```
            line += (float)pinfo.frameRate.min + "-" + (float)pinfo.frameRate.max;
        }
        else {
            float fps = (pinfo.frameRate.min != 0) ? pinfo.frameRate.min : pinfo.
frameRate.max;
            line += fps;
        }

        return line;
    }
```

◆ 종료 처리

컬러 이미지 표시(예제 4.12, 4.13)와 같기 때문에 설명은 생략하겠습니다.

4-4-2 >> 복수의 함수를 동시에 이용할 때 주의 사항

인텔 RealSense SDK에는 여러 가지 함수가 있습니다. 이들 함수를 복수 사용하는 경우(예를 들면 얼굴 감지와 세분화를 동시에 사용하는 경우), 함수마다 이용 가능한 컬러 및 Depth의 스트림 해상도가 다릅니다. [표 4.5]에 함수별 컬러 및 Depth 해상도를 나열하였습니다.

[표 4.5] 함수별로 이용 가능한 스트림 해상도

함수	컬러						Depth	
	320×240	640×360	640×480	960×540	1280×720	1920×1080	640×480	640×240
얼굴 감지 (2D) ※ 컬러		○						
얼굴 감지 (3D)		○	○	○	○	○	○	○
손가락 감지 (Depth)							○	○
세분화		○	○	○	○		○	
감정추정 (컬러)	○		○					
오브젝트 추적	○	○	○	○	○	○	○	○
터치리스 (Depth)							○	○

예를 들면 얼굴 감지(3D)와 세분화을 동시에 사용하고자 하는 경우 얼굴 감지는 컬러 스트림이 1920×1080까지, Dept 스트림은 640×480까지 이용 가능하나, 세분화는 컬러 스트림이 1280×720까지, Depth 스트림은 640×480뿐입니다. 그렇기 때문에 양쪽 모두 사용한 응용 프로그램의

컬러 스트림 최대 해상도는 1280×720, Depth 스트림의 해상도는 640×480만 됩니다.

다른 예로서, 얼굴 감지(3D)와 손가락 감지를 동시에 하는 경우를 생각해 보겠습니다. 앞에서 서술한대로 얼굴 감지은 컬러 스트림이 1920×1080까지, Dept 스트림이 640×480까지 이용 가능합니다. 손가락 감지는 컬러 스트림을 이용하지 않고, Depth 스트림만 640×480까지 이용합니다. 그렇기 때문에 이 2가지를 사용한 응용 프로그램은 컬러 스트림이 최대 1920×1080, Depth 스트림은 최대 640×480이 됩니다.

손가락 감지

이번 장에서는 손가락을 감지하는 함수에 대해 설명하겠습니다. 이 함수는 손가락의 위치 좌표와 상태를 가져오고, 제스처를 인식합니다.

손가락 감지 함수

먼저 손과 손가락을 감지하는 함수에 대해 설명하겠습니다. 이 함수는 손의 위치 좌표와 왼손, 오른손의 구분, 손의 펴짐 정도 등의 데이터를 가져올 수 있습니다.

5-1-1 ▶ 인텔 RealSense SDK에 포함된 감지 함수

인텔 RealSense SDK로 가능한 손가락 감지 함수는 다음과 같습니다.

- 손을 감지합니다.
- 손의 마스크 이미지[1]를 가져옵니다.
- 손의 위치, 펴짐 정도, 왼손, 오른손 구분 데이터를 가져옵니다.
- 손의 위치, 손가락 관절의 위치를 가져옵니다.

이것을 순서대로 설명하겠습니다. 손가락 감지는 Depth 카메라를 이용하므로 좌표는 Depth 좌표계에서 가져옵니다. 실제로 이용할 때에는 컬러 이미지를 맞추는 경우가 많으므로, 컬러 좌표계로 변환하는 방법에 대해서도 설명하겠습니다.

손 감지 프로그램의 흐름은 이미지 표시의 흐름과 거의 같습니다.

1. 초기화 처리
    - (ⅰ) 사용할 스트림과 (손 감지 등의)함수를 활성화합니다.
    - (ⅱ) SDK를 초기화합니다.
    - (ⅲ) 스트림과 함수 설정을 합니다.
2. 데이터의 업데이트 처리
    - (ⅰ) 스트림과 함수의 데이터를 업데이트, 사용, 표시합니다.
3. 종료 처리
    - (ⅰ) SDK를 종료합니다.

손가락 감지에는 기능과 추적 속도에 따라 종류가 몇 가지 있습니다(표 5.1). 기본 설정은 풀핸드

---

1) 여기에서의 마스크 이미지는, 나중에 나오는 모드와 상관없이 가져오는 이미지 입니다

모드(VGA)입니다. 용도에 따라서 구분해서 사용합니다.

이번 장에서는 기본 설정의 풀핸드 모드에 대해 설명하고, 다른 모드의 전환에 대해서는 5-2장에서 설명하겠습니다.

[표 5.1] 손가락 감지의 종류[2]

	윤곽(Contour) 모드	마스크 모드	풀핸드 모드 (VGA)	풀핸드 모드 (HVGA)
Depth 해상도	VGA(640x480)	VGA(640x480)	VGA(640x480)	HVGA(640x240)
추적속도	1m/s	1m/s	0.75 m/s	2m/s
거리범위	20 – 85cm	20–60cm	20 – 60cm	20–55cm
인터페이스	· PXC(M)BlobExtractor · PXC(M)ContourExtractor	PXC(M) HandModule	PXC(M) HandModule	PXC(M) HandModule
손가락 위치감지	없음	손가락 끝만 감지	모두 감지	모두 감지

추적 속도는 모드 별로 추적 가능한 손의 이동 속도가 다르며, 값이 높으면 손을 빠르게 움직여도 추적 가능합니다.

각 모드 별 용도는 다음과 같습니다.

· 윤곽(Contour) 모드

이 모드는 손의 상세 정보를 감지하지 않습니다. 거리범위 내의 물체 윤곽만 가져오는 에너지 절약 모드입니다. 이 모드는 손의 윤곽만 필요로 하고, 손가락의 좌표는 불필요할 때에 적합합니다. 손의 상세 정보를 감지하지 않으므로, 손에 쥔 물건의 윤곽을 캡처하거나 범위 내에 있는 물체의 윤곽을 캡처할 때 유용합니다.

· 마스크 모드

이 모드는 손의 상세 정보를 감지합니다. 에너지 절약 모드이며 손의 Blob[3] 및 손가락의 동작 상태, 손의 좌표(정확한 손의 좌표는 아님)를 감지합니다.

· 풀핸드 모드(VGA)

이 모드는 상세하게 손을 감지합니다. 양쪽 손, 손가락, 관절의 위치와 회전, 이동속도 등을 감지합니다.

---

2) 출처 https://software.intel.com/sites/landingpage/realsense/camera-sdk/v11/documentation/html/index.html?doc_devguide_introduction.html

3) BLOB 손의 윤곽 및 안쪽

- 풀핸드 모드(HVGA)

이 모드는 상세하게 손을 감지합니다. 풀핸드 모드(VGA)에 비해 범위를 축소하는 대신에 고속화하는 모드입니다.

5-1-2 ▶▶ 손 감지

먼저 손 감지 개요와 손의 마스크 이미지 표시에 대해 설명하겠습니다. 인텔 RealSense SDK에서는 양쪽 손 모두를 감지할 수 있습니다. 이것을 2개의 화면에 각각 표시해 보겠습니다.

◆ 실행 결과【샘플 프로그램 : CH5-1】

감지한 손의 마스크 이미지를 표시합니다.

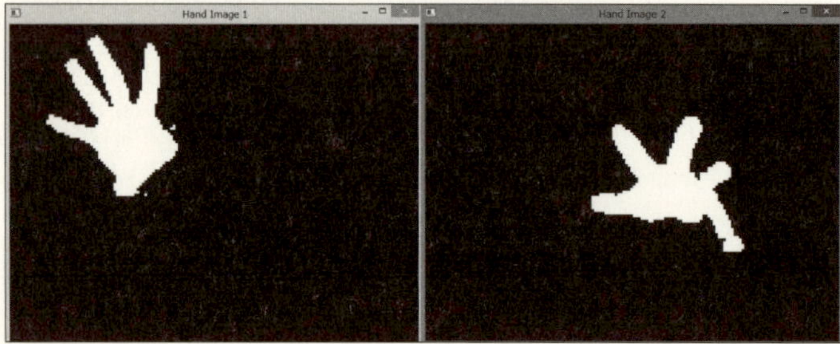

[그림 5.1] 손의 마스크 이미지 표시

◆ 변수 선언

손 감지를 위한 PXC(M)HandModule 및 감지 데이터를 가져오기 위한 PXC(M)HandData를 선언합니다. 또한, 이를 표시하기 위한 객체를 2개 준비합니다.

예제 5.1 손 감지의 변수 선언(C++)

```cpp
PXCSenseManager* senseManager = 0;


cv::Mat handImage1;
cv::Mat handImage2;


PXCHandModule* handAnalyzer = nullptr;
PXCHandData* handData = nullptr;
```

```
const int DEPTH_WIDTH = 640;
const int DEPTH_HEIGHT = 480;
const int DEPTH_FPS = 30;
```

예제 5.2 손 감지의 변수 선언(C# XAML)

```xml
<Window x:Class="RealSenseSample.MainWindow"
        xmlns="http://schemas.microsoft.com/winfx/2006/xaml/presentation"
        xmlns:x="http://schemas.microsoft.com/winfx/2006/xaml"
        Title="Hand Image" SizeToContent="WidthAndHeight"
        Loaded="Window_Loaded" Unloaded="Window_Unloaded"
        >
    <Grid>
        <Image x:Name="ImageHand1" Width="640" Height="480" HorizontalAlignment="Left"/>
        <Image x:Name="ImageHand2" Width="640" Height="480" HorizontalAlignment="Left"
Margin="640,0,0,0"/>
    </Grid>
</Window>
```

예제 5.3 손 감지의 변수 선언(C# 코드 비하인드)

```csharp
PXCMSenseManager senseManager;

        PXCMHandModule handAnalyzer;
        PXCMHandData handData;

        const int DEPTH_WIDTH = 640;
        const int DEPTH_HEIGHT = 480;
        const int DEPTH_FPS = 30;
```

◆ 초기화 처리

초기화 처리에서는 손 감지를 활성화하고 SDK를 초기화, 그 후에 손 감지를 위한 설정을 합니다.

```cpp
void initilize()
{
  // SenseManager를 생성한다
  senseManager = PXCSenseManager::CreateInstance();
  if (senseManager == nullptr) {
    throw std::runtime_error("SenseManager 생성 실패");
  }


  // Depth 스트림을 활성화한다
  auto sts = senseManager->EnableStream(PXCCapture::StreamType::STREAM_TYPE_DEPTH,    ❷
    DEPTH_WIDTH, DEPTH_HEIGHT, DEPTH_FPS);
  if (sts < PXC_STATUS_NO_ERROR) {
    throw std::runtime_error("Depth 스트림 활성화 실패");
  }


  // 손 감지를 활성화한다
  sts = senseManager->EnableHand();    ❶
  if (sts < PXC_STATUS_NO_ERROR) {
    throw std::runtime_error("손 감지 활성화 실패");
  }


  // 파이프 라인을 초기화한다
  sts = senseManager->Init();
  if (sts < PXC_STATUS_NO_ERROR) {
    throw std::runtime_error("파이프 라인 초기화 실패");
  }


  // 미러 표시한다
  senseManager->QueryCaptureManager()->QueryDevice()->SetMirrorMode(
    PXCCapture::Device::MirrorMode::MIRROR_MODE_HORIZONTAL);


  // 손 감지를 초기화한다
  initializeHandTracking();
}
```

```cpp
    // 손 감지 모듈을 설정한다
    PXCHandConfiguration* config = handAnalyzer->CreateActiveConfiguration();——❻
    //config->EnableNormalizedJoints(true );

    //config->SetTrackingMode( PXCHandData::TRACKING_MODE_EXTREMITIES );
    //config->EnableAllAlerts();
    config->EnableSegmentationImage(true);

    config->ApplyChanges();
    config->Update();
}
```

예제 5.7 손 감지 초기화 및 설정(C#)

```csharp
private void InitialflizeHandTracking()
{
    // 손 감지기를 가져온다
    handAnalyzer = senseManager.QueryHand();——————————————————❶
    if (handAnalyzer == null)
    {
        throw new Exception("손 감지기 가져오기 실패");
    }


    // 손 데이터를 생성한다
    handData = handAnalyzer.CreateOutput();———————————————————❷
    if (handData == null)
    {
        throw new Exception("손 데이터 생성 실패");
    }


    // RealSense 카메라 속성을 설정한다
    var device = senseManager.QueryCaptureManager().QueryDevice();
    PXCMCapture.DeviceInfo dinfo;
    device.QueryDeviceInfo(out dinfo);————————————————————————❸
    if (dinfo.model == PXCMCapture.DeviceModel.DEVICE_MODEL_IVCAM)————❹
    {
```

```
        device.SetDepthConfidenceThreshold(1);
        //device.SetMirrorMode( PXCMCapture.Device.MirrorMode.MIRROR_MODE_DISABLED );  ⑤
        device.SetIVCAMFilterOption(6);
    }


    // 손 감지 모듈을 설정한다
    var config = handAnalyzer.CreateActiveConfiguration();  ⑥
    config.EnableSegmentationImage(true);


    config.ApplyChanges();
    config.Update();
}
```

손 감지에는 2개의 변수를 이용합니다. 감지기를 가져와서 설정을 하기위한 PXC(M)Hand Module (❶)과 실제 감지를 하는 PXC(M)HandData(❷)입니다. PXC(M)HandModule은 PXC(M) SenseManager에서 PXC(M)HandData는PXC(M)HandModule에서 각각 가져와서 생성합니다.

계속하여 카메라 설정을 합니다. PXC(M)Capture.Device.QueryDeviceInfo( )에서 기기 정보를 가져옵니다(❸). 기기(카메라)정보는 PXC(M)Capture.DeviceInfo에 저장되며 PXC(M)Capture. DeviceInfo.mode에 카메라 종류가 입력됩니다. 모델은 PXC(M)Capture.DeviceModel 열거형으로서 [표 5.2]의 3종류로 정의되어 있으며, DEVICE_MODEL_IVCAM의 경우, 인텔 RealSense 3D 카메라로 처리합니다(❹).

[표 5.2] PXC(M)Capture.DeviceModel 열거형

값	개요
DEVICE_MODEL_GENERIC	범용 기기 및 불명확한 기기(web 카메라)
DEVICE_MODEL_IVCAM	인텔 RealSense 3D 카메라(F200)
DEVICE_MODEL_DS4	인텔 RealSense 3D 카메라(R200)

여기에서는 기기에 SetDepthConfidenceThreshold( ), SetMirrorMode( )(주석 처리함), SetIVCAMFilterOption( )을 설정하였습니다(❺). 이 값은 인텔 RealSense SDK의 개발팀이 설정한, 가장 감지하기 쉬운 설정입니다(정확한 실험 결과라기 보다는 감각적인 것에 더 가까운 듯합니다).

마지막으로 손 감지를 위한 설정을 합니다. PXC(M)HandModule.CreateActiveConfiguration( )에서 현재의 설정을 가져옵니다(❻). 설정은 PXC(M)HandConfiguration에 저장됩니다. 몇 가지 설정이 있지만 여기에서는 EnableSegmentationImage( )를 true로 하여, 세그멘테이션 이미지(마

스크 이미지)를 활성화합니다. 설정을 변경하면, ApplyChanges( ) 및 Update( )로 설정을 업데이트합니다.

이상으로 손을 감지하기 위한 초기화는 완료입니다.

◆ 손 업데이트 처리

초기화가 완료되면 손 데이터를 가져올 수 있게 됩니다.

PXC(M)SenseManager.AcquireFrame( )에서 프레임이 업데이트된 경우에는 손 감지를 업데이트하여 처리합니다. 프레임 처리가 끝나면 PXC(M)SenseManager.ReleaseFrame( )에서 해제시킵니다.

예제 5.8 손 감지 프레임 데이터 업데이트 처리(C++)

```cpp
void updateFrame( )
{
  // 프레임을 가져온다
  pxcStatus sts = senseManager->AcquireFrame(false);
  if (sts < PXC_STATUS_NO_ERROR) {
    return;
  }

  // 손 데이터를 업데이트한다
  updateHandFrame( );

  // 프레임을 해제한다
  senseManager->ReleaseFrame( );
}
```


예제 5.9 손 감지의 프레임 데이터 업데이트 처리(C#)

```csharp
void CompositionTarget_Rendering(object sender, EventArgs e)
{
    try
    {
        // 프레임을 가져온다
        pxcmStatus ret = senseManager.AcquireFrame(false);
        if (ret < pxcmStatus.PXCM_STATUS_NO_ERROR)
        {
```

```
        return;
    }

        // 손 데이터를 업데이트한다
        UpdateHandFrame();

        // 프레임을 해제한다
        senseManager.ReleaseFrame();
    }
    catch (Exception ex)
    {
        MessageBox.Show(ex.Message);
        Close();
    }
}
```

여기에서부터 손 프레임 업데이트 처리를 합니다.

예제 5.10 손 프레임 업데이트 처리(C++)

```
void updateHandFrame()
{
  handData->Update();

  // 이미지를 초기화한다
  handImage1 = cv::Mat::zeros(DEPTH_HEIGHT, DEPTH_WIDTH, CV_8UC1);
  handImage2 = cv::Mat::zeros(DEPTH_HEIGHT, DEPTH_WIDTH, CV_8UC1);

  // 감지한 손의 수를 가져온다
  auto numOfHands = handData->QueryNumberOfHands();
  for (int i = 0; i < numOfHands; i++) {
    // 손 데이터를 가져온다
    PXCHandData::IHand* hand;
    auto sts = handData->QueryHandData(
      PXCHandData::AccessOrderType::ACCESS_ORDER_BY_ID, i, hand);
    if (sts < PXC_STATUS_NO_ERROR) {
      continue;
    }
```

```cpp
    // 손의 마스크 이미지를 가져온다
    PXCImage* image = 0;
    sts = hand->QuerySegmentationImage(image);                               ❷
    if (sts < PXC_STATUS_NO_ERROR) {
        continue;
    }


    // 마스크 이미지를 가져온다
    PXCImage::ImageData data;
    sts = image->AcquireAccess(
        PXCImage::ACCESS_READ, PXCImage::PIXEL_FORMAT_Y8, &data);            ❸
    if (sts < PXC_STATUS_NO_ERROR) {
        continue;
    }


    // 마스크 이미지 크기는 Depth 에 따라 설정한다
    // 손은 최대 2 개를 감지한다
    PXCImage::ImageInfo info = image->QueryInfo();
    auto& handImage = (i == 0) ? handImage1 : handImage2;
    memcpy(handImage.data, data.planes[0], info.height * info.width);


    image->ReleaseAccess(&data);
  }
}
```

예제 5.11 손 프레임 업데이트 처리(C#)

```csharp
private void UpdateHandFrame()
{
    handData.Update();

    // 이미지를 초기화다
    ImageHand1.Source = ImageHand2.Source = null;

    // 감지한 손의 수를 가져온다
    var numOfHands = handData.QueryNumberOfHands();
    for (int i = 0; i < numOfHands; i++)
    {
        // 손 데이터를 가져온다
```

```csharp
PXCMHandData.IHand hand;
var sts = handData.QueryHandData(
    PXCMHandData.AccessOrderType.ACCESS_ORDER_BY_ID,i, out hand);   ❶
if (sts < pxcmStatus.PXCM_STATUS_NO_ERROR)
{
    continue;
}


// 손 이미지를 가져온다
PXCMImage image;
sts = hand.QuerySegmentationImage(out image);   ❷
if (sts < pxcmStatus.PXCM_STATUS_NO_ERROR)
{
    continue;
}


// 마스크 이미지를 가져온다
PXCMImage.ImageData data;
sts = image.AcquireAccess(PXCMImage.Access.ACCESS_READ,
    PXCMImage.PixelFormat.PIXEL_FORMAT_Y8, out data);   ❸
if (sts < pxcmStatus.PXCM_STATUS_NO_ERROR)
{
    continue;
}


// 마스크 이미지 크기는 Depth에 따라 설정한다
// 손은 최대 2개를 감지한다
var info = image.QueryInfo();
var bitmap = BitmapSource.Create(info.width, info.height, 96, 96,
    PixelFormats.Gray8, null, data.planes[0],
    data.pitches[0] * info.height, data.pitches[0]);
if (i == 0)
{
    ImageHand1.Source = bitmap;
}
else {
    ImageHand2.Source = bitmap;
}
```

```
        image.ReleaseAccess(data);
    }
}
```

손 프레임 업데이트는 PXC(M)HandData.Update( )에서 합니다. 계속하여 감지한 손의 수를 PXC(M)HandData.QueryNumberOfHands( )에서 가져오고 그 수만 처리합니다. 감지한 손 데이터를 가져오기 위해 PXC(M)HandData.QueryHandData( )를 호출합니다(❶). QueryHandData( )에는 인덱스 순서, 인덱스, 가져오는 데이터를 저장하는 PXC(M)HandData. IHand를 설정합니다. 인덱스 순서는 PXC(M)HandData.AccessOrderType 열거형으로서 [표 5.3]의 값이 정의됩니다. 이번에는 ID 순서로 가져왔습니다.

[표 5.3] PXC(M)HandDataAccessOrderType 열거형

값	의미
ACCESS_ORDER_BY_ID	ID 순서
ACCESS_ORDER_BY_TIME	감지 시간이 오래된 것부터 최근 순서
ACCESS_ORDER_NEAR_TO_FAR	손 거리가 가까운 것에서 먼 순서
ACCESS_ORDER_LEFT_HANDS	왼손만
ACCESS_ORDER_RIGHT_HANDS	오른손만
ACCESS_ORDER_FIXED	손을 감지하는 동안 ID를 고정

ACCESS_ORDER_LEFT_HANDS 및 ACCESS_ORDER_RIGHT_HANDS는 미러 모드로 하면, 왼쪽/오른쪽이 거꾸로 변경되므로 주의합니다.

가져온 데이터로부터 PXCHandData.IHand.QuerySegmentationImage( )에서 마스크 이미지를 가져옵니다(❷). 마스크 이미지는 PXC(M)Image에서 가져오며, 이미지 데이터의 추출 방법은 컬러와 Depth가 같습니다. 마스크 이미지의 포맷은 8비트 데이터이며 PXC(M)Image.ImageData. AcquireAccess( )를 PXC(M)Image.PixelFormat.PIXEL_FORMAT_Y8에서 호출합니다(❸). 이것을 표시용 이미지 데이터에 복사합니다.

실제 데이터는 손을 감지한 픽셀이 255, 감지하지 않은 픽셀이 0이 됩니다.

8비트를 이미지화하면 255가 흰색, 0이 검정이 되므로 [그림 5.2]의 이미지와 같이 표시됩니다.

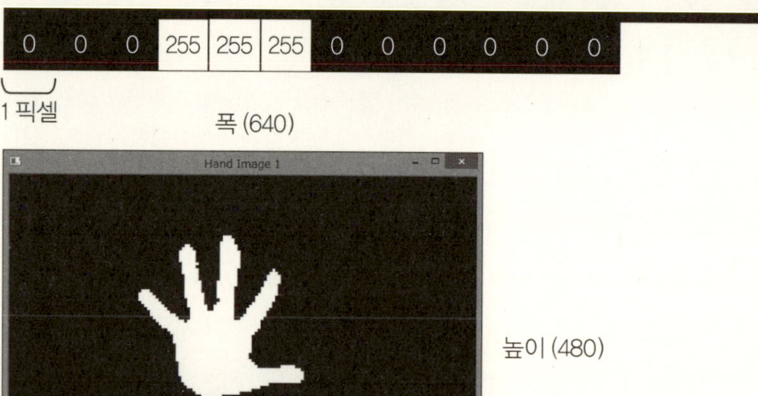

[그림 5.2] 손을 감지한 픽셀 데이터 구조

이상으로 손 감지의 기본적인 흐름을 알아보았습니다.

◆ 종료 처리

PXC(M)SenseManager 및 PXC(M)HandModule, PXC(M)HandData를 해제시킵니다.
C++에서는 Release( )를 C#에서는 Dispose( )를 호출합니다.

예제 5.12 손 감지의 종료 처리(C++)

```cpp
RealSenseApp( )
{
  if (senseManager != nullptr) {
    senseManager->Release( );
    senseManager = nullptr;
  }


  if (handAnalyzer == nullptr) {
    senseManager->Release( );
    senseManager = nullptr;
  }


  if (handData == nullptr) {
```

```
        handData->Release();
        handData = nullptr;
    }
}
```

예제 5.13 손 감지의 종료 처리(C#)

```csharp
private void Uninitialize()
{
    // 리소스를 해제한다
    if (senseManager != null)
    {
        senseManager.Dispose();
        senseManager = null;
    }

    if (handData != null)
    {
        handData.Dispose();
        handData = null;
    }

    if (handAnalyzer != null)
    {
        handAnalyzer.Dispose();
        handAnalyzer = null;
    }
}
```

5-1-3 >> 각각의 손 이미지를 하나로 통합

여기에서부터는 손과 손가락 감지 데이터를 가져와서 표시하겠습니다. 준비를 위해 각각 표시되어 있는 손 이미지를 하나로 통합하고, 8비트 이미지를 24비트 이미지로 변환하겠습니다.

◆ **실행 결과【샘플 프로그램 : CH5-1_2】**

왼손, 오른손의 마스크 이미지를 하나의 화면에 표시합니다.

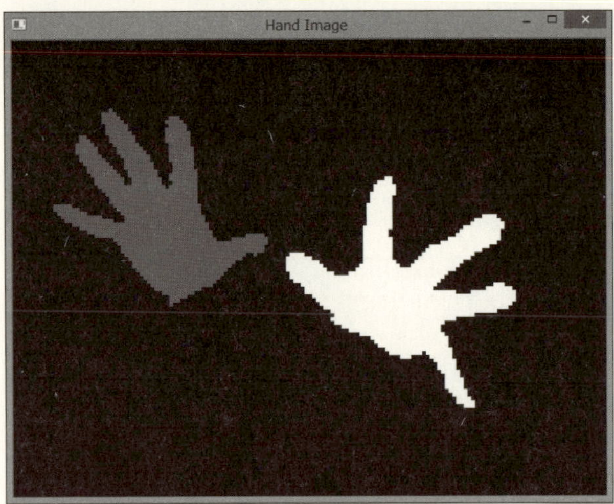

[그림 5.3] 양손 이미지를 한 화면으로 통합

◆ 변수 선언

2개의 이미지를 하나로 만듭니다. C#에서는 픽셀 데이터로 비트맵을 생성하기 위해 관련 변수를
추가합니다.

예제 5.14 양손을 한 화면에 표시하기 위한 변수 선언(C++)

```cpp
PXCSenseManager* senseManager = 0;

cv::Mat handImage;

PXCHandModule* handAnalyzer = 0;
PXCHandData* handData = 0;
```

예제 5.15 양손을 한 화면에 표시하기 위한 변수 선언(C# XAML)

```xml
<Window x:Class="RealSenseSample.MainWindow"
        xmlns="http://schemas.microsoft.com/winfx/2006/xaml/presentation"
        xmlns:x="http://schemas.microsoft.com/winfx/2006/xaml"
        Title="Hand Image" SizeToContent="WidthAndHeight"
        Loaded="Window_Loaded" Unloaded="Window_Unloaded"
        >
    <Grid >
        <Image x:Name="ImageHand" Width="640" Height="480"/>
    </Grid>
</Window>
```

```csharp
PXCMSenseManager senseManager;


PXCMHandModule handAnalyzer;
PXCMHandData handData;


// 픽셀 데이터 버퍼
byte[] imageBuffer = new byte[DEPTH_WIDTH * DEPTH_HEIGHT * BYTE_PER_PIXEL];


// 비트맵
WriteableBitmap imageBitmap = new WriteableBitmap(
    DEPTH_WIDTH, DEPTH_HEIGHT, 96, 96, PixelFormats.Bgr24, null);


// 사각형 비트맵
Int32Rect imageRect = new Int32Rect(0, 0, DEPTH_WIDTH, DEPTH_HEIGHT);


// 픽셀당 바이트수
const int BYTE_PER_PIXEL = 3;


const int DEPTH_WIDTH = 640;
const int DEPTH_HEIGHT = 480;
const int DEPTH_FPS = 30;
```

◆ 초기화 처리

C#의 경우에만 초기화 처리를 합니다. 방금 전에 추가한 비트맵을 Image에 연결합니다.

예제 5.17 양손을 한 화면에 표시하기 위한 초기화 처리(C#)

```csharp
private void Window_Loaded(object sender, RoutedEventArgs e)
{
    Initialize();


    // 비트맵을 Image에 연결한다
    ImageHand.Source = imageBitmap;


    CompositionTarget.Rendering += CompositionTarget_Rendering;
}
```

업데이트 처리 중 주로 표시와 관련되는 부분을 변경합니다.

예제 5.18 손 프레임 업데이트 처리(C++)

```cpp
void updateHandFrame( )
{

    // 손 데이터를 업데이트한다(코드생략)
    // 이미지를 초기화한다

    handImage = cv::Mat::zeros(DEPTH_HEIGHT, DEPTH_WIDTH, CV_8UC3);

    auto numOfHands = handData->QueryNumberOfHands( );
    for (int i = 0; i < numOfHands; i++) {
        // 손 데이터를 가져온다(코드생략)
        // 손의 마스크 이미지를 가져온다(코드생략)
        // 마스크 이미지를 가져온다(코드생략)

        // 마스크 이미지 크기는 Depth에 따라 설정한다
        // 손은 최대 2개를 감지한다
        PXCImage::ImageInfo info = image->QueryInfo( );
        for (int j = 0; j < info.height * info.width; ++j) {
            if (data.planes[0][j] != 0) {
                auto index = j * 3;

                // 손의 인덱스로 색상을 지정한다
                // ID=0 : 127
                // ID=1 : 254
                auto value = (uchar)((i + 1) * 127);                    ❶

                handImage.data[index + 0] = value;
                handImage.data[index + 1] = value;
                handImage.data[index + 2] = value;
            }
        }

        image->ReleaseAccess(&data);
    }
}
```

```csharp
private void UpdateHandFrame()
{
    // 손 데이터를 업데이트한다(코드생략)
    // 픽셀 데이터를 초기화한다
    Array.Clear(imageBuffer, 0, imageBuffer.Length);

    // 감지한 손의 수를 가져온다
    var numOfHands = handData.QueryNumberOfHands();
    for (int i = 0; i < numOfHands; i++)
    {
        // 손 데이터를 가져온다(코드생략)
        // 손 이미지를 가져온다(코드생략)
        // 마스크 이미지를 가져온다(코드생략)

        // 마스크 이미지 크기는 Depth에 따라 설정한다
        // 손은 최대  2개를 감지한다
        var info = image.QueryInfo();

        // 마스크 이미지를 바이트로 변환한다
        var buffer = data.ToByteArray(0, data.pitches[0] * info.height);

        for (int j = 0; j < info.height * info.width; ++j)
        {
            if (buffer[j] != 0)
            {
                var index = j * BYTE_PER_PIXEL;

                // 손의 인덱스로 색상을 지정한다
                // ID=0 : 127
                // ID=1 : 254
                var value = (byte)((i + 1) * 127);      ──────────────────────────────①

                imageBuffer[index + 0] = value;
                imageBuffer[index + 1] = value;
                imageBuffer[index + 2] = value;
            }
        }

        image.ReleaseAccess(data);
```

```
    // 픽셀 데이터 업데이트
    imageBitmap.WritePixels( imageRect, imageBuffer,
    DEPTH_WIDTH * BYTE_PER_PIXEL, 0 );
}
```

손 이미지를 표시합니다. 감지한 2개의 손을 동시에 표시하기 위해서, 인덱스에 따라 손의 색상을 변경하여 이미지화 시킵니다(❶). 8비트의 이미지를 24비트의 이미지로 변환하기 위해, 1픽셀의 RGB에 같은 값을 넣습니다.

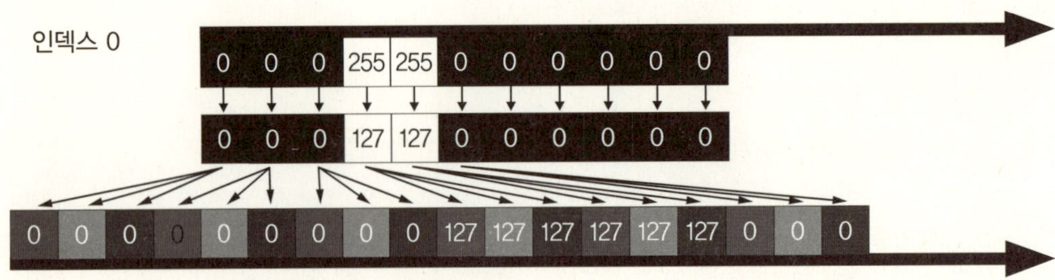

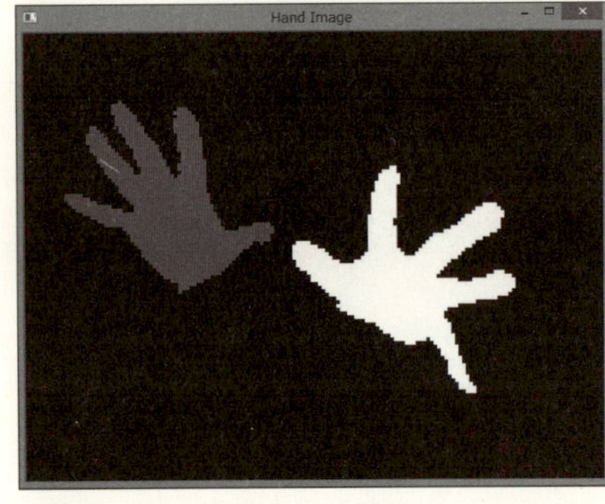

[그림 5.4] 표시 데이터의 이미지

◆ 종료 처리

손 감지(예제 5.12, 5.13)과 같으므로, 설명은 생략하겠습니다.

5-1-4 ≫ 손 감지 데이터를 표시

이번에는 손 감지 데이터를 가져와서 표시하겠습니다. 여기에서는 왼손, 오른손의 판별, 펴짐 정도, 중심좌표, 범위를 표시합니다.

가져온 데이터를 표시합니다. 다음 프로그램에서는 ID로 손의 색상을 변경하였습니다. 이번에는 왼손, 오른손의 색상을 변경하여 보겠습니다. 또한, 손의 펴짐 정도를 사용하여 색의 농도를 변경하겠습니다.

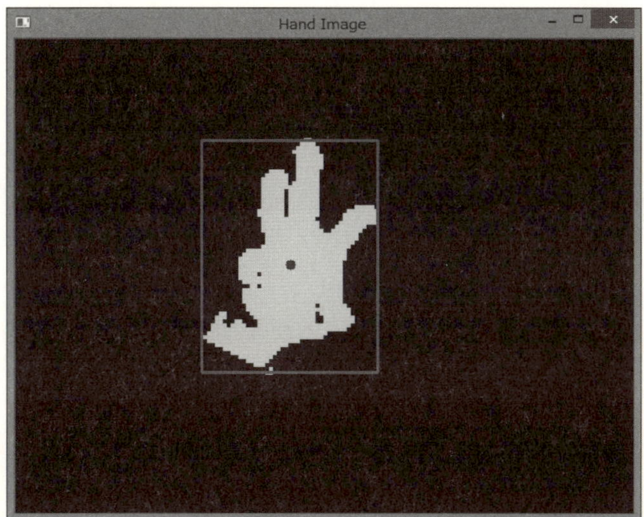

[그림 5.5] 손의 위치 등의 데이터를 표시

◆ 변수 선언

C#의 경우만, 손의 중심점과 범위를 표시하기 위한 Canvas를 추가합니다(❶). C++에서는 손의 감지(예제 5.1)과 같습니다.

예제 5.20 손 감지 데이터 이용을 위한 변수 선언(C# XAML)

```
<Window x:Class="RealSenseSample.MainWindow"
        xmlns="http://schemas.microsoft.com/winfx/2006/xaml/presentation"
        xmlns:x="http://schemas.microsoft.com/winfx/2006/xaml"
        Title="Hand Image" SizeToContent="WidthAndHeight"
        Loaded="Window_Loaded" Unloaded="Window_Unloaded"
        >
    <Grid >
        <Image x:Name="ImageHand" Width="640" Height="480"/>
        <Canvas x:Name="CanvasFaceParts" />  ————————————————————————❶
    </Grid>
</Window>
```

◆ 초기화 처리

손의 감지 처리(예제 5.4~5.7)와 같으므로 설명은 생략하겠습니다.

◆ 업데이트 처리

손 처리 관련 부분만 변경하면 되며, 코드도 변경 내용만 수록합니다.

예제 5.21 손 감지 데이터를 표시(C++)

```cpp
void updateHandFrame()
{
  // 손 데이터를 업데이트한다

  auto numOfHands = handData->QueryNumberOfHands();
  for (int i = 0; i < numOfHands; i++) {
    // 손 데이터를 가져온다(코드생략)
    // 손의 마스크 이미지를 가져온다(코드생략)
    // 손 이미지 데이터를 가져온다(코드생략)

    // 왼쪽, 오른쪽 양손 데이터를 가져온다
    auto side = hand->QueryBodySide();                              ❶

    // 손의 펴짐 정도(0-100)를 가져온다
    auto openness = hand->QueryOpenness();                          ❷

    // 마스크 이미지 크기는 Depth에 따라 설정한다
    // 손은 최대 2개를 감지한다
    PXCImage::ImageInfo info = image->QueryInfo();
    for (int j = 0; j < info.height * info.width; ++j) {
      if (data.planes[0][j] != 0) {
        auto index = j * 3;

        // 손의 오른쪽, 왼쪽, 펴짐 정도에 따라 색상을 지정한다
        // 왼손=1 : 0-127 범위
        // 오른손=2 : 0-254 범위
        auto value = (uchar)((side * 127) * (openness / 100.0f));   ❸

        handImage.data[index + 0] = value;
        handImage.data[index + 1] = value;
        handImage.data[index + 2] = value;
```

```cpp
        }
    }

    // 손의 이미지 데이터를 해제한다
    image->ReleaseAccess(&data);

    // 손의 중심을 표시한다
    auto center = hand->QueryMassCenterImage();
    cv::circle(handImage, cv::Point(center.x, center.y), 5,
        cv::Scalar(255, 0, 0), -1);

    // 손의 범위를 표시한다
    auto boundingbox = hand->QueryBoundingBoxImage();
    cv::rectangle(handImage,
        cv::Rect(boundingbox.x, boundingbox.y, boundingbox.w, boundingbox.h),
        cv::Scalar(0, 0, 255), 2);
    }
}
```

예제 5.22 손 감지 데이터를 표시(C#)

```csharp
private void UpdateHandFrame()
{
    // 손 데이터를 업데이트한다
    // 픽셀 데이터를 초기화한다
    Array.Clear(imageBuffer, 0, imageBuffer.Length);
    CanvasFaceParts.Children.Clear();

    // 감지한 손의 수를 가져온다
    var numOfHands = handData.QueryNumberOfHands();
    for (int i = 0; i < numOfHands; i++)
    {
        // 손 데이터를 가져온다(코드생략)
        // 손 이미지를 가져온다(코드생략)
        // 마스크 이미지를 가져온다(코드생략)

        // 왼쪽, 오른쪽 양손 데이터를 가져온다
        var side = (int)hand.QueryBodySide();

        // 손의 펴짐 정도(0-100)를 가져온다
```

```csharp
var openness = hand.QueryOpenness();                                          ➋

// 마스크 이미지 크기는 Depth에 따라 설정한다
// 손은 최대 2개로 제한한다
var info = image.QueryInfo();

// 마스크 이미지를 바이트로 변환한다
var buffer = data.ToByteArray(0, data.pitches[0] * info.height);

for (int j = 0; j < info.height * info.width; ++j)
{
    if (buffer[j] != 0)
    {
        var index = j * BYTE_PER_PIXEL;

        // 손의 오른쪽, 왼쪽, 펴짐 정도에 따라 색상을 지정한다
        // 왼손=1 : 0-127 범위
        // 오른손=2 : 0-254 범위
        var value = (byte)((side * 127) * (openness / 100.0f));            ➌

        imageBuffer[index + 0] = value;
        imageBuffer[index + 1] = value;
        imageBuffer[index + 2] = value;
    }
}

image.ReleaseAccess(data);

// 손의 중심을 표시한다
var center = hand.QueryMassCenterImage();                                     ➍
var ellipse = new Ellipse()
{
    Width = 5,
    Height = 5,
    Fill = Brushes.Blue,
};
Canvas.SetLeft(ellipse, center.x);
Canvas.SetTop(ellipse, center.y);
CanvasFaceParts.Children.Add(ellipse);
```

```
        // 손의 범위를 표시한다
        var boundingbox = hand.QueryBoundingBoxImage();          ⑤
        var rectangle = new Rectangle()
        {
            Width = boundingbox.w,
            Height = boundingbox.h,
            Stroke = Brushes.Red,
            StrokeThickness = 2,
        };
        Canvas.SetLeft(rectangle, boundingbox.x);
        Canvas.SetTop(rectangle, boundingbox.y);
        CanvasFaceParts.Children.Add(rectangle);
    }

    // 픽셀 데이터를 업데이트한다
}
```

손의 이미지 색상을 지정하기 위해 왼손, 오른손 및 펴짐 정도를 가져옵니다. 왼쪽/오른쪽은 PXC(M)HandData.IHand.QueryBodySide()에서 가져옵니다(❶). 값은 PXC(M)HandData.BodySideType 열거형으로 [표 5.4]의 값이 정의되어 있습니다.

[표 5.4] PXC(M)HandData.BodySideType 열거형

값	의미値意味
BODY_SIDE_UNKNOWN	미정의
BODY_SIDE_LEFT	왼쪽 손
BODY_SIDE_RIGHT	오른쪽 손

이 값은 미러 모드에서 왼손, 오른손이 거꾸로 표시됩니다. 또한, 손등을 감지한 경우에도 반대의 결과가 나타납니다.

손 펴짐 정도는 PXC(M)HandData.IHand.QueryOpenness()에서 가져옵니다(❷). 0에서 100 사이의 값을 가져오며 0은 손이 완전히 닫힌 상태(주먹 형태), 100은 손이 완전히 펴진 상태입니다.

다음 코드를 이용하여 색상 값을 지정합니다(❸).

```
auto value = (uchar)((side * 127) * (openness / 100.0f));
```

앞에서는 인덱스의 0이나 1로 127 또는 254를 지정하였습니다. 이번에는 왼손, 오른손을 구분하여 지정합니다. BODY_SIDE_LEFT는 1, BODY_SIDE_RIGHT는 2로 정의되어 있으므로, 왼손이 127, 오른손이 254가 됩니다. 이것에 펴짐 정도 비율을 변화시킵니다. 펴짐 정도 범위는 0~100이므로 이것을 100으로 나누어 0%~100%로 지정합니다. 왼손과 오른손의 값에 이것을 곱함으로써, 왼손을 0~127, 오른손을 0~254 사이에서 변화시킵니다. 손을 쥐면 0에 가까워지기 때문에 검게 되고, 손을 펴면 100에 가까워지므로 하얗게 됩니다.

계속하여 감지된 손의 위치를 표시합니다. 먼저 손의 중심좌표는 PXC(M)HandData.IHand. QueryMassCenterImage( )에서 가져옵니다(❹). 가져온 값은 PXCPointF32형이며, Depth 좌표계에서의 x,y의 값으로 되어 있습니다. 손의 범위좌표는 PXC(M)HandData.IHand. QueryBoundingBoxImage( )에서 가져옵니다(❺). 가져온 값은 PXCRectI32형이며, Depth좌표계에서의 x,y의 값 및 폭(w), 높이(h)으로 되어 있습니다. 이것을 사용하여 손의 중심점 및 손 범위의 사각 단형을 그립니다.

3차원 좌표에서 손의 위치를 가져온 경우(주로 Z, 거리를 사용하고 싶은 경우)에는 PXC(M) HandData.IHand.QueryMassCenterWorld( )를 호출함으로써 PXCPointF32형 값을 가져옵니다. 이 좌표는 카메라 좌표계(미터 단위)에서의 x,y,z의 값입니다.

◆ 종료 처리
손의 감지(예제 5.12, 5.13)와 같으므로, 설명은 생략하겠습니다.

5-1-5 ▶▶ 손가락 데이터를 표시

드디어 손가락을 감지하겠습니다. 프로그램 코드는, 지금까지 기술한 코드에 덧붙여 손가락 좌표를 가져와서 표시하는 코드를 추가할 것입니다.

인텔 RealSense SDK에서 감지 가능한 포인트는 총 22 포인트입니다(그림 5.6). 손가락은 손가락 마디에서 손가락 끝 사이의 관절 2개로 각각 4개의 포인트, 손바닥과 손등의 2개의 포인트로 구성됩니다. 참고로 손바닥과 방금 전의 QueryMassCenterImage( )에서 가져오는 좌표가 다르므로 주의합니다.

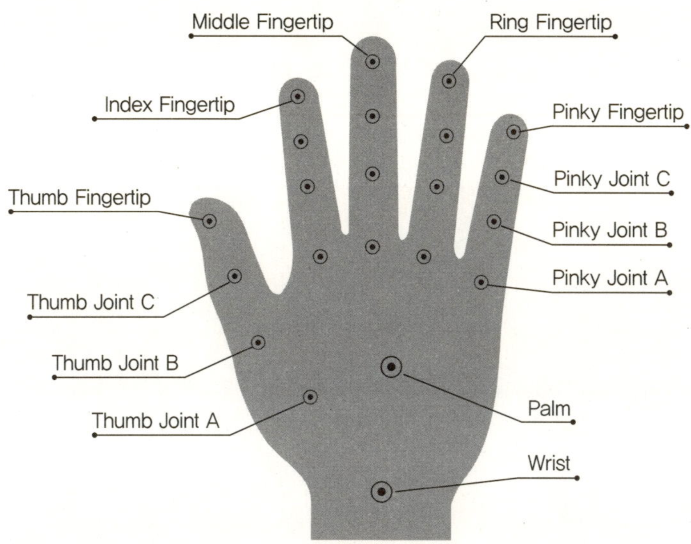

[그림 5.6] 인텔 RealSense SDK 로 감지 가능한 손가락 위치

◆ **실행 결과【샘플 프로그램 : CH5-1_4】**

방금 전의 손 위치에 더해서 손가락 좌표 포인트가 표시됩니다.

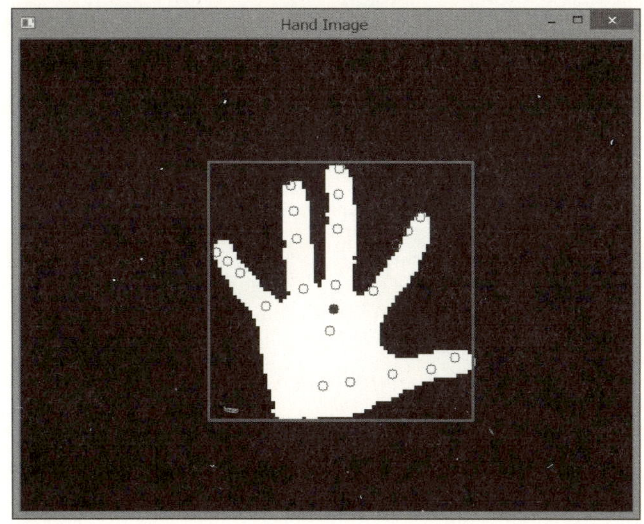

[그림 5.7] 손가락 및 손가락 관절의 좌표 포인트를 표시

◆ **초기화 처리**

손의 감지(예제5.4, 5.7)과 같으므로 설명은 생략하겠습니다.

업데이트 처리만 추가합니다. 손가락 데이터의 인덱스를 기본으로 하여 가져옵니다.

예제 5.23 손가락 좌표를 가져와서 표시(C++)

```cpp
void updateHandFrame()
{
    // 손 데이터를 업데이트한다(코드생략)
    // 이미지를 초기화한다(코드생략)

    auto numOfHands = handData->QueryNumberOfHands();
    for (int i = 0; i < numOfHands; i++) {
        // 손 데이터를 가져온다(코드생략)
        // 손의 마스크 이미지를 가져온다(코드생략)
        // 손의 이미지 데이터를 가져온다(코드생략)

        // 왼쪽, 오른쪽 양손 데이터를 가져온다(코드생략)
        // 손의 펴짐 정도(0-100)를 가져온다(코드생략)

        // 마스크 이미지 크기는 Depth에 따라 설정한다
        // 손은 최대 2개를 감지한다(코드생략)

        // 손가락 관절 데이터를 열거한다
        for (int j = 0; j < PXCHandData::NUMBER_OF_JOINTS; j++) {
            PXCHandData::JointData jointData;
            sts = hand->QueryTrackedJoint((PXCHandData::JointType)j, jointData);     ❶
            if (sts != PXC_STATUS_NO_ERROR) {
            continue;
            }

            cv::circle(handImage,
                cv::Point(jointData.positionImage.x, jointData.positionImage.y),     ❷
                5, cv::Scalar(128, 128, 0));
        }

        // 손의 이미지 데이터를 해제한다(코드생략)
        // 손의 중심을 표시한다(코드생략)
        // 손의 범위를 표시한다(코드생략)
```

```
        }
    }
```


예제 5.24 손가락 좌표를 가져와서 표시(C#)

```csharp
private void UpdateHandFrame()
{
    // 손 데이터를 업데이트한다(코드생략)
    // 픽셀 데이터를 초기화한다(코드생략)

    // 감지한 손의 수를 가져온다
    var numOfHands = handData.QueryNumberOfHands();
    for (int i = 0; i < numOfHands; i++)
    {
        // 손 데이터를 가져온다(코드생략)
        // 손 이미지를 가져온다(코드생략)
        // 마스크 이미지를 가져온다(코드생략)

        // 왼쪽, 오른쪽 양손 데이터를 가져온다(코드생략)
        // 손의 펴짐 정도(0-100)를 가져온다(코드생략)

        // 마스크 이미지 크기는 Depth에 따라 설정한다
        // 손은 최대 2개를 감지한다

        // 마스크 이미지를 바이트로 변환한다(코드생략)

        // 손가락 관절 데이터를 열거한다
        for (int j = 0; j < PXCMHandData.NUMBER_OF_JOINTS; j++)
        {
            PXCMHandData.JointData jointData;
            sts = hand.QueryTrackedJoint((PXCMHandData.JointType)j, out jointData);  //❶
            if (sts < pxcmStatus.PXCM_STATUS_NO_ERROR)
            {
                continue;
            }

            AddEllipse(CanvasFaceParts,
            new Point(jointData.positionImage.x, jointData.positionImage.y),  //❷
            5, Brushes.Green);
```

```csharp
        }

        // 손의 중심을 표시한다
        var center = hand.QueryMassCenterImage();
        AddEllipse(CanvasFaceParts, new Point(center.x, center.y), 5,
            Brushes.Blue, -1);

        // 손의 범위를 표시한다(코드생략)

        // 픽셀 데이터를 업데이트한다(코드생략)

        // 원을 표시한다
        void AddEllipse(Canvas canvas, Point point, int radius, Brush color,
            int thickness = 1 )
        {
        var ellipse = new Ellipse()
        {
            Width = radius,
            Height = radius,
        };

        if (thickness <= 0)
        {
            ellipse.Fill = color;
        }
        else {
            ellipse.Stroke = color;
            ellipse.StrokeThickness = thickness;
        }

        Canvas.SetLeft(ellipse, point.X);
        Canvas.SetTop(ellipse, point.Y);
        Canvas.Children.Add(ellipse);
    }
```

　손가락 데이터는 PXC(M)HandData.IHand.QueryTrackedJoint( )에서 가져옵니다(❶). 손가락 인덱스를 전달하면, 그 손가락의 데이터가 반환됩니다. 손가락 인덱스는 PXC(M) HandData::JointType 열거형으로서 [표 5.5]와 같이 정의됩니다. 이 값은 0에서부터의 연속되는 번호로 정의되므로 for 문을 사용하고 있습니다.

[**표 5.5**] PXC(M)HandData::JointType 열거형

값	의미
JOINT_WRIST	손목
JOINT_CENTER	손바닥
JOINT_THUMB_BASE	엄지손가락 제4관절(손가락 뿌리)
JOINT_THUMB_JT1	엄지손가락 제3관절
JOINT_THUMB_JT2	엄지손가락 제2관절
JOINT_THUMB_TIP	엄지손가락 제1관절(손가락 끝)
JOINT_INDEX_BASE	검지 제4관절(손가락 뿌리)
JOINT_INDEX_JT1	검지 제3관절
JOINT_INDEX_JT2	검지 제2관절
JOINT_INDEX_TIP	검지 제1관절(손가락 끝)
JOINT_MIDDLE_BASE	중지 제4관절(손가락 뿌리)
JOINT_MIDDLE_JT1	중지 제3관절
JOINT_MIDDLE_JT2	중지 제2관절
JOINT_MIDDLE_TIP	중지 제1관절(손가락 끝)
JOINT_RING_BASE	약지 제4관절(손가락 뿌리)
JOINT_RING_JT1	약지 제3관절
JOINT_RING_JT2	약지 제2관절
JOINT_RING_TIP	약지 제1관절(손가락 끝)
JOINT_PINKY_BASE	새끼손가락 제4관절(손가락 뿌리)
JOINT_PINKY_JT1	새끼손가락 제3관절
JOINT_PINKY_JT2	새끼손가락 제2관절
JOINT_PINKY_TIP	새끼손가락 제1관절(손가락 끝)

손가락 데이터는 PXC(M)HandData.JointData에 저장됩니다. 여기에는 값의 신뢰성과 Depth 좌표계에서의 위치(2차원), 카메라 좌표계에서의 위치(3차원), 회전량, 이동량 등이 포함됩니다. 이 중에서 Depth 좌표계 위치를 나타내는 positionImage를 사용하여 위치를 표시하고 있습니다(❷).

5-1-6 ≫ 손가락 위치를 Depth 이미지에 맞추기

다음으로 Depth 이미지에 손가락 위치를 맞추어 보겠습니다. 손가락 좌표가 Depth 좌표계로 되어 있으므로, 지금까지 마스크 이미지였던 것을 Depth 이미지로 변경합니다.

Depth 이미지에 손의 위치, 범위, 손가락 위치가 표시됩니다.

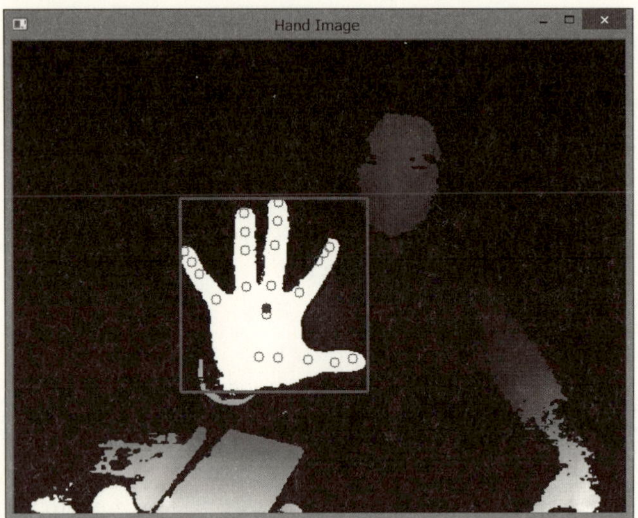

[그림 5.8] 손가락 위치를 Depth 이미지에 맞추어 표시

◆ 변수 선언

C#의 경우만 변경이 필요합니다.(C++는 손 감지와 같음) 손의 마스크 이미지 생성에 사용하고 있던 비트맵 관련 변수를 삭제합니다.

예제 5.25 손 위치를 Depth 이미지에 맞추기 위한 변수 선언(C# 코드 비하인드)

```
PXCMSenseManager senseManager;


        PXCMHandModule handAnalyzer;
        PXCMHandData handData;


        const int DEPTH_WIDTH = 640;
        const int DEPTH_HEIGHT = 480;
        const int DEPTH_FPS = 30;
```


◆ 초기화 처리

여기에서도 C#의 경우만 변경합니다(C++는 손 감지와 같음). 손의 마스크 이미지 생성에 사용한 비트맵 관련 부분은 삭제합니다.

예제 5.26 손의 위치를 Depth 이미지에 맞추기 위한 초기화 처리(C#)

```csharp
private void Window_Loaded( object sender, RoutedEventArgs e )
        {
            Initialize();

            CompositionTarget.Rendering += CompositionTarget_Rendering;
        }
```

◆ **업데이트 처리**

이번에는 Depth 이미지를 기본으로 하기 때문에 먼저 Depth 이미지를 가져옵니다. 그 위에 손 데이터를 표시합니다.

예제 5.27 손 위치를 Depth 이미지에 맞추기 위한 프레임 데이터 업데이트(C++)

```cpp
void updateFrame()
{
  // 프레임을 가져온다
  pxcStatus sts = senseManager->AcquireFrame(false);
  if (sts < PXC_STATUS_NO_ERROR) {
    return;
  }

  // 이미지를 초기화한다
  handImage = cv::Mat::zeros(DEPTH_HEIGHT, DEPTH_WIDTH, CV_8UC4);

  // 프레임 데이터를 가져온다
  const PXCCapture::Sample *sample = senseManager->QuerySample();
  if (sample ! = nullptr) {
    // 각 데이터를 표시한다
    updateDepthImage(sample->depth);
  }

  // 손 데이터를 업데이트한다
  updateHandFrame();

  // 프레임을 해제한다
  senseManager->ReleaseFrame();
}
```

```csharp
void CompositionTarget_Rendering(object sender, EventArgs e)
{
    try
    {
        // 프레임을 가져온다
        pxcmStatus ret = senseManager.AcquireFrame(false);
        if (ret < pxcmStatus.PXCM_STATUS_NO_ERROR)
        {
            return;
        }

        // 프레임 데이터를 가져온다
        PXCMCapture.Sample sample = senseManager.QuerySample();
        if (sample != null)
        {
            // 각 데이터를 표시한다
            UpdateDepthImage(sample.depth);
        }

        // 손 데이터를 업데이트한다
        UpdateHandFrame();

        // 프레임을 해제한다
        senseManager.ReleaseFrame();
    }
    catch (Exception ex)
    {
        MessageBox.Show(ex.Message);
        Close();
    }
}
```

프레임 업데이트를 하고 표시 이미지를 초기화합니다. 이번에는 Depth 이미지를 사용하므로 32 비트의 포맷으로 합니다. 계속해서 이미지의 프레임 데이터와 손 데이터를 업데이트하여 데이터를 가져옵니다.

먼저, Depth 이미지를 가져옵니다. 이 코드는 '4-2-2 Depth 이미지 표시' 항목의 코드(**예제 4.22, 4.23**)와 같습니다.

```cpp
void updateDepthImage(PXCImage* depthFrame)
{
  if (depthFrame == 0) {
    return;
  }


  // 데이터를 가져온다
  PXCImage::ImageData data;
  pxcStatus sts = depthFrame->AcquireAccess(
    PXCImage::Access::ACCESS_READ,
    PXCImage::PixelFormat::PIXEL_FORMAT_RGB32, &data);
  if (sts < PXC_STATUS_NO_ERROR) {
    throw std::runtime_error("Depth 이미지 가져오기 실패");
  }


  // 데이터를 복사한다
  PXCImage::ImageInfo info = depthFrame->QueryInfo();
  memcpy(handImage.data, data.planes[0], data.pitches[0] * info.height);


  // 데이터를 해제한다
  depthFrame->ReleaseAccess(&data);
}
```

예제 5.30 Depth 이미지 가져오기(C#)

```csharp
private void UpdateDepthImage(PXCMImage depthFrame)
{
    if (depthFrame == null)
    {
        return;
    }


    // 데이터를 가져온다
    PXCMImage.ImageData data;
    pxcmStatus ret = depthFrame.AcquireAccess(
        PXCMImage.Access.ACCESS_READ,
        PXCMImage.PixelFormat.PIXEL_FORMAT_RGB32, out data);
    if (ret < pxcmStatus.PXCM_STATUS_NO_ERROR)
```

```
        {
            throw new Exception("Depth 이미지 가져오기 실패");
        }

        // 비트맵으로 변환한다
        var info = depthFrame.QueryInfo();
        var length = data.pitches[0] * info.height;

        var buffer = data.ToByteArray(0, length);
        ImageHand.Source = BitmapSource.Create(info.width, info.height, 96, 96,
            PixelFormats.Bgr32, null, buffer, data.pitches[0]);

        // 데이터를 해제한다
        depthFrame.ReleaseAccess(data);
}
```

다음으로 손 데이터를 업데이트합니다. 코드 추가는 없으며 관절을 열거하는 코드 이외는 삭제하였습니다.

예제 5.31 손 데이터 업데이트(C++)

```cpp
void updateHandFrame()
{
    // 손 데이터를 업데이트한다
    handData->Update();

    auto numOfHands = handData->QueryNumberOfHands();
    for (int i = 0; i < numOfHands; i++) {
        // 손 데이터를 가져온다
        PXCHandData::IHand* hand;
        auto sts = handData->QueryHandData(
            PXCHandData::AccessOrderType::ACCESS_ORDER_BY_ID, i, hand);
        if (sts < PXC_STATUS_NO_ERROR) {
            continue;
        }

        // 손가락 관절 데이터를 열거한다
        for (int j = 0; j < PXCHandData::NUMBER_OF_JOINTS; j++) {
            PXCHandData::JointData jointData;
```

```cpp
        sts = hand->QueryTrackedJoint((PXCHandData::JointType)j, jointData);
        if (sts != PXC_STATUS_NO_ERROR) {
          continue;
        }


        cv::circle(handImage,
          cv::Point(jointData.positionImage.x, jointData.positionImage.y),
          5, cv::Scalar(128, 128, 0));
      }
    }
}
```

예제 5.32 손 데이터 업데이트(C#)

```csharp
private void UpdateHandFrame()
{
    // 손 데이터를 업데이트한다
    handData.Update();

    // 데이터를 초기화한다
    CanvasFaceParts.Children.Clear();

    // 감지한 손의 수를 가져온다
    var numOfHands = handData.QueryNumberOfHands();
    for (int i = 0; i < numOfHands; i++)
    {
        // 손 데이터를 가져온다
        PXCMHandData.IHand hand;
        var sts = handData.QueryHandData(
            PXCMHandData.AccessOrderType.ACCESS_ORDER_BY_ID, i, out hand);
        if (sts < pxcmStatus.PXCM_STATUS_NO_ERROR)
        {
            continue;
        }


        // 손가락 관절 데이터를 열거한다
        for (int j = 0; j < PXCMHandData.NUMBER_OF_JOINTS; j++)
        {
            PXCMHandData.JointData jointData;
```

```csharp
            sts = hand.QueryTrackedJoint((PXCMHandData.JointType)j, out jointData);
            if (sts < pxcmStatus.PXCM_STATUS_NO_ERROR)
            {
                continue;
            }

            AddEllipse(CanvasFaceParts,
                new Point(jointData.positionImage.x, jointData.positionImage.y),
                5, Brushes.Green);
        }
    }
}
```

이 코드를 실행함으로써 Depth 이미지에 손가락 데이터를 표시할 수 있습니다.

◆ **종료 처리**

손 감지(예제 5.12, 5.13)과 같으므로, 설명은 생략하겠습니다.

5-1-7 >> 손가락 위치를 컬러 이미지에 맞추기

계속하여 손가락 위치를 컬러 이미지에 표시합니다. 여기에서는 새롭게 '좌표 변환'이 등장합니다. 손가락 위치 좌표는 앞에서 서술한대로 Depth 좌표계입니다. 컬러 이미지에 표시하는 경우에는 같은 해상도였다고 해도 카메라의 위치가 다르므로 위치 좌표가 벗어나버립니다. 벗어난 것을 수정(변환)하는 함수가 SDK에 포함되어 있습니다. 이 함수는 PXC(M)Projection 클래스로 제공되어, Depth 좌표계와 컬러 좌표계, 카메라 좌표계와 Depth 좌표계, 카메라 좌표계와 컬러 좌표계의 상호 좌표계를 변환합니다.

[그림 5.9]는 인텔 RealSense SDK에서의 좌표계와 각각의 변환 함수입니다.

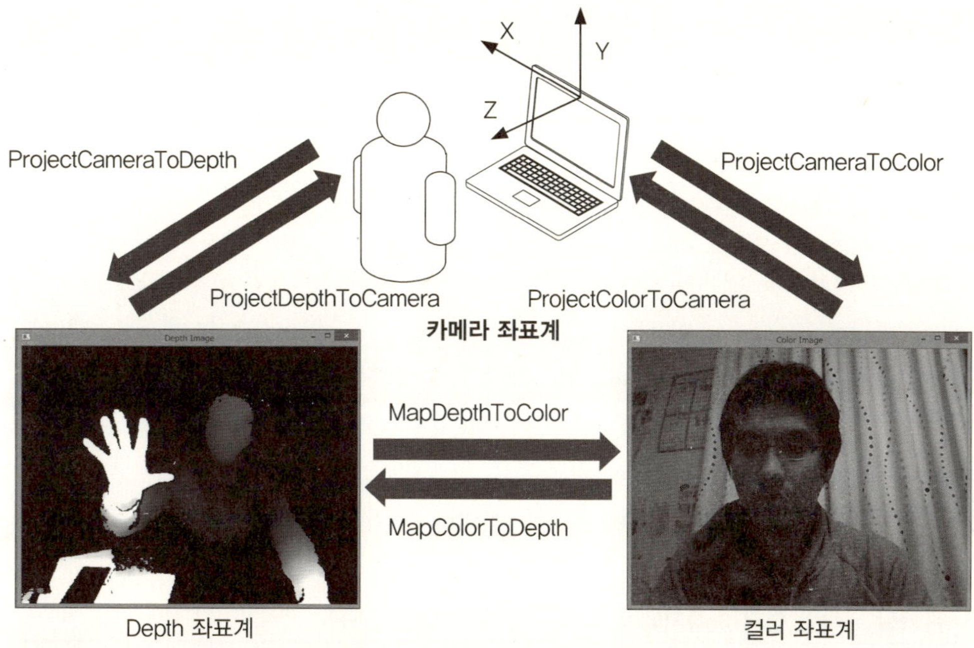

[그림 5.9] 인텔 RealSense SDK에서의 좌표계 및 상호변환 방법

◆ **실행 결과 【샘플 프로그램 : CH5-1_6】**

샘플 프로그램을 실행하면 컬러 이미지상에 손가락의 위치가 표시됩니다.

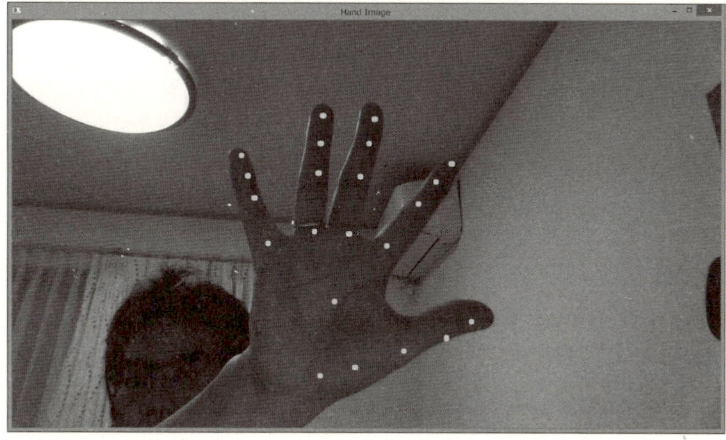

[그림 5.10] 손가락 위치 좌표를 컬러 카메라의 좌표로 변환

◆ 헤더 파일의 추가

C++의 경우만 PXCProjection을 사용하기 위해 PXCProjection.h를 추가시킵니다.

예제 5.33 헤더 파일의 추가(C++)

```
#include "pxcsensemanager.h"
#include "pxchandconfiguration.h"
#include "PXCProjection.h"


#include <opencv2\opencv.hpp>
```

◆ 변수 선언

PXC(M)Projection의 변수 및 컬러 해상도를 추가합니다.

예제 5.34 손가락 위치를 컬러 이미지에 맞추기 위한 변수 선언(C++)

```
PXCSenseManager* senseManager = 0;

cv::Mat handImage;

PXCProjection *projection = 0;

PXCHandModule* handAnalyzer = 0;
PXCHandData* handData = 0;

const int DEPTH_WIDTH = 640;
const int DEPTH_HEIGHT = 480;
const int DEPTH_FPS = 30;

const int COLOR_WIDTH = 1280;
const int COLOR_HEIGHT = 720;
const int COLOR_FPS = 30;
```

예제 5.35 손가락 위치를 컬러 이미지에 맞추기 위한 변수 선언(C# XAML)

```
<Window x:Class="RealSenseSample.MainWindow"
        xmlns="http://schemas.microsoft.com/winfx/2006/xaml/presentation"
        xmlns:x="http://schemas.microsoft.com/winfx/2006/xaml"
```

```
        Title="Hand Image" SizeToContent="WidthAndHeight"
        Loaded="Window_Loaded" Unloaded="Window_Unloaded"
        >
    <Grid >
        <Image x:Name="ImageHand" Width="1280" Height="720"/>
        <Canvas x:Name="CanvasFaceParts" />
    </Grid>
</Window>
```

예제 5.36 손가락 위치를 컬러 이미지에 맞추기 위한 변수 선언(C# 코드 비하인드)

```
PXCMSenseManager senseManager;

PXCMProjection projection;

PXCMHandModule handAnalyzer;
PXCMHandData handData;

const int DEPTH_WIDTH = 640;
const int DEPTH_HEIGHT = 480;
const int DEPTH_FPS = 30;

const int COLOR_WIDTH = 1280;
const int COLOR_HEIGHT = 720;
const int COLOR_FPS = 30;
```

C#만 Image 크기를 컬러 이미지의 크기에 맞추어 변경합니다.

◆ **초기화 처리**

이번에는 초기화 처리에 컬러 스트림 활성화와 프로젝션 생성이 추가됩니다.

예제 5.37 손가락 위치를 컬러 이미지에 맞추기 위한 초기화(C++)

```
void initilize( )
{
    // SenseManager를 생성한다(코드생략)
    // 컬러 스트림 활성화한다
    auto sts = senseManager->EnableStream(PXCCapture::StreamType::STREAM_TYPE_COLOR,
```

```cpp
        COLOR_WIDTH, COLOR_HEIGHT, COLOR_FPS);
    if (sts<PXC_STATUS_NO_ERROR) {
        throw std::runtime_error("컬러 스트림 활성화 실패");
    }


    // Depth 스트림을 활성화한다
    sts = senseManager->EnableStream(PXCCapture::StreamType::STREAM_TYPE_DEPTH,
        DEPTH_WIDTH, DEPTH_HEIGHT, DEPTH_FPS);
    if (sts<PXC_STATUS_NO_ERROR) {
        throw std::runtime_error("Depth 스트림 활성화 실패");
    }


    // 손 감지를 활성화한다(코드생략)
    // 파이프 라인을 초기화한다(코드생략)


    // 기기 정보를 가져온다
    auto device = senseManager->QueryCaptureManager()->QueryDevice();


    // 미러 표시한다
    device->SetMirrorMode(
        PXCCapture::Device::MirrorMode::MIRROR_MODE_HORIZONTAL);        ❶


    // 좌표 변환 객체를 생성한다
    projection = device->CreateProjection();


    // 손 감지를 초기화한다
    initializeHandTracking();
}
```

예제 5.38 손가락 위치를 컬러 이미지에 맞추기 위한 초기화 처리(C#)

```csharp
private void Initialize()
{
    try
    {
        // SenseManager를 생성한다(코드생략)
        // 컬러 스트림 활성화한다
        var sts = senseManager.EnableStream(PXCMCapture.StreamType.STREAM_TYPE_COLOR,
            COLOR_WIDTH, COLOR_HEIGHT, COLOR_FPS);
        if (sts < pxcmStatus.PXCM_STATUS_NO_ERROR)
```

```
    {
        throw new Exception("컬러 스트림 활성화 실패");
    }

    // Depth 스트림을 활성화한다
    sts = senseManager.EnableStream(PXCMCapture.StreamType.STREAM_TYPE_DEPTH,
        DEPTH_WIDTH, DEPTH_HEIGHT, DEPTH_FPS);
    if (sts < pxcmStatus.PXCM_STATUS_NO_ERROR)
    {
        throw new Exception("Depth 스트림 활성화 실패");
    }

    // 손 감지를 활성화한다(코드생략)
    // 파이프 라인을 초기화한다(코드생략)

    // 기기 정보를 가져온다
    var device = senseManager.QueryCaptureManager().QueryDevice();

    // 미러 표시한다
    device.SetMirrorMode(
        PXCMCapture.Device.MirrorMode.MIRROR_MODE_HORIZONTAL);

    // 좌표 변환 객체를 생성한다
    projection = device.CreateProjection();                                    ❶

    // 손 감지를 초기화한다
    InitializeHandTracking();
}
catch (Exception ex)
{
    MessageBox.Show(ex.Message);
    Close();
}
}
```

PXC(M)Projection의 인스턴스는 PXC(M)Capture.Device.CreateProjection( )에서 생성합니다(❶). 각 기기의 변환을 위한 것이므로 Device에서 생성합니다.

그 외의 컬러 스트림 활성화 및 미러 모드 설정은 이전에 사용한 것이며 호출이 변수로 변경되었습니다.

◆ 업데이트 처리

예제 5.39 손가락 위치를 컬러 이미지에 맞추기 위한 프레임 데이터 업데이트(C++)

```cpp
void updateFrame()
{
  // 프레임을 가져온다
  pxcStatus sts = senseManager->AcquireFrame(true);    ─────────────────────  ❶
  if (sts < PXC_STATUS_NO_ERROR) {
    return;
  }


  // 이미지를 초기화한다
  handImage = cv::Mat::zeros(COLOR_HEIGHT, COLOR_WIDTH, CV_8UC3);    ─────────  ❷

  // 프레임 데이터를 가져온다
  const PXCCapture::Sample *sample = senseManager->QuerySample();
  if (sample) {
    // 각 데이터를 표시한다
    updateColorImage(sample->color);
  }


  // 손 데이터를 업데이트한다
  updateHandFrame();

  // 프레임을 해제한다
  senseManager->ReleaseFrame();
}
```

예제 5.40 손가락 위치를 컬러 이미지에 맞추기 위한 프레임 데이터 업데이트(C#)

```csharp
void CompositionTarget_Rendering(object sender, EventArgs e)
{
    try
    {
        // 프레임을 가져온다
        pxcmStatus ret = senseManager.AcquireFrame(true);    ─────────────────  ❶
        if (ret < pxcmStatus.PXCM_STATUS_NO_ERROR)
        {
            return;
```

```
        }

        // 프레임 데이터를 가져온다
        PXCMCapture.Sample sample = senseManager.QuerySample();
        if (sample != null)
        {
            // 각 데이터를 표시한다
            UpdateColorImage(sample.color);
        }

        // 손 데이터를 업데이트한다
        UpdateHandFrame();

        // 프레임을 해제한다
        senseManager.ReleaseFrame();
    }
    catch (Exception ex)
    {
        MessageBox.Show(ex.Message);
        Close();
    }
}
```

프레임 업데이트의 AcquireFrame( )에 true를 설정하고 동기화 되도록 설정합니다(❶). 컬러와 Depth를 사용하고 있기 때문에 업데이트를 동일하게 맞춥니다.

이미지 초기화에서는 컬러 해상도 및 24비트로 초기화 합니다(❷). 방금 전의 Depth 때와는 해상도와 비트수가 다르므로 주의합니다.

계속하여 컬러 이미지를 가져옵니다. 이 부분 앞에서 이용한 코드('4-1-2 컬러 이미지 표시'에서 사용한 **예제4.8, 4.9**)입니다.

예제 5.41 컬러 이미지의 업데이트 처리(C++)

```cpp
void updateColorImage(PXCImage* colorFrame)
{
    if (colorFrame == 0) {
        return;
    }
```

```cpp
    // 데이터를 가져온다
    PXCImage::ImageData data;
    pxcStatus sts = colorFrame->AcquireAccess(PXCImage::Access::ACCESS_READ,
      PXCImage::PixelFormat::PIXEL_FORMAT_RGB24, &data);
    if (sts < PXC_STATUS_NO_ERROR) {
      throw std::runtime_error("컬러 이미지 가져오기 실패");
    }

    // 데이터를 복사한다
    PXCImage::ImageInfo info = colorFrame->QueryInfo();
    memcpy(handImage.data, data.planes[0], info.height * info.width * 3);

    // 데이터를 해제한다
    colorFrame->ReleaseAccess(&data);
}
```

예제 5.42 컬러 이미지의 업데이트 처리(C#)

```csharp
private void UpdateColorImage(PXCMImage colorFrame)
{
    if (colorFrame == null)
    {
        return;
    }

    // 데이터를 가져온다
    PXCMImage.ImageData data;
    pxcmStatus ret = colorFrame.AcquireAccess(
        PXCMImage.Access.ACCESS_READ,
        PXCMImage.PixelFormat.PIXEL_FORMAT_RGB24, out data);
    if (ret < pxcmStatus.PXCM_STATUS_NO_ERROR)
    {
        throw new Exception("컬러 이미지 가져오기 실패");
    }

    // 비트맵으로 변환한다
    var info = colorFrame.QueryInfo();
    var length = data.pitches[0] * info.height;

    var buffer = data.ToByteArray(0, length);
```

```
    ImageHand.Source = BitmapSource.Create(info.width, info.height, 96, 96,
        PixelFormats.Bgr24, null, buffer, data.pitches[0]);


    // 데이터를 해제한다
    colorFrame.ReleaseAccess(data);
}
```

드디어 중심 주제인 손가락 좌표의 표시입니다. 손가락의 좌표를 가져오는 것은 지금까지와 같습
니다.

예제 5.43 손 데이터 업데이트 처리(C++)

```
void updateHandFrame()
{
    // 손 데이터를 업데이트한다(코드생략)

    auto numOfHands = handData->QueryNumberOfHands();
    for (int i = 0; i < numOfHands; i++) {
        // 손 데이터를 가져온다(코드생략)
        // 손가락 관절 데이터를 열거한다
        for (int j = 0; j < PXCHandData::NUMBER_OF_JOINTS; j++) {
            // 손가락 데이터를 가져온다(코드생략)
            // Depth 좌표계를 컬러 좌표계로 변환한다
            PXCPointF32 colorPoint = { 0 };
            auto depthPoint = jointData.positionImage;
            depthPoint.z = jointData.positionWorld.z * 1000;          ❶
            projection->MapDepthToColor(1, &depthPoint, &colorPoint);  ❷

            // 손가락 좌표를 표시한다
            cv::circle(handImage,
                cv::Point(colorPoint.x, colorPoint.y),
                5, cv::Scalar(255, 255, 0), -1);
        }
    }
}
```

```csharp
private void UpdateHandFrame()
{
    // 손 데이터를 업데이트한다(코드생략)
    // 데이터를 초기화한다(코드생략)
    // 감지한 손의 수를 가져온다
    var numOfHands = handData.QueryNumberOfHands();
    for (int i = 0; i < numOfHands; i++)
    {

        // 손 데이터를 가져온다(코드생략)
        // 손가락 관절 데이터를 열거한다
        for (int j = 0; j < PXCMHandData.NUMBER_OF_JOINTS; j++)
        {
            // 손가락 데이터를 가져온다(코드생략)
            // Depth 좌표계를 컬러 좌표계로 변환한다
            var depthPoint = new PXCMPoint3DF32[1];
            var colorPoint = new PXCMPointF32[1];
            depthPoint[0].x = jointData.positionImage.x;
            depthPoint[0].y = jointData.positionImage.y;
            depthPoint[0].z = jointData.positionWorld.z * 1000;         ❷
            projection.MapDepthToColor(depthPoint, colorPoint);        ❶

            AddEllipse(CanvasFaceParts,
                new Point(colorPoint[0].x, colorPoint[0].y),
                5, Brushes.Green);
        }
    }
}
```

    표시 전에 좌표 변환을 합니다(❶). PXC(M)Projection.MapDepthToColor()는 C++에서는 3개의 인수가 필요하기 때문에 '변환 좌표의 개수', '변환 대상의 Depth 좌표계(배열)', '변환 후의 컬러 좌표계(배열)'을 전달합니다. 이번에는 변환하는 좌표의 수가 하나뿐이므로 변수의 주소만 전달합니다. 한편, C#에서는 두개의 인수가 필요하므로 '변환 대상 Depth 좌표계의 배열', '변환 후의 컬러 좌표계 배열'을 전달합니다. 변환 대상의 Depth 좌표는 PXCPoint3DF32형으로서 x,y좌표 외에 mm 단위의 z좌표 (Depth 값)를 설정합니다(❷). PXC(M)HandData.JointData.positionImage는 PXCPoint3DF32형이지만, z에는 항상 0이 포함되어 있습니다. 그래서 PXC(M)

HandData.JointData.positionWorld의 z의 값을 사용합니다. 단, PXC(M)HandData.JointData.
positionWorld의 단위는 미터, 변환에 필요한 단위는 mm이므로 1000을 곱해서 단위를 동일하게
맞춥니다.

　이것으로 필요한 데이터가 준비되었으므로 PXC(M)Projection.MapDepthToColor( )로 변환합
니다. 변환 후에는 PXCPointF32형으로서 컬러 좌표계의 x,y좌표가 반환되므로 그것을 이용하여
위치를 표시합니다.

◆ 종료 처리

　PXC(M)SenseManager 및 PXC(M)HandModule, PXC(M)HandData에 더하여 PXC(M)
Projection을 해제시킵니다. C++에서는 Release( )를 C#에서는 Dispose( )를 호출합니다.

예제 5.45　손가락 위치를 컬러 이미지에 맞추는 종료 처리(C++)

```cpp
~RealSenseApp( )
{
  if (senseManager != 0) {
    senseManager->Release( );
    senseManager = nullptr;
  }


  if (projection != 0) {
    projection->Release( );
    projection = nullptr;
  }


  if (handData != 0) {
    handData->Release( );
    handData = nullptr;
  }


  if (handAnalyzer != 0) {
    handAnalyzer->Release( );
    handAnalyzer = nullptr;
  }
}
```

```csharp
private void Uninitialize()
{
    // 리소스를 해제한다
    if (senseManager != null)
    {
        senseManager.Dispose();
        senseManager = null;
    }

    if (projection != null)
    {
        projection.Dispose();
        projection = null;
    }

    if (handData != null)
    {
        handData.Dispose();
        handData = null;
    }

    if (handAnalyzer != null)
    {
        handAnalyzer.Dispose();
        handAnalyzer = null;
    }
}
```

* * *

이상으로 손가락 감지에 대해서는 마치겠습니다. 이후에는 제스처와 각 모드에 대해 설명하겠습니다.

5-2 제스처 인식과 감지모드의 변경

지금까지 설명한 처리를 기본으로 하여 제스처 인식을 테스트해 봅니다. 또한, 이 장의 처음에 소개한 다른 감지모드에 관해서도 설명하겠습니다.

5-2-1 >> 제스처 인식

인텔 RealSense SDK에서는 손가락 감지 외에 손을 사용한 '제스처' 인식이 가능합니다.

제스처를 입력으로 사용자와 대화하게 함으로써 비접촉 사용자 인터페이스를 만들 수도 있습니다. 제스처의 기본설정은 [표 5.6]에 11종류가 정의되어 있습니다.

[표 5.6] 인텔 RealSense SDK로 인식 가능한 제스처

제스처 이미지	제스처 명	움직임 설명	제스처 이미지	제스처 명	움직임 설명
	spreadfingers	가위바위보의 보와 같이 손가락을 편다.		thumb_down	엄지손가락을 아래로 향한다
	fist	가위바위보의 바위와 같이 손을 쥔다.		thumb_up	엄지손가락을 위로 든다.
	tap	손을 카메라에 향하면서 앞뒤로 움직인다.		two_fingers_pinch_open	엄지손가락과 검지를 붙이는 듯한 동작 OK 사인과 유사한 동작

제스처 이미지	제스처 명	움직임 설명
	v_sign	가위바위보의 가위와 같이 중지와 검지를 펴고 다른 손가락은 쥔다.
	full_pinch	손을 카메라에 향한 상태로, 모든 손가락을 엄지손가락에 붙이듯 움직인다.

제스처 이미지	제스처 명	움직임 설명
	Swipe left	Swipe left는 오른손만,Swipe right는 왼손만을 인식한다. 오른손을 오른쪽에서 왼쪽으로 움직이거나 왼손을 왼쪽에서 오른쪽으로 움직인다.
	Swipe right	
	wave	손가락을 펴서 왼쪽/오른쪽으로 움직인다.

◆ **실행 결과【샘플 프로그램 : CH5-2】**

   설정한 제스처를 감지하면, 제스처 인식이 업데이트됩니다. 제스처 감지는 왼손, 오른손이 독립적으로 각각 처리됩니다. 여기에서의 프로그램은 '5-1-6 손가락 위치를 Depth 이미지에 맞추기'를 기본으로 하고 있습니다.

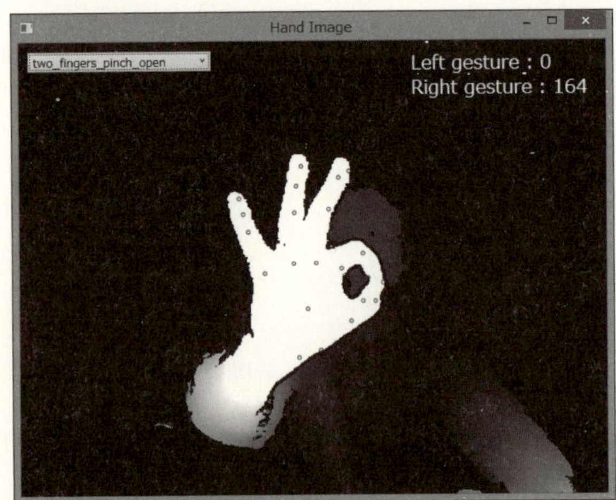

[그림 5.10] 제스처 인식

◆ 변수 선언

제스처는 손 설정의 PXC(M)HandConfiguration으로부터 유·무효 전환을 하므로 이것을 멤버
변수로서 보유하게 했습니다. 그 외에 왼손, 오른손의 제스처 감지수를 처리하기 위한 카운터를 추
가하였습니다.

제스처의 선택은 C++은 키보드에서, C#에서는 콤보박스에서 수행하도록 합니다. C#의 콤포박
스에서는 SelectionChanged 이벤트를 사용하여 선택이 변경되면 알림을 받습니다.

예제 5.47 제스처 인식의 변수 선언(C++)

```cpp
cv::Mat handImage;

PXCSenseManager* senseManager = 0;

PXCHandModule* handAnalyzer = 0;
PXCHandData* handData = 0;

PXCHandConfiguration* handConfig = 0;
int rightGestureCount = 0;
int leftGestureCount = 0;

const int DEPTH_WIDTH = 640;
const int DEPTH_HEIGHT = 480;
const int DEPTH_FPS = 30;
```

예제 5.48 제스처 인식의 변수 선언(C# XAML)

```xml
<Window x:Class="RealSenseSample.MainWindow"
        xmlns="http://schemas.microsoft.com/winfx/2006/xaml/presentation"
        xmlns:x="http://schemas.microsoft.com/winfx/2006/xaml"
        Title="Hand Image" SizeToContent="WidthAndHeight"
        Loaded="Window_Loaded" Unloaded="Window_Unloaded"
        >
    <Grid >
        <Image x:Name="ImageHand" Width="640" Height="480"/>
        <Canvas x:Name="CanvasHandParts" />
        <ComboBox x:Name="ComboGesture" Width="200" Margin="10
                HorizontalAlignment="Left" VerticalAlignment="Top"
                SelectionChanged="ComboGesture_SelectionChanged"
```

```
                        />

          <StackPanel Orientation="Vertical" HorizontalAlignment="Right"
                    VerticalAlignment="Top" Margin="10" >
            <TextBlock x:Name="TextLeftGesture" FontSize="20"
                      Foreground="White" Width="200" />
            <TextBlock x:Name="TextRightGesture" FontSize="20"
                      Foreground="White" Width="200" />

          </StackPanel>
      </Grid>
  </Window>
```

예제 5.49 제스처 인식의 변수 선언(C# 코드 비하인드)

```csharp
PXCMSenseManager senseManager;

PXCMHandModule handAnalyzer;
PXCMHandData handData;

PXCMHandConfiguration handConfig;
int rightGestureCount = 0;
int leftGestureCount = 0;

const int DEPTH_WIDTH = 640;
const int DEPTH_HEIGHT = 480;
const int DEPTH_FPS = 30;
```

◆ 초기화 처리

초기화 처리의 변경은 없으며 손 감지를 설정하는 단계에서 등록되어 있는 제스처의 목록을 가져
옵니다. 이것을 기본으로 인식하는 제스처를 선택합니다.

예제 5.50 제스처 인식의 초기화(C#)

```csharp
void initializeHandTracking( )
{
    // 손 감지기를 가져온다(코드생략)
    // 손 데이터를 생성한다(코드생략)
    // RealSense 카메라의 속성을 설정한다(코드생략)
```

```cpp
    // 손 감지 모듈을 설정한다
    handConfig = handAnalyzer->CreateActiveConfiguration();

    // 등록되어 있는 제스처를 열거한다
    auto num = handConfig->QueryGesturesTotalNumber();    ──────────── ❶
    for (int i = 0; i < num; i++) {
        pxcCHAR gestureName[PXCHandData::MAX_NAME_SIZE];
        auto sts = handConfig->QueryGestureNameByIndex(i, ──
            PXCHandData::MAX_NAME_SIZE, gestureName); ──────        ❷
        if (sts == PXC_STATUS_NO_ERROR) {
            std::wcout << std::hex << i << " " << gestureName << std::endl;
        }
    }


    handConfig->ApplyChanges();
    handConfig->Update();
}
```

예제 5.51 제스처 인식의 초기화(C#)

```csharp
private void InitializeHandTracking()
{
    // 손 감지기를 가져온다(코드생략)
    // 손 데이터를 생성한다(코드생략)
    // RealSense 카메라의 속성을 설정한다(코드생략)

    // 손 감지 모듈을 설정한다
    handConfig = handAnalyzer.CreateActiveConfiguration();

    // 등록되어 있는 제스처를 열거한다
    var num = handConfig.QueryGesturesTotalNumber();    ──────────── ❶
    for (int i = 0; i < num; i++)
    {
        string gestureName;
        var sts = handConfig.QueryGestureNameByIndex(i, out gestureName); ── ❷
        if (sts == pxcmStatus.PXCM_STATUS_NO_ERROR)
        {
            ComboGesture.Items.Add(gestureName);
        }
    }
```

```
      handConfig.ApplyChanges();
      handConfig.Update();
}
```

인식 가능한 제스처를 열거합니다.

앞에서 서술한대로 제스처와 관련된 설정은 PXC(M)HandConfiguration에 포함되어 있습니다. 인식가능한 제스처 수를 PXC(M) HandConfiguration.QueryGesturesTotalNumber( )에서 가져옵니다(❶). 다음으로 PXC(M)HandConfiguration.QueryGestureNameByIndex( )에서 인덱스별 제스처를 가져옵니다(❷).

제스처는 [표 5.6]에서 예로 든 '제스처 이름'의 문자열로 반환됩니다. 이것을 콘솔 또는 콤보박스에 표시합니다. 마지막으로 설정을 업데이트하고 완료합니다.

◆ 제스처의 선택 처리

다음으로 인식하게 하는 제스처를 사용자가 선택 가능하도록 합니다. C++에서는 키보드, C#에서는 콤보박스에서 선택하도록 했습니다.

예제 5.52 제스처의 선택 처리(C++)

```
bool showImage()
{
  // 이미지를 표시한다
  cv::imshow("Hand Image", handImage);

  int c = cv::waitKey(10);
  if ((c == 27) || (c == 'q') || (c == 'Q')) {
    // ESC|q|Q for Exit
    return false;
  }
  // 0-9키 사이에서 제스처를 선택한다
  else if (('0' <= c) && (c <= '9')) {                    ❶
    // 키를 인덱스로 변환한다 (0-9)
    int index = c - '0';

    // 인덱스의 제스처 이름을 가져온다
    pxcCHAR gestureName[PXCHandData::MAX_NAME_SIZE];
    auto sts = handConfig->QueryGestureNameByIndex(index,  ❷
        PXCHandData::MAX_NAME_SIZE, gestureName);
    if (sts < PXC_STATUS_NO_ERROR) {
```

```cpp
        // 일단 모든 제스처를 중단하고 선택된 제스처를 활성화한다
        handConfig->DisableAllGestures();                               ❸
        handConfig->EnableGesture(gestureName, true);


        handConfig->ApplyChanges();


        // 제스처 감지수를 초기화한다
        rightGestureCount = leftGestureCount = 0;


        std::wcout << gestureName << " selected" << std::endl;
    }


    }


    return true;
}
```

예제 5.53 제스처의 선택 처리(C#)

```csharp
private void ComboGesture_SelectionChanged(object sender,
    SelectionChangedEventArgs e)
{
    var index = ComboGesture.SelectedIndex;                            ❶
    if (index == -1)
    {
        return;
    }


    // 선택된 인덱스의 제스처 이름을 가져온다
    string gestureName;
    var sts = handConfig.QueryGestureNameByIndex(index, out gestureName);  ❷
    if (sts < pxcmStatus.PXCM_STATUS_NO_ERROR)
    {
        return;
    }


    // 일단 모든 제스처를 중단하고 선택된 제스처를 활성화한다
    handConfig.DisableAllGestures();                                  ❸
    handConfig.EnableGesture(gestureName, true);
```

```
    handConfig.ApplyChanges();

    // 제스처 감지수를 초기화한다
    leftGestureCount = rightGestureCount = 0;
}
```

사용자가 선택한 제스처의 인덱스를 생성합니다(❶).

C++에서는 키 입력을 통해 감지하므로 0 ~ 9 를 누른것이 감지되면 입력된 문자(0~9)에서 '0'을 뺀 후 0~9 사이의 값을 가져옵니다(문자코드 계산입니다).

한편, C#은 콤보박스이므로 선택된 인덱스를 그대로 이용할 수 있습니다.

가져온 인덱스를 사용하여 PXC(M)HandConfiguration.QueryGestureNameByIndex()에서 제스처 이름을 가져옵니다(❷). 제스처의 활성화는 PXC(M)HandConfiguration.EnableAllGestures() 또는 PXC(M)HandConfiguration.EnableGesture(), 비활성화는 PXC(M)HandConfiguration.DisableAllGestures() 또는 PXC(M)HandConfiguration.DisableGesture()로 합니다. Enable/DisableAllGestures()는 모든 제스처를 활성 또는 비활성화합니다. Enable/DisableGesture()는 지정한 제스처를 활성 또는 비활성으로 설정합니다. 여기에서는 하나의 제스처만을 활성화 하기 때문에 모든 제스처를 일단 비활성화시키고, 선택된 제스처만 활성화 합니다(❸).

마지막으로 설정을 적용하여 완료하고 제스처 감지수를 초기화합니다.

◆ 업데이트 처리

업데이트 처리는 그 프레임에서 인식된 제스처를 가져옵니다.

예제 5.54 제스처 인식의 프레임 업데이트 처리(C++)

```
void updateHandFrame()
{
    // 손 데이터를 업데이트한다(코드생략)
    // 인식한 손의 수를 가져온다(코드생략)

    // 인식한 제스처 수를 가져온다

    auto numOfGestures = handData->QueryFiredGesturesNumber();  ────────❶
    for (int i = 0; i < numOfGestures; i++) {
        // 인식한 제스처를 가져온다
```

```cpp
    PXCHandData::GestureData gesture;
    auto sts = handData->QueryFiredGestureData(i, gesture);
    if (sts < PXC_STATUS_NO_ERROR) {
      continue;
    }

    // 제스처 한 손 데이터를 가져온다
    PXCHandData::IHand* hand;
    sts = handData->QueryHandDataById(gesture.handId, hand);
    if (sts < PXC_STATUS_NO_ERROR) {
      continue;
    }

    // 어느쪽 손으로 제스처를 취했는지 확인한다
    auto side = hand->QueryBodySide();
    if (side == PXCHandData::BodySideType::BODY_SIDE_LEFT) {
      ++leftGestureCount;
    }
    else {
      ++rightGestureCount;
    }
  }

// 제스처 감지수를 표시한다
{
  std::stringstream ss;
  ss << "Left gesture  : " << leftGestureCount;
  cv::putText(handImage, ss.str(), cv::Point(10, 40),
    cv::FONT_HERSHEY_SIMPLEX, 1.2, cv::Scalar(0, 0, 255), 2, CV_AA);
}

{
  std::stringstream ss;
  ss << "Right gesture : " << rightGestureCount;
  cv::putText(handImage, ss.str(), cv::Point(10, 80),
    cv::FONT_HERSHEY_SIMPLEX, 1.2, cv::Scalar(0, 0, 255), 2, CV_AA);
}
}
```

```csharp
private void UpdateHandFrame( )
{
    // 손 데이터를 업데이트한다(코드생략)
    // 데이터를 초기화한다(코드생략)
    // 감지한 손의 수를 가져온다(코드생략)


    // 인식한 제스처 수를 가져온다
    var numOfGestures = handData.QueryFiredGesturesNumber( );    ──────────────❶
    for (int i = 0; i < numOfGestures; i++)
    {
        // 인식한 제스처를 가져온다
        PXCMHandData.GestureData gesture;
        var sts = handData.QueryFiredGestureData(i, out gesture);    ──────────────❷
        if (sts < pxcmStatus.PXCM_STATUS_NO_ERROR)
        {
            continue;
        }


        // 제스처한 손 데이터를 가져온다
        PXCMHandData.IHand hand;
        sts = handData.QueryHandDataById(gesture.handId, out hand);
        if (sts < pxcmStatus.PXCM_STATUS_NO_ERROR)
        {
            continue;
        }


        // 어느 쪽 손으로 제스처를 취했는지 확인한다
        var side = hand.QueryBodySide( );
        if (side == PXCMHandData.BodySideType.BODY_SIDE_LEFT)
        {
            ++leftGestureCount;
        }
        else {
            ++rightGestureCount;
        }
    }
```

```
TextLeftGesture.Text = string.Format("Left gesture : {0}", leftGestureCount);
TextRightGesture.Text = string.Format("Right gesture : {0}", rightGestureCount);
}
```

흐름상, 인식한 제스처를 먼저 가져오고, 필요하면 그 제스처를 취한 손 데이터를 가져옵니다.

먼저 인식한 제스처를 가져옵니다. 인식한 제스처의 개수를 PXC(M)HandData.QueryFired GesturesNumber( )에서 가져옵니다(❶).

제스처 유형은 PXC(M)HandData.QueryFiredGestureData( )에서 가져오고 PXC(M) HandData.GestureData에 저장됩니다(❷). PXC(M)HandData.GestureData에는 인식한 제스처의 명칭을 포함하므로 이것을 사용하여 어느 제스처를 했는지 판단합니다. 또한, 손의 ID를 가지고 있으므로 이 ID를 기반으로 제스처를 한 손(왼쪽/오른쪽)을 구분합니다. 여기에서 왼손, 오른손 중 어느 쪽으로 제스처를 했는지 결과를 가져오고 각각의 카운터를 업데이트합니다.

◆ 종료 처리

PXC(M)SenseManager 및 PXC(M)HandModule, PXC(M)HandData에 더하여 PXC(M) HandConfiguration을 해제시킵니다. C++에서는 Release( )를 C#에서는 Dispose( )를 호출합니다.

예제 5.56 제스처 인식의 종료 처리(C++)

```cpp
~RealSenseApp( )
{
  if (senseManager != nullptr) {
    senseManager->Release( );
    senseManager = nullptr;
  }

  if (handConfig != nullptr) {
    handConfig->Release( );
    handConfig = nullptr;
  }

  if (handData != nullptr) {
    handData->Release( );
    handData = nullptr;
  }
```

```cpp
    if (handAnalyzer != nullptr) {
        handAnalyzer->Release();
        handAnalyzer = nullptr;
    }
}
```

예제 5.57 제스처 인식의 종료 처리(C#)

```csharp
private void Uninitialize()
{
    if ( senseManager != null ) {
        senseManager.Dispose();
        senseManager = null;
    }

    if ( handConfig != null ) {
        handConfig.Dispose();
        handConfig = null;
    }

    if ( handData != null ) {
        handData.Dispose();
        handData = null;
    }

    if ( handAnalyzer != null ) {
        handAnalyzer.Dispose();
        handAnalyzer = null;
    }
}
```

5-2-2 >> 마스크 모드로 실행

마스크 모드에 대해 설명하겠습니다. 마스크 모드는 손가락을 모두 감지하지 않는 대신에 손을 재빨리 이동하더라도 계속 추적합니다. 감지 포인트는 6개이며 위/아래/왼쪽/오른쪽 등의 방향 및 손가락 끝 포인트로 구성되며 항상 특정 손가락의 끝이 포인트로 구성되는 것은 아닙니다.

◆ **실행 결과【샘플 프로그램 : CH5-2_2】**

6개의 포인트가 표시됩니다. 손을 어떻게 움직이느냐에 따라(손가락 끝은 위로 향하거나 옆으로 향하는 등) 포인트의 위치가 변경되는 것을 확인할 수 있습니다. 이 프로그램은 '5-1-6 손가락 위치를 Depth 이미지에 맞추기'를 기반으로 하고 있습니다.

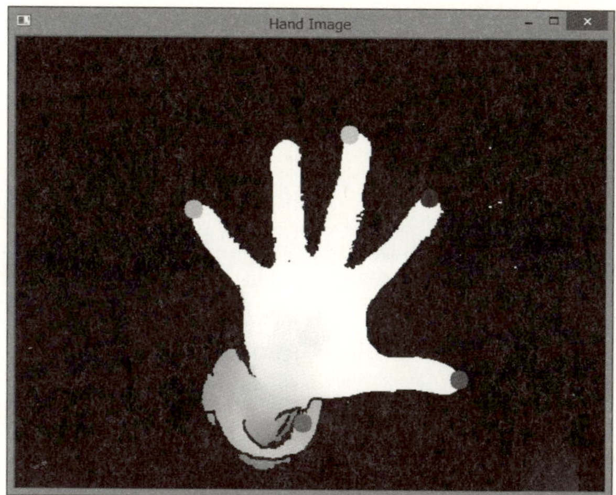

[그림 5.3] 마스크 모드 실행(손가락 끝에 포인트가 표시)

◆ **초기화 처리**

초기화는 SetTrackingMode( )에서 마스크 모드를 지정하는 PXC(M)HandData::TRACKING_MODE_EXTREMITIES만 추가합니다(❶).

예제 5.58 마스크 모드의 초기화(C++)

```cpp
void initializeHandTracking( )
{
    // 손 감지기를 가져온다(코드생략)
    // 손 데이터를 생성한다(코드생략)
    // RealSense 카메라 속성을 설정한다(코드생략)
    // 손 감지 모듈을 설정한다
    PXCHandConfiguration* config = handAnalyzer->CreateActiveConfiguration( );
    config->SetTrackingMode(PXCHandData::TRACKING_MODE_EXTREMITIES);          ❶
    config->EnableSegmentationImage(true);


    config->ApplyChanges( );
```

```
    config->Update();

}
```

예제 5.59 마스크 모드의 초기화(C#)

```csharp
private void InitializeHandTracking()
{
    // 손 감지기를 가져온다(코드생략)
    // 손 데이터를 생성한다(코드생략)
    // RealSense 카메라 속성을 설정한다(코드생략)

    // 손 감지 모듈을 설정한다
    var config = handAnalyzer.CreateActiveConfiguration();
    config.SetTrackingMode(PXCMHandData.TrackingModeType.TRACKING_MODE_EXTREMITIES); // ①
    config.EnableSegmentationImage(true);

    config.ApplyChanges();
    config.Update();
}
```

◆ 업데이트 처리

업데이트 처리도 좌표를 가져오는 방식이 다른 것 외에 흐름은 같습니다.

예제 5.60 마스크 모드의 업데이트 처리(C++)

```cpp
void updateHandFrame()
{
    // 손 데이터를 업데이트한다
    // 포인트에 색상을 지정한다
    const cv::Scalar colors[] = {
        cv::Scalar(255, 0, 0),
        cv::Scalar(0, 255, 0),
        cv::Scalar(0, 0, 255),
        cv::Scalar(255, 255, 0),
        cv::Scalar(255, 0, 255),
        cv::Scalar(0, 255, 255),
    };
```

```cpp
auto numOfHands = handData->QueryNumberOfHands();
for (int i = 0; i < numOfHands; i++) {
    // 손 데이터를 가져온다


    // 손가락 관절 데이터를 열거한다
    for (int j = 0; j < PXCHandData::NUMBER_OF_EXTREMITIES; j++) {
        PXCHandData::ExtremityData extremityData;
        sts = hand->QueryExtremityPoint(
            (PXCHandData::ExtremityType)j, extremityData);  ————————————— ❶
        if (sts != PXC_STATUS_NO_ERROR) {
            continue;
        }


        cv::circle(handImage,
            cv::Point(extremityData.pointImage.x, extremityData.pointImage.y), ——
            10, colors[j], -1);  ————————————————————————————————————————————————— ❷
    }
}
```

예제 5.61 마스크 모드의 업데이트 처리(C#)

```csharp
private void UpdateHandFrame()
{
    // 손 데이터를 업데이트한다
    handData.Update();

    // 데이터를 초기화한다
    CanvasFaceParts.Children.Clear();

    // 포인트에 색상을 지정한다
    Brush[] colors = new Brush[] {
        Brushes.Blue,
        Brushes.Green,
        Brushes.Red,
        Brushes.Yellow,
        Brushes.Purple,
        Brushes.LightBlue,
    };
```

```csharp
// 감지한 손의 수를 가져온다
var numOfHands = handData.QueryNumberOfHands();
for (int i = 0; i < numOfHands; i++)
{
    // 손 데이터를 가져온다
    PXCMHandData.IHand hand;
    var sts = handData.QueryHandData(
        PXCMHandData.AccessOrderType.ACCESS_ORDER_BY_ID, i, out hand);
    if (sts < pxcmStatus.PXCM_STATUS_NO_ERROR)
    {
        continue;
    }

    // 손가락 관절 데이터를 열거한다
    for (int j = 0; j < PXCMHandData.NUMBER_OF_EXTREMITIES; j++)
    {
        PXCMHandData.ExtremityData extremityData;
        sts = hand.QueryExtremityPoint((PXCMHandData.ExtremityType)j,  ──┐
            out extremityData); ──────────────────────────────────────┘      ❶
        if (sts < pxcmStatus.PXCM_STATUS_NO_ERROR)
        {
            continue;
        }

        AddEllipse(CanvasFaceParts,
            new Point(extremityData.pointImage.x, extremityData.pointImage.y), ──┐
            10, colors[j], -1); ──────────────────────────────────────────┘  ❷
    }
}
```

마스크 모드의 경우 손가락 위치보다는 손의 위치를 중점적으로 처리합니다. 위치 분류는
PXC(M)HandData.ExtremityType 열거형으로 [표 5.7]과 같이 정의되어 있습니다.

[표 5.7] PXC(M)HandData.ExtremityType 열거형

값	의미
EXTREMITY_CLOSEST	손에서 가장 카메라와 가까운 곳
EXTREMITY_LEFTMOST	손에서 가장 왼쪽
EXTREMITY_RIGHTMOST	손에서 가장 오른쪽
EXTREMITY_TOPMOST	손에서 가장 위
EXTREMITY_BOTTOMMOST	손에서 가장 아래
EXTREMITY_CENTER	손의 중심

이러한 감지 방법이기 때문에 손을 움직이면 포인트의 감지 위치도 변경됩니다. 이것으로 가져온 포인트는 PXC(M)HandData.ExtremityData에 저장됩니다(❶). ExtremityData에는 2차원 좌표의 pointImage와 3차원 좌표의 pointWorld가 정의되어 있으므로 pointImage의 x,y좌표를 사용하여 포인트의 위치를 표시합니다(❷).

5-2-3 ▶▶ 윤곽(Outline) 모드로 실행

윤곽 모드 실행에 대해 설명하겠습니다. 여기에서의 코드는 지금까지와는 완전히 다릅니다. 윤곽 모드에 관해서는 이번 장의 처음 부분에서 설명한대로 손을 감지하지 않고 손가락의 좌표도 감지하지 않습니다. 손의 윤곽만 필요할 때 적합합니다. 손을 감지하지 않으므로 손에 쥔 물건의 윤곽을 포함하여 캡처하거나 범위내에 있는 물체의 윤곽만 캡처할 수 있습니다.

PXC(M)BlobModule을 기점으로 데이터를 가져옵니다. 사용되는 용어로서 물체의 윤곽(Outline)과 그 안쪽 부분을 나타내는 'Blob', 테두리만을 나타내는 'Contour'가 있습니다.

◆ **실행 결과【샘플 프로그램 : CH5-2_3】**

감지한 물체 및 윤곽을 표시합니다. 윤곽으로서 감지가능한 것은 최대 4개입니다.

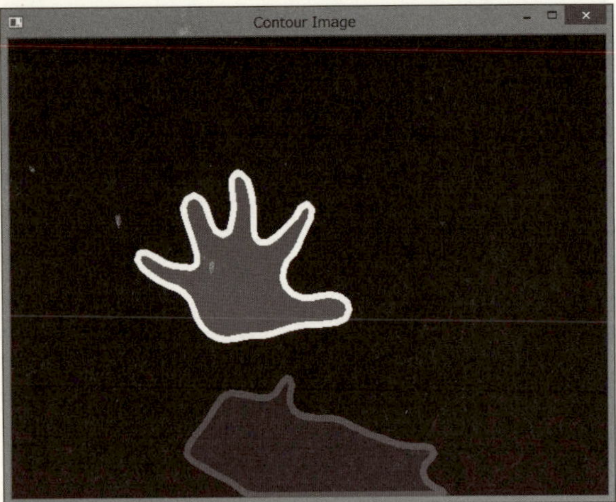

[그림 5.13] 윤곽 및 그 안쪽 부분을 표시

◆ 헤더 파일 추가

C++에서는 PXCBlobModule을 사용하기 위해 pxcsensemanager.h를 추가합니다.

예제 5.62 헤더 파일 추가(C++)

```
#include "pxcsensemanager.h"
#include "pxcblobmodule.h"


#include <opencv2\opencv.hpp>
```

◆ 변수 선언

PXC(M)BlobModule과 PXC(M)BlobData를 선언합니다. C++에서는 윤곽의 포인트를 저장하는 배열을 준비합니다.

C#에서는 표시용 비트맵을 생성하기 위해 필요한 배열, 비트맵 등을 준비합니다. 손의 Blob(마스크)이미지를 표시했을 때와 동일합니다.

예제 5.63 윤곽 모드의 변수 선언(C++)

```
cv::Mat contourImage;


PXCSenseManager* senseManager = nullptr;
```

```cpp
PXCBlobModule* blobModule = nullptr;
PXCBlobData* blobData = nullptr;
std::vector<PXCPointI32> points;
```

예제 5.64 윤곽 모드의 변수 선언(C# XAML)

```xml
<Window x:Class="RealSenseSample.MainWindow"
        xmlns="http://schemas.microsoft.com/winfx/2006/xaml/presentation"
        xmlns:x="http://schemas.microsoft.com/winfx/2006/xaml"
        Title="Hand Image" SizeToContent="WidthAndHeight"
        Loaded="Window_Loaded" Unloaded="Window_Unloaded"
        >
    <Grid >
        <Image x:Name="ImageHand" Width="640" Height="480"/>
        <Canvas x:Name="CanvasHandParts" />
    </Grid>
</Window>
```

예제 5.65 윤곽 모드의 변수 선언(C# 코드 비하인드)

```csharp
PXCMSenseManager senseManager;

PXCMBlobModule blobModule = null;
PXCMBlobData blobData = null;

// 픽셀 데이터 버퍼
byte[] imageBuffer = new byte[DEPTH_WIDTH * DEPTH_HEIGHT * BYTE_PER_PIXEL];

// 비트맵
WriteableBitmap imageBitmap = new WriteableBitmap(
    DEPTH_WIDTH, DEPTH_HEIGHT, 96, 96, PixelFormats.Gray8, null);

// 사각형 비트맵
Int32Rect imageRect = new Int32Rect(0, 0, DEPTH_WIDTH, DEPTH_HEIGHT);

// 픽셀 당 바이트수
const int BYTE_PER_PIXEL = 1;

const int DEPTH_WIDTH = 640;
const int DEPTH_HEIGHT = 480;
const int DEPTH_FPS = 30;
```

◆ 초기화 처리

Blob을 활성화합니다.

예제 5.66 윤곽 모드의 초기화 처리(C++)

```cpp
void initilize()
{
  // SenseManager를 생성한다
  senseManager = PXCSenseManager::CreateInstance();
  if (senseManager == 0) {
    throw std::runtime_error("SenseManager 생성 실패");
  }


  // Blob을 활성화한다
  pxcStatus sts = senseManager->EnableBlob();
  if (sts<PXC_STATUS_NO_ERROR) {
    throw std::runtime_error("Blob 활성화 실패");
  }


  // 파이프 라인을 초기화한다
  sts = senseManager->Init();
  if (sts<PXC_STATUS_NO_ERROR) {
    throw std::runtime_error("파이프 라인 초기화 실패");
  }


  // 미러 표시한다
  senseManager->QueryCaptureManager()->QueryDevice()->SetMirrorMode(
    PXCCapture::Device::MirrorMode::MIRROR_MODE_HORIZONTAL);


  // Blob을 초기화한다
  initializeBlob();
}
```

예제 5.67 윤곽 모드의 초기화(C#)

```csharp
private void Initialize()
{
    try
    {
```

```
        // SenseManager를 생성한다
        senseManager = PXCMSenseManager.CreateInstance();

        // Blob을 활성화한다
        var sts = senseManager.EnableBlob();
        if (sts < pxcmStatus.PXCM_STATUS_NO_ERROR)
        {
            throw new Exception("Blob 활성화 실패");
        }

        // 파이프 라인을 초기화한다
        sts = senseManager.Init();
        if (sts < pxcmStatus.PXCM_STATUS_NO_ERROR)
        {
            throw new Exception("파이프 라인 초기화 실패");
        }

        // 미러 표시한다
        senseManager.QueryCaptureManager().QueryDevice().SetMirrorMode(
            PXCMCapture.Device.MirrorMode.MIRROR_MODE_HORIZONTAL);

        // Blob을 초기화한다
        InitializeBlob();
    }
    catch (Exception ex)
    {
        MessageBox.Show(ex.Message);
        Close();
    }
}
```

Blob 데이터 생성 등은 파이프 라인의 초기화한 후에 합니다.

예제 5.68 Blob 및 윤곽의 초기화(C++)

```
void initializeBlob()
{
    // Blob을 가져온다
    blobModule = senseManager->QueryBlob();
```

```cpp
    blobData = blobModule->CreateOutput();

    auto blobConfig = blobModule->CreateActiveConfiguration();
    blobConfig->SetSegmentationSmoothing(1.0f);
    blobConfig->SetContourSmoothing(1.0f);
    blobConfig->SetMaxBlobs(4);
    blobConfig->SetMaxDistance(500.0f);
    blobConfig->EnableContourExtraction(true);
    blobConfig->EnableSegmentationImage(true);
    blobConfig->ApplyChanges();

    // 윤곽 포인트의 배열을 초기화한다
    points.resize(4000);
}
```

예제 5.69 Blob 및 윤곽 초기화(C#)

```csharp
private void InitializeBlob()
{
    // Blob을 가져온다
    blobModule = senseManager.QueryBlob();
    blobData = blobModule.CreateOutput();

    var blobConfig = blobModule.CreateActiveConfiguration();

    blobConfig.SetContourSmoothing(1.0f);
    blobConfig.SetSegmentationSmoothing(1.0f);
    blobConfig.SetMaxBlobs(4);
    blobConfig.SetMaxDistance(500.0f);
    blobConfig.EnableContourExtraction(true);
    blobConfig.EnableSegmentationImage(true);
    blobConfig.ApplyChanges();
}
```

우선 PXC(M)SenseManager.QueryBlob( )에서 PXC(M)BlobModule을 가져옵니다. 계속하여 PXC(M)BlobModule.CreateOutput( )에서 Blob 데이터의 업데이트 모듈을 생성합니다.

Blob의 설정은 PXC(M)BlobModule.CreateActiveConfiguration( )에서 생성하는 PXC(M) BlobConfiguration에서 합니다. SetContourSmoothing( )은 윤곽을 SetSegmentation

Smoothing( )은 Blob을 얼마 만큼 부드럽게 처리할지 0~1 범위에서 설정합니다(1에 가까울 수록 부드러워집니다). SetMaxBlobs( )은 감지할 Blob의 개수이며 기본설정이 1, 최대 4를 지정할 수 있습니다. SetMaxDistance( )는 감지할 최대 거리(단위는 mm)이며, 이 범위내의 물건 윤곽을 감지합니다. EnableContourExtraction( ) 및 EnableSegmentationImage( )는 윤곽 및 Blob 이미지의 활성화 여부를 설정합니다.

C#의 경우 비트맵을 Image에 연결시키는 처리가 추가됩니다.

예제 5.70 추가적인 윤곽 모드의 초기화 코드 (C#)

```csharp
private void Window_Loaded(object sender, RoutedEventArgs e)
{
    Initialize();

    // 비트맵을 Image에 연결한다
    ImageHand.Source = imageBitmap;

    CompositionTarget.Rendering += CompositionTarget_Rendering;
}
```

◆ 업데이트 처리

프레임의 업데이트 처리는 다른 스트림과 거의 같습니다. 이미지 샘플을 QuerySample( )에서 가져와서 Depth 데이터를 사용합니다. 이미지 샘플은 C++에서는 QueryBlobSample( )을 사용하며 C#은 사용하지 않습니다. 그러나 코드 내에서는 Depth 해상도를 가져오기 때문에 어느 쪽도 문제 없습니다.

예제 5.71 윤곽 모드의 프레임 데이터 업데이트 처리(C++)

```cpp
void updateFrame()
{
    // 프레임을 가져온다
    pxcStatus sts = senseManager->AcquireFrame(false);
    if (sts < PXC_STATUS_NO_ERROR) {
        return;
    }

    // 프레임 데이터를 가져온다
    const PXCCapture::Sample *sample = senseManager->QuerySample();
```

```cpp
    if (sample) {
        // 각 데이터를 표시한다
        updateBlobImage(sample->depth);
    }


    // 프레임을 해제한다
    senseManager->ReleaseFrame();
}
```

예제 5.72 윤곽 모드의 프레임 데이터 업데이트 처리(C#)

```csharp
void CompositionTarget_Rendering(object sender, EventArgs e)
{
    try
    {
        // 프레임을 가져온다
        pxcmStatus ret = senseManager.AcquireFrame(false);
        if (ret < pxcmStatus.PXCM_STATUS_NO_ERROR)
        {
            return;
        }

        // 프레임 데이터를 가져온다
        var sample = senseManager.QuerySample();
        if (sample != null)
        {
            // 각 데이터를 표시한다
            UpdateBlobImage(sample.depth);
        }

        // 프레임을 해제한다
        senseManager.ReleaseFrame();
    }
    catch (Exception ex)
    {
        MessageBox.Show(ex.Message);
        Close();
    }
}
```

이번 중심 주제인 Blob과 윤곽의 업데이트 처리입니다. Depth에서 Blob을 생성하고 감지한 Blob에서 윤곽을 생성합니다. 우선은 Blob을 업데이트 합니다.

예제 5.73 Blob의 업데이트 처리(C++)

```cpp
void updateBlobImage(PXCImage* depthFrame)
{
  if (depthFrame == nullptr) {
    return;
  }


  // Blob을 업데이트한다
  auto sts = blobData->Update();
  if (sts < PXC_STATUS_NO_ERROR) {
    return;
  }


  // 표시 이미지를 초기화한다
  PXCImage::ImageInfo depthInfo = depthFrame->QueryInfo();
  contourImage = cv::Mat::zeros(depthInfo.height, depthInfo.width, CV_8U);

  auto session = senseManager->QuerySession();
  depthInfo.format = PXCImage::PIXEL_FORMAT_Y8;
  PXCImage* blobImage = session->CreateImage(&depthInfo);

  // Blob을 가져온다
  int numOfBlobs = blobData->QueryNumberOfBlobs();
  for (int i = 0; i < numOfBlobs; ++i) {
    // Blob 데이터를 가까운 것부터 순서대로 가져온다
    PXCBlobData::IBlob* blob;
    sts = blobData->QueryBlobByAccessOrder(i,
      PXCBlobData::AccessOrderType::ACCESS_ORDER_NEAR_TO_FAR, blob);
    if (sts < PXC_STATUS_NO_ERROR) {
      continue;
    }

    // Blob 이미지를 가져온다
    sts = blob->QuerySegmentationImage(blobImage);
    if (sts < PXC_STATUS_NO_ERROR) {
```

```cpp
        continue;
    }

    // Blob 이미지를 로드한다
    PXCImage::ImageData data;
    pxcStatus sts = blobImage->AcquireAccess(PXCImage::Access::ACCESS_READ,
        PXCImage::PIXEL_FORMAT_Y8, &data);
    if (sts < PXC_STATUS_NO_ERROR) {
        continue;
    }

    // 데이터를 복사한다
    for (int j = 0; j < depthInfo.height * depthInfo.width; ++j) {
        if (data.planes[0][j] != 0) {
            // 인덱스에 따라 색상을 변경한다
            contourImage.data[j] = (i + 1) * 64;
        }
    }

    // Blob 이미지 사용을 해제한다
    blobImage->ReleaseAccess(&data);

    // Blob의 윤곽을 표시한다
    updateContoursImage(blob, i);
}

// 해제하면 에러가 발생한다.
//blobImage->Release();
}
```

예제 5.74 Blob의 업데이트 처리(C#)

```csharp
private void UpdateBlobImage(PXCMImage depthFrame)
{
    if (depthFrame == null)
    {
        return;
    }

    // Blob을 업데이트한다
```

```
var sts = blobData.Update();
if (sts < pxcmStatus.PXCM_STATUS_NO_ERROR)
{
    return;
}

// Blob을 위한 이미지 객체를 생성한다
var depthInfo = depthFrame.QueryInfo();
depthInfo.format = PXCMImage.PixelFormat.PIXEL_FORMAT_Y8;

var session = senseManager.QuerySession();
var blobImage = session.CreateImage(depthInfo);

// 표시용 이미지를 초기화한다
Array.Clear(imageBuffer, 0, imageBuffer.Length);
CanvasHandParts.Children.Clear();

// Blob을 가져온다
int numOfBlobs = blobData.QueryNumberOfBlobs();
for (int i = 0; i < numOfBlobs; ++i)
{
    // Blob 데이터를 가져온다
    PXCMBlobData.IBlob blob;
    sts = blobData.QueryBlobByAccessOrder(i,
        PXCMBlobData.AccessOrderType.ACCESS_ORDER_NEAR_TO_FAR, out blob);
    if (sts < pxcmStatus.PXCM_STATUS_NO_ERROR)
    {
        continue;
    }

    sts = blob.QuerySegmentationImage(out blobImage);
    if (sts < pxcmStatus.PXCM_STATUS_NO_ERROR)
    {
        continue;
    }

    // Blob 이미지를 가져온다
    PXCMImage.ImageData data;
    sts = blobImage.AcquireAccess(PXCMImage.Access.ACCESS_READ,
```

```csharp
                depthInfo.format, out data);
        if (sts < pxcmStatus.PXCM_STATUS_NO_ERROR)
        {
            continue;
        }

        // 데이터를 복사한다
        var buffer = data.ToByteArray(0, data.pitches[0] * depthInfo.height);
        for (int j = 0; j < depthInfo.height * depthInfo.width; ++j)
        {
            if (buffer[j] != 0)
            {
                imageBuffer[j] = (byte)((i + 1) * 64);
            }
        }

        // Blob 이미지 사용을 해제한다
        blobImage.ReleaseAccess(data);

        // Blob 윤곽을 표시한다
        UpdateContoursImage(blob, i);
    }

    // Blob 이미지 객체를 해제한다
    blobImage.Dispose();

    // 픽셀 데이터를 업데이트한다
    imageBitmap.WritePixels(imageRect, imageBuffer,
        DEPTH_WIDTH * BYTE_PER_PIXEL, 0);
}
```

　Blob 데이터 업데이트는 PXC(M)BlobData.Update( )에서 합니다. 계속하여 Blob 이미지를 위한 이미지 객체를 생성합니다. 보통 컬러와 Depth 이미지를 가져올 때에 사용하는 PXC(M)Image를 원래 상태에서 생성합니다. 생성에는 이미지 해상도와 포맷을 설정한 PXC(M)Image.ImageInfo와 PXC(M)Session이 필요합니다. PXC(M)Image.ImageInfo에서는 Depth 항목에서 정보를 가져오고 포맷만 PXC(M)Image.PIXEL_FORMAT_Y8로 변경하였습니다. PXC(M)Image는 PXC(M)Session.CreateImage( )에서 생성합니다.

계속하여 표시용 데이터를 초기화하고 감지한 Blob을 표시합니다. PXC(M)BlobData.
QueryNumberOfBlobs( )에서 감지한 Blob의 개수를 가져옵니다. 각각의 Blob 데이터는 PXC(M)
BlobData.QueryBlobByAccessOrder( )에 인덱스와 가져오는 순서를 전달함으로써 PXC(M)
BlobData.IBlob에 Blob의 각종 정보가 들어갑니다.

AccessOrder는 PXC(M)BlobData.AccessOrderType으로 정의되며 값은 [표 5.8]과 같습니다.

[표 5.8] PXC(M)BlobData.AccessOrderType

값	의미
ACCESS_ORDER_NEAR_TO_FAR	Blob 중에서 가장 가까운 것에서 먼 순서대로 가져온다.
ACCESS_ORDER_LARGE_TO_SMALL	Blob 중에서 큰 것부터 작은 순서로 가져온다.
ACCESS_ORDER_LEFT_TO_RIGHT	Blob 중에서 왼쪽에서 오른쪽 순서대로 가져온다.

Blob으로부터의 데이터를 가져오는 방법으로 PXC(M)BlobData.IBlob.QuerySegmentation
Image( )를 사용합니다. 여기에서 PXC(M)Image에 픽셀 데이터가 들어가므로 이후에는 컬러,
Depth와 같이 AcquireAccess( )에서 읽어옵니다. 데이터는 Blob의 픽셀이 255, 그렇지 않은 픽셀
이 0으로 되어 있으며, 손의 세분화 이미지와 같습니다.

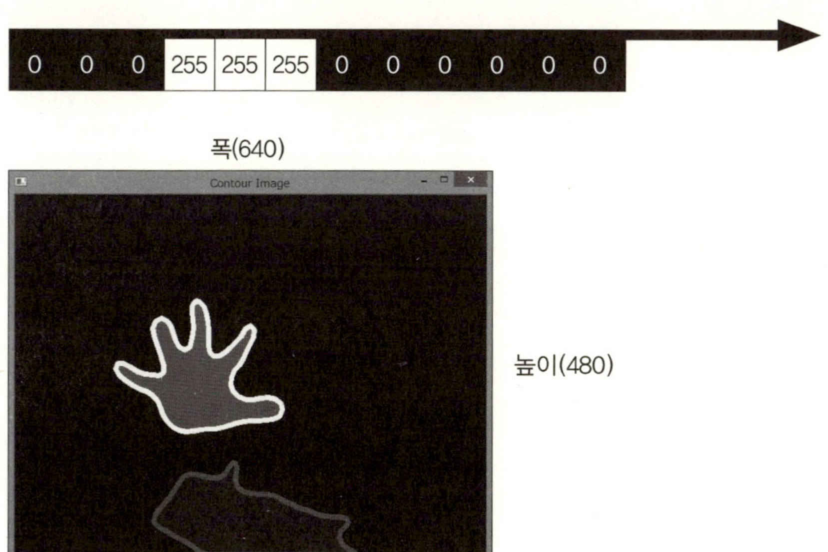

[그림 5.14] 윤곽 데이터의 구조

Blob 이미지는 새롭게 생성한 blobImage에 저장되는데 C++에서는 마지막 해제 처리가 필요 없습니다. blobImage를 해제시키면 다음 번의 Update()에서 에러가 발생합니다. C#은 해제 처리가 필요합니다. 또한, 인텔 RealSense SDK의 샘플 코드에서는 Depth의 PXC(M)Image에 덮어쓰는(overwrite) 형태로 Blob 이미지를 가져옵니다.

계속하여 이 Blob 데이터를 바탕으로 윤곽을 감지합니다.

예제 5.75 윤곽의 업데이트 처리(C++)

```cpp
void updateContoursImage(PXCBlobData::IBlob* blob, int index)
{
  // 윤곽을 표시한다
  auto numOfContours = blob->QueryNumberOfContours();
  for (int i = 0; i < numOfContours; ++i) {
    // 윤곽의 포인트 수를 가져온다
    pxcI32 size = blob->QueryContourSize(i);
    if (size <= 0) {
      continue;
    }


    // 포인트의 배열을 확인한다
    if (points.size() < size) {
      points.reserve(size);
    }


    // 윤곽의 포인트를 가져온다
    auto sts = blob->QueryContourPoints(i, points.size(), &points[0]);
    if (sts < PXC_STATUS_NO_ERROR) {
      continue;
    }


    // 윤곽의 포인트를 그린다
    drawContour(&points[0], size, index);
  }
}
```

```csharp
private void UpdateContoursImage(PXCMBlobData.IBlob blob, int index)
{
    // 윤곽을 표시한다
    var numOfContours = blob.QueryNumberOfContours();
    for (int i = 0; i < numOfContours; ++i)
    {
        // 윤곽의 포인트 수를 가져온다
        var size = blob.QueryContourSize(i);
        if (size <= 0)
        {
            continue;
        }

        // 윤곽의 포인트를 가져온다
        PXCMPointI32[] points;
        var sts = blob.QueryContourPoints(i, out points);
        if (sts < pxcmStatus.PXCM_STATUS_NO_ERROR)
        {
            continue;
        }

        // 윤곽의 포인트를 그린다
        drawContour(points, index);
    }
}
```

　윤곽 표시는 PXC(M)BlobData.IBlob을 바탕으로 처리합니다. 전달받은 Blob에서 감지된 윤곽의 개수만 표시합니다. 윤곽의 감지수는 PXC(M)BlobData.IBlob.QueryNumberOfContours( )에서 가져옵니다. 각각의 윤곽 포인트 개수는 PXC(M)BlobData.IBlob.QueryContourSize( )에서 가져옵니다. 이 수가 준비된 배열의 수보다도 큰 경우에는 배열을 확장합니다. 계속하여 윤곽의 포인트를 PXC(M)BlobData.IBlob.QueryContourPoints( )에서 가져옵니다. C#의 경우에는 PXC(M)BlobData.IBlob.QueryContourPoints( )에서 그대로 배열을 가져올 수 있으므로, 외부에서 배열을 준비할 필요가 없어집니다. 가져온 포인트를 선으로 연결하여 윤곽 표시는 완료됩니다.

◆ 종료 처리

PXC(M)SenseManager 및 PXC(M)BlobModule, PXC(M)BlobData를 해제시킵니다.
C++에서는 Release( )를 C#에서는 Dispose( )를 호출합니다.

예제 5.77 윤곽 모드의 종료 처리(C++)

```cpp
~RealSenseApp( )
{
  if (senseManager != nullptr) {
    senseManager->Release( );
    senseManager = nullptr; }

  if (blobData != nullptr) {
    blobData->Release( );
    blobData = nullptr; }

  if (blobModule != nullptr) {
    blobModule->Release( );
    blobModule = nullptr; }
}
```

예제 5.78 윤곽 모드의 종료 처리(C#)

```csharp
private void Uninitialize( )
{
  if (senseManager != null) {
    senseManager.Dispose( );
    senseManager = null; }

  if (blobModule != null) {
    blobModule.Dispose( );
    blobModule = null; }

  if (blobData != null) {
    blobData.Dispose( );
    blobData = null; }
}
```

Chapter 6

얼굴과 표정 감지

이 장에서는 인텔 RealSense SDK에 의한 얼굴 정보와 표정 감지에 대해 설명하겠습니다. 기본적인 처리의 흐름은 지금까지의 이미지 표시와 손가락 감지 등과 같습니다.

6-1 얼굴 감지 기능

이 절에서는 얼굴을 감지하는 기능에 대해 설명하겠습니다. 얼굴 감지에서는 얼굴의 위치 좌표와 범위, 얼굴의 포즈(3차원 축에 대한 회전 각도)를 감지합니다. 또한 입 양쪽 끝과 코 등의 78개 포인트 좌표를 감지하고, 얼굴 표정 추정에 사용되는 정보를 가져와서 개별 사용자 얼굴을 식별합니다.

6-1-1 >> RealSense SDK에 포함된 얼굴 감지 기능

인텔 RealSense SDK로 할 수 있는 얼굴 감지 기능은 다음과 같습니다.

- 얼굴을 감지하고, 위치와 범위를 가져옵니다(Detection).
- 얼굴의 포즈(3차원 축에 대한 회전 각도)를 가져옵니다.
- 얼굴 부위의 78개 포인트 위치(이하 '특정 위치' 또는 '랜드마크')를 가져옵니다.
- 얼굴의 표정 정보를 가져옵니다.
- 얼굴을 식별합니다.
- 심장 박동수를 측정합니다.

각각 [표 6.1]과 같은 감지를 실행합니다. 한 명만이 아니라 여러 사람도 동시에 감지할 수 있습니다.

이 절에서는 각 기능을 순서대로 설명하겠습니다.

[표 6.2] 얼굴의 감지 종류[1]

얼굴 관련 기능	설명	이미지
얼굴 감지 (Detection)	컬러 영상에서 여러 개의 얼굴 부위와 영역을 인식합니다.	
얼굴 포즈 (3 차원 축에 대한 회전 각도 , 자세 및 방향)	얼굴 포즈에 대한 3 차원 각도 정보를 인식합니다 . (Depth 정보사용)	

---

1) 출처 : https://software.intel.com/sites/landingpage/realsense/camera-sdk/v1.1/documentation/html/index.html?doc_devguide_introduction.html

얼굴의 특정 위치 (랜드마크 /Landmark)	입과 눈의 끝, 중앙 등, 컬러 이미지에서 얼굴의 특징이 표현된 위치를 인식합니다.	
얼굴의 표정 정보 (Expression)	입꼬리를 내리거나 벌리는 정도 등, 얼굴의 여러 부위를 인식합니다.	
얼굴의 식별 (Recognition)	데이터베이스에 얼굴의 특징을 일시적으로 저장하거나 그 특징을 비교하여 얼굴을 식별합니다.	
심장 박동수의 측정 (Pulse)	얼굴 영상에서 심장 박동수를 측정합니다.	

얼굴 감지 프로그램의 처리 흐름은 이미지 표시 프로그램과 거의 같습니다.

1. **초기화 처리**

   (i) 사용할 스트림과 (얼굴 감지 등의) 함수를 활성화합니다.

   (ii) SDK를 초기화합니다.

   (iii) 스트림과 함수를 설정합니다.

2. **데이터의 업데이트 처리**

   (i) 스트림과 기능의 데이터를 업데이트하고 사용 및 표시합니다.

3. **종료 처리**

   (i) SDK를 종료합니다.

6-1-2 ▶▶ 얼굴 감지

가장 먼저 얼굴의 감지(Detection)에 대해 전반적인 흐름을 설명하겠습니다. 인텔 RealSense SDK 는 여러 사람을 컬러 이미지로 캡처하여 각각의 얼굴 위치와 감지한 얼굴 범위의 폭, 높이 등을 한 번에 처리할 수 있습니다.

감지한 얼굴의 위치와 범위를 파란색 사각형 테두리를 이용하여 표시합니다(그림 6.1).

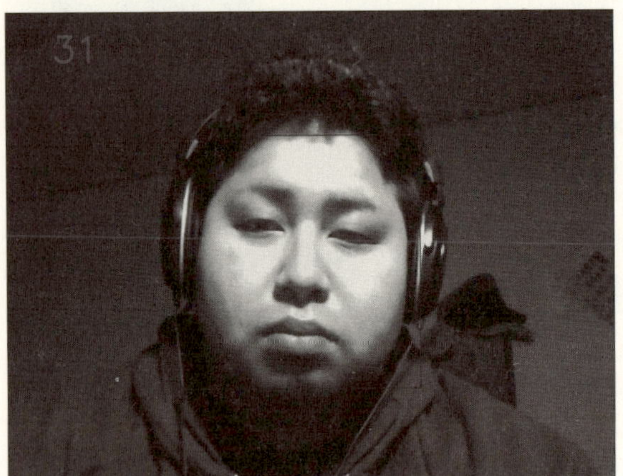

[그림 6.1] 얼굴 감지의 예

◆ 변수 선언

얼굴 감지 결과를 가져오기 위한 PXC(M)FaceData를 선언합니다. 또한, C++에서는 표시를 하기 위한 cv::Mat를 하나만 준비합니다.

예제 6.1 얼굴 감지의 변수 선언(C++)

```
cv::Mat colorImage;

PXCSenseManager* senseManager = 0;

PXCFaceData* faceData = 0;


const int COLOR_WIDTH = 640;

const int COLOR_HEIGHT = 480;

const int COLOR_FPS = 30;
```

예제 6.2 얼굴 감지의 변수 선언(C# XAML)

```
<Window x:Class="RealSenseSample.MainWindow"

    xmlns="http://schemas.microsoft.com/winfx/2006/xaml/presentation"

    xmlns:x="http://schemas.microsoft.com/winfx/2006/xaml"

    Title="MainWindow" Height="480" Width="640"

    Loaded="Window_Loaded"

    Unloaded="Window_Unloaded"
```

```
      >
      <Grid>
        <Image x:Name="ImageColor" />
        <Canvas x:Name="CanvasPoint" >
        </Canvas>
        <Canvas x:Name="CanvasForRect" >
        </Canvas>
      </Grid>
</Window>
```

예제 6.3 얼굴 감지의 변수 선언(C# 코드 비하인드)

```
PXCMSenseManager senceManager;
PXCMFaceData faceData;
Rectangle[] rect;        // 이미지 렌더링을 위한 사각형을 준비한다

const int COLOR_WIDTH = 640;
const int COLOR_HEIGHT = 480;
const int COLOR_FPS = 30;
```

◆ 초기화 처리

초기화 처리에서는 얼굴의 감지를 활성화하여 SDK를 초기화하고 그 후에 얼굴 감지를 위한 설정을 합니다.

예제 6.4 얼굴 감지 활성화(C++)

```
void initilize()
{
  // SenseManager를 생성한다
  senseManager = PXCSenseManager::CreateInstance();  ────────────────────────  ❶
  if (senseManager == 0) {
    throw std::runtime_error("SenseManager 생성 실패");
  }


  // 컬러 스트림을 활성화한다
  pxcStatus sts = senseManager->EnableStream(  ──────────────────────┐
        PXCCapture::StreamType::STREAM_TYPE_COLOR, COLOR_WIDTH,      ├─  ❷
                  COLOR_HEIGHT, COLOR_FPS);  ────────────────────────┘
```

```cpp
    if (sts<PXC_STATUS_NO_ERROR) {
        throw std::runtime_error("컬러 스트림 활성화 실패");
    }
}
```

예제 6.5 얼굴 감지 활성화(C#)

```csharp
private void Initialize()
{
    try
    {

        // SenseManager를 생성한다
        senceManager = PXCMSenseManager.CreateInstance();
        if (senceManager == null)
        {
            throw new Exception("SenseManager 생성 실패");
        }


        // 컬러 스트림을 활성화한다
        pxcmStatus sts = senceManager.EnableStream(
            PXCMCapture.StreamType.STREAM_TYPE_COLOR, COLOR_WIDTH,
                                    COLOR_HEIGHT, COLOR_FPS);
        if (sts < pxcmStatus.PXCM_STATUS_NO_ERROR)
        {
            throw new Exception("컬러 스트림 가져오기 실패");
        }


        InitializeFace();

        //렌더링을 위한 사각형을 초기화한다
        rect = new Rectangle[DETECTION_MAXFACES];
        for (int i = 0; i < DETECTION_MAXFACES; i++)
        {
            rect[i] = new Rectangle();
            TranslateTransform transform = new TranslateTransform(
                COLOR_WIDTH, COLOR_HEIGHT);
            rect[i].Width = 10;
            rect[i].Height = 10;
            rect[i].Stroke = Brushes.Blue;
```

```
            rect[i].StrokeThickness = 3;
            rect[i].RenderTransform = transform;
            CanvasForRect.Children.Add(rect[i]);
        }
    }
    catch (Exception ex)
    {
        MessageBox.Show(ex.StackTrace);
        MessageBox.Show("Init:" + ex.Message);
        Close();
    }
}
```

먼저 인텔 RealSense SDK를 사용하기 위해 PXC(M)SenseManager.CreateInstance()에서
SenseManager를 생성합니다(❶). 그 외의 처리는 이미지 표시 때와 같습니다. 얼굴 감지 자체는
Depth를 이용하지 않으므로 컬러 스트림만을 활성화 하였습니다(❷). C#에서는 감지 가능한 최대
인원수를 위한 사각형 생성을 준비합니다(❸)

계속하여 얼굴을 감지하기 위한 초기화 설정입니다.

예제 6.6 얼굴 감지 초기화 및 설정(C++)

```
void initilizeFace() {
  // 얼굴 감지를 활성화한다
  auto sts = senseManager->EnableFace();
  if (sts<PXC_STATUS_NO_ERROR) {
    throw std::runtime_error("얼굴 감지 활성화 실패");
  }

  // 얼굴 감지기를 생성한다
  PXCFaceModule* faceModule = senseManager->QueryFace();          ❶
  if (faceModule == 0) {
    throw std::runtime_error("얼굴 감지기 생성 실패");
  }

  // 얼굴 감지 속성을 가져온다
  PXCFaceConfiguration* config = faceModule->CreateActiveConfiguration();   ❷
  if (config == 0) {
```

```cpp
    throw std::runtime_error("얼굴 감지 속성 가져오기 실패");
  }

  config->SetTrackingMode(
      PXCFaceConfiguration::TrackingModeType::FACE_MODE_COLOR_PLUS_DEPTH);    ❸
  config->ApplyChanges();

  // 파이프 라인을 초기화한다
  sts = senseManager->Init();
  if (sts<PXC_STATUS_NO_ERROR) {
    throw std::runtime_error("파이프 라인 초기화 실패");
  }

  // 기기 정보를 가져온다
  auto device = senseManager->QueryCaptureManager()->QueryDevice();
  if (device == 0) {
    throw std::runtime_error("기기 정보 가져오기 실패");
  }

  PXCCapture::DeviceInfo deviceInfo;
  device->QueryDeviceInfo(&deviceInfo);
  if (deviceInfo.model == PXCCapture::DEVICE_MODEL_IVCAM) {
    device->SetDepthConfidenceThreshold(1);
    device->SetIVCAMFilterOption(6);
    device->SetIVCAMMotionRangeTradeOff(21);
  }

  // 미러 표시한다
  senseManager->QueryCaptureManager()->QueryDevice()->SetMirrorMode(
      PXCCapture::Device::MirrorMode::MIRROR_MODE_HORIZONTAL);

  // 얼굴 감지를 초기화한다
  config->detection.isEnabled = true;                                          ❺
  config->ApplyChanges();                                                      ❹
  faceData = faceModule->CreateOutput();

}
```

```
private void InitializeFace()
{
    // 얼굴 감지를 활성화한다
    var sts = senceManager.EnableFace();                                    ❶
    if (sts < pxcmStatus.PXCM_STATUS_NO_ERROR)
    {
        throw new Exception("얼굴 감지 활성화 실패");
    }

    // 얼굴 감지기를 생성한다
    var faceModule = senceManager.QueryFace();

    // 얼굴 감지 속성을 가져온다
    PXCMFaceConfiguration config = faceModule.CreateActiveConfiguration();  ❷
    config.SetTrackingMode(
        PXCMFaceConfiguration.TrackingModeType.FACE_MODE_COLOR_PLUS_DEPTH); ❸
    config.ApplyChanges();

    // 파이프 라인을 초기화한다
    pxcmStatus ret = senceManager.Init();
    if (ret < pxcmStatus.PXCM_STATUS_NO_ERROR)
    {
        throw new Exception("초기화 실패");
    }

    // 기기 정보를 가져온다
    PXCMCapture.Device device = senceManager.QueryCaptureManager().QueryDevice();
    if (device == null)
    {
        throw new Exception("기기 생성 실패");
    }

    // 미러 표시한다
    device.SetMirrorMode(PXCMCapture.Device.MirrorMode.MIRROR_MODE_HORIZONTAL);

    PXCMCapture.DeviceInfo deviceInfo;
    device.QueryDeviceInfo(out deviceInfo);
    if (deviceInfo.model == PXCMCapture.DeviceModel.DEVICE_MODEL_IVCAM)
    {
```

```
        device.SetDepthConfidenceThreshold(1);
        device.SetIVCAMFilterOption(6);
        device.SetIVCAMMotionRangeTradeOff(21);
    }


    config.detection.isEnabled = true;                                    ⑤
    config.detection.maxTrackedFaces = DETECTION_MAXFACES;
    //config.pose.isEnabled = true;
    //config.landmarks.isEnabled = true;
    //config.QueryExpressions().Enable();
    //config.QueryExpressions().EnableAllExpressions();
    //config.QueryRecognition().Enable();
    //config.QueryExpressions().properties.maxTrackedFaces = 2;
        config.ApplyChanges();                                            ④


    faceData = faceModule.CreateOutput();


}
```

얼굴 감지에는 감지기의 생성과 설정을 하기 위한 PXC(M)FaceModule 변수를 이용합니다. PXC(M)FaceModule은 PXC(M)SenseManager에서 가져와서 생성합니다. 또한, 얼굴 감지를 활성화 하기 위해 PXC(M)SenseManager.EnableFace( )를 실행합니다(❶).

다음으로 얼굴 감지를 위한 설정을 합니다. PXC(M)FaceModule.CreateActive Configuration( )에서 현재 설정을 가져옵니다(❷). 설정치는 PXC(M)FaceConfiguration에 저장됩니다.

인텔 RealSense SDK에서는 얼굴 인식과 표정 정보, 특정 위치를 가져오는 것은 컬러 영상을 이용하며 얼굴 포즈 정보 산출에는 Depth정보를 이용합니다. 앞에서 게재한 initialize( ) (initializeFace( )가 아님)에서 컬러 스트림만 활성화 하였으나 인텔 RealSense SDK에서는 Depth가 필요한 처리가 포함되면 내부적으로 Depth 스트림을 자동으로 활성화합니다(예: 표정 상태의 처리). 다음으로 얼굴에 관한 모든 함수를 다루기 위해 SetTrackingMode( )의 인수를 PXC(M)FaceConfiguration.TrackingModeType.FACE_MODE_COLOR_PLUS_DEPTH 로 호출하겠습니다(❸). 만약 컬러 스트림만 사용하는 경우에는 PXC(M)FaceConfiguration. TrackingModeType.FACE_MODE_COLOR를 인수로 합니다.

또한, 감지한 얼굴을 추적하는 순서 설정은 PXC(M)FaceConfiguration.Tracking StrategyType 열거형이며 [표 6.2]와 같이 값이 정의되어 있습니다.

[표 6.2] PXC(M)FaceConfiguration.TrackingStrategyType 열거형의 값

값	의미
STRATEGY_APPEARANCE_TIME	영상 내에서 출현한 순서
STRATEGY_CLOSEST_TO_FARTHEST	카메라로부터 거리가 가까운 것부터 먼 순서(Depth 사용시만)
STRATEGY_FARTHEST_TO_CLOSEST	카메라로부터 거리가 먼 것부터 가까운 순서(Depth 사용시만)
STRATEGY_LEFT_TO_RIGHT	카메라에서 봤을 때, 왼쪽에서 오른쪽으로의 순서
STRATEGY_RIGHT_TO_LEFT	카메라에서 봤을 때, 오른쪽에서 왼쪽으로의 순서

계속하여 카메라 설정을 합니다(손 감지와 같으므로 여기에서는 생략하겠습니다). 마지막으로 설정치를 변경하면 ApplyChanges( ) 및 Update( )에서 설정을 업데이트합니다(❹).

여기에서 얼굴 감지 및 표정 상태, 특정 위치의 속성은 DetectionConfiguration구조, PoseConfiguration 구조 및 LandmarksConfiguration 구조로 설정됩니다. 얼굴 표정 정보와 얼굴 인식은 PXC(M)FaceConfiguration 멤버 함수에 따라 설정을 변경합니다.

설정치의 변경은 나중에 각각의 기능별로 설명하겠습니다. 얼굴 감지의 경우, DetectionConfiguration 구조의 값을 변경함으로써 설정합니다.

이번 경우는 DetectionConfiguration.isEnabled를 true로 함으로써 얼굴 감지를 활성화 합니다(❺).

[표 6.3] PXC(M)FaceConfiguration.DetectionConfiguration 구조 값

변수명	의미
isEnabled	얼굴 감지의 활성화 확인
maxTrackedFaces	얼굴 감지의 최대 인식 사람수
smoothingLevel	Smoothing 의 정도(SmoothingLevelType 열거형을 참조)

이상으로 얼굴 감지를 위한 초기화 처리는 완료됩니다.

◆ 얼굴의 업데이트 처리

초기화가 완료되면 얼굴의 데이터를 가져올 수 있습니다. PXC(M)SenseManager.AcquireFrame( )에서 프레임이 업데이트된 경우에는 얼굴 감지를 업데이트 및 처리합니다. 프레임 처리가 끝나면 PXC(M)SenseManager.ReleaseFrame( )에서 해제시킵니다.

예제 6.8 프레임의 업데이트 처리(C++)

```cpp
void updateFrame()
{
  // 프레임을 가져온다
  pxcStatus sts = senseManager->AcquireFrame(false);
  if (sts < PXC_STATUS_NO_ERROR) {
    return;
  }

  // 얼굴 데이터를 업데이트한다
  updateFaceFrame();

  // 프레임을 해제한다
  senseManager->ReleaseFrame();

  // 프레임 재생률을 표시한다
  showFps();
}
```

예제 6.9 프레임의 업데이트 처리(C#)

```csharp
private void updateFrame()
{
    // 프레임을 가져온다
    pxcmStatus ret = senceManager.AcquireFrame(false);
    if (ret < pxcmStatus.PXCM_STATUS_NO_ERROR)
    {
        return;
    }

    // 얼굴 데이터를 업데이트한다
    updateFaceFrame();

    // 프레임을 해제한다
    senceManager.ReleaseFrame();

}
```

여기서부터 얼굴 업데이트를 처리합니다.

```cpp
void updateFaceFrame() {

    // 프레임 데이터를 가져온다
    const PXCCapture::Sample *sample = senseManager->QuerySample();
    if (sample) {
        // 각 데이터를 표시한다
        updateColorImage(sample->color);
    }

    //SenceManager 모듈의 얼굴 데이터를 업데이트한다
    faceData->Update();                                                      ❶

    // 감지한 얼굴의 수를 가져온다
    const int numFaces = faceData->QueryNumberOfDetectedFaces();             ❷

    // 얼굴의 영역을 나타내는 사각형을 준비한다
    PXCRectI32 faceRect = { 0 };

    // 각각의 얼굴마다 정보를 가져와서 렌더링한다
    for (int i = 0; i < numFaces; ++i) {

        // 얼굴 정보를 가져온다
        auto face = faceData->QueryFaceByIndex(i);                           ❸
        if (face == 0) {
            continue;
        }

        // 얼굴 위치를 Color 값으로 가져온다
        auto detection = face->QueryDetection();                             ❹
        if (detection != 0) {

            // 얼굴의 크기를 가져온다
            detection->QueryBoundingRect(&faceRect);                         ❺
        }

        // 얼굴의 위치와 크기로부터, 얼굴 영역을 나타내는 사각형을 생성한다
        cv::rectangle(colorImage,
            cv::Rect(faceRect.x, faceRect.y, faceRect.w, faceRect.h),        ❻❼
            cv::Scalar(255, 0, 0));
```

```
        }
}
```

예제 6.11 얼굴의 업데이트 처리(C#)

```
private void updateFaceFrame()
{
    // 프레임 데이터를 가져온다
    PXCMCapture.Sample sample = senceManager.QuerySample();
    UpdateColorImage(sample.color);


    //SenceManager 모듈의 얼굴 데이터를 업데이트한다
    faceData.Update();                                              ❶


    // 감지한 얼굴의 수를 가져온다
    int numFaces = faceData.QueryNumberOfDetectedFaces();           ❷


    if (senceManager != null)
    {


        // 각각의 얼굴마다 정보를 가져와서 렌더링한다
        for (int i = 0; i < numFaces; ++i)
        {
            // 얼굴 정보를 가져온다
            PXCMFaceData.Face face = faceData.QueryFaceByIndex(i);  ❸


            // 얼굴 위치를 Depth 값에서 가져온다
            var detection = face.QueryDetection();                  ❹
            if (detection != null)
            {
                PXCMRectI32 faceRect;
                detection.QueryBoundingRect(out faceRect);          ❺

                TranslateTransform transform = new TranslateTransform(
                        faceRect.x, faceRect.y);
                rect[i].Width = faceRect.w;
                rect[i].Height = faceRect.h;
                rect[i].Stroke = Brushes.Blue;
                rect[i].StrokeThickness = 3;
                rect[i].RenderTransform = transform;
```

```
            }
        }
    }
}
```

얼굴의 업데이트는 PXC(M)FaceData.Update( )에서 합니다(❶). 계속하여 감지한 얼굴의 수를 PXC(M)FaceData.QueryNumberOfDetectedFaces( )에서 가져와서(❷) 그 수만큼 얼굴 정보를 가져오고 렌더링 처리를 합니다. 앞에서 서술한 PXCFaceConfiguration.TrackingStrategyType 의 설정에 따라 순서대로 추적합니다.

먼저 얼굴의 위치를 가져오기 위해서 PXC(M)FaceData.Face.QueryFaceByIndex( )를 호출합니다(❸). 그리고 얼굴 위치를 PXC(M)FaceData.QueryDetection( )에서 호출하여 그 결과를 PXC(M)FaceData.DetectionData의 변수인 detection에 저장합니다(❹).

또한, 얼굴 위치를 가져올 수 있을 때 PXC(M)FaceData.DetectionData.QueryBoundingRect( )를 호출하여(❺)얼굴 영역의 폭과 높이를 faceRect 변수에 저장합니다(❻) C#의 경우에는 faceRect의 정보를 사용하여 Initialize( )에서 준비한 사각형의 범위와 위치를 맞춥니다.

마지막으로 C++에서는 faceRect의 정보를 사용하여 얼굴을 나타내는 사각형을 OpenCV의 함수인 cv::rectangle( )로 표시합니다(❼).

◆ **종료 처리**

종료 처리는 컬리 이미지 표시(**예제4.12, 4.13**)와 같으므로 설명은 생략하겠습니다.

6-1-3 ▶▶ 얼굴 포즈 가져오기

다음으로 얼굴의 포즈(Pose)를 가져오는 것에 대해 설명하겠습니다. 인텔 RealSense SDK에서는 카메라에 대한 얼굴 포즈를 가져올 수 있습니다. 얼굴의 포즈를 나타내는 정보로서 Yaw, Pitch, Roll로 이루어진 3차원 축에 대한 회전 각도를 가져올 수 있습니다(그림 6.2). 여기에서 인텔 RealSense SDK는 상태 각도를 가져올 때 Depth 정보를 사용하고 있습니다(컬러 스트림만 가져온 경우 자동적으로 Depth 스트림도 사용 가능하게 됩니다).

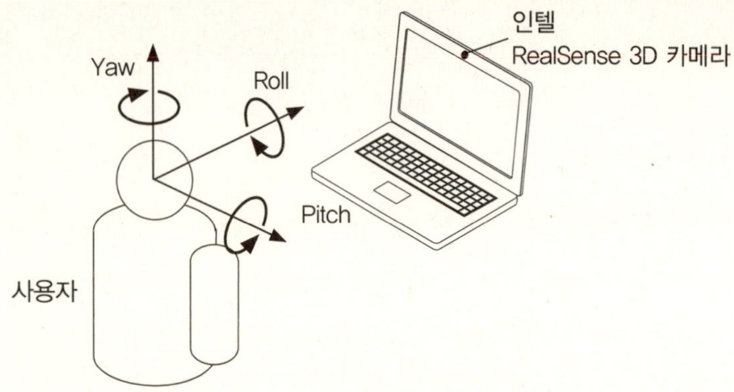

[그림 6.2] 인텔 RealSense SDK에서의 3차원 축에 대한 회전 각도의 정의

◆ **실행 결과【예제 프로그램 : CH6-1_2】**

얼굴 포즈를 나타내는 정보를 표시합니다(그림 6.3). 얼굴 포즈를 ①정면의 상태와 비교하여 얼굴을 다른 방향으로 향하면 ② Yaw, ③ Pitch, ④ Roll 각각의 값이 변화되는 것을 확인할 수 있습니다.

[그림 6.3]에서는 한 사람만 표시하고 있지만 예제 프로그램은 여러 사람의 포즈를 감지할 수 있습니다.

[그림 6.3] 얼굴의 포즈 정보를 가져오는 예제 프로그램의 실행 결과

◆ 변수 선언

먼저 여러 사람의 얼굴 포즈를 가져올 수 있게 하기 위해 POSE_MAXFACES를 추가합니다. C#의 XAML은 '6-1-2 얼굴 감지'와 같으므로 생략하겠습니다.

예제 6.12 얼굴 포즈를 가져오기 위한 변수 선언(C++)

```cpp
cv::Mat colorImage;
PXCSenseManager* senseManager = 0;
PXCFaceData* faceData = 0;


const int COLOR_WIDTH = 640;
const int COLOR_HEIGHT = 480;
const int COLOR_FPS = 30;


static const int POSE_MAXFACES = 2;      // 추가 : 얼굴의 포즈 정보를 가져오는 최대 인원수 설정
```

예제 6.13 얼굴 포즈를 가져오기 위한 변수 선언(C# 코드 비하인드)

```csharp
PXCMSenseManager senceManager;
PXCMFaceData faceData;
Rectangle[] rect;          // 렌더링용 사각형을 준비한다
TextBlock[, ] tb;               // 상태 값을 표시하는 TextBlock을 준비한다
const int DETECTION_MAXFACES = 2;      // 얼굴 감지의 최대 인원수 설정
const int POSE_MAXFACES = 2;       // 얼굴 감지의 최대 인원수 설정


const int COLOR_WIDTH = 640;
const int COLOR_HEIGHT = 480;
const int COLOR_FPS = 30;
```

◆ 초기화 처리

다음으로 얼굴 감지의 초기화 및 설정(initializeFace( )) 코드(**예제 6.6, 6.7**)에 몇 가지 추가하여 기술하겠습니다. C#의 코드는 렌더링용으로 미리 추가할 부분이 있으므로 얼굴의 감지 활성화 처리(initilize( ))도 변경합니다. 여러 사람의 얼굴 포즈를 가져오기 위해 얼굴 감지와 같이 PXC(M)FaceConfiguration.PoseConfiguration의 설정값을 변경합니다. PXC(M)FaceConfiguration.DetectionConfiguration 구조 [표 6.3] 및 변수명은 변경되지 않으므로 설명은 생략하겠습니다.

우선 PoseConfiguration의 변수 isEnable을 true로 함으로써 얼굴 포즈 정보를 가져올 수 있게 합니다(❶). 그리고, 변수 maxTrackedFaces를 미리 선언한 변수인 POSE_MAXFACES(=2)로 설정함으로써 최대 2명까지 얼굴 포즈를 가져오게 합니다(❷).

예제 6.14 얼굴 포즈를 가져오기 위한 초기화 처리(C++)

```cpp
void initializeFace()
{
    // 얼굴 감지를 활성화한다
    auto sts = senseManager->EnableFace();
    if (sts<PXC_STATUS_NO_ERROR) {
        throw std::runtime_error("얼굴 감지 활성화 실패");
    }


    // 얼굴 감지기를 생성한다
    PXCFaceModule* faceModule = senseManager->QueryFace();
    if (faceModule == 0) {
        throw std::runtime_error("얼굴 감지기 생성 실패");
    }


    // 얼굴 감지 속성을 가져온다
    PXCFaceConfiguration* config = faceModule->CreateActiveConfiguration();
    if (config == 0) {
        throw std::runtime_error("얼굴 감지의 속성 가져오기 실패");
    }


    config->SetTrackingMode
            (PXCFaceConfiguration::TrackingModeType::FACE_MODE_COLOR_PLUS_DEPTH);
    config->ApplyChanges();


    // 파이프 라인을 초기화한다
    sts = senseManager->Init();
    if (sts<PXC_STATUS_NO_ERROR) {
        throw std::runtime_error("파이프 라인 초기화 실패");
    }


    // 기기 정보를 가져온다
    auto device = senseManager->QueryCaptureManager()->QueryDevice();
```

```cpp
    if (device == 0) {
        throw std::runtime_error("기기 정보 가져오기 실패");
    }


    PXCCapture::DeviceInfo deviceInfo;
    device->QueryDeviceInfo(&deviceInfo);
    if (deviceInfo.model == PXCCapture::DEVICE_MODEL_IVCAM) {
        device->SetDepthConfidenceThreshold(1);
        device->SetIVCAMFilterOption(6);
        device->SetIVCAMMotionRangeTradeOff(21);
    }


    // 미러 표시한다
    device->SetMirrorMode(
        PXCCapture::Device::MirrorMode::MIRROR_MODE_HORIZONTAL);


    config->detection.isEnabled = true;
    config->pose.isEnabled = true;   // 추가 : 얼굴 포즈 정보를 가져오게 설정 ————————❶
    config->pose.maxTrackedFaces = POSE_MAXFACES; ————————————————————❷
        // 추가 : 최대 2명까지 얼굴 포즈를 가져오게 설정
    config->ApplyChanges();


    faceData = faceModule->CreateOutput();
}
```

예제 6.15 얼굴 포즈를 가져오기 위한 활성화 처리(렌더링용)(C#)

```csharp
private void Initialize()
{
    try
    {

        // SenseManager를 생성한다
        senceManager = PXCMSenseManager.CreateInstance();
        if (senceManager == null)
        {
            throw new Exception("SenseManager 생성 실패");
        }


        // 컬러 스트림을 활성화한다
```

```
pxcmStatus sts = senceManager.EnableStream(
    PXCMCapture.StreamType.STREAM_TYPE_COLOR, COLOR_WIDTH,
            COLOR_HEIGHT, COLOR_FPS);
if (sts < pxcmStatus.PXCM_STATUS_NO_ERROR)
{
    throw new Exception("컬러 스트림 가져오기 실패");
}


InitializeFace();

// 추가 : 렌더링용 사각형을 초기화한다
rect = new Rectangle[DETECTION_MAXFACES];
for (int i = 0; i < DETECTION_MAXFACES; i++)
{
    rect[i] = new Rectangle();
    TranslateTransform transform
        = new TranslateTransform(COLOR_WIDTH, COLOR_HEIGHT);
    rect[i].Width = 10;
    rect[i].Height = 10;
    rect[i].Stroke = Brushes.Blue;
    rect[i].StrokeThickness = 3;
    rect[i].RenderTransform = transform;
    CanvasForRect.Children.Add(rect[i]);
}


// 추가 : 상태 표시를 위해 초기화한다
tb = new TextBlock[POSE_MAXFACES, 3];
for (int i = 0; i < POSE_MAXFACES; i++)
{
    for (int j = 0; j < 3; j++) {
        tb[i,j] = new TextBlock();
        tb[i,j].Width = 200;
        tb[i,j].Height = 27;
        tb[i,j].Foreground = new SolidColorBrush(Colors.Red);
        tb[i,j].FontSize = 24;
        CanvasPoint.Children.Add(tb[i, j]);
    }
}
```

```
        }
        catch (Exception ex)
        {
            MessageBox.Show(ex.StackTrace);
            MessageBox.Show("Init:" + ex.Message);
            Close();
        }
    }
```

예제 6.16 얼굴 포즈의 초기화 처리(C#)

```
private void InitializeFace() {
    // 얼굴 감지를 활성화한다
    var sts = senceManager.EnableFace();
    if (sts < pxcmStatus.PXCM_STATUS_NO_ERROR)
    {
        throw new Exception("얼굴 감지 활성화 실패");
    }

    // 얼굴 감지기를 생성한다
    var faceModule = senceManager.QueryFace();

    // 얼굴 감지 속성을 가져온다
    PXCMFaceConfiguration config = faceModule.CreateActiveConfiguration();
    config.SetTrackingMode(
        PXCMFaceConfiguration.TrackingModeType.FACE_MODE_COLOR_PLUS_DEPTH);
    config.ApplyChanges();

    // 파이프 라인을 초기화한다
    pxcmStatus ret = senceManager.Init();
    if (ret < pxcmStatus.PXCM_STATUS_NO_ERROR)
    {
        throw new Exception("초기화 실패");
    }

    // 기기 정보를 가져온다
    PXCMCapture.Device device = senceManager.QueryCaptureManager().QueryDevice();
    if (device == null)
    {
        throw new Exception("기기 생성 실패");
```

```csharp
            }

            // 미러 표시한다
            device.SetMirrorMode(PXCMCapture.Device.MirrorMode.MIRROR_MODE_HORIZONTAL);

            PXCMCapture.DeviceInfo deviceInfo;
            device.QueryDeviceInfo(out deviceInfo);
            if (deviceInfo.model == PXCMCapture.DeviceModel.DEVICE_MODEL_IVCAM)
            {
                device.SetDepthConfidenceThreshold(1);
                device.SetIVCAMFilterOption(6);
                device.SetIVCAMMotionRangeTradeOff(21);
            }

            config.detection.isEnabled = true;
            config.detection.maxTrackedFaces = DETECTION_MAXFACES;
            config.pose.isEnabled = true;                                          ❶
            // 추가 : 얼굴 포즈 정보를 가져오게 설정
            config.pose.maxTrackedFaces = POSE_MAXFACES;                           ❷
            // 추가 : 최대 2명까지 얼굴 포즈를 가져오게 설정
            config.ApplyChanges();

            faceData = faceModule.CreateOutput();

        }
```

◆ **얼굴의 업데이트 처리**

계속하여 얼굴의 업데이트 처리 부분(updateFrame( ))을 추가합니다.

예제 6.17 얼굴의 포즈 정보를 표시(C++)

```cpp
void updateFaceFrame( ) {
    // 프레임 데이터를 가져온다
    const PXCCapture::Sample *sample = senseManager->QuerySample( );
    if (sample) {
        // 각 데이터를 표시한다
        updateColorImage(sample->color);
    }
```

```cpp
//SenceManager 모듈의 얼굴 데이터를 업데이트한다
faceData->Update();

// 감지한 얼굴의 수를 가져온다
const int numFaces = faceData->QueryNumberOfDetectedFaces();

// 얼굴의 영역을 나타내는 사각형을 준비한다
PXCRectI32 faceRect = { 0 };

// 추가 : 얼굴의 포즈 정보를 저장하기 위한 변수를 준비한다
PXCFaceData::PoseEulerAngles poseAngle[POSE_MAXFACES] = { 0 };      ❶
        // 최대 2명까지 얼굴 포즈를 가져오도록 설정한다

// 각각의 얼굴마다 정보를 가져와서 렌더링한다
for (int i = 0; i < numFaces; ++i) {

    // 얼굴 정보를 가져온다
    auto face = faceData->QueryFaceByIndex(i);
    if (face == 0) {
        continue;
    }


    // 얼굴의 위치를 Color 값으로 가져온다
    auto detection = face->QueryDetection();
    if (detection != 0) {
        // 얼굴의 크기를 가져온다
        detection->QueryBoundingRect(&faceRect);
    }

    // 얼굴의 위치와 크기로부터, 얼굴의 영역을 나타내는 사각형을 생성한다
    cv::rectangle(colorImage, cv::Rect(faceRect.x, faceRect.y, faceRect.w,
            faceRect.h), cv::Scalar(255, 0, 0));

    // 추가 : 얼굴 포즈를 Depth 사용시 가져온다
    auto pose = face->QueryPose();                                  ❷
    if (pose != 0) {
        auto sts = pose->QueryPoseAngles(&poseAngle[i]);            ❸
        if (sts < PXC_STATUS_NO_ERROR) {
            throw std::runtime_error("QueryPoseAngles 실패");
```

```cpp
        }
    }

    // 추가 : 얼굴의 포즈 정보(Yaw, Pitch, Roll)
    {
        std::stringstream ss;
        ss << "Yaw:" << poseAngle[i].yaw;                                    ④
        cv::putText(colorImage, ss.str(),
            cv::Point(faceRect.x, faceRect.y - 65),
            cv::FONT_HERSHEY_SIMPLEX, 0.8, cv::Scalar(0, 0, 255), 2, CV_AA);
    }

    {
        std::stringstream ss;
        ss << "Pitch:" << poseAngle[i].pitch;                                ④
        cv::putText(colorImage, ss.str(), cv::Point(faceRect.x, faceRect.y - 40),
            cv::FONT_HERSHEY_SIMPLEX, 0.8, cv::Scalar(0, 0, 255), 2, CV_AA);
    }

    {
        std::stringstream ss;
        ss << "Roll:" << poseAngle[i].roll;                                  ④
        cv::putText(colorImage, ss.str(), cv::Point(faceRect.x, faceRect.y - 15),
            cv::FONT_HERSHEY_SIMPLEX, 0.8, cv::Scalar(0, 0, 255), 2, CV_AA);
    }
    }
}
```

예제 6.18 얼굴의 상태 정보를 표시(C#)

```csharp
private void updateFaceFrame()
{
    // 프레임 데이터를 가져온다
    PXCMCapture.Sample sample = senceManager.QuerySample();
    UpdateColorImage(sample.color);

    //SenceManager 모듈의 얼굴 데이터를 업데이트한다
    faceData.Update();
```

```csharp
// 감지한 얼굴의 수를 가져온다
int numFaces = faceData.QueryNumberOfDetectedFaces();

// 추가 : 얼굴의 상태 정보를 저장하기 위한 변수를 준비한다
PXCMFaceData.PoseEulerAngles[] poseAngle
    = new PXCMFaceData.PoseEulerAngles[POSE_MAXFACES];                    ❶


if (senceManager != null)
{

    // 각각의 얼굴마다 정보를 가져와서 렌더링한다
    for (int i = 0; i < numFaces; ++i)
    {
        // 얼굴의 정보를 가져온다
        PXCMFaceData.Face face = faceData.QueryFaceByIndex(i);

        // 얼굴의 위치를 Depth 에서 가져온다
        var detection = face.QueryDetection();
        if (detection != null)
        {
            PXCMRectI32 faceRect;
            detection.QueryBoundingRect(out faceRect);

            // 얼굴 위치에 맞추어 사각형을 변경한다
            TranslateTransform transform =
                new TranslateTransform(faceRect.x, faceRect.y);
            rect[i].Width = faceRect.w;
            rect[i].Height = faceRect.h;
            rect[i].Stroke = Brushes.Blue;
            rect[i].StrokeThickness = 3;
            rect[i].RenderTransform = transform;

            // 추가 : 얼굴 포즈를 Depth 사용시 가져온다
            PXCMFaceData.PoseData pose = face.QueryPose();              ❷
            if (pose != null)
            {
                // 얼굴의 위치에 맞추어 상태 정보를 표시한다
                tb[i, 0].RenderTransform
                  = new TranslateTransform(transform.X, transform.Y - 30);
                tb[i, 1].RenderTransform
```

```
                = new TranslateTransform(transform.X, transform.Y - 60);
            tb[i, 2].RenderTransform
                = new TranslateTransform(transform.X, transform.Y - 90);


            // 추가 : 얼굴의 포즈 정보(Yaw, Pitch, Roll)
            pose.QueryPoseAngles(out poseAngle[i]);                              ❸
            tb[i, 0].Text = "pitch:" + poseAngle[i].pitch;
            tb[i, 1].Text = "roll:" + poseAngle[i].roll;                        ❹
            tb[i, 2].Text = "yaw:" + poseAngle[i].yaw;
        }
      }
    }
  }
}
```

얼굴의 포즈를 가져오기 위해서는 먼저 POSE_MAXFACES의 최대 인원수에 대한 포즈 정보를 저장하기 위해 PXC(M)FaceData.PoseEulerAngles의 배열 변수 poseAngle [POSE_MAXFACES]을 선언합니다(❶). 다음으로 감지한 얼굴별 처리로 이동합니다. 감지한 얼굴별 처리에서는 PXC(M)FaceData.QueryPose( )를 호출하여 그 결과를 PXC(M)FaceData.PoseData의 변수인 pose로 저장합니다(❷). 그리고 PXC(M)FaceData.PoseData.QueryPoseAngles( )를 호출함으로써 현재 참조하고 있는 i번째의 얼굴의 포즈 정보를 poseAngle[i]로 저장합니다(❸).

마지막으로 poseAngle[i]에 저장된 포즈 정보를 Yaw, Pitch, Roll 각각의 정보를 표시하는 렌더링 코드를 기술하여 완료합니다(❹).

이 예제에서는 3축의 각도(오일러 각도[2])를 산출하였는데, 이 외에도 쿼터니온[3] 형식과 3×3의 Matrix 형태로도 머리가 기울어진 값을 가져올 수 있습니다.

예를 들면, 쿼터니온으로 값을 가져오려면 PXC(M)FaceData.PoseData에서 PXC(M)Face Data.PoseData.QueryPoseAngles( ) 대신 PXC(M)FaceData.PoseDataQueryPose Quaternion( )를 호출함으로써 쿼터니온 형태로 poseAngle을 저장할 수 있습니다(가능하면 변수도 poseQuaternion 등으로 이름을 지정하는 것이 좋습니다).

---

2) 유크리드 3차원 공간에서 물체(어떠한 힘을 가해도 변형하지 않는 단단한 물체)의 방향을 나타내는 각도 표현 방법의 하나. X축, y축, z축 각각의 축 주위로 회전 횟수를 표현할 수 있다. 예를 들면 x축에 30도, y축에 60도, z축에 0도이면 (30, 60, 0)으로 표시할 수 있다. 그러나, 회전 축이 중복되는 경우(예를 들면, z축에 90도 회전시킨 경우) 회전의 자유도가 없어지는 Gimbal Lock이 발생한다.

3) 응용 수학과 3D 그래픽 등에서 3차원의 회전 계산에 자주 이용된다. 보통, 회전에 이용되는 쿼터니온은 q=(ω, V)=(ω, x, y, z)로 표시된다(ω는 허수부, V는 실수부). 오일러 각도에 비해 직감적인 표현은 아니지만, 앞에서 서술한 Gimbal Lock은 피할 수 있다.

[표 6.4]에 PXC(M)FaceData.PoseData의 변수를 정리하였습니다.

[표 6.4] PXC(M)FaceData.PoseData 의 함수

함수명	의미
QueryPoseAngles	가져온 얼굴 포즈 정보를 오일러 각도로 반환하는 함수(PoseEulerAngles 구조 참조)
QueryPoseQuaternion	가져온 얼굴의 포즈 정보를 쿼터니온으로 반환하는 함수(PoseQuaternion 구조 참조)
QueryHeadPosition	가져온 얼굴의 위치를 반환하는 함수
QueryRotationMatrix	가져온 얼굴의 포즈 정보를 회전 배열로 반환하는 함수(float 또는 single 요소 수 9의 1차원 배열)

◆ 종료 처리

종료 처리는 컬러 이미지 표시(예제 4.12, 4.13)와 같으므로 설명은 생략하겠습니다.

6-1-4 >> 얼굴에서 78개의 포인트 위치 가져오기

다음으로, 얼굴에서 78개의 포인트 위치(Landmark)를 가져오는 것에 대해 설명하겠습니다. 인텔 RealSense SDK에서는 [그림 6.4]와 같이 눈과 입의 중심과 양끝 얼굴의 특정 위치를 가져올 수 있습니다. 여기에서는 캡처된 이미지를 대상으로 얼굴의 특정 위치에 대한 2차원 좌표를 가져오는 방법에 대해 설명하겠습니다.

◆ 실행 결과 【예제 프로그램 : CH6-1_3】

[그림 6.4]는 얼굴의 특정 위치를 표시하는 예제 프로그램을 실행한 결과입니다. 얼굴 각각의 특정 위치를 나타내는 부분이 인텔 RealSense SDK에 의해 할당된 번호가 표시되어 있는 것을 확인할 수 있습니다.

[그림 5.3] 얼굴의 특정 위치가 표시

◆ 변수 선언

먼저, 여러 사용자의 얼굴 포즈를 가져올 수 있게 하기 위해 LANDMARK_MAXFACES를 추가합니다. C#의 XAML은 앞의 '6-1-2 얼굴 감지'와 같으므로 생략하겠습니다.

예제 6.19 얼굴의 특정 위치를 가져오기 위한 변수 선언(C++)

```cpp
cv::Mat colorImage;
PXCSenseManager* senseManager = 0;
PXCFaceData* faceData = 0;

const int COLOR_WIDTH = 640;
const int COLOR_HEIGHT = 480;
const int COLOR_FPS = 30;
static const int LANDMARK_MAXFACES = 2;
// 추가 : 얼굴의 특정 위치 정보를 가져오는 최대 인원수 설정
```


예제 6.20 얼굴의 특정 위치를 가져오기 위한 변수 선언(C# 코드 비하인드)

```csharp
PXCMSenseManager senceManager;
PXCMFaceData faceData;
Rectangle[] rect;           // 렌더링용 사각형을 준비한다
TextBlock[, ] tb;           // 특정 위치를 표시하는 TextBlock을 준비한다
const int DETECTION_MAXFACES = 2;     // 얼굴 감지의 최대 인원수 설정
```

```
const int LANDMARK_MAXFACES = 2;      // 특정 위치를 감지할 수 있는 최대 인원수 설정

const int COLOR_WIDTH = 640;
const int COLOR_HEIGHT = 480;
const int COLOR_FPS = 30;
```

◆ 초기화 처리

다음으로, 얼굴 감지의 초기화 및 설정(initializeFace( ))부분에 몇 가지 코드를 추가합니다.

C#에서는 특정 위치 표시를 위해, 얼굴 감지의 활성화(Initialize( ))부분에도 코드를 추가합니다. 처리의 흐름은 포즈 가져오기와 같이, 특정 위치를 가져올 수 있게 하고 최대 인원수를 설정합니다. 기본적으로 복수 인원수의 얼굴상태를 가져오기 위해 PXC(M)FaceConfiguration.LandmarksConfiguration의 설정치를 변경합니다.

먼저 landmark.isEnable를 true로 함으로써 특정 위치를 가져올 수 있게 합니다(❶). 그리고, landmark.maxTrackedFaces를 미리 선언한 변수인 LANDMARK_MAXFACES(=2)로 설정함으로써 최대 2명까지 특정 위치를 가져올 수 있게 합니다(❷).

또한, PXC(M)FaceConfiguration.LandmarksConfiguration 구조의 DetectionConfiguration과 PoseConfiguration에 추가적으로 numLandmarks 변수가 있습니다. 이번에는 설정하지 않지만, numLandmarks의 값을 설정함으로써 특정 위치의 인식수를 제한할 수 있습니다.

예제 6.21 얼굴의 특정 위치를 가져오기 위한 초기화 처리(C++)

```cpp
void initializeFace( ) {

  // 얼굴 감지를 활성화한다
  auto sts = senseManager->EnableFace( );
  if (sts<PXC_STATUS_NO_ERROR) {
    throw std::runtime_error("얼굴 감지 활성화 실패");
  }


  // 얼굴 감지기를 생성한다
  PXCFaceModule* faceModule = senseManager->QueryFace( );
  if (faceModule == 0) {
    throw std::runtime_error("얼굴 감지기 생성 실패");
  }
```

```cpp
// 얼굴 감지 속성을 가져온다
PXCFaceConfiguration* config = faceModule->CreateActiveConfiguration();
if (config == 0) {
    throw std::runtime_error("얼굴 감지의 속성 가져오기 실패");
}


config->SetTrackingMode
    (PXCFaceConfiguration::TrackingModeType::FACE_MODE_COLOR_PLUS_DEPTH);
config->ApplyChanges();

// 파이프 라인을 초기화한다
sts = senseManager->Init();
if (sts<PXC_STATUS_NO_ERROR) {
    throw std::runtime_error("파이프 라인 초기화 실패");
}

// 기기 정보를 가져온다
auto device = senseManager->QueryCaptureManager()->QueryDevice();
if (device == 0) {
    throw std::runtime_error("기기 정보 가져오기 실패");
}


PXCCapture::DeviceInfo deviceInfo;
device->QueryDeviceInfo(&deviceInfo);
if (deviceInfo.model == PXCCapture::DEVICE_MODEL_IVCAM) {
    device->SetDepthConfidenceThreshold(1);
    device->SetIVCAMFilterOption(6);
    device->SetIVCAMMotionRangeTradeOff(21);
}


// 미러 표시한다
device->SetMirrorMode(PXCCapture::Device::MirrorMode::MIRROR_MODE_HORIZONTAL);


config->detection.isEnabled = true;
config->landmarks.isEnabled = true;                                            ❶
// 추가 : 랜드마크를 가져오게 한다
config->landmarks.maxTrackedFaces = LANDMARK_MAXFACES;                         ❷
// 추가 : 복수의 인원수에 맞게 설정한다.
config->ApplyChanges();
```

```
    faceData = faceModule->CreateOutput();

}
```

예제 6.22 얼굴의 특정 위치를 가져오기 위한 활성화 처리(렌더링용)(C#)

```csharp
private void Initialize()
{
  try
  {

    // SenseManager을 생성한다
    senceManager = PXCMSenseManager.CreateInstance();
    if (senceManager == null)
    {
      throw new Exception("SenseManager 생성 실패");
    }

    // 컬러 스트림을 활성화한다
    pxcmStatus sts = senceManager.EnableStream(
      PXCMCapture.StreamType.STREAM_TYPE_COLOR, COLOR_WIDTH,
        COLOR_HEIGHT, COLOR_FPS);
    if (sts < pxcmStatus.PXCM_STATUS_NO_ERROR)
    {
      throw new Exception("컬러 스트림 가져오기 실패");
    }

    InitializeFace();

    // 추가 : 렌더링용 사각형을 초기화한다
    rect = new Rectangle[DETECTION_MAXFACES];
    for (int i = 0; i < DETECTION_MAXFACES; i++)
    {
      rect[i] = new Rectangle();
      TranslateTransform transform
        = new TranslateTransform(COLOR_WIDTH, COLOR_HEIGHT);
      rect[i].Width = 10;
      rect[i].Height = 10;
      rect[i].Stroke = Brushes.Blue;
      rect[i].StrokeThickness = 3;
```

```
        rect[i].RenderTransform = transform;
        CanvasForRect.Children.Add(rect[i]);
    }


    // 추가 : 랜드마크 표시를 위해 초기화한다
    tb = new TextBlock[LANDMARK_MAXFACES, 78];
    for (int i = 0; i < LANDMARK_MAXFACES; i++)
    {
        for (int j = 0; j < 78; j++) {
            tb[i,j] = new TextBlock();
            tb[i,j].Width = 12;
            tb[i,j].Height = 12;
            tb[i,j].Foreground = new SolidColorBrush(Colors.Red);
            tb[i,j].FontSize = 12;
            CanvasPoint.Children.Add(tb[i, j]);
        }
    }


}
catch (Exception ex)
{
    MessageBox.Show(ex.StackTrace);
    MessageBox.Show("Init:" + ex.Message);
    Close();
}
}
```

예제 6.23 얼굴의 특정 위치를 가져오기 위한 초기화 처리(C#)

```
private void InitializeFace() {
    // 얼굴 감지를 활성화한다
    var sts = senceManager.EnableFace();
    if (sts < pxcmStatus.PXCM_STATUS_NO_ERROR)
    {
        throw new Exception("얼굴 감지 활성화 실패");
    }


    // 얼굴 감지를 생성한다
    var faceModule = senceManager.QueryFace();
    // 얼굴 감지 속성을 가져온다
```

```csharp
PXCMFaceConfiguration config = faceModule.CreateActiveConfiguration();
config.SetTrackingMode(
    PXCMFaceConfiguration.TrackingModeType.FACE_MODE_COLOR_PLUS_DEPTH);
config.ApplyChanges();

// 파이프 라인을 초기화한다
pxcmStatus ret = senceManager.Init();
if (ret < pxcmStatus.PXCM_STATUS_NO_ERROR)
{
    throw new Exception("초기화 실패");
}

// 기기 정보를 가져온다
PXCMCapture.Device device = senceManager.QueryCaptureManager().QueryDevice();
if (device == null)
{
    throw new Exception("기기 생성 실패");
}

// 미러 표시한다
device.SetMirrorMode(PXCMCapture.Device.MirrorMode.MIRROR_MODE_HORIZONTAL);

PXCMCapture.DeviceInfo deviceInfo;
device.QueryDeviceInfo(out deviceInfo);
if (deviceInfo.model == PXCMCapture.DeviceModel.DEVICE_MODEL_IVCAM)
{
    device.SetDepthConfidenceThreshold(1);
    device.SetIVCAMFilterOption(6);
    device.SetIVCAMMotionRangeTradeOff(21);
}

config.detection.isEnabled = true;
config.detection.maxTrackedFaces = DETECTION_MAXFACES;
config.landmarks.isEnabled = true;                                          ❶
// 추가 : 얼굴의 랜드마크 정보를 가져오게 설정
config.landmarks.maxTrackedFaces = LANDMARK_MAXFACES;                        ❷
// 추가 : 최대 2명까지 랜드마크를 가져오게 설정
config.ApplyChanges();
```

```
    faceData = faceModule.CreateOutput();
```

```
}
```

◆ 얼굴의 업데이트 처리

계속하여 얼굴의 업데이트 처리 부분(updateFaceFrame( ))에 코드를 추가합니다.

예제 6.24 얼굴의 특정 위치를 표시(C++)

```cpp
void updateFaceFrame() {
    // 프레임 데이터를 가져온다
    const PXCCapture::Sample *sample = senseManager->QuerySample();
    if (sample) {
        // 각 데이터를 표시한다
        updateColorImage(sample->color);
    }

    // SenceManager 모듈의 얼굴 데이터를 업데이트한다
    faceData->Update();

    // 감지한 얼굴의 수를 가져온다
    const int numFaces = faceData->QueryNumberOfDetectedFaces();

    // 추가 : 얼굴의 특정 위치 데이터를 저장할 공간 준비
    PXCFaceData::LandmarksData *landmarkData[LANDMARK_MAXFACES];                    ①
    PXCFaceData::LandmarkPoint* landmarkPoints;
    pxcI32 numPoints;

    // 각각의 얼굴별로 정보를 가져와서 렌더링한다
    for (int i = 0; i < numFaces; ++i) {
        auto face = faceData->QueryFaceByIndex(i);
        if (face == 0) {
            continue;
        }

        // 얼굴의 위치 데이터를 저장할 공간 준비
        PXCRectI32 faceRect = { 0 };
```

```cpp
// 얼굴의 위치를 Color 값으로 가져온다
auto detection = face->QueryDetection();
if (detection != 0) {
   detection->QueryBoundingRect(&faceRect);
}


//추가 : 얼굴 데이터로부터 특정 위치에 관한 정보를 가져온다
landmarkData[i] = face->QueryLandmarks();
if (landmarkData[i] != NULL)
{
   // 특정 위치 데이터로부터 몇 개의 특정 포인트가 인식 가능한지 확인한다
   numPoints = landmarkData[i]->QueryNumPoints();

   // 인식가능한 특정 포인트의 수를 저장하는 인스턴스를 생성한다
   landmarkPoints = new PXCFaceData::LandmarkPoint[numPoints];

   // 특정 위치 데이터로부터 특정 포인트의 위치를 가져와서 표시한다
   if (landmarkData[i]->QueryPoints(landmarkPoints)) {
      for (int j = 0; j < numPoints; j++) {
         {
            std::stringstream ss;
            ss << j;
            //ss << landmarkPoints[j].source.alias;
            //int z = landmarkPoints[j].source.alias;
               cv::putText(colorImage, ss.str(),
               cv::Point(landmarkPoints[j].image.x, landmarkPoints[j].image.y),
               cv::FONT_HERSHEY_SIMPLEX, 0.5, cv::Scalar(0, 0, 255), 1, CV_AA);
         }
      }
   }

}

}
```

```csharp
private void updateFaceFrame( )
{
    // 프레임 데이터를 가져온다
    PXCMCapture.Sample sample = senceManager.QuerySample( );
    UpdateColorImage(sample.color);


    //SenceManager 모듈의 얼굴 데이터를 업데이트한다
    faceData.Update( );


    // 감지한 얼굴의 수를 가져온다
    int numFaces = faceData.QueryNumberOfDetectedFaces( );


    // 추가 : 얼굴의 랜드마크(특정 포인트) 데이터를 위한 저장소를 준비한다
    PXCMFaceData.LandmarksData[] landmarkData
        = new PXCMFaceData.LandmarksData[LANDMARK_MAXFACES];
    PXCMFaceData.LandmarkPoint[] landmarkPoints;
    int numPoints = 0;


    if (senceManager != null)
    {

        // 각각의 얼굴별로 정보를 가져와서 렌더링한다
        for (int i = 0; i < numFaces; ++i)
        {
            // 얼굴 정보를 가져온다
            PXCMFaceData.Face face = faceData.QueryFaceByIndex(i);

            // 얼굴 위치를 Depth 데이터에서 가져온다
            var detection = face.QueryDetection( );
            if (detection != null)
            {
                PXCMRectI32 faceRect;
                detection.QueryBoundingRect(out faceRect);

                // 얼굴의 위치에 맞추어 사각형을 변경한다
                TranslateTransform transform
                    = new TranslateTransform(faceRect.x, faceRect.y);
                rect[i].Width = faceRect.w;
```

①

```csharp
            rect[i].Height = faceRect.h;
            rect[i].Stroke = Brushes.Blue;
            rect[i].StrokeThickness = 3;
            rect[i].RenderTransform = transform;

            // 추가 : 얼굴 데이터에서 랜드마크(특정 포인트 그룹)에 관한 정보를 가져온다
            landmarkData[i] = face.QueryLandmarks();                    ❷

            if (landmarkData[i] != null)
            {
                // 랜드마크 데이터에서 몇 개의 특정 포인트가 인식 가능한지 확인한다
                numPoints = landmarkData[i].QueryNumPoints();           ❸
                // 인식한 특정 포인트를 저장하는 인스턴스를 생성한다
                landmarkPoints = new PXCMFaceData.LandmarkPoint[numPoints];
                // 랜드마크 데이터에서 특정 포인트의 위치를 가져와서 표시한다
                if (landmarkData[i].QueryPoints(out landmarkPoints))
                {
                    for (int j = 0; j < numPoints; j++)
                    {
                        tb[i,j].Text = j.ToString();
                        tb[i,j].RenderTransform
                        = new TranslateTransform(landmarkPoints[j].image.x,
                        landmarkPoints[j].image.y);
                    }

                }
            }

        }
    }
}
```

얼굴의 특정 위치를 가져오기 위해서는 우선 LANDMARK_MAXFACES의 인원 수에 대한 얼굴의 특정 정보를 저장하기 위해 PXC(M)FaceData.LandmarksData의 배열 변수인 landmarkData[LANDMARK_MAXFACES]와 위치 저장을 위한 PXC(M)FaceData.LandmarkPoint의 landmarkPoints 변수를 선언합니다(❶).

다음으로 감지한 얼굴별 처리로 이동합니다. 감지한 얼굴별 처리에서는 PXC(M)FaceData.

QueryLandmarks( )를 호출하여 그 결과를 앞에서 선언한 landmarkData[LANDMARK_MAXFACES]에 저장합니다(❷). 그리고 PXC(M)FaceData.LandmarksData.QueryNumPoints( )에 의해 가져온 얼굴의 특정 위치 수를 확인하여 그 수만큼 얼굴의 특정 위치를 저장할 변수를 선언합니다(❸). 이후에는 QueryPoints( )에 따라 얼굴의 특정 위치 좌표를 가져와서 그 위치 별로 번호를 표시합니다.

이 예제에서는 단순히 QueryNumPoints( )에 의해 가져온 특정 위치의 포인트 수를 처리하였습니다. 추가적으로 인텔 RealSense SDK에서는 눈의 중심과 코 끝의 포인트 등 구체적인 얼굴 부위의 위치 좌표를 가져올 수 있습니다.

PXC(M)FaceData에는 눈과 코 등의 특정 위치 그룹 LandmarksGroupType [표 6.5]와 그 그룹에서의 중심과 양끝 등의 특정 포인트를 나타내는 LandmarkType 등 2개의 열거형을 포함하고 있습니다(PXC(M)FaceData.LandmarkType에 대해서는 부록 참조).

각 특정 위치의 좌표를 가져올 때 PXC(M)FaceData.LandmarksData.QueryPointsByGroup( )의 제1인수에 PXC(M)FaceData.LandmarksGroupType을 제2인수로 얼굴의 특정 위치를 저장하기 위한 PXC(M)FaceData.LandmarkPoint의 landmarkPoints 변수를 취하면 landmarkPoints에 가져오려는 그룹의 특정 위치 그룹 정보를 얻을 수 있습니다.

[표 6.5] PXC(M)FaceData.LandmarksGroupType 열거형

값	의미
LANDMARK_GROUP_LEFT_EYE	왼쪽 눈 주변의 특정 위치 그룹
LANDMARK_GROUP_RIGHT_EYE	오른 쪽눈 주변의 특정 위치 그룹
LANDMARK_GROUP_MOUTH	입 주변의 특정 위치 그룹
LANDMARK_GROUP_NOSE	코 주변의 특정 위치 그룹
LANDMARK_GROUP_LEFT_EYEBROW	왼쪽 눈썹 주변의 특정 위치 그룹
LANDMARK_GROUP_RIGHT_EYEBROW	오른쪽 눈썹 주변의 특정 위치 그룹
LANDMARK_GROUP_JAW	턱 주변의 특정 위치 그룹

◆ **종료 처리**

종료 처리는 컬러 이미지 표시(예제 4.12, 4.13)와 같으므로 설명은 생략하겠습니다.

6-1-5 >> 얼굴의 감지 정보 가져오기

다음으로 얼굴의 표정 정보(Expression)를 가져오는 것에 대해 설명하겠습니다. 인텔

RealSense SDK에서는 '표정 정보(Expression)'와 '감정(Emotion)상태'를 감지할 수 있습니다.

　표정 정보(Expression)란 눈썹과 입 등 얼굴의 각 부분에 초점을 맞추어 어떤 상태로 어떤 정도로 변화하는지를 나타냅니다. 그리고, 감정 표현(Emotion)는 여러 개의 요소로부터 RealSense의 독자적인 산출방법('6.2 감정 표정 감지 기능' 참조)에 의해 판별되는 감정 표현을 말합니다. 가져올 수 있는 표정 정보의 종류를 [표 6.6]에 표시하였습니다.

[표 6.6] 가져올 수 있는 표정 정보의 종류

얼굴 부위 (그룹)	이미지 그림	값	의미
눈썹 상태		EXPRESSION_BROW_RAISER_LEFT	왼쪽 눈썹이 올라간 상태
		EXPRESSION_BROW_RAISER_RIGHT	오른쪽 눈썹이 올라간 상태
		EXPRESSION_BROW_LOWERER_LEFT	왼쪽 눈썹이 내려간 상태
		EXPRESSION_BROW_LOWERER_RIGHT	오른쪽 눈썹이 내려간 상태
입 상태		EXPRESSION_SMILE	얼굴의 웃는 정도
		EXPRESSION_KISS	키스 동작
		EXPRESSION_MOUTH_OPEN	입을 연 상태
		EXPRESSION_TONGUE_OUT	혀를 내민 상태
머리 상태		EXPRESSION_HEAD_TURN_LEFT	머리가 왼쪽 방향으로 향한 상태
		EXPRESSION_HEAD_TURN_RIGHT	머리가 오른쪽 방향으로 향한 상태
		EXPRESSION_HEAD_UP	머리가 위 방향으로 향한 상태
		EXPRESSION_HEAD_DOWN	머리가 아래 방향으로 향한 상태

머리 상태		EXPRESSION_HEAD_TILT_LEFT	머리가 왼쪽으로 기운 상태
		EXPRESSION_HEAD_TILT_RIGHT	머리가 오른쪽으로 기운 상태
눈 상태		EXPRESSION_EYES_CLOSED_LEFT	왼쪽 눈을 감은 상태
		EXPRESSION_EYES_CLOSED_RIGHT	오른쪽 눈을 감은 상태
		EXPRESSION_EYES_TURN_LEFT	양쪽 눈동자가 왼쪽으로 이동한 상태
		EXPRESSION_EYES_TURN_RIGHT	양쪽 눈동자가 오른쪽으로 이동한 상태
		EXPRESSION_EYES_UP	양쪽 눈동자가 위로 이동한 상태
		EXPRESSION_EYES_DOWN	양쪽 눈동자가 아래로 이동한 상태

◆ 실행 결과【예제 프로그램 : CH6-1_4】

예제 프로그램의 실행 결과가 [그림 6.5]입니다. 이 예제에서는 입을 연 상태(Mouth_Open), 혀를 내민 상태(Tongue_Out), 얼굴의 웃는 정도(Smile)를 각각 가져와서 표시하고 있습니다.

[그림 6.5] 얼굴의 상태에 따라 표정 정보를 표시

◆ 변수 선언

여러 사용자의 얼굴 상태를 가져올 수 있게 하기 위해서 EXPRESSION_MAXFACES를 추가 설정합니다. C#의 XAML은 앞의 '6-1-2 얼굴 감지'와 같으므로 생략하겠습니다.

예제 6.26 얼굴의 표정 정보를 가져오기 위한 변수 선언(C++)

```
cv::Mat colorImage;
PXCSenseManager* senseManager = 0;
PXCFaceData* faceData = 0;

const int COLOR_WIDTH = 640;
const int COLOR_HEIGHT = 480;
const int COLOR_FPS = 60;
// 추가 : 얼굴의 표정 정보를 가져오는 최대 인원수 설정
static const int EXPRESSION_MAXFACES = 2;
```

예제 6.27 얼굴의 표정 정보를 가져오기 위한 변수 선언(C# 코드 비하인드)

```
PXCMSenseManager senceManager;
PXCMFaceData faceData;
Rectangle[] rect;           // 렌더링용 사각형을 준비한다
TextBlock[, ] tb;                // 상태 값을 표시하는 TextBlock을 준비한다
const int DETECTION_MAXFACES = 2;      // 얼굴 감지의 최대 인원수 설정
const int EXPRESSION_MAXFACES = 2;     // 추가 : 얼굴의 표정 정보를 가져오는 최대 인원수 설정

const int COLOR_WIDTH = 640;
const int COLOR_HEIGHT = 480;
const int COLOR_FPS = 30;
```

◆ 초기화 처리

다음으로, 얼굴 초기화 처리 부분에 몇 가지 코드를 추가하겠습니다. C#에서는 표정 정보 표시를 위해 얼굴 감지의 활성화 처리(Initialize( ))에도 변경 코드를 추가합니다. 처리의 흐름은 상태와 특정 위치를 가져오는 것과 같으므로 얼굴의 표정 정보를 가져올 수 있게 하고 가져오는 인원수를 설정합니다. 설정은 PXC(M)FaceConfiguration.ExpressionsConfiguration 인터페이스를 이용합니다. PXC(M)FaceConfiguration.ExpressionsConfiguration의 설정 값은 PXC(M)FaceConfiguration.DetectionConfiguration 구조(표 6.3 참조)와 같으므로 여기에서는 생략하

겠습니다.

　구체적으로는 먼저 PXC(M)FaceConfiguration.ExpressionsConfiguration.Enable( )로 얼굴의 감지 정보를 가져오게 설정합니다(❶).

　그리고 PXC(M)FaceConfiguration.ExpressionsConfiguration.EnableAllExpressions( )에서 모든 표정 정보의 종류를 가져올 수 있게 합니다(❷). 마지막으로 여러 사용자의 얼굴 표정 정보를 가져올 수 있도록 하기 위해 PXC(M)FaceConfiguration.ExpressionsConfiguration.properties. maxTrackedFaces를 앞에서 설정한 EXPRESSION_MAXFACES(=2)로 설정합니다(❸).

예제 6.28 얼굴의 표정 정보를 가져오기 위한 활성화 처리(C++)

```cpp
void initializeFace( ) {
    // 얼굴 감지를 활성화한다
    auto sts = senseManager->EnableFace( );
    if (sts<PXC_STATUS_NO_ERROR) {
        throw std::runtime_error("얼굴 감지 활성화 실패");
    }

    // 얼굴 감지를 생성한다
    PXCFaceModule* faceModule = senseManager->QueryFace( );
    if (faceModule == 0) {
        throw std::runtime_error("얼굴 감지기 생성 실패");
    }

    // 얼굴 감지 속성을 가져온다
    PXCFaceConfiguration* config = faceModule->CreateActiveConfiguration( );
    if (config == 0) {
        throw std::runtime_error("얼굴 감지의 속성 가져오기 실패");
    }

    config->SetTrackingMode
        (PXCFaceConfiguration::TrackingModeType::FACE_MODE_COLOR_PLUS_DEPTH);
    config->ApplyChanges( );

    // 파이프 라인을 초기화한다
    sts = senseManager->Init( );
    if (sts<PXC_STATUS_NO_ERROR) {
        throw std::runtime_error("파이프 라인 초기화 실패");
    }
```

```cpp
// 기기 정보를 가져온다
auto device = senseManager->QueryCaptureManager()->QueryDevice();
if (device == 0) {
    throw std::runtime_error("기기 정보 가져오기 실패");
}


// 미러 표시한다
device->SetMirrorMode(PXCCapture::Device::MirrorMode::MIRROR_MODE_HORIZONTAL);


PXCCapture::DeviceInfo deviceInfo;
device->QueryDeviceInfo(&deviceInfo);
if (deviceInfo.model == PXCCapture::DEVICE_MODEL_IVCAM) {
    device->SetDepthConfidenceThreshold(1);
    device->SetIVCAMFilterOption(6);
    device->SetIVCAMMotionRangeTradeOff(21);
}


config->detection.isEnabled = true;
config->QueryExpressions()->Enable();                                            ❶
// 추가 : 얼굴의 표정 정보를 가져올 수 있도록 설정
config->QueryExpressions()->EnableAllExpressions();                             ❷
// 추가 : 모든 표정 정보를 가져오게 설정
config->QueryExpressions()->properties.maxTrackedFaces = EXPRESSION_MAXFACES;  ❸
// 추가 : 최대 2명까지 표정 정보를 가져오게 설정
config->ApplyChanges();


faceData = faceModule->CreateOutput();


}
```

예제 6.29 얼굴의 표정 정보를 가져오기 위한 초기화 처리(C#)

```csharp
private void Initialize()
{
    try
    {

        // SenseManager를 생성한다
        senceManager = PXCMSenseManager.CreateInstance();
        if (senceManager == null)
```

```
{
    throw new Exception("SenseManager 생성 실패");
}

// 컬러 스트림을 활성화한다
pxcmStatus sts = senceManager.EnableStream(
    PXCMCapture.StreamType.STREAM_TYPE_COLOR,
    COLOR_WIDTH, COLOR_HEIGHT, COLOR_FPS);
if (sts < pxcmStatus.PXCM_STATUS_NO_ERROR)
{
    throw new Exception("컬러 스트림 가져오기 실패");
}

InitializeFace();

// 렌더링용 사각형을 초기화한다
rect = new Rectangle[DETECTION_MAXFACES];
for (int i = 0; i < DETECTION_MAXFACES; i++)
{
    rect[i] = new Rectangle();
    TranslateTransform transform
        = new TranslateTransform(COLOR_WIDTH, COLOR_HEIGHT);
    rect[i].Width = 10;
    rect[i].Height = 10;
    rect[i].Stroke = Brushes.Blue;
    rect[i].StrokeThickness = 3;
    rect[i].RenderTransform = transform;
    CanvasForRect.Children.Add(rect[i]);
}

// 추가 : 표정 표시를 위해 초기화한다
tb = new TextBlock[EXPRESSION_MAXFACES, 3];
for (int i = 0; i < EXPRESSION_MAXFACES; i++)
{
    for (int j = 0; j < 3; j++) {
        tb[i,j] = new TextBlock();
        tb[i,j].Width = 200;
        tb[i,j].Height = 27;
        tb[i,j].Foreground = new SolidColorBrush(Colors.Red);
```

```
        tb[i,j].FontSize = 20;
        CanvasPoint.Children.Add(tb[i, j]);
      }
    }


  }
  catch (Exception ex)
  {

    MessageBox.Show(ex.StackTrace);
    MessageBox.Show("Init:" + ex.Message);
    Close();

  }
}
```

예제 6.30 얼굴의 표정 정보를 가져오기 위한 초기화 처리(C#)

```
private void InitializeFace() {
  // 얼굴 감지를 활성화한다
  var sts = senceManager.EnableFace();
  if (sts < pxcmStatus.PXCM_STATUS_NO_ERROR)
  {
    throw new Exception("얼굴 감지 활성화 실패");
  }

  // 얼굴 감지기를 생성한다
  var faceModule = senceManager.QueryFace();

  // 얼굴 감지 속성을 가져온다
  PXCMFaceConfiguration config = faceModule.CreateActiveConfiguration();
  config.SetTrackingMode(
    PXCMFaceConfiguration.TrackingModeType.FACE_MODE_COLOR_PLUS_DEPTH);

  config.ApplyChanges();

  // 파이프 라인을 초기화한다
  pxcmStatus ret = senceManager.Init();
  if (ret < pxcmStatus.PXCM_STATUS_NO_ERROR)
  {
    throw new Exception("초기화 실패");
  }
```

```csharp
// 기기 정보를 가져온다
PXCMCapture.Device device = senceManager.QueryCaptureManager().QueryDevice();
if (device == null)
{
    throw new Exception("기기 생성 실패");
}

// 미러 표시한다
device.SetMirrorMode(PXCMCapture.Device.MirrorMode.MIRROR_MODE_HORIZONTAL);

PXCMCapture.DeviceInfo deviceInfo;
device.QueryDeviceInfo(out deviceInfo);
if (deviceInfo.model == PXCMCapture.DeviceModel.DEVICE_MODEL_IVCAM)
{
    device.SetDepthConfidenceThreshold(1);
    device.SetIVCAMFilterOption(6);
    device.SetIVCAMMotionRangeTradeOff(21);
}

config.detection.isEnabled = true;
config.detection.maxTrackedFaces = DETECTION_MAXFACES;
config.QueryExpressions().Enable();                                              ❶
// 추가 : 얼굴의 표정 정보를 가져오게 설정
config.QueryExpressions().EnableAllExpressions();                               ❷
//추가 : 모든 표정 정보를 가져오게 설정
config.QueryExpressions().properties.maxTrackedFaces = EXPRESSION_MAXFACES;     ❸
// 최대 2명까지 표정 정보를 가져오게 설정
config.ApplyChanges();

faceData = faceModule.CreateOutput();
}
```

◆ 얼굴의 업데이트 처리

계속하여 얼굴의 업데이트 처리 부분(updateFaceFrame())에 변경 코드를 추가합니다.

```cpp
void updateFaceFrame() {

    // 프레임 데이터를 가져온다
    const PXCCapture::Sample *sample = senseManager->QuerySample();
    if (sample) {
        // 각 데이터를 표시한다
        updateColorImage(sample->color);
    }


    // SenseManager 모듈의 얼굴 데이터를 업데이트한다
    faceData->Update();


    // 감지한 얼굴의 수를 가져온다
    const int numFaces = faceData->QueryNumberOfDetectedFaces();


    // 얼굴의 영역을 나타내는 사각형을 준비한다
    PXCRectI32 faceRect = { 0 };


    // 얼굴의 표정 정보 및 각도를 위한 저장소를 준비한다
    PXCFaceData::ExpressionsData *expressionData;
    PXCFaceData::ExpressionsData::FaceExpressionResult expressionResult;


    // 각각의 얼굴별로 정보를 가져와서 렌더링한다
    for (int i = 0; i < numFaces; ++i) {


        // 얼굴 정보를 가져온다
        auto face = faceData->QueryFaceByIndex(i);
        if (face == 0) {
            continue;
        }


        // 얼굴의 위치를 Color 값으로 가져온다
        auto detection = face->QueryDetection();
        if (detection != 0) {
            // 얼굴의 크기를 가져온다
            detection->QueryBoundingRect(&faceRect);
        }
```

①

```cpp
    // 얼굴의 위치와 크기로부터 얼굴의 영역을 나타내는 사각형을 생성한다
    cv::rectangle(colorImage,
        cv::Rect(faceRect.x, faceRect.y, faceRect.w, faceRect.h),
        cv::Scalar(255, 0, 0));

    // 추가 : 얼굴 데이터로부터 얼굴의 표정 데이터의 정보를 가져온다
    expressionData = face->QueryExpressions();
    if (expressionData != 0) {
        // 추가 : 입을 연 상태를 가져와서 표시한다
        if (expressionData->QueryExpression(
            PXCFaceData::ExpressionsData::EXPRESSION_MOUTH_OPEN,
            &expressionResult)) {
            // 렌더링 처리
            {
                std::stringstream ss;
                ss << "Mouth_Open:" << expressionResult.intensity;
                cv::putText(colorImage, ss.str(),
                    cv::Point(faceRect.x, faceRect.y - 65),
                    cv::FONT_HERSHEY_SIMPLEX, 0.8, cv::Scalar(0, 0, 255), 2, CV_AA);
            }
        }

        // 추가 : 혀 내민 상태를 가져와서 표시한다
        if (expressionData->QueryExpression(
            PXCFaceData::ExpressionsData::EXPRESSION_TONGUE_OUT,
            &expressionResult)) {
            // 렌더링 처리
            {
                std::stringstream ss;
                ss << "TONGUE_Out:" << expressionResult.intensity;
                cv::putText(colorImage, ss.str(),
                    cv::Point(faceRect.x, faceRect.y - 40),
                    cv::FONT_HERSHEY_SIMPLEX, 0.8, cv::Scalar(0, 0, 255), 2, CV_AA);
            }
        }

        // 추가 : 웃는 얼굴 정도를 가져와서 표시한다
        if (expressionData->QueryExpression(
            PXCFaceData::ExpressionsData::EXPRESSION_SMILE,
            &expressionResult)) {
```

```cpp
        // 렌더링 처리
        {
            std::stringstream ss;
            ss << "SMILE:" << expressionResult.intensity;
            cv::putText(colorImage, ss.str(),
               cv::Point(faceRect.x, faceRect.y - 15),
               cv::FONT_HERSHEY_SIMPLEX, 0.8, cv::Scalar(0, 0, 255), 2, CV_AA);
        }

    }
  }

}
```

예제 6.32 얼굴의 표정 정보를 표시(C#)

```csharp
private void updateFaceFrame()
{
  // 프레임 데이터를 가져온다
  PXCMCapture.Sample sample = senceManager.QuerySample();
  UpdateColorImage(sample.color);

  //SenceManager 모듈의 얼굴 데이터를 업데이트한다
  faceData.Update();

  // 감지한 얼굴의 수를 가져온다
  int numFaces = faceData.QueryNumberOfDetectedFaces();

  // 얼굴의 표정 정보 및 각도를 위한 저장소를 준비한다
  PXCMFaceData.ExpressionsData[] expressionData =
     new PXCMFaceData.ExpressionsData[EXPRESSION_MAXFACES];
  PXCMFaceData.ExpressionsData.FaceExpressionResult expressionResult;

  if (senceManager != null)
  {

     // 각각의 얼굴별로 정보를 가져와서 렌더링한다
     for (int i = 0; i < numFaces; ++i)
     {
```

❶

```csharp
// 얼굴 정보를 가져온다
PXCMFaceData.Face face = faceData.QueryFaceByIndex(i);

// 얼굴 위치를 Depth 데이터에서 가져온다
var detection = face.QueryDetection();
if (detection != null)
{
    PXCMRectI32 faceRect;
    detection.QueryBoundingRect(out faceRect);

    // 얼굴의 위치에 맞추어 사각형을 변경한다
    TranslateTransform transform = new TranslateTransform(
        faceRect.x, faceRect.y);
    rect[i].Width = faceRect.w;
    rect[i].Height = faceRect.h;
    rect[i].Stroke = Brushes.Blue;
    rect[i].StrokeThickness = 3;
    rect[i].RenderTransform = transform;

    // 추가 : 얼굴 데이터로부터 표정 정보를 가져온다
    expressionData[i] = face.QueryExpressions();                         ❷

    if (expressionData[i] != null)
    {
        // 얼굴 위치에 맞추어 상태 정보를 표시한다
        tb[i, 0].RenderTransform
            = new TranslateTransform(transform.X, transform.Y - 30);
        tb[i, 1].RenderTransform
            = new TranslateTransform(transform.X, transform.Y - 60);
        tb[i, 2].RenderTransform
            = new TranslateTransform(transform.X, transform.Y - 90);

        // 추가 : 입을 연 상태를 가져와서 표시한다
        if (expressionData[i].QueryExpression(
            PXCMFaceData.ExpressionsData.FaceExpression.EXPRESSION_MOUTH_OPEN,    ❷
            out expressionResult))
            // 렌더링 처리
        {
            tb[i, 0].Text = "MOUTH_OPEN:" + expressionResult.intensity;
```

```
        }

        // 추가 : 혀 내민 상태를 가져와서 표시한다
        if (expressionData[i].QueryExpression(
            PXCMFaceData.ExpressionsData.FaceExpression.EXPRESSION_TONGUE_OUT,    ❷
            out expressionResult))
        {
            // 렌더링 처리
            tb[i, 1].Text = "TONGUE_OUT:" + expressionResult.intensity;
        }


        // 추가 : 웃는 얼굴 정도를 가져와서 표시한다
        if (expressionData[i].QueryExpression(
            PXCMFaceData.ExpressionsData.FaceExpression.EXPRESSION_SMILE,    ❷
            out expressionResult))
        {
            // 렌더링 처리
            tb[i, 2].Text = "SMILE:" + expressionResult.intensity;
        }

    }
  }
 }
}
```

얼굴의 표정 정보를 가져오기 위해서는 먼저 표정 정보를 저장하기 위해 PXC(M)FaceData.
ExpressionsData의 expressionData 변수와 결과를 저장하기 위한 PXC(M)FaceData.
ExpressionsData.FaceExpressionResult의 expressionResult 변수를 선언합니다(❶).

그리고 가져올 수 있는 모든 표정 정보를 PXC(M)FaceData.QueryExpressions( )를 이용하여
expressionData에 저장하고(이 때 호출하는 함수의 이름은 QueryExpressions( )와 같이 복수형
의 "s" 가 붙습니다) 가져올 수 있는 표정 정보의 종류에서 하나를 제1인수로 선택한 뒤 PXC(M)
FaceData.ExpressionsData.QueryExpression( )에 따라 선택한 표정의 정도(Intensity :
0~100의 값)를 expressionResult로 저장합니다(❷).

◆ 종료 처리

종료 처리는 컬러 이미지 표시(예제 4.12, 4.13)와 같으므로 설명은 생략하겠습니다.

6-1-6 >> 얼굴 식별

다음으로 얼굴 식별에 대해 설명하겠습니다. 인텔 RealSense SDK에서는 일시적으로 얼굴의 특징(랜드마크와는 별개입니다)을 기록하고 감지된 얼굴이 과거에 기록됐는지, 또는 누구인지를 ID에 의해 식별할 수 있습니다.

◆ 실행 결과【예제 프로그램 : CH6-1_5】

얼굴을 식별한 실행 결과를 나타냅니다(그림 6.6). ①은 보통의 얼굴 감지를 한 상태입니다.

②에서 [R]를 조금 길게 누르면 얼굴 식별을 위한 ID가 할당됩니다. ③에서는 일단 얼굴이 감지되지 않도록 합니다. ④에서 다시 얼굴이 감지되어 등록된 얼굴이라면 ID가 표시됩니다.

[그림 6.6] 얼굴의 특징을 기억해 두고 다시 같은 얼굴을 감지한 경우에 ID를 표시

◆ 변수 선언

변수 선언은 C++에서는 얼굴 감지와 같습니다. C#의 경우에는 글로벌 변수로서 식별용 데이터
와 얼굴 윤곽용의 최대 인원수를 설정합니다.

예제 6.33 변수 선언 : 얼굴의 식별(C++)

```cpp
cv::Mat colorImage;
PXCSenseManager* senseManager = 0;
PXCFaceData* faceData = 0;


const int COLOR_WIDTH = 640;
const int COLOR_HEIGHT = 480;
const int COLOR_FPS = 30;
```

예제 6.34 변수 선언(C# XAML)

```xml
<Window x:Class="RealSenseSample.MainWindow"
        xmlns="http://schemas.microsoft.com/winfx/2006/xaml/presentation"
        xmlns:x="http://schemas.microsoft.com/winfx/2006/xaml"
        Title="MainWindow" Height="480" Width="640"
        Loaded="Window_Loaded"
        Unloaded="Window_Unloaded"
        KeyDown="OnKeyDownHandler"
        >
    <Grid>
        <Image x:Name="ImageColor" />
        <Canvas x:Name="CanvasPoint" >
        </Canvas>
        <Canvas x:Name="CanvasForRect">
            <Label Content="Regist:Key R push" Height="40" Canvas.Left="10"
                Canvas.Top="50" Width="200" FontSize="18" Foreground="Red"/>
            <Label Content="UnRegist:Key U push" Height="40" Canvas.Left="10"
                Canvas.Top="100" Width="200" FontSize="18" Foreground="Red"/>
            <TextBox x:Name="noticeInfo" Height="47" Canvas.Left="10"
                TextWrapping="Wrap" Text="NoticeInfo" Canvas.Top="145"
                Width="200" FontSize="24"/>
        </Canvas>
    </Grid>
</Window>
```

```
PXCMSenseManager senceManager;
PXCMFaceData faceData;
Rectangle[] rect;                    // 렌더링용 사각형을 준비한다
TextBlock[] faceID_tb;               // 얼굴 식별용 ID를 표시하는 TextBlock을 준비한다
PXCMFaceData.RecognitionData rdata;
const int DETECTION_MAXFACES = 2;        // 식별용 데이터를 준비한다
const int RECOGNITION_MAXFACES = 2;     // 얼굴 감지의 최대 인원수를 설정한다

const int COLOR_WIDTH = 640;
const int COLOR_HEIGHT = 480;
const int COLOR_FPS = 30;
```

◆ 초기화 처리

초기화 처리(initializeFace( ))의 코드를 변경합니다. C#에서는 얼굴 감지의 활성화 처리 (Initialize( ))에도 변경 코드를 추가합니다. 초기화 처리에 있어서는 다른 기능과는 다르게 파이 프 라인을 초기화 하기 전에 몇 가지 설정을 변경해야 합니다. 먼저 얼굴 식별 속성을 가져오기 위해서 PXC(M)FaceConfiguration.QueryRecognition( )을 호출합니다(❶). 그리고 PXC(M) FaceConfiguration.RecognitionConfiguration.Enable( )에 의해 얼굴 식별을 활성화 합니다(❷). 얼굴 식별용 데이터베이스를 준비하기 위해 PXC(M)FaceConfiguration. RecognitionConfiguration.RecognitionStorageDesc클래스의 desc 변수를 준비합니다(❸).

desc.maxUsers을 설정함으로써 식별가능한 사용자의 최대수를 설정하고 다음으로 PXC(M) FaceConfiguration.RecognitionConfiguration.CreateStorage( )로 얼굴 식별용 데이터베이 스를 생성합니다(❹). 여기에서 CreateStorage( )의 제1인수에 데이터베이스의 이름을 정의합 니다. 이 예제에서는 "MyDB"로 정의하고 있습니다. 마지막으로 PXC(M)FaceConfiguration. RecognitionConfiguration.UseStorage( )를 호출하여 Use Storage( )의 제1인수를 방금 전에 정의한 데이터베이스 이름으로 함으로써 초기처리의 변경은 완료됩니다(❺).

예제 6.36 얼굴 식별의 초기화 처리(C++)

```
void initializeFace()
{
    // 얼굴 감지를 활성화한다
    auto sts = senseManager->EnableFace();
    if (sts<PXC_STATUS_NO_ERROR) {
```

```cpp
    throw std::runtime_error("얼굴 감지 활성화 실패");
}

// 얼굴 감지기를 생성한다
PXCFaceModule* faceModule = senseManager->QueryFace();
if (faceModule == 0) {
    throw std::runtime_error("얼굴 감지기 생성 실패");
}

// 얼굴 감지 속성을 가져온다
PXCFaceConfiguration* config = faceModule->CreateActiveConfiguration();
if (config == 0) {
    throw std::runtime_error("얼굴 감지의 속성 가져오기 실패");
}

config->SetTrackingMode(
    PXCFaceConfiguration::TrackingModeType::FACE_MODE_COLOR_PLUS_DEPTH);
config->ApplyChanges();

// 추가 : 얼굴 식별 속성을 가져온다
PXCFaceConfiguration::RecognitionConfiguration *rcfg =
    config->QueryRecognition();                                      ❶

// 추가 : 얼굴 식별을 활성화한다
rcfg->Enable();                                                      ❷

// 추가 : 얼굴 식별용 데이터베이스를 준비한다
PXCFaceConfiguration::RecognitionConfiguration::RecognitionStorageDesc
    desc = { 0 };                                                    ❸
desc.maxUsers = 10;                                                  ❹
rcfg->CreateStorage(L"MyDB", &desc);
rcfg->UseStorage(L"MyDB");                                           ❺

// 추가 : 얼굴 식별을 등록한다
rcfg->SetRegistrationMode(
    PXCFaceConfiguration::RecognitionConfiguration::REGISTRATION_MODE_CONTINUOUS);

// 파이프 라인을 초기화한다
sts = senseManager->Init();
```

```cpp
  if (sts<PXC_STATUS_NO_ERROR) {
    throw std::runtime_error("파이프 라인 초기화 실패");
  }

  // 기기 정보를 가져온다
  auto device = senseManager->QueryCaptureManager()->QueryDevice();
  if (device == 0) {
    throw std::runtime_error("기기 정보 가져오기 실패");
  }

  // 미러 표시한다
  device->SetMirrorMode(PXCCapture::Device::MirrorMode::MIRROR_MODE_HORIZONTAL);

  PXCCapture::DeviceInfo deviceInfo;
  device->QueryDeviceInfo(&deviceInfo);
  if (deviceInfo.model == PXCCapture::DEVICE_MODEL_IVCAM) {
    device->SetDepthConfidenceThreshold(1);
    device->SetIVCAMFilterOption(6);
    device->SetIVCAMMotionRangeTradeOff(21);
  }

  config->detection.isEnabled = true;
  config->ApplyChanges();

  faceData = faceModule->CreateOutput();
}
```

예제 6.37 얼굴 식별의 활성화 처리(렌더링용)(C#)

```csharp
private void Initialize()
{
    try
    {

        // SenseManager를 생성한다
        senceManager = PXCMSenseManager.CreateInstance();
        if (senceManager == null)
        {
            throw new Exception("SenseManager 생성 실패");
        }
```

```csharp
// 컬러 스트림을 활성화한다
pxcmStatus sts = senceManager.EnableStream(
    PXCMCapture.StreamType.STREAM_TYPE_COLOR,
    COLOR_WIDTH, COLOR_HEIGHT, COLOR_FPS);
if (sts < pxcmStatus.PXCM_STATUS_NO_ERROR)
{
    throw new Exception("컬러 스트림 가져오기 실패");
}


InitializeFace();

// 렌더링용 사각형을 초기화한다
rect = new Rectangle[DETECTION_MAXFACES];
for (int i = 0; i < DETECTION_MAXFACES; i++)
{
    rect[i] = new Rectangle();
    TranslateTransform transform
        = new TranslateTransform(COLOR_WIDTH, COLOR_HEIGHT);
    rect[i].Width = 10;
    rect[i].Height = 10;
    rect[i].Stroke = Brushes.Blue;
    rect[i].StrokeThickness = 3;
    rect[i].RenderTransform = transform;
    CanvasForRect.Children.Add(rect[i]);
}

// 추가 : 얼굴 식별의 ID 표시를 위해 초기화한다
faceID_tb = new TextBlock[RECOGNITION_MAXFACES];
for (int i = 0; i < RECOGNITION_MAXFACES; i++)
{
    faceID_tb[i] = new TextBlock();
    faceID_tb[i].Width = 200;
    faceID_tb[i].Height = 24;
    faceID_tb[i].Foreground = new SolidColorBrush(Colors.Red);
    faceID_tb[i].FontSize = 24;
    CanvasPoint.Children.Add(faceID_tb[i]);
}
```

```
    }
  catch (Exception ex)
  {
     MessageBox.Show(ex.StackTrace);
     MessageBox.Show("Init:" + ex.Message);
     Close();
  }
}
```

예제 6.38 얼굴 식별의 초기화 처리(C#)

```
private void InitializeFace() {
   // 얼굴 감지를 활성화한다
   var sts = senceManager.EnableFace();
   if (sts < pxcmStatus.PXCM_STATUS_NO_ERROR)
   {
      throw new Exception("얼굴 감지 활성화 실패");
   }

   // 얼굴 감지기를 생성한다
   var faceModule = senceManager.QueryFace();

   // 얼굴 감지 속성을 가져온다
   PXCMFaceConfiguration config = faceModule.CreateActiveConfiguration();
   config.SetTrackingMode(
      PXCMFaceConfiguration.TrackingModeType.FACE_MODE_COLOR_PLUS_DEPTH);

   config.ApplyChanges();

   // 추가 : 얼굴 식별 속성을 가져온다
   PXCMFaceConfiguration.RecognitionConfiguration rcfg = config.QueryRecognition();  ❶

   // 추가 : 얼굴 식별을 활성화한다
   rcfg.Enable();  ❷

   // 추가 : 얼굴 식별용 데이터베이스를 준비한다
   PXCMFaceConfiguration.RecognitionConfiguration.RecognitionStorageDesc desc
      = new PXCMFaceConfiguration.RecognitionConfiguration.RecognitionStorageDesc();  ❸
   desc.maxUsers = 10;  ❹
   rcfg.CreateStorage("MyDB", out desc);
```

```csharp
rcfg.UseStorage("MyDB");                                                    ❺

// 추가 : 얼굴 식별을 등록한다
rcfg.SetRegistrationMode(
    PXCMFaceConfiguration.RecognitionConfiguration.RecognitionRegistrationMode.↵
    REGISTRATION_MODE_CONTINUOUS);

// 파이프 라인을 초기화한다
pxcmStatus ret = senceManager.Init();
if (ret < pxcmStatus.PXCM_STATUS_NO_ERROR)
{
    throw new Exception("파이프 라인 초기화 실패");
}

// 기기 정보를 가져온다
PXCMCapture.Device device = senceManager.QueryCaptureManager().QueryDevice();
if (device == null)
{
    throw new Exception("기기 정보 가져오기 실패");
}


// 미러 표시한다
device.SetMirrorMode(PXCMCapture.Device.MirrorMode.MIRROR_MODE_HORIZONTAL);


PXCMCapture.DeviceInfo deviceInfo;
device.QueryDeviceInfo(out deviceInfo);
if (deviceInfo.model == PXCMCapture.DeviceModel.DEVICE_MODEL_IVCAM)
{
    device.SetDepthConfidenceThreshold(1);
    device.SetIVCAMFilterOption(6);
    device.SetIVCAMMotionRangeTradeOff(21);
}


config.detection.isEnabled = true;
config.detection.maxTrackedFaces = DETECTION_MAXFACES;
config.QueryRecognition().Enable();
config.ApplyChanges();
```

```cpp
    faceData = faceModule.CreateOutput();

}
```

◆ 얼굴의 업데이트 처리

계속하여 얼굴의 업데이트 처리 부분(updateFaceFrame( ))의 코드를 변경합니다.

예제 6.39 얼굴 식별(C++)

```cpp
void updateFaceFrame() {
    // 프레임 데이터를 가져온다
    const PXCCapture::Sample *sample = senseManager->QuerySample();
    if (sample) {
        // 각 데이터를 표시한다
        updateColorImage(sample->color);
    }

    //SenceManager 모듈의 얼굴 데이터를 업데이트한다
    faceData->Update();

    // 감지한 얼굴의 수를 가져온다
    const int numFaces = faceData->QueryNumberOfDetectedFaces();

    // 얼굴의 영역을 나타내는 사각형을 준비한다
    PXCRectI32 faceRect = { 0 };

    for (int i = 0; i < numFaces; ++i) {
        auto face = faceData->QueryFaceByIndex(i);
        if (face == 0) {
            continue;
        }

        // 얼굴 위치를 Color 값으로 가져온다
        auto detection = face->QueryDetection();
        if (detection != 0) {
            // 얼굴의 크기를 가져온다
            detection->QueryBoundingRect(&faceRect);
```

```cpp
}

// 얼굴의 위치와 크기로부터, 얼굴 영역을 나타내는 사각형을 생성한다
cv::rectangle(colorImage,
    cv::Rect(faceRect.x, faceRect.y, faceRect.w, faceRect.h),
    cv::Scalar(255, 0, 0));

// 추가 : 얼굴 식별 결과를 저장하기 위한 변수를 준비한다
auto *rdata = face->QueryRecognition();                                    ❶

if (rdata->IsRegistered()) {                                               ❷
    // 추가 : 식별한 ID인지 확인한다
    pxcI32 uid = rdata->QueryUserID();                                     ❸
    if (uid != -1) {
      {
          std::stringstream ss;
          ss << "Recognition:" << uid;
          cv::putText(colorImage, ss.str(),
              cv::Point(faceRect.x, faceRect.y),
              cv::FONT_HERSHEY_SIMPLEX, 0.8,
              cv::Scalar(0, 0, 255), 2, CV_AA);
      }
    }
}

std::stringstream id_ss;           // 추가 : 등록, 해제 메시지용

// 추가 : 키보드 입력 대기
int c = cv::waitKey(10);                                                   ❹

// 추가 : 얼굴을 등록한다
if ((c == 'r') || (c == 'R')) {
    int id = rdata->RegisterUser();                                        ❺
    id_ss << id << "Regist";
}
//추가 : 얼굴 식별을 해제한다
else if ((c == 'u') || (c == 'U')) {
    rdata->UnregisterUser();                                               ❻
    id_ss << "Users Unregisted!!!";
```

```cpp
        }

        // 추가 : 등록, 해제 메시지를 표시한다
        cv::putText(colorImage, id_ss.str( ), cv::Point(50, 125),
            cv::FONT_HERSHEY_SIMPLEX, 0.8,
            cv::Scalar(0, 0, 255), 2, CV_AA);

        // 추가 : 조작 방법 설명을 표시한다
        {
            std::stringstream ss;
            ss << "Regist User : Key R push";
            cv::putText(colorImage, ss.str( ), cv::Point(50, 75),
                cv::FONT_HERSHEY_SIMPLEX, 0.8,
                cv::Scalar(0, 0, 255), 2, CV_AA);
        }

        {
            std::stringstream ss;
            ss << "Unregist Users : Key U push";
            cv::putText(colorImage, ss.str( ), cv::Point(50, 100),
                cv::FONT_HERSHEY_SIMPLEX, 0.8,
                v::Scalar(0, 0, 255), 2, CV_AA);
        }

    }
}
```

예제 6.40 얼굴 식별(C#)

```csharp
private void updateFaceFrame( )
{
    // 프레임 데이터를 가져온다
    PXCMCapture.Sample sample = senceManager.QuerySample( );
    UpdateColorImage(sample.color);

    //SenceManager 모듈의 얼굴 데이터를 업데이트한다
    faceData.Update( );

    // 감지한 얼굴 수를 가져온다
    int numFaces = faceData.QueryNumberOfDetectedFaces( );
```

```csharp
if (senceManager != null)
{

    // 각각의 얼굴별로 정보를 가져와서 렌더링한다
    for (int i = 0; i < numFaces; ++i)
    {
        // 얼굴 정보를 가져온다
        PXCMFaceData.Face face = faceData.QueryFaceByIndex(i);

        // 얼굴 위치를 Depth 데이터에서 가져온다
        var detection = face.QueryDetection();
        int face_x = 0;
        int face_y = 0;

        if (detection != null)
        {
            PXCMRectI32 faceRect;
            detection.QueryBoundingRect(out faceRect);

            // 추가 : 얼굴의 위치를 저장하기 위한 변수를 준비한다
            face_x = faceRect.x;
            face_y = faceRect.y;

            // 얼굴 위치에 맞추어서 사각형을 변경한다
            TranslateTransform transform
                = new TranslateTransform(faceRect.x, faceRect.y);
            rect[i].Width = faceRect.w;
            rect[i].Height = faceRect.h;
            rect[i].Stroke = Brushes.Blue;
            rect[i].StrokeThickness = 3;
            rect[i].RenderTransform = transform;
        }


        // 추가 : 얼굴 식별 결과를 저장하기 위한 변수를 준비한다
        rdata = face.QueryRecognition();                                    ❶

        if (rdata.IsRegistered()) {                                         ❷
            // 추가 : 식별한 ID인지 확인한다
```

```csharp
                int uid = rdata.QueryUserID();                                    ❸
                if (uid != -1) {
                    {
                        faceID_tb[i].Text = "Recognition:" + uid;
                        faceID_tb[i].RenderTransform
                            = new TranslateTransform(face_x, face_y - 30);
                    }
                }
                else {
                    {
                        faceID_tb[i].Text = "Recognition:" + "NO";
                        faceID_tb[i].RenderTransform
                            = new TranslateTransform(face_x, face_y - 30);
                    }
                }
            }
        }
    }
}

// 추가:키 이벤트를 가져오는 함수
private void OnKeyDownHandler(object sender, KeyEventArgs e)
{
    // 추가 : 얼굴을 등록한다
    if (e.Key == Key.R)
    {
        int id = rdata.RegisterUser();                                            ❹
        noticeInfo.Text = "Registed:" + id.ToString();

    }

    // 추가 : 얼굴 식별을 해제한다
    if (e.Key == Key.U)
    {
        rdata.UnregisterUser();                                                   ❺
        noticeInfo.Text = "UnRegisted!";

    }
}
```

얼굴의 업데이트 처리는 각각의 얼굴에 대해 처리하는 반복 명령문(for) 안에만 코드를 변경합니다.

먼저 얼굴 식별 결과를 저장하기 위한 PXC(M)FaceData.RecognitionData 클래스의 rdata 변수를 PXC(M)FaceData.Face.QueryRecognition( ) 호출을 통해 선언합니다(❶). 이 후 얼굴 식별 및 등록의 2가지 흐름으로 나누어집니다.

먼저 얼굴 식별에 관한 흐름을 설명하겠습니다. PXC(M)FaceData.RecognitionData.IsRegistered( )에 의해 이미 등록된 얼굴 ID인지 판별합니다(❷). 다음으로 그 얼굴의 ID를 PXC(M)FaceData.RecognitionData.QueryUserID( )의 결과에 따라 가져옵니다(❸). 이 ID는 이후에 설명할 얼굴 등록의 흐름에서 지정되며 가져온 얼굴 ID는 얼굴 위에 표시하게 됩니다.

얼굴 등록의 흐름은 C++에서는 OpenCV의 WaitKey( ) 함수를(❹), C#에서는 키 이벤트를 가져올 함수를 추가합니다. R 를 누르면 등록, U 를 누르면 등록 해제 명령으로 구성됩니다. R 를 누르면 PXC(M)FaceData.RecognitionData.RegisterUser( )에 의해 얼굴 식별용 데이터베이스에 얼굴의 특징(특정 위치와 랜드마크와는 별개)이 기록되고 ID가 할당됩니다(❺). 이것으로 등록은 완료됩니다. 또한, 데이터베이스에 등록된 얼굴 데이터는 PXC(M)FaceData.RecognitionData.UnregisterUser( )에 의해 해제할 수 있습니다(❻). 이 예제에서는 U 를 누름으로써 얼굴 식별 해제를 할 수 있습니다.

◆ 종료 처리

종료 처리는 컬러 이미지 표시(예제 4.12, 4.13)와 같으므로 설명은 생략하겠습니다.

6-1-7 >> 심장 박동수 측정

다음으로 심장 박동수 측정에 대해 설명하겠습니다. 인텔 RealSense SDK에서는 여러 사용자의 얼굴에서 각각의 심장 박동수를 감지하여 출력할 수 있습니다.

◆ 실행 결과【예제 프로그램 : CH6-1_6】

예제 프로그램을 실행하면, 감지한 얼굴의 위치와 범위를 청색 사각형 테두리를 이용하여 표시하고 그 위에 심장 박동 값을 표시합니다.

[그림 6.7] 심장 박동수 출력의 예

◆ 변수 선언

얼굴 감지에서 사용한 코드에 더하여, 심장 박동 감지의 최대 인원수를 설정하기 위해 int형의 PULSE_MAXFACES 변수를 선언합니다. C#의 경우에는 심장 박동 값을 표시하는 TextBlock을 준비합니다.

예제 6.41 심장 박동수 출력의 변수 선언(C++)

```cpp
PXCSenseManager* senseManager = 0;
cv::Mat colorImage;
PXCFaceData* faceData = 0;
const int DETECTION_MAXFACES = 2;      // 얼굴 감지의 최대 인원수 설정
const int PULSE_MAXFACES = 2;         // 추가 : 심장 박동 감지의 최대 인원수 설정

const int COLOR_WIDTH = 640;
const int COLOR_HEIGHT = 480;
const int COLOR_FPS = 30;
```

예제 6.42 심장 박동수 출력의 변수 선언(C# 코드 비하인드)

```csharp
PXCMSenseManager senceManager;
PXCMFaceData faceData;
```

```
Rectangle[] rect;          // 렌더링용 사각형을 준비한다
TextBlock[] tb;            // 심장 박동값을 표시할 TextBlock을 준비한다
const int DETECTION_MAXFACES = 2;      // 얼굴 감지의 최대 인원수 설정
const int PULSE_MAXFACES = 2;       // 추가 : 심장 박동 감지의 최대 인원수 설정

const int COLOR_WIDTH = 640;
const int COLOR_HEIGHT = 480;
const int COLOR_FPS = 30;
```

◆ 초기화 처리

다음으로 얼굴의 초기화 처리 부분(initializeFace( ))에 몇 가지 코드를 추가하여 기술합니다.

C# 코드에서는 렌더링용에 추가할 부분이 있으므로, 얼굴 감지의 활성화 처리(Initialize( ))에도 코드를 추가합니다.

먼저, PulseConfiguration 인터페이스 함수를 Enable( )로 설정 함으로써 심장 박동수를 가져오게 합니다(❶). 그리고 PulseProperties 구조의 maxTrackedFaces 변수를 미리 선언한 변수인 PULSE_MAXFACES(=2)로 설정함으로써 2명의 사용자로부터 심장 박동수 가져오게 합니다(❷).

예제 6.43 심장 박동수 감지를 위한 초기화 처리(얼굴)(C++)

```cpp
void initilizeFace( ) {
  // 얼굴 감지를 활성화한다
  auto sts = senseManager->EnableFace( );
  if (sts<PXC_STATUS_NO_ERROR) {
    throw std::runtime_error("얼굴 감지 활성화 실패");
  }


  // 얼굴 감지기를 생성한다
  PXCFaceModule* faceModule = senseManager->QueryFace( );
  if (faceModule == 0) {
    throw std::runtime_error("얼굴 감지기 생성 실패");
  }


  // 얼굴 감지 속성을 가져온다
  PXCFaceConfiguration* config = faceModule->CreateActiveConfiguration( );
  if (config == 0) {
    throw std::runtime_error("얼굴 감지의 속성 가져오기 실패");
  }
```

```cpp
config->SetTrackingMode(
    PXCFaceConfiguration::TrackingModeType::FACE_MODE_COLOR_PLUS_DEPTH);
config->ApplyChanges();

// 파이프 라인을 초기화한다
sts = senseManager->Init();
if (sts<PXC_STATUS_NO_ERROR) {
    throw std::runtime_error("파이프 라인 초기화 실패");
}

// 기기 정보를 가져온다
auto device = senseManager->QueryCaptureManager()->QueryDevice();
if (device == 0) {
    throw std::runtime_error("기기 정보 가져오기 실패");
}


// 미러 표시한다
device->SetMirrorMode(PXCCapture::Device::MirrorMode::MIRROR_MODE_HORIZONTAL);

PXCCapture::DeviceInfo deviceInfo;
device->QueryDeviceInfo(&deviceInfo);
if (deviceInfo.model == PXCCapture::DEVICE_MODEL_IVCAM) {
    device->SetDepthConfidenceThreshold(1);
    device->SetIVCAMFilterOption(6);
    device->SetIVCAMMotionRangeTradeOff(21);
}

config->detection.isEnabled = true;
config->detection.maxTrackedFaces = DETECTION_MAXFACES;
config->QueryPulse()->Enable();            // 추가 : 심장 박동 감지를 활성화한다        ──❶
config->QueryPulse()->properties.maxTrackedFaces = PULSE_MAXFACES;  ──────❷
    //추가 : 심장 박동 감지의 최대 인원수를 설정한다
config->ApplyChanges();


faceData = faceModule->CreateOutput();

}
```

```csharp
private void Initialize()
{
  try
  {

    // SenseManager를 생성한다
    senceManager = PXCMSenseManager.CreateInstance();
    if (senceManager == null)
    {
      throw new Exception("SenseManager 생성 실패");
    }

    // 컬러 스트림을 활성화한다
    pxcmStatus sts = senceManager.EnableStream(
      PXCMCapture.StreamType.STREAM_TYPE_COLOR, COLOR_WIDTH,
      COLOR_HEIGHT, COLOR_FPS);
    if (sts < pxcmStatus.PXCM_STATUS_NO_ERROR)
    {
      throw new Exception("컬러 스트림 가져오기 실패");
    }

    InitializeFace();

    // 렌더링용 사각형을 초기화한다
    rect = new Rectangle[DETECTION_MAXFACES];
    for (int i = 0; i < DETECTION_MAXFACES; i++)
    {
      rect[i] = new Rectangle();
      TranslateTransform transform =
        new TranslateTransform(COLOR_WIDTH, COLOR_HEIGHT);
      rect[i].Width = 10;
      rect[i].Height = 10;
      rect[i].Stroke = Brushes.Blue;
      rect[i].StrokeThickness = 3;
      rect[i].RenderTransform = transform;
      CanvasForRect.Children.Add(rect[i]);
    }
```

```csharp
        //추가 : 심장 박동수 표시를 위해 초기화한다
        tb = new TextBlock[PULSE_MAXFACES];
        for (int i = 0; i < PULSE_MAXFACES; i++)
        {
            tb[i] = new TextBlock();
            tb[i].Width = 200;
            tb[i].Height = 27;
            tb[i].Foreground = new SolidColorBrush(Colors.Red);
            tb[i].FontSize = 24;
            CanvasPoint.Children.Add(tb[i]);
        }


    }
    catch (Exception ex)
    {
        MessageBox.Show(ex.StackTrace);
        MessageBox.Show("Init:" + ex.Message);
        Close();
    }
}
```

예제 6.45 심장 박동수 감지를 위한 초기화 처리(얼굴)(C#)

```csharp
private void InitializeFace() {
    // 얼굴 감지를 활성화한다
    var sts = senceManager.EnableFace();
    if (sts < pxcmStatus.PXCM_STATUS_NO_ERROR)
    {
        throw new Exception("얼굴 감지 활성화 실패");
    }

    // 얼굴 감지기를 생성한다
    var faceModule = senceManager.QueryFace();

    // 얼굴 감지 속성을 가져온다
    PXCMFaceConfiguration config = faceModule.CreateActiveConfiguration();
    config.SetTrackingMode(
        PXCMFaceConfiguration.TrackingModeType.FACE_MODE_COLOR_PLUS_DEPTH);
```

```csharp
config.ApplyChanges();

// 파이프 라인을 초기화한다
pxcmStatus ret = senceManager.Init();
if (ret < pxcmStatus.PXCM_STATUS_NO_ERROR)
{
    throw new Exception("초기화 실패");
}

// 기기 정보를 가져온다
PXCMCapture.Device device = senceManager.QueryCaptureManager().QueryDevice();
if (device == null)
{
    throw new Exception("기기 생성 실패");
}


// 미러 표시한다
device.SetMirrorMode(PXCMCapture.Device.MirrorMode.MIRROR_MODE_HORIZONTAL);

PXCMCapture.DeviceInfo deviceInfo;
device.QueryDeviceInfo(out deviceInfo);
if (deviceInfo.model == PXCMCapture.DeviceModel.DEVICE_MODEL_IVCAM)
{
    device.SetDepthConfidenceThreshold(1);
    device.SetIVCAMFilterOption(6);
    device.SetIVCAMMotionRangeTradeOff(21);
}


config.detection.isEnabled = true;
config.detection.maxTrackedFaces = DETECTION_MAXFACES;
config.QueryPulse().Enable();   // 추가 : 얼굴 데이터에서 심장 박동 정보를 가져오게 설정 ——❶
config.QueryPulse().properties.maxTrackedFaces = PULSE_MAXFACES; ———————————————❷
    // 추가 : 심장 박동수 감지의 최대 인원수 설정
config.ApplyChanges();

faceData = faceModule.CreateOutput();

}
```

◆ 얼굴의 업데이트 처리

계속하여 얼굴의 업데이트 처리 부분에 코드를 추가합니다.

예제 6.46 얼굴의 심장 박동수를 표시(C++)

```cpp
void updateFaceFrame() {

    // 프레임 데이터를 가져온다
    const PXCCapture::Sample *sample = senseManager->QuerySample();
    if (sample) {
        // 각 데이터를 표시한다
        updateColorImage(sample->color);
    }


    // SenceManager 모듈의 얼굴 데이터를 업데이트한다
    faceData->Update();

    // 감지한 얼굴의 수를 가져온다
    const int numFaces = faceData->QueryNumberOfDetectedFaces();

    // 얼굴의 영역을 나타내는 사각형을 준비한다
    PXCRectI32 faceRect = { 0 };

    // 각각의 얼굴별로 정보를 가져와서 렌더링을 행한다
    for (int i = 0; i < numFaces; ++i) {

        // 얼굴 정보를 가져온다
        auto face = faceData->QueryFaceByIndex(i);
        if (face == 0) {
            continue;
        }

        // 얼굴 위치를 Color 값으로 가져온다
        auto detection = face->QueryDetection();
        if (detection != 0) {

            // 얼굴의 크기를 가져온다
            detection->QueryBoundingRect(&faceRect);
        }
```

```cpp
    // 얼굴의 위치와 크기로부터 얼굴 영역을 나타내는 사각형을 생성한다
    cv::rectangle(colorImage,
        cv::Rect(faceRect.x, faceRect.y, faceRect.w, faceRect.h),
        cv::Scalar(255, 0, 0));


    // 추가 : 심장 박동에 관한 얼굴 정보를 가져온다
    PXCFaceData::PulseData *pulse = face->QueryPulse();            ❶
    // 추가 : 심장 박동수를 가져온다
    pxcF32 hrate = pulse->QueryHeartRate();                        ❷


    {
        std::stringstream ss;
        ss << "HeartRate:" << hrate;
        cv::putText(colorImage, ss.str(), cv::Point(faceRect.x, faceRect.y),
            cv::FONT_HERSHEY_SIMPLEX, 0.8, cv::Scalar(0, 0, 255), 2, CV_AA);
    }
  }


}
```

예제 6.47 얼굴의 심장 박동수를 표시(C#)

```csharp
private void updateFaceFrame()
{
    // 프레임 데이터를 가져온다
    PXCMCapture.Sample sample = senceManager.QuerySample();
    UpdateColorImage(sample.color);

    //SenceManager 모듈의 얼굴 데이터를 업데이트한다
    faceData.Update();

    // 감지한 얼굴의 수를 가져온다
    int numFaces = faceData.QueryNumberOfDetectedFaces();

    if (senceManager != null)
    {

        // 각각의 얼굴별로 정보를 가져와서 렌더링한다
        for (int i = 0; i < numFaces; ++i)
        {
```

```csharp
    // 얼굴 정보를 가져온다
    PXCMFaceData.Face face = faceData.QueryFaceByIndex(i);

    // 얼굴 위치를 Depth 데이터에서 가져온다
    var detection = face.QueryDetection();
    if (detection != null)
    {
        PXCMRectI32 faceRect;
        detection.QueryBoundingRect(out faceRect);

        // 얼굴 위치에 맞추어 사각형을 변경한다
        TranslateTransform transform =
            new TranslateTransform(faceRect.x, faceRect.y);
        rect[i].Width = faceRect.w;
        rect[i].Height = faceRect.h;
        rect[i].Stroke = Brushes.Blue;
        rect[i].StrokeThickness = 3;
        rect[i].RenderTransform = transform;

        //추가 : 심장 박동에 관한 얼굴 정보를 가져온다
        PXCMFaceData.PulseData pulse = face.QueryPulse();          ❶
        if (pulse != null)
        {
            // 얼굴 위치에 맞추어 심장 박동수를 표시한다
            tb[i].RenderTransform =
                new TranslateTransform(transform.X, transform.Y - 30);

            // 추가 : 심장 박동수를 표시한다
            float hrate = pulse.QueryHeartRate();          ❷
            tb[i].Text = "HeartRate:" + hrate;
        }
    }
}
```

얼굴의 심장 박동을 가져오는 흐름은 감지한 얼굴별 처리만 기술합니다. 감지한 얼굴별 처리에서

PXC(M)FaceData.QueryPulse( )를 호출하여 그 결과를 PXC(M)FaceData.PulseData의 변수인 pulse로 저장합니다(❶) 그리고 PXC(M)FaceData.PulseData.QueryHeartRate( )를 호출함으로써 현재 참조하고 있는 i번째의 얼굴 심장 박동수를 pxcF32/float형의 변수 hrate로 저장합니다(❷). 마지막으로 hrate에 저장된 심장 박동수를 표시하는 렌더링 코드를 기술합니다.

◆ 종료 처리

종료 처리는 컬러 이미지 표시(예제 4.12, 4.13)와 같으므로 설명은 생략하겠습니다.

6-2 감정 표현 감지 기능

이 절에서는 감정(Emotion) 상태를 감지하는 기능에 대해 설명하겠습니다. 감정 표현 감지에서는 화냄, 슬퍼함, 공포스러움 등 7종류의 감정 표현과 단순히 감정이 적극적인지 소극적인지, 또는 어느쪽도 아닌지와 같은 심리(sentiment) 상태를 가져올 수 있습니다.

6-2-1 >> 인텔 RealSense SDK에 포함된 감정 표현 감지 기능

인텔 RealSense SDK에 의한 감정 표현 감지 기능은 [표 6.7]과 같습니다. 7종류의 감정 표현과 3종류의 심리 상태를 식별할 수 있습니다. 감정의 종류는 PXC(M)Emotion.Emotion 열거형으로 정의되어 있습니다.

[표 6.7] 감정 표현의 감지 종류[4]

감정의 종류	설명
EMOTION_PRIMARY_ANGER	화난 상태
EMOTION_PRIMARY_CONTEMPT	모욕스러운 상태
EMOTION_PRIMARY_DISGUST	혐오스러운 상태
EMOTION_PRIMARY_FEAR	공포스러운 상태
EMOTION_PRIMARY_JOY	즐거운 상태
EMOTION_PRIMARY_SADNESS	슬픈 상태
EMOTION_PRIMARY_SURPRISE	놀란 상태
EMOTION_SENTIMENT_POSTIVE	적극적인 심리 상태
EMOTION_SENTIMENT_NEGATIVE	소극적인 심리 상태
EMOTION_SENTIMENT_NEUTRAL	적극적이지도 소극적이지도 않은 상태

감정 표현을 감지하는 프로그램의 흐름은 이미지 표시의 흐름과 거의 같습니다.

1. 초기화 처리

（ⅰ）사용할 스트림과 (얼굴 감지 등의) 함수를 활성화합니다.

（ⅱ）SDK를 초기화합니다.

---

4) 출처 : https://software.intel.com/sites/landingpage/realsense/camera-sdk/v1.1/documentation/html/index.html?doc_devguide_introduction.html

(ⅲ) 스트림과 함수를 설정합니다.

2. 데이터의 업데이트 처리

（ⅰ) 스트림과 함수 데이터를 업데이트하고, 이용 및 표시합니다.

3. 종료 처리

（ⅰ) SDK를 종료합니다.

◆ **실행 결과【예제 프로그램 : CH6-2】**

감지한 얼굴 위치와 범위를 청색의 사각형 테두리를 사용하여 표시합니다.

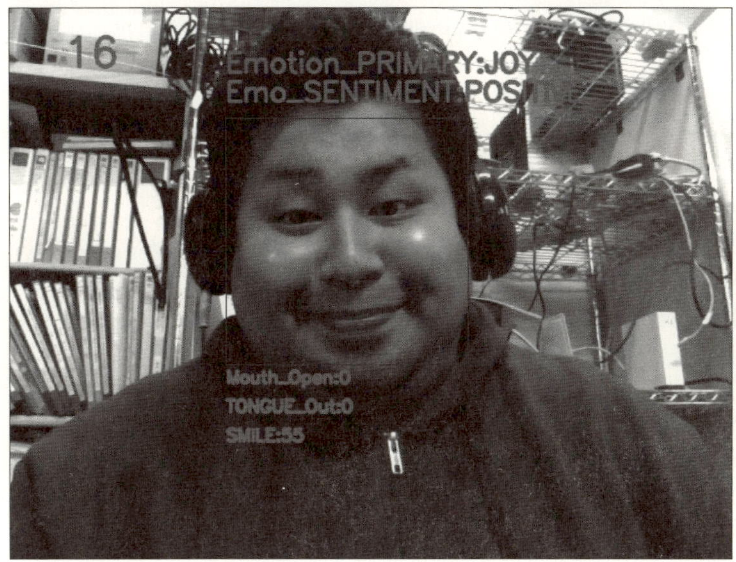

[**그림 6.8**] 감정 표현의 감지 예

◆ **변수 선언**

얼굴 감지와 같이 먼저 PXC(M)FaceData, cv::Mat, PXC(M)SenseManager를 선언합니다. 감정 표현 감지에서 추가되는 것은 감지 결과를 저장하기 위한 PXC(M)Emotion입니다. 또한, 모든 감정(Primary_Emotions)및 심리 (Sentiment_Emotions) 상태를 가져오게 하거나 또는 각각의 수를 NUM_TOTAL_EMOTIONS(=10), NUM_PRIMARY_EMOTIONS(=7), NUM_SENTIMENT_EMOTIONS(=3)를 필요에 따라 설정합니다.

예제 6.48 변수 선언(C++)

```cpp
cv::Mat colorImage;
PXCSenseManager* senseManager = 0;
PXCFaceData* faceData = 0;
PXCEmotion* emotionDet = 0; // 추가 : 감정 표현 감지 결과를 위한 저장소를 준비한다

const int COLOR_WIDTH = 640;
const int COLOR_HEIGHT = 480;
const int COLOR_FPS = 30;
static const int NUM_TOTAL_EMOTIONS = 10;   // 추가 : 가져올 수 있는 모든 감정 및 종류의 수
static const int NUM_PRIMARY_EMOTIONS = 7;         // 추가 : 감정(PRIMARY)의 수
static const int NUM_SENTIMENT_EMOTIONS = 3;       // 추가 : 심리 상태의 수
```

예제 6.49 변수 선언(C# XAML)

```xml
<Window x:Class="RealSenseSample.MainWindow"
        xmlns="http://schemas.microsoft.com/winfx/2006/xaml/presentation"
        xmlns:x="http://schemas.microsoft.com/winfx/2006/xaml"
        Title="MainWindow" Height="480" Width="640"
        Loaded="Window_Loaded"
        Unloaded="Window_Unloaded"
        >
    <Grid>
        <Image x:Name="ImageColor"/>
        <Canvas x:Name="CanvasPoint">
        </Canvas>
        <Canvas x:Name="CanvasForRect">
        </Canvas>
    </Grid>
</Window>
```

예제 6.50 변수 선언(C# 코드 비하인드)

```csharp
private PXCMSenseManager senseManager;
private PXCMFaceData faceData;
private PXCMEmotion emotionDet;
private System.Timers.Timer Timer = new System.Timers.Timer(1000);

private const int COLOR_WIDTH = 640;
private const int COLOR_HEIGHT = 480;
```

```
private const int COLOR_FPS = 30;


private static string[] EmotionLabels
  = { "ANGER", "CONTEMPT", "DISGUST", "FEAR", "JOY", "SADNESS", "SURPRISE" };
private static string[] SentimentLabels = { "NEGATIVE", "POSITIVE", "NEUTRAL" };
private static int NUM_PRIMARY_EMOTIONS = EmotionLabels.Length;
private static int NUM_SENTIMENT_EMOTIONS = SentimentLabels.Length;


const int DETECTION_MAXFACES = 2;      // 얼굴 감지의 최대 인원수를 설정한다
const int EXPRESSION_MAXFACES = 2;     // 얼굴 표정 상태를 가져오는 최대 인원수를 설정한다
const int EMOTION_MAXFACES = 2;     //추가 : 감정 표현을 가져오는 최대 인원수를 설정한다
Rectangle[] rect;        // 렌더링용 사각형을 준비한다
TextBlock[,] expression_tb;          // 표정 상태 값을 표시할 TextBlock을 준비한다
TextBlock[,] emotion_tb;          // 표정 값을 표시할 TextBlock을 준비한다
```

◆ 초기화 처리

초기화 처리에서는 얼굴 감지를 활성화하고 SDK를 초기화 한 후 얼굴 감지를 위한 설정을 합니다.

예제 6.51 감정 표현 감지의 활성화(C++)

```cpp
void initilize()
{
  // SenseManager를 생성한다
  senseManager = PXCSenseManager::CreateInstance();
  if (senseManager == 0) {
    throw std::runtime_error("SenseManager 생성 실패");
  }


  // 주의 : 감정 표현을 감지하면 컬러 스트림을 활성화하지 않는다


  initializeFace();


}
```

```csharp
private void Initialize()
{
    try
    {

        // SenseManager를 생성한다
        senseManager = PXCMSenseManager.CreateInstance();
        if (senseManager == null)
        {
            throw new Exception("SenseManager 생성 실패");
        }

        // 주의 : 감정 표현을 감지하면 컬러 스트림을 활성화하지 않는다

        if (InitializeFace() >= pxcmStatus.PXCM_STATUS_NO_ERROR)
        {
            this.Timer.Start();
        }

        // 렌더링용 사각형을 초기화한다
        rect = new Rectangle[DETECTION_MAXFACES];
        for (int i = 0; i < DETECTION_MAXFACES; i++)
        {
            rect[i] = new Rectangle();
            TranslateTransform transform = new TranslateTransform(0, 0);
            rect[i].Width = 10;
            rect[i].Height = 10;
            rect[i].Stroke = Brushes.Blue;
            rect[i].StrokeThickness = 3;
            rect[i].RenderTransform = transform;
            CanvasForRect.Children.Add(rect[i]);
        }

        // 추가 : 상태 표시를 위해 초기화한다
        expression_tb = new TextBlock[EXPRESSION_MAXFACES, 3];
        for (int i = 0; i < EXPRESSION_MAXFACES; i++)
        {
            for (int j = 0; j < 3; j++) {
                expression_tb[i, j] = new TextBlock();
```

```csharp
            expression_tb[i,j].Width = 200;

            expression_tb[i,j].Height = 27;

            expression_tb[i,j].Foreground = new SolidColorBrush(Colors.Red);

            expression_tb[i,j].FontSize = 20;

            CanvasPoint.Children.Add(expression_tb[i,j]);

        }

    }


    // 추가 : 감정 표현의 표시를 위해 초기화한다
    emotion_tb = new TextBlock[EMOTION_MAXFACES, 2];

    for (int i = 0; i < EMOTION_MAXFACES; i++)

    {

        for (int j = 0; j < 2; j++)

        {

            emotion_tb[i,j] = new TextBlock( );

            emotion_tb[i,j].Width = 200;

            emotion_tb[i,j].Height = 27;

            emotion_tb[i,j].Foreground = new SolidColorBrush(Colors.Red);

            emotion_tb[i,j].FontSize = 14;

            CanvasPoint.Children.Add(emotion_tb[i,j]);

        }

    }


}

catch (Exception ex)

{

    MessageBox.Show(ex.StackTrace);

    MessageBox.Show("Init:" + ex.Message);

    Close( );

}

}
```

먼저 인텔 RealSense SDK를 사용하기 위해 PXC(M)SenseManager.CreateInstance( )에서 SenseManager를 생성합니다. 이미지 표시와 달리 감정 표현 감지의 경우에는 업데이트를 처리 때 얼굴과 표정 프레임을 동기할 필요가 있습니다. 참고로 컬러 스트림을 활성화하면 초기화 처리 가 불가능합니다.

계속하여 얼굴 감지를 위한 초기화 및 설정입니다.

```cpp
void initializeFace() {

    // 얼굴 감지를 활성화한다
    auto sts = senseManager->EnableFace();                                              ❶
    if (sts<PXC_STATUS_NO_ERROR) {
        throw std::runtime_error("얼굴 감지 활성화 실패");
    }


    // 추가 : 감정 표현 감지를 활성화한다
    sts = senseManager->EnableEmotion();                                                ❷
    if (sts<PXC_STATUS_NO_ERROR) {
        throw std::runtime_error("감성 상태 감지 활성화 실패");
    }


    // 얼굴 감지기를 생성한다
    PXCFaceModule* faceModule = senseManager->QueryFace();
    if (faceModule == 0) {
        throw std::runtime_error("얼굴 감지기 생성 실패");
    }


    // 얼굴 감지 속성을 가져온다
    PXCFaceConfiguration* config = faceModule->CreateActiveConfiguration();
    if (config == 0) {
        throw std::runtime_error("얼굴 감지의 속성 가져오기 실패");
    }


    config->SetTrackingMode(
        PXCFaceConfiguration::TrackingModeType::FACE_MODE_COLOR_PLUS_DEPTH);
    config->ApplyChanges();


    // 파이프 라인을 초기화한다
    sts = senseManager->Init();
    if (sts<PXC_STATUS_NO_ERROR) {
        throw std::runtime_error("파이프 라인 초기화 실패");
    }


    // 얼굴 감지기를 설정한다
    auto device = senseManager->QueryCaptureManager()->QueryDevice();
```

```cpp
if (device == 0) {
    throw std::runtime_error("기기 정보 가져오기 실패");
}


// 미러 표시한다
device->SetMirrorMode(PXCCapture::Device::MirrorMode::MIRROR_MODE_HORIZONTAL);

PXCCapture::DeviceInfo deviceInfo;
device->QueryDeviceInfo(&deviceInfo);
if (deviceInfo.model == PXCCapture::DEVICE_MODEL_IVCAM) {
    device->SetDepthConfidenceThreshold(1);
    device->SetIVCAMFilterOption(6);
    device->SetIVCAMMotionRangeTradeOff(21);
}

config->detection.isEnabled = true;
// 여기서 표정 상태(Expression) 정보를 참조합니다.
config->QueryExpressions()->Enable();    // 얼굴 표정 정보를 활성화한다
config->QueryExpressions()->EnableAllExpressions();    // 모든 표정 정보를 활성화한다
config->QueryExpressions()->properties.maxTrackedFaces = 2;
                                        // 얼굴의 표정 정보의 최대 인식 인원수

config->ApplyChanges();

faceData = faceModule->CreateOutput();

}
```

예제 6.54 표정 감지의 초기화 및 설정(C#)

```csharp
private pxcmStatus InitializeFace()
{
    pxcmStatus result = pxcmStatus.PXCM_STATUS_NO_ERROR;
    // 얼굴 감지를 활성화한다
    result = this.senseManager.EnableFace();  ————————————————————————●
    if (result < pxcmStatus.PXCM_STATUS_NO_ERROR)
    {
        MessageBox.Show("Face Stream Enabled Error.");
    }
```

```csharp
        else
        {
            // 추가 : 감정 표현 감지를 활성화한다
            result = this.senseManager.EnableEmotion();  ——————————————————— ❷
            if (result < pxcmStatus.PXCM_STATUS_NO_ERROR)
            {
                MessageBox.Show("Face Stream Enabled Error.");
            }
            else
            {
                // 얼굴 감지기를 생성한다
                var faceModule = this.senseManager.QueryFace();

                // 얼굴 감지 속성을 가져온다
                var config = faceModule.CreateActiveConfiguration();
                config.SetTrackingMode(
                    PXCMFaceConfiguration.TrackingModeType.FACE_MODE_COLOR_PLUS_DEPTH);
                config.ApplyChanges();

                // 파이프 라인을 초기화한다
                result = this.senseManager.Init();
                if (result < pxcmStatus.PXCM_STATUS_NO_ERROR)
                {
                    MessageBox.Show("Initialize Error.");
                }
                else
                {
                    // 미러 표시한다
                    this.senseManager.QueryCaptureManager().QueryDevice().SetMirrorMode(
                        PXCMCapture.Device.MirrorMode.MIRROR_MODE_HORIZONTAL);

                    // 얼굴 감지기를 설정한다
                    var device = this.senseManager.QueryCaptureManager().QueryDevice();
                    PXCMCapture.DeviceInfo info = null;
                    device.QueryDeviceInfo(out info);
                    if (info.model == PXCMCapture.DeviceModel.DEVICE_MODEL_IVCAM)
                    {
                        device.SetDepthConfidenceThreshold(1);
                        device.SetIVCAMFilterOption(6);
```

```
            device.SetIVCAMMotionRangeTradeOff(21);
        }

        config.detection.isEnabled = true;
        // 여기서 표정 상태(Expression) 정보를 참조합니다.
        config.QueryExpressions().Enable();
        config.QueryExpressions().EnableAllExpressions();
        config.QueryExpressions().properties.maxTrackedFaces
            = EXPRESSION_MAXFACES;
        config.ApplyChanges();
        config.Update();
        this.faceData = faceModule.CreateOutput();
        }
    }
  }
  return result;
}
```

표정의 감지 초기화는 얼굴의 감지와 거의 같습니다.

다른 점은 PXC(M)SenseManager.EnableFace( )로 얼굴 감지를 활성화 한 후(❶) PXC(M)SenseManager.EnableEmotion( )로 처리하는 부분입니다(❷).

계속하여 카메라를 설정합니다(손 감지와 코드가 같으므로 생략하겠습니다).

또한, 이 예제에서는 표정 정보(Expression)를 동시에 표시하기 때문에 몇 가지 추가 설정을 하고 있는데, 감정 표현 인식과는 상관없습니다.

마지막으로 설정치를 변경하면 ApplyChanges( ) 및 Update( )로 설정을 업데이트합니다.

이상으로 얼굴 감지를 위한 초기화는 완료됩니다.

◆ 얼굴의 업데이트 처리

초기화가 완료되면 얼굴 데이터를 가져올 수 있게 됩니다. PXC(M)SenseManager.AcquireFrame( )에서 프레임이 업데이트된 경우 얼굴의 감지를 업데이트 및 처리합니다(❶). 여기에서 AcquireFrame의 인수를 true로 하여 얼굴과 프레임 처리가 끝나면 PXC(M)SenseManager.ReleaseFrame( )에서 해제시킵니다(❷).

```cpp
void updateFrame()
{
  // 프레임을 가져온다
  // 변경 : true로 설정하여 얼굴과 표정을 동기하지 않으면 QueryEmotion은 0이 된다
  pxcStatus sts = senseManager->AcquireFrame(true);          ❶
  if (sts < PXC_STATUS_NO_ERROR) {
    return;
  }


  updateFaceFrame();


  // 프레임을 해제한다
  senseManager->ReleaseFrame();                              ❷


  // 프레임 재생률을 표시한다
  showFps();
}
```

예제 6.56 프레임의 업데이트 처리(C#)

```csharp
private void updateFrame()
{
  // 프레임을 가져온다
  // 변경 : true로 설정하여 얼굴과 표정을 동기하지 않으면 QueryEmotion은 0이 된다
  if (this.senseManager.AcquireFrame(true) >= pxcmStatus.PXCM_STATUS_NO_ERROR)     ❶
  {

    updateFaceFrame();

    // 프레임을 해제한다
    this.senseManager.ReleaseFrame();                        ❷
  }


}
```

여기서부터 얼굴 업데이트 처리를 실행합니다.

```cpp
void updateFaceFrame() {

  // 프레임 데이터를 가져온다
  const PXCCapture::Sample *sample = senseManager->QuerySample();
  if (sample) {
    // 각 데이터를 표시한다
    updateColorImage(sample->color);
  }


  // 추가 : 감정 표현 감지의 결과를 위한 저장소를 준비한다
  PXCEmotion::EmotionData arrData[NUM_TOTAL_EMOTIONS];            ①

  // 추가 : 감정 표현을 감지한다
  emotionDet = senseManager->QueryEmotion();                     ②
  if (emotionDet == 0) {
    std::cout << "표정 감지 실패" << std::endl;
    return;
  }


  // 추가 : 감정 표현의 레이블 그룹
  const char *EmotionLabels[NUM_PRIMARY_EMOTIONS] = {
    "ANGER",
    "CONTEMPT",
    "DISGUST",
    "FEAR",                                                      ③
    "JOY",
    "SADNESS",
    "SURPRISE"
  };

  //추가 : 심리 상태의 레이블 그룹
  const char *SentimentLabels[NUM_SENTIMENT_EMOTIONS] = {
    "NEGATIVE",
    "POSITIVE",                                                  ③
    "NEUTRAL"
  };


  /////////////////////////////////////////////
```

```cpp
// 여기 부터는 얼굴 감지 기능

//SenceManager 모듈의 얼굴 데이터를 업데이트한다
faceData->Update();

// 감지한 얼굴 수를 가져온다
const int numFaces = faceData->QueryNumberOfDetectedFaces();

// 각각의 얼굴별로 정보를 가져와서 렌더링한다
for (int i = 0; i < numFaces; ++i) {
  auto face = faceData->QueryFaceByIndex(i);
  if (face == 0) {
    continue;
  }

  PXCRectI32 faceRect = { 0 };
  PXCFaceData::PoseEulerAngles poseAngle = { 0 };

  // 얼굴 감정 및 각도 데이터를 준비한다
  PXCFaceData::ExpressionsData *expressionData;
  PXCFaceData::ExpressionsData::FaceExpressionResult expressionResult;

  // 얼굴 위치를 Color 값으로 가져온다
  auto detection = face->QueryDetection();
  if (detection != 0) {
    detection->QueryBoundingRect(&faceRect);
  }

  // 얼굴의 위치와 크기로부터 얼굴 영역을 나타내는 사각형을 생성한다
  cv::rectangle(colorImage,
    cv::Rect(faceRect.x, faceRect.y, faceRect.w, faceRect.h),
    cv::Scalar(255, 0, 0));

  // 얼굴 또는 표정 정보 데이터를 가져온다
  expressionData = face->QueryExpressions();
  if (expressionData != NULL)
  {
    // 입을 연 상태
    if (expressionData->QueryExpression(
```

```cpp
            PXCFaceData::ExpressionsData::EXPRESSION_MOUTH_OPEN,
            &expressionResult)) {
        {
            std::stringstream ss;
            ss << "Mouth_Open:" << expressionResult.intensity;
            cv::putText(colorImage, ss.str(),
            cv::Point(faceRect.x, faceRect.y + faceRect.h + 15),
            cv::FONT_HERSHEY_SIMPLEX, 0.5, cv::Scalar(0, 0, 255), 2, CV_AA);
        }
    }


    // 혀를 내민 상태
    if (expressionData->QueryExpression(
        PXCFaceData::ExpressionsData::EXPRESSION_TONGUE_OUT,
        &expressionResult)) {
        {
            std::stringstream ss;
            ss << "TONGUE_Out:" << expressionResult.intensity;
            cv::putText(colorImage, ss.str(),
                cv::Point(faceRect.x, faceRect.y + faceRect.h + 40),
                cv::FONT_HERSHEY_SIMPLEX, 0.5, cv::Scalar(0, 0, 255), 2, CV_AA);
        }
    }


    // 얼굴의 웃는 정도
    if (expressionData->QueryExpression(
        PXCFaceData::ExpressionsData::EXPRESSION_SMILE,
        &expressionResult)) {
        {
            std::stringstream ss;
            ss << "SMILE:" << expressionResult.intensity;
            cv::putText(colorImage, ss.str(),
                cv::Point(faceRect.x, faceRect.y + faceRect.h + 65),
                cv::FONT_HERSHEY_SIMPLEX, 0.5, cv::Scalar(0, 0, 255), 2, CV_AA);
        }
    }


}
// 여기까지 표정 정보 감지 기능
```

```cpp
//////////////////////////////////////////////
//////////////////////////////////////////////
//추가 : 여기부터 감정 표현(Emotion) 인식

//추가 : 감정 표현 데이터를 가져온다
emotionDet->QueryAllEmotionData(i, &arrData[0]);

//추가 : 감정(PRIMARY)을 추정한다
int idx_outstanding_emotion = -1;        // 최종적으로 결정되는 감정 값
bool IsSentimentPresent = false;         // 정확한 심리 상태 확인
pxcI32 maxscoreE = -3; pxcF32 maxscoreI = 0;
            //evidence,intencity 의 for 명령문에서의 최대치(초기값은 최소치)

// arrData 에 저장된 모든 감정 표현의 매개 변수와 비교한다
for (int i = 0; i<NUM_PRIMARY_EMOTIONS; i++) {
    // 감정 표현의 흔적 (evidence) 비교
    if (arrData[i].evidence < maxscoreE)  continue;
    // 감정 표현의 강도(intensity) 비교
    if (arrData[i].intensity < maxscoreI) continue;
    // 2개의 값을 모두 가장 큰 값으로 업데이트
    maxscoreE = arrData[i].evidence;
    maxscoreI = arrData[i].intensity;
    idx_outstanding_emotion = i;
}

// 추가 : 감정 표현(PRIMARY)의 표시
if (idx_outstanding_emotion != -1) {
    {
        std::stringstream ss;
        ss << "Emotion_PRIMARY:" << EmotionLabels[idx_outstanding_emotion];
        cv::putText(colorImage, ss.str(),
            cv::Point(faceRect.x, faceRect.y - 40),
            cv::FONT_HERSHEY_SIMPLEX, 0.8, cv::Scalar(0, 0, 255), 2, CV_AA);
    }
}

// 감정 표현의 강도(intensity)가 일정치 이상을 감정이 있다고 판단한다
if (maxscoreI > 0.4) {
    IsSentimentPresent = true;
```

④

```cpp
        }

        // 추가 : 심리(Sentiment) 상태를 추정한다
        // 표정(PRIMARY)추정과 같으므로 설명은 생략한다
        if (IsSentimentPresent) {
            int idx_sentiment_emotion = -1;
            maxscoreE = -3; maxscoreI = 0;
            for (int i = 0; i<(10 - NUM_PRIMARY_EMOTIONS); i++) {
                if (arrData[NUM_PRIMARY_EMOTIONS + i].evidence  < maxscoreE) continue;
                if (arrData[NUM_PRIMARY_EMOTIONS + i].intensity < maxscoreI) continue;
                maxscoreE = arrData[NUM_PRIMARY_EMOTIONS + i].evidence;
                maxscoreI = arrData[NUM_PRIMARY_EMOTIONS + i].intensity;
                idx_sentiment_emotion = i;
            }
            if (idx_sentiment_emotion != -1) {
                {
                    std::stringstream ss;
                    ss << "Emo_SENTIMENT:" << SentimentLabels[idx_sentiment_emotion];
                    cv::putText(colorImage, ss.str(),
                        cv::Point(faceRect.x, faceRect.y - 15),
                        cv::FONT_HERSHEY_SIMPLEX, 0.8, cv::Scalar(0, 0, 255), 2, CV_AA);
                }
            }
        }
    }
}
```

예제 6.58 얼굴의 업데이트 처리(C#)

```csharp
private void updateFaceFrame()
{
    // 프레임 데이터를 가져온다
    PXCMCapture.Sample sample = senseManager.QuerySample();
    if (sample != null)
    {
        UpdateColorImage(sample.color);
    }


    this.emotionDet = this.senseManager.QueryEmotion();
```

```csharp
if (this.emotionDet != null)
{
    // SenceManager 모듈의 얼굴 데이터를 업데이트한다
    this.faceData.Update();

    // 각각의 얼굴별로 정보를 가져와서 렌더링한다
    for (int index = 0; index <= this.faceData.QueryNumberOfDetectedFaces() - 1;
        index++)
    {
        var face = this.faceData.QueryFaceByIndex(index);
        if (face != null)
        {
            // 얼굴 위치를 Color 값으로 가져온다
            var detection = face.QueryDetection();
            if (detection != null)
            {
                PXCMRectI32 faceRect;
                detection.QueryBoundingRect(out faceRect);

                // 얼굴 위치에 맞추어 사각형을 변경한다
                TranslateTransform transform
                    = new TranslateTransform(faceRect.x, faceRect.y);
                rect[index].Width = faceRect.w;
                rect[index].Height = faceRect.h;
                rect[index].Stroke = Brushes.Blue;
                rect[index].StrokeThickness = 3;
                rect[index].RenderTransform = transform;


                // 얼굴 및 표정 정보를 가져온다
                var expressionData = face.QueryExpressions();
                if (expressionData != null)
                {
                    PXCMFaceData.ExpressionsData.FaceExpressionResult expressionResult;
                    // 얼굴 위치에 맞추어 상태 정보를 표시한다
                    expression_tb[index,0].RenderTransform =
                        new TranslateTransform(
                            transform.X, transform.Y + faceRect.h + 15);
```

```csharp
expression_tb[index, 1].RenderTransform =
    new TranslateTransform(transform.X,
    transform.Y + faceRect.h + 30);
expression_tb[index, 2].RenderTransform =
    new TranslateTransform(
    transform.X, transform.Y + faceRect.h + 45);

// 입을 연 상태
if (expressionData.QueryExpression(
    PXCMFaceData.ExpressionsData.FaceExpression.EXPRESSION_MOUTH_OPEN,
        out expressionResult))
{
    expression_tb[index, 0].Text =
        "MOUTH_OPEN:" + expressionResult.intensity;
}

// 혀를 내민 상태
if (expressionData.QueryExpression(
PXCMFaceData.ExpressionsData.FaceExpression.EXPRESSION_TONGUE_OUT,
out expressionResult))
{
    expression_tb[index,1].Text =
        "TONGUE_OUT:" + expressionResult.intensity;
}

// 얼굴의 웃는 정도
if (expressionData.QueryExpression(
PXCMFaceData.ExpressionsData.FaceExpression.EXPRESSION_SMILE,
    out expressionResult))
{
    expression_tb[index,2].Text =
        "SMILE:" + expressionResult.intensity;
}

// 여기까지 표정 정보의 감지 기능
/////////////////////////////////////////


/////////////////////////////////////////
// 추가 : 여기부터 감정(Emotion) 상태 인식
```

```csharp
            // 추가 : 감정 데이터를 가져온다
            PXCMEmotion.EmotionData[] datas =
    new PXCMEmotion.EmotionData[NUM_PRIMARY_EMOTIONS + NUM_SENTIMENT_EMOTIONS];
            emotionDet.QueryAllEmotionData(index, out datas);


            // 추가 : 감정(PRIMARY)을 추정한다
            int maxscoreE = -3;
            float maxscoreI = 0;
            int idx_outstanding_emotion = -1;   // 최종적으로 결정된 감정 값


            for (int emotionIndex = 0;
                emotionIndex <= NUM_PRIMARY_EMOTIONS - 1; emotionIndex++)
            {
                if (datas != null) {
                    if (datas[emotionIndex].evidence >= maxscoreE
                        && datas[emotionIndex].intensity >= maxscoreI)
                    {
                        // 2개의 값을 모두 가장 큰 값으로 업데이트
                        maxscoreE = datas[emotionIndex].evidence;
                        // 감정 표현의 흔적(evidence) 비교
                        maxscoreI = datas[emotionIndex].intensity;
                        // 감정 표현의 강도(intensity) 비교
                      //primaryData = datas[emotionIndex];
                        idx_outstanding_emotion = emotionIndex;
                    }
                }

            }

            if (idx_outstanding_emotion != -1)
            {
                emotion_tb[index,0].RenderTransform =
                    new TranslateTransform(faceRect.x, faceRect.y - 30);
                emotion_tb[index,0].Text =
                    "Emotion_PRIMARY:" + EmotionLabels[idx_outstanding_emotion];
            }

            // 감정 표현의 강도(intensity)가 일정치 이상을 감정이 있다고 판단한다
            if (maxscoreI > 0.4)
```

```csharp
{
    // 추가 : 심리(Sentiment)상태를 추정한다
    // 감정 표현(PRIMARY)추정과 같으므로 설명은 생략한다
    //PXCMEmotion.EmotionData primarySent = null;
    int idx_sentiment_emotion = -1;
    int s_maxscoreE = -3;
    float s_maxscoreI = 0.0f;
    for (int sentimentIndex = 0;
        sentimentIndex < NUM_SENTIMENT_EMOTIONS; sentimentIndex++)
    {
        if (datas != null)
        {
            if (datas[sentimentIndex].evidence > s_maxscoreE &&
                datas[sentimentIndex].intensity > s_maxscoreI)
            {
s_maxscoreE = datas[NUM_PRIMARY_EMOTIONS + sentimentIndex].evidence;
s_maxscoreI = datas[NUM_PRIMARY_EMOTIONS + sentimentIndex].intensity;
                //primarySent = datas[sentimentIndex];
                idx_sentiment_emotion = sentimentIndex;
            }
        }
    }
    if (idx_sentiment_emotion != -1)
    {
        emotion_tb[index, 1].RenderTransform =
            new TranslateTransform(faceRect.x, faceRect.y - 60);
        emotion_tb[index, 1].Text =
            "Emo_SENTIMENT:" + EmotionLabels[idx_sentiment_emotion];
    }
}
}
}
}
}
}
```

먼저 얼굴의 업데이트 처리에서 감정 표현을 가져오는 것에 대해 설명하겠습니다.

PXC(M)Emotion.EmotionData의 변수 배열인 arrData[NUM_TOTAL_EMOTIONS(=10)] (C#에서는 [NUM_PRIMARY_EMOTIONS+NUM_SENTIMENT_EMOTIONS])을 준비합니다 (❶). 그리고, PXC(M)SenseManager.QueryEmotion( ) 함수에 의해 그 프레임에서의 감정 표현에 관한 정보를 가져옵니다(❷). 그리고 인텔 RealSense SDK에서 지원하는 감정(PRIMARY)상태의 7 종류와 심리(SENTIMENT)상태 3종류 각각의 레이블을 EmotionLabels[NUM_PRIMARY_EMOTIONS]과 SentimentLabels[NUM_SENTIMENT_EMOTIONS]으로 선언합니다(❸).

다음으로 각각의 얼굴별 처리에 대해 설명하겠습니다. 이 예제에서는 얼굴의 표정 정보를 처리한 뒤, 감정에 대한 처리를 하고 있습니다. 먼저 프레임에서의 감정 표현 정보가 저장된 PXC(M)Emotion의 함수 QueryAllEmotionData( )에 의해서 현재 처리 대상의 얼굴 감정 표현 정보를 arrData에 저장합니다(❹). 이 예제에서는 가장 강하게 나타난 감정 표현의 종류를 그 사용자의 감정 상태로 추정합니다. 그 감정 표현의 강함 정도는 감정 표현의 흔적(evidence)과 강도(intensity)를 지표로 사용합니다.

감정 표현의 흔적(evidence)이란 감정의 존재 여부를 10으로 취한 대수의 값입니다. 예를 들어 이 값이 2라면 100(=10의 제곱)배의 비율로 감정 표현이 존재 한다고 판단합니다. 반대로 −2라면 100(=10의 제곱)배의 비율로 감정 표현이 존재하지 않는다고 판단합니다. 이 값에 의해서 표면에 가장 강하게 나타나는 감정 표현을 판별합니다.

한편, 감정 표현의 강도(intensity)는 전문가에 의해서 추정된, 지각적인 감정 표현의 강도를 나타냅니다. 그 구분은 [표 6.8]과 같이 됩니다.

[표 5.3] 감정 표현의 강도(intensity) 내역[5]

감정 표현의 강도 (intensity) 값	강도의 정도
0.0 ≤ intensity 〈 0.2	희미하게 나타나는 정도
0.2 ≤ intensity 〈 0.4	낮은 강도
0.4 ≤ intensity 〈 0.6	중간 강도
0.6 ≤ intensity ≤ 1.0	강한 강도

---

5) 출처 https://software.intel.com/sites/landingpage/realsense/camera-sdk/v1.1/documentation/html/index.html?doc_devguide_introduction.html

이들 2가지의 지표를 기반으로 감정 표현의 흔적(evidence)을 우선 처리하며 가장 높은 값을 감지한 감정 표현을 결과로 표시합니다. 또한, 감정 표현의 강도(intensity)가 일정치 (이번 예제에서는 0.4로 설정)를 넘는 경우, 감정 표현의 추정과 같이 심리(SENTIMENT)상태도 추정합니다.

◆ 종료 처리

종료 처리는 컬러 이미지 표시(**예제 4.12, 4.13**)와 같으므로 설명은 생략하겠습니다.

Chapter 7

표시 및 감지의 응용 예

이 장에서는 RealSense의 공간 인식에 대해 설명하겠습니다. 배경 제거, 물체의 추적, 음성인식, 3D 스캔 등을 실행할 수 있습니다.

7-1 세분화(Segmentation, 배경 제거)

인텔 RealSense SDK에서는 '세분화(Segmentation)'라 하여, 거리 데이터를 사용한 배경 제거 기능이 있습니다. 이를 이용하면 배경과 사용자를 합성하거나 화상 채팅을 할 때 배경을 숨길 수 있습니다.

7-1-1 >> 세분화를 이용한 배경 제거

인텔 RealSense SDK의 배경 제거 기능은 세분화에 의한 자동적인 배경 제거를 지원하며 유효 거리 등의 상세한 설정은 할 수 없습니다.

◆ 실행 결과【샘플 프로그램 : CH7-1】

샘플 프로그램을 실행하면 사용자의 위치만 배경이 삭제된 상태로 표시됩니다.

일반적으로 적외선의 Depth 센서를 이용하면 복잡한 경계와 머리카락 부분도 분리해 낼 수 있습니다.

C#에서는 잘라낸 이미지를 α(알파)값으로 간단하게 투과시킬 수 있습니다. [그림 7.2]에서는 사용자 이외의 부분을 투과시켜, 배경에 그림을 설정하여 합성시키고 있습니다.

[그림 7.1] 경계와 머리카락 부분도 포함하여 자름

[그림 7.2] 사용자 이외의 부분을 α값으로 투과하여 배경에 사진을 합성

◆ 변수 선언

먼저, 세분화를 위한 PXC(M)3Dseg를 선언합니다.

예제 7.1 세분화의 변수 선언(C++)

```cpp
cv::Mat colorImage;

PXCSenseManager *senseManager = 0;

PXC3DSeg* segmentation = 0;


// 픽셀당 바이트수

const int BYTE_PER_PIXEL = 4;


const int COLOR_WIDTH = 640;

const int COLOR_HEIGHT = 480;

const int COLOR_FPS = 30;
```

예제 7.2 세분화의 변수 선언(C# XAML)

```xml
<Window x:Class="RealSenseSample.MainWindow"

        xmlns="http://schemas.microsoft.com/winfx/2006/xaml/presentation"

        xmlns:x="http://schemas.microsoft.com/winfx/2006/xaml"

        Title="MainWindow" SizeToContent="WidthAndHeight"

        Loaded="Window_Loaded"

        Unloaded="Window_Unloaded"

        >

    <Grid>

        <Image Source="okinawa.jpg"  Width="640" Height="480"/>   ————————————— ❷

        <Image x:Name="ImageColor" Width="640" Height="480"/>

    </Grid>

</Window>
```

예제 7.3 세분화의 변수 선언(C# 코드 비하인드)

```csharp
PXCMSenseManager senseManager;

PXCM3DSeg segmentation;


// 픽셀 데이터 버퍼

byte[] imageBuffer = new byte[COLOR_WIDTH * COLOR_HEIGHT * BYTE_PER_PIXEL];


// 비트맵

WriteableBitmap imageBitmap = new WriteableBitmap(   ———————————————————— ❶

    COLOR_WIDTH, COLOR_HEIGHT, 96, 96, PixelFormats.Bgra32, null);   ———————


// 비트맵 단형
```

```
Int32Rect imageRect = new Int32Rect(0, 0, COLOR_WIDTH, COLOR_HEIGHT);

// 픽셀당 바이트수
const int BYTE_PER_PIXEL = 4;

const int COLOR_WIDTH = 640;
const int COLOR_HEIGHT = 480;
const int COLOR_FPS = 30;
```

C#에서 표시용의 이미지는 바이트에서 비트맵을 직접 설정하므로 WriteableBitmap 및 이미지용의 바이트, 이미지 단형 범위의 변수를 선언합니다(❶) WriteableBitmap은 α값에서 투과시키기 때문에 PixelFormats.Bgra32에서 생성하고, α값을 활성화합니다.

마지막으로 합성을 위한 배경사진을 추가합니다. 합성하고자 하는 배경 이미지 파일을 프로젝트에 드래그&드롭합니다(그림7.3). 그리고 배경용 Image에 파일 이름을 입력합니다(❷).

여기에서는 "okinawa.jpg" 파일을 추가합니다.

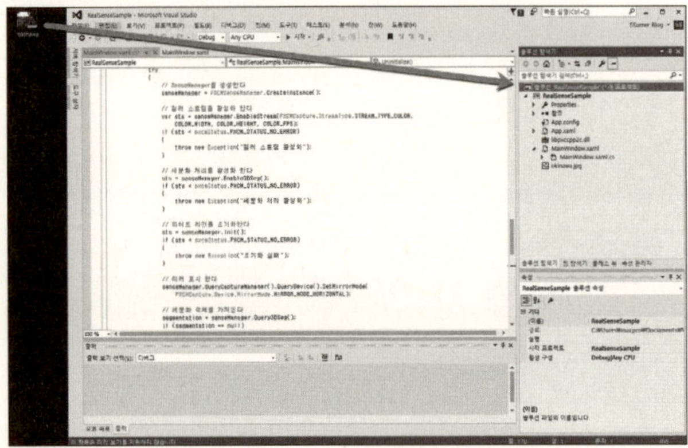

[그림 7.3] 배경 이미지 파일을 프로젝트에 추가

◆ **초기화 처리**

초기화 처리는 세분화 처리를 활성화 하고 SDK를 초기화하여 세분화 객체를 가져옵니다.

예제 7.4 세분화의 초기화 처리(C++)

```
void initilize()
{
  // SenseManager를 생성한다
  senseManager = PXCSenseManager::CreateInstance();
```

```cpp
    if (senseManager == 0) {
        throw std::runtime_error("SenseManager 생성 실패");
    }


    // 컬러 스트림을 활성화한다
    auto sts = senseManager->EnableStream(PXCCapture::StreamType::STREAM_TYPE_COLOR,
        COLOR_WIDTH, COLOR_HEIGHT, COLOR_FPS);
    if (sts<PXC_STATUS_NO_ERROR) {
        throw std::runtime_error("컬러 스트림 활성화 실패");
    }


    // 세분화 처리를 활성화한다
    sts = senseManager->Enable3DSeg();                                              ❶
    if (sts<PXC_STATUS_NO_ERROR) {
        throw std::runtime_error("세분화 처리의 활성화 실패");
    }


    // 파이프 라인을 초기화한다
    sts = senseManager->Init();
    if (sts<PXC_STATUS_NO_ERROR) {
        throw std::runtime_error("파이프 라인 초기화 실패");
    }


    // 미러 표시한다
    senseManager->QueryCaptureManager()->QueryDevice()->SetMirrorMode(
        PXCCapture::Device::MirrorMode::MIRROR_MODE_HORIZONTAL);


    // 세분화 객체를 가져온다
    segmentation = senseManager->Query3DSeg();                                      ❷
    if (segmentation == 0) {
        throw std::runtime_error("세분화 객체 가져오기 실패");
    }
}
```

예제 7.5 세분화의 초기화 처리(C#)

```csharp
private void Initialize()
{
    try {
        // SenseManager를 생성한다
```

```csharp
        senseManager = PXCMSenseManager.CreateInstance();

        // 컬러 스트림을 활성화한다
        var sts = senseManager.EnableStream(PXCMCapture.StreamType.STREAM_TYPE_COLOR,
            COLOR_WIDTH, COLOR_HEIGHT, COLOR_FPS);
        if (sts < pxcmStatus.PXCM_STATUS_NO_ERROR) {
            throw new Exception("컬러 스트림 활성화");
        }

        // 세분화 처리를 활성화한다
        sts = senseManager.Enable3DSeg();                                                  ❶
        if (sts < pxcmStatus.PXCM_STATUS_NO_ERROR) {
            throw new Exception("세분화 처리 활성화");
        }

        // 파이프 라인을 초기화한다
        sts = senseManager.Init();
        if (sts < pxcmStatus.PXCM_STATUS_NO_ERROR) {
            throw new Exception("초기화 실패");
        }

        // 미러 표시한다
        senseManager.QueryCaptureManager().QueryDevice().SetMirrorMode(
            PXCMCapture.Device.MirrorMode.MIRROR_MODE_HORIZONTAL);

        // 세분화 객체를 가져온다
        segmentation = senseManager.Query3DSeg();                                          ❷
        if (segmentation == null) {
            throw new Exception("세분화 객체 가져오기 실패");
        }
    }
    catch (Exception ex) {
        MessageBox.Show(ex.Message);
        Close();
    }
}
```

```csharp
private void Window_Loaded(object sender, RoutedEventArgs e)
{
  Initialize();

  // 비트맵을 Image에 연결한다
  ImageColor.Source = imageBitmap;

  CompositionTarget.Rendering += CompositionTarget_Rendering;
}
```

세분화의 활성화는 PXC(M)SenseManager.Enable3DSeg( )에서 실행합니다(❶).

초기화 후에 PXC(M)SenseManager.Query3DSeg( )에서 PXC(M)3Dseg의 세분화 객체를 가져옵니다(❷).

C#에서는 초기화 처리에서 Image.Source에 WriteableBitmap을 설정하였습니다. 이것으로 바이트를 업데이트하면 화면에 반영됩니다.

◆ 업데이트 처리

업데이트 처리는 세분화 객체에서 처리된 이미지 데이터를 가져옵니다.

예제 7.7 세분화의 프레임 데이터 업데이트 처리(C++)

```cpp
void updateFrame()
{
  // 프레임을 가져온다
  pxcStatus sts = senseManager->AcquireFrame(false);
  if (sts < PXC_STATUS_NO_ERROR) {
    return;
  }

  // 프레임 데이터를 가져온다
  auto image = segmentation->AcquireSegmentedImage();  ──────────────❶
  // 각 데이터를 표시한다
  updateSegmentationImage(image);

  // 프레임을 해제한다
  senseManager->ReleaseFrame();
}
```

예제 7.8 세분화의 프레임 데이터 업데이트 처리(C#)

```csharp
void CompositionTarget_Rendering(object sender, EventArgs e)
{
  try {
    // 프레임을 가져온다
    pxcmStatus ret = senseManager.AcquireFrame(false);
    if (ret < pxcmStatus.PXCM_STATUS_NO_ERROR) {
      return;
    }


    // 세분화 데이터를 가져온다
    var image = segmentation.AcquireSegmentedImage();    ────────────────────────────────────  ❶
    UpdateSegmentationImage(image);


    // 프레임을 해제한다
    senseManager.ReleaseFrame();
  }
  catch (Exception ex) {
    MessageBox.Show(ex.Message);
    Close();
  }
}
```

세분화된 이미지는 PXC(M)3DSeg.AcquireSegmentedImage( )에서 가져옵니다(❶). 이미지 데
이터는 PXC(M)Image 클래스로서 가져올 수 있으므로 컬러 이미지 등과 같이 취급합니다.

계속하여 PXC(M)Image 클래스에서 세분화된 이미지를 가져와 표시합니다.

예제 7.9 세분화의 업데이트 처리(C++)

```cpp
void updateSegmentationImage(PXCImage* colorFrame)
{
  if (colorFrame == 0) {
    return;
  }


  PXCImage::ImageInfo info = colorFrame->QueryInfo();


  // 데이터를 가져온다
  PXCImage::ImageData data;
```

```cpp
pxcStatus sts = colorFrame->AcquireAccess(PXCImage::Access::ACCESS_READ,    ①
    PXCImage::PixelFormat::PIXEL_FORMAT_RGB32, &data);
if (sts < PXC_STATUS_NO_ERROR) {
    throw std::runtime_error("컬러 이미지 가져오기 실패");
}


// 데이터를 복사한다
colorImage = cv::Mat::zeros(info.height, info.width, CV_8UC4);


auto dst = colorImage.data;
auto src = data.planes[0];


for (int i = 0; i < (info.height * info.width); i++) {
    auto index = i * BYTE_PER_PIXEL;

    // α값이 0이 아니면 유효한 위치로 색상을 복사한다
    if (src[index + 3] > 0) {
        dst[index + 0] = src[index + 0];
        dst[index + 1] = src[index + 1];
        dst[index + 2] = src[index + 2];
    }
    // α값이 0인 경우는 흰색으로 한다
    else {
        dst[index + 0] = 255;
        dst[index + 1] = 255;
        dst[index + 2] = 255;
    }
}


    // 데이터를 해제한다
    colorFrame->ReleaseAccess(&data);
}
```

예제 7.10 세분화의 업데이트 처리(C#)

```csharp
private void UpdateSegmentationImage(PXCMImage segmentationImage)
{
    if (segmentationImage == null) {
        return;
    }
```

```csharp
// 데이터를 가져온다
PXCMImage.ImageData data;
pxcmStatus ret = segmentationImage.AcquireAccess(PXCMImage.Access.ACCESS_READ,
    PXCMImage.PixelFormat.PIXEL_FORMAT_RGB32, out data);
if (ret < pxcmStatus.PXCM_STATUS_NO_ERROR) {
    return;
}


// 픽셀 데이터를 초기화한다
Array.Clear(imageBuffer, 0, imageBuffer.Length);

// 세분화 이미지를 바이트열로 변환한다
var info = segmentationImage.QueryInfo();
var buffer = data.ToByteArray(0, data.pitches[0] * info.height);

for (int i = 0; i < (info.height * info.width); ++i) {
    var index = i * BYTE_PER_PIXEL;

    // α값이 0이 아니면 유효한 위치로 색상을 복사한다
    if (buffer[index + 3] != 0) {
        imageBuffer[index + 0] = buffer[index + 0];
        imageBuffer[index + 1] = buffer[index + 1];
        imageBuffer[index + 2] = buffer[index + 2];
        imageBuffer[index + 3] = 255;
    }
    // α값이 0이면 픽셀 데이터의 α값을 0으로 한다
    else {
        imageBuffer[index + 3] = 0;
    }
}


// 픽셀 데이터를 업데이트한다
imageBitmap.WritePixels(imageRect, imageBuffer, data.pitches[0], 0);

// 데이터를 해제한다
segmentationImage.ReleaseAccess(data);
}
```

이미지 데이터를 가져오는 것은 컬러 이미지 등과 같습니다. PXC(M)Image.AcquireAccess( )에서 바이트를 가져오며(❶) 세분화된 이미지를 표시 또는 비표시하는 부분은 각 픽셀의 α값이 필요하기 때문에 PXC(M)Image.PixelFormat.PIXEL_FORMAT_RGB32에서 가져옵니다.

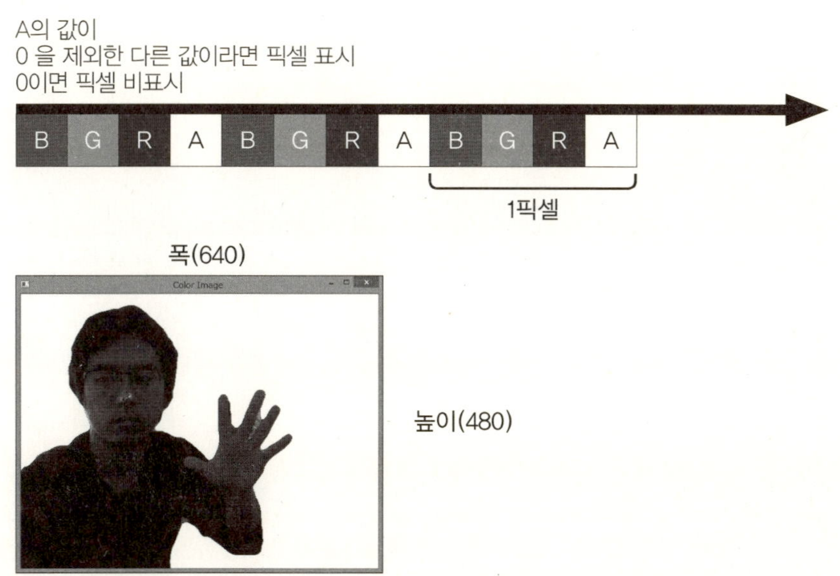

[그림 7.4] 알파값(A 의 값)에 의해 표시·비표시를 결정

α값은 0~255 사이에서 표시되는 투과의 정도이며, 0으로 하면 투명 255로 하면 불투명하게 됩니다. 여기에서는 표시하는 픽셀의 α값은 255, 비표시 픽셀의 α값은 0으로 하고 있습니다.

α값은 각 픽셀의 4번째(0부터 시작되므로 인덱스는 3)에 있습니다.

◆ 종료 처리

PXC(M)SenseManager 및 PXC(M)3DSeg를 해제시킵니다. C++에서는 Release( )를 C#에서는 Dispose( )를 호출합니다.

예제 7.11 세분화의 종료 처리(C++)

```
~RealSenseApp( )
{
  if (senseManager != nullptr) {
    senseManager->Release();
    senseManager = nullptr;
```

```cpp
    }

    if (segmentation != nullptr) {
        segmentation->Release();
        segmentation = nullptr;
    }
}
```

예제 7.12 세분화의 종료 처리(C#)

```csharp
private void Uninitialize()
{
    if (senseManager != null) {
        senseManager.Dispose();
        senseManager = null;
    }

    if (segmentation != null) {
        segmentation.Dispose();
        segmentation = null;
    }
}
```

7-2 객체 추적

여기에서는 객체 추적에 대해 설명하겠습니다.

객체 추적은 AR(증강 현실) 응용 프로그램에서의 표식(Marker)에 대한 인식 등에 이용할 수 있습니다.

7-2-1 ▶▶ 인텔 RealSense SDK의 객체 추적

인텔 RealSense SDK에서는 metaio사의 기술을 바탕으로 한 객체 추적 기능을 지원하고 있습니다. 인텔 RealSense SDK에서 지원되는 기능은 크게 3종류, 상세히는 다음과 같은 4종류의 객체 추적을 지원합니다.

- 2D 객체 추적
- 3D 객체 추적(특징점)
- 3D 객체 추적(엣지)
- 3D 인스턴트 객체 추적

7-2-2 ▶▶ 2D 객체 추적

2D 객체 추적에서는 추적할 대상이 되는 2D 이미지를 등록하고, 그 이미지의 위치와 방향을 감지합니다. 이미지는 일반적인 AR 표식과 같을 필요는 없으며 어떤 이미지라도 등록 가능합니다(물론, 이미지에 특징이 많으면 감지하기 쉽습니다). 예를 들면, 감지한 이미지의 위치와 방향에 맞추어 3D 모델을 중복하여 표시하면 AR 응용 프로그램이 됩니다.

◆ 실행 결과【샘플 프로그램 : CH7-2】

샘플 프로그램을 실행하면 등록한 이미지 위에 방향을 나타내는 선이 표시됩니다.

이것으로 위치와 방향을 알 수 있습니다. 여기에서 사용하고 있는 이미지는 'RSSDK\sample\object_tracker\Assets\2DTargets'에 있는 'targetEarth.jpg'입니다.

파일을 SDK에 등록하고 감지는 인쇄한 종이를 대상으로 실행합니다.

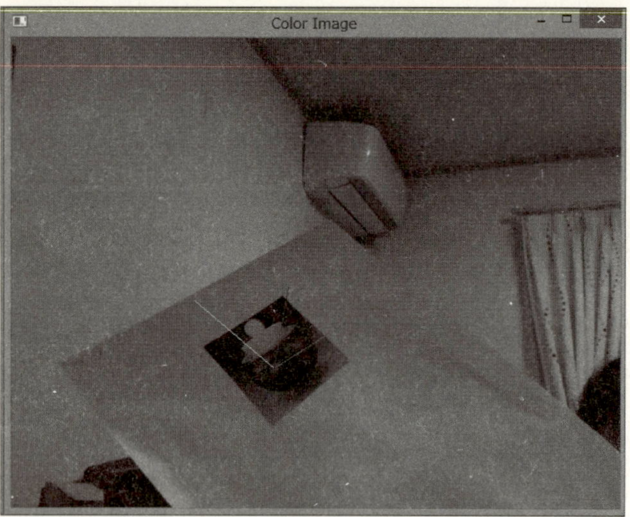

[그림 7.5] 인식한 이미지에 방향을 나타내는 선이 표시

◆ 변수 선언

객체 추적 기능인 PXC(M)Tracker와 감지 대상이 되는 이미지의 ID 저장을 위한 변수를 선언합니다. C#에서는 위치 및 방향을 표시하기 위한 Canvas를 XAML에 추가합니다.

예제 7.13 객체 추적의 변수 선언(C++)

```cpp
cv::Mat colorImage;
PXCSenseManager *senseManager = nullptr;

PXCTracker* tracker = nullptr;
pxcUID targetId = 0;

const int COLOR_WIDTH = 640;
const int COLOR_HEIGHT = 480;
const int COLOR_FPS = 30;
```

예제 7.14 얼굴의 특정 위치를 표시(C++)

```xml
<Window x:Class="RealSenseSample.MainWindow"
        xmlns="http://schemas.microsoft.com/winfx/2006/xaml/presentation"
        xmlns:x="http://schemas.microsoft.com/winfx/2006/xaml"
        Title="MainWindow" SizeToContent="WidthAndHeight"
        Loaded="Window_Loaded"
```

```
        Unloaded="Window_Unloaded"
        >
    <Grid>
        <Image x:Name="ImageColor" Width="640" Height="480"/>
        <Canvas x:Name="CanvasPoint" />
    </Grid>
</Window>
```

예제 7.15 객체 추적의 변수 선언(C# 코드 비하인드)

```
PXCMSenseManager senseManager;

PXCMTracker tracker;
int targetId;

const int COLOR_WIDTH = 640;
const int COLOR_HEIGHT = 480;
const int COLOR_FPS = 30;
```

◆ 초기화 처리

먼저 PXC(M)SenseManager의 PXC(M)SenseManager.EnableTracker( )에서 객체 추적을 활성화 합니다(❶). 그 후에 객체 추적을 초기화하고 객체 감지기와 추적할 이미지를 등록합니다.

예제 7.16 객체 추적의 활성화 처리(C++)

```
void initilize()
{
  // SenseManager를 생성한다
  senseManager = PXCSenseManager::CreateInstance();
  if (senseManager == 0) {
    throw std::runtime_error("SenseManager 생성 실패");
  }

  // 컬러 스트림을 활성화한다
  auto sts = senseManager->EnableStream(PXCCapture::StreamType::STREAM_TYPE_COLOR,
    COLOR_WIDTH, COLOR_HEIGHT, COLOR_FPS);
  if (sts<PXC_STATUS_NO_ERROR) {
    throw std::runtime_error("컬러 스트림 활성화 실패");
  }
```

```cpp
// 객체 추적자를 활성화한다
sts = senseManager->EnableTracker();                                          ❶
if (sts<PXC_STATUS_NO_ERROR) {
    throw std::runtime_error("객체 추적자 활성화 실패");
}


// 파이프 라인을 초기화한다
sts = senseManager->Init();
if (sts<PXC_STATUS_NO_ERROR) {
    throw std::runtime_error("파이프 라인 초기화 실패");
}


// 객체 추적자를 초기화한다
initializeObjectTracking();
}
```

예제 7.17 얼굴의 특정 위치를 표시(C++)

```cpp
private void Initialize()
{
  try {
    // SenseManager를 생성한다(코드생략)
    // 컬러 스트림을 활성화한다(코드생략)

    // 객체 추적자를 활성화한다
    sts = senseManager.EnableTracker();                                       ❶
    if (sts < pxcmStatus.PXCM_STATUS_NO_ERROR) {
       throw new Exception("객체 추적자 활성화 실패");
    }

    // 파이프 라인을 초기화한다
    sts = senseManager.Init();
    if (sts < pxcmStatus.PXCM_STATUS_NO_ERROR) {
       throw new Exception("초기화 실패");
    }

    // 관련된 객체 추적자를 초기화한다
    InitializeObjectTracking();
  }
```

```
  catch (Exception ex) {
    MessageBox.Show(ex.Message);
    Close();
  }
}
```

계속하여 객체 추적을 초기화합니다. 여기에서 추적 대상 이미지를 설정합니다.

실제로 추적에 사용하는 것은 PXC(M)Tracker 클래스이며 PXC(M)SenseManager.QueryTracker( )에서 가져옵니다(❶). 계속해서 PXC(M)Tracker.Set2DTrackFromFile( )에서 추적할 이미지를 설정합니다(❷). 정상적으로 설정이 되면 ID가 반환되며 이 후 사용을 위해 저장해 둡니다.

예제 7.18 객체 추적의 초기화 처리(C++)

```cpp
void initializeObjectTracking()
{
  // 객체 추적자를 가져온다
  tracker = senseManager->QueryTracker();                              ❶
  if (tracker == 0) {
    throw std::runtime_error("객체 추적자 가져오기 실패");
  }


  // 추적할 이미지를 설정한다
  auto sts = tracker->Set2DTrackFromFile(L"targetEarth.jpg", targetId);
  if (sts < PXC_STATUS_NO_ERROR) {                                     ❷
    throw std::runtime_error("추적할 이미지 설정 실패");
  }
}
```

예제 7.19 객체 추적의 초기화 처리(C#)

```csharp
private void InitializeObjectTracking()
{
  // 객체 추적자를 가져온다
  tracker = senseManager.QueryTracker();                               ❶
  if (tracker == null) {
    throw new Exception("객체 추적자 가져오기 실패");
  }
```

```
    // 추적할 이미지를 설정한다
    var sts = tracker.Set2DTrackFromFile(@"targetEarth.jpg", out targetId );
        if (sts < pxcmStatus.PXCM_STATUS_NO_ERROR) {
            throw new Exception("추적할 이미지 설정 실패");
        }
}
```

◆ 업데이트 처리

다음에는 업데이트 처리입니다. 프레임 가져오기 및 업데이트 처리의 흐름은 이미지 표시와 같습니다.

예제 7.20 객체 추적의 프레임 데이터 업데이트 처리(C++)

```cpp
void updateFrame()
{
    // 프레임을 가져온다
    pxcStatus sts = senseManager->AcquireFrame(false);
    if (sts < PXC_STATUS_NO_ERROR) {
        return;
    }

    // 프레임 데이터를 가져온다
    const PXCCapture::Sample *sample = senseManager->QueryTrackerSample();
    if (sample) {
        // 각 데이터를 표시한다
        updateColorImage(sample->color);
    }


    // 객체 추적을 업데이트한다
    updateObjectTracking();

    // 프레임을 해제한다
    senseManager->ReleaseFrame();
}
```

```
void CompositionTarget_Rendering(object sender, EventArgs e)
{
  try {
    // 프레임을 가져온다
    pxcmStatus ret = senseManager.AcquireFrame(false);
    if (ret < pxcmStatus.PXCM_STATUS_NO_ERROR) {
        return;
    }


    // 프레임 데이터를 가져온다
    PXCMCapture.Sample sample = senseManager.QueryTrackerSample();    ❶
    if (sample != null) {
        UpdateColorImage(sample.color);    ❷
    }


    // 객체 추적을 업데이트한다
    UpdateObjectTraking();

    // 프레임을 해제한다
    senseManager.ReleaseFrame();
  }
  catch (Exception ex) {
    MessageBox.Show(ex.Message);
    Close();
  }
}
```

표시용 컬러 이미지는 PXC(M)SenseManager.QueryTrackerSample( )에서 가져옵니다(❶).

반환된 것은 일반 이미지 가져오기와 같은 PXC(M)Capture.Sample 클래스이므로 PXC(M)
Capture.Sample.color를 UpdateColorImage( )에 전달하여 표시합니다(❷).

다음으로 추적한 객체를 가져와서 그 위치를 표시합니다.

예제 7.22 추적한 객체의 가져오기(C++)

```cpp
void updateObjectTracking( )
{
    // 추적하고 있는 객체를 표시한다
    PXCTracker::TrackingValues trackData;
    auto sts = tracker->QueryTrackingValues(targetId, trackData);          ❶

    if (sts < PXC_STATUS_NO_ERROR) {
        return;
    }


    // 추적한 객체를 표시한다
    if (PXCTracker::IsTracking(trackData.state)) {                          ❷
        showTrackingValue(&trackData);
    }
}
```

예제 7.23 추적한 객체의 가져오기(C#)

```csharp
private void UpdateObjectTraking( )
{
    // 캔버스를 지운다
    CanvasPoint.Children.Clear( );

    // 추적하는 객체를 가져온다
    PXCMTracker.TrackingValues trackData;
    var sts = tracker.QueryTrackingValues(targetId, out trackData);        ❶
    if (sts < pxcmStatus.PXCM_STATUS_NO_ERROR) {
        return;
    }

    // 추적한 객체를 표시한다
    if (PXCMTracker.IsTracking(trackData.state)) {                         ❷
        ShowTrackingValue(trackData);
    }
}
```

객체의 추적 데이터는 PXC(M)Tracker.QueryTrackingValues( )에서 가져옵니다(❶). 이미지
의 ID를 제공하면 추적상황을 가져옵니다. 객체를 추적하고 있는지 어떤지는 PXC(M)Tracker.

IsTracking( )에서 판정합니다(❷). 여기에서 추적 상태라면 이후에 표시할 프로그램 코드에서 위치와 방향의 표시를 실행합니다.

예제 7.24 초기화 처리(C++)

```cpp
// 객체 추적을 업데이트한다
void updateObjectTracking( )
{
    // 추적하고 있는 객체를 표시한다
    PXCTracker::TrackingValues trackData;
    auto sts = tracker->QueryTrackingValues(targetId, trackData);
    if (sts < PXC_STATUS_NO_ERROR) {
        return;
    }

    // 추적한 객체를 표시한다
    if (PXCTracker::IsTracking(trackData.state)) {
        showTrackingValue(&trackData);
    }
}

void showTrackingValue(PXCTracker::TrackingValues* arrData)
{
    // for the middleware being a left hand coordinate system.
    float depthnum = 630;

    //correction values for translation and movement dependent on z values
    float depthcorrectionfactor = (arrData->translation.z / depthnum);
    arrData->translation.x = arrData->translation.x / depthcorrectionfactor;
    arrData->translation.y = arrData->translation.y / depthcorrectionfactor;

    // 객체의 카메라 좌표 (화면의 중심이 원점)
    auto translation = arrData->translation;

    arrData->translation.y = -arrData->translation.y;
    arrData->translation.x += COLOR_WIDTH / 2;
    arrData->translation.y += COLOR_HEIGHT / 2;

    // 중심점을 표시한다
```

```cpp
cv::circle(colorImage,
    cv::Point(arrData->translation.x, arrData->translation.y),
    5, cv::Scalar(255, 0, 0), -1);

//3x1 points for scaling
PXCPoint3DF32 trans1;
PXCPoint3DF32 trans2;
PXCPoint3DF32 trans3;

// 방향선의 길이
int scalefactor = 150000; //150000
float height = scalefactor / translation.z;
float width = scalefactor / translation.z;
float depth = scalefactor / translation.z;

//creates the point vectors
trans1.x = width;    trans2.x = 0;         trans3.x = 0;
trans1.y = 0;        trans2.y = height;    trans3.y = 0;
trans1.z = 0;        trans2.z = 0;         trans3.z = depth;

PXCPoint4DF32 rot = arrData->rotation;

//put into 3x1 vector point for matrix multiplication purposes
PXCPoint3DF32 q;
q.x = rot.x;
q.y = rot.y;
q.z = rot.z;
float s = rot.w;

// 이미지의 감지 각도(방향)를 구한다
double heading;
double attitude;
double bank;

float sqw = s*s;
float sqx = q.x*q.x;
float sqy = q.y*q.y;
float sqz = q.z*q.z;
float unit = sqx + sqy + sqz + sqw;
```

```cpp
float check = q.x*q.y + q.z*s;
float rad2deg = 180 / M_PI;


heading = atan2(2 * q.y*s - 2 * q.x*q.z, sqx - sqy - sqz + sqw) * rad2deg;
attitude = asin(2.0*check / unit) * rad2deg;
bank = atan2(2 * q.x*s - 2 * q.y*q.z, -sqx + sqy - sqz + sqw) * rad2deg;


// 특정 방향으로 뻗은 선의 마지막 포인트를 계산한다
PXCPoint3DF32 prime1; PXCPoint3DF32 prime2; PXCPoint3DF32 prime3;
float rotmat[3][3];

// rotation matrix using quaternion values
rotmat[0][0] = (1 - (2 * (q.y*q.y)) - (2 * (q.z*q.z)));
rotmat[0][1] = ((2 * q.x*q.y) - (2 * s*q.z));
rotmat[0][2] = ((2 * q.x*q.z) + (2 * s*q.y));
rotmat[1][0] = ((2 * q.x*q.y) + (2 * s*q.z));
rotmat[1][1] = (1 - (2 * q.x*q.x) - (2 * q.z*q.z));
rotmat[1][2] = ((2 * q.y*q.z) - (2 * s*q.x));
rotmat[2][0] = ((2 * q.x*q.z) - (2 * s*q.y));
rotmat[2][1] = ((2 * q.y*q.z) + (2 * s*q.x));
rotmat[2][2] = (1 - (2 * q.x*q.x) - (2 * q.y*q.y));

//rotation for x point
prime1.x = (rotmat[0][0] * trans1.x) +
    (rotmat[0][1] * trans1.y) +
    (rotmat[0][2] * trans1.z);
prime1.y = (rotmat[1][0] * trans1.x) +
    (rotmat[1][1] * trans1.y) +
    (rotmat[1][2] * trans1.z);
prime1.z = (rotmat[2][0] * trans1.x) +
    (rotmat[1][2] * trans1.y) +
    (rotmat[2][2] * trans1.z);

//rotation for y point
prime2.x = (rotmat[0][0] * trans2.x) +
    (rotmat[0][1] * trans2.y) +
    (rotmat[0][2] * trans2.z);
prime2.y = (rotmat[1][0] * trans2.x) +
```

```cpp
    (rotmat[1][1] * trans2.y) +
    (rotmat[1][2] * trans2.z);
prime2.z = (rotmat[2][0] * trans2.x) +
    (rotmat[1][2] * trans2.y) +
    (rotmat[2][2] * trans2.z);

//rotation for z point
prime3.x = (rotmat[0][0] * trans3.x) +
    (rotmat[0][1] * trans3.y) +
    (rotmat[0][2] * trans3.z);
prime3.y = (rotmat[1][0] * trans3.x) +
    (rotmat[1][1] * trans3.y) +
    (rotmat[1][2] * trans3.z);
prime3.z = (rotmat[2][0] * trans3.x) +
    (rotmat[1][2] * trans3.y) +
    (rotmat[2][2] * trans3.z);

// 각 좌표의 방향을 표시한다
translation = arrData->translation;
cv::line(colorImage, cv::Point(translation.x, translation.y),
    cv::Point(translation.x + prime1.x, translation.y - prime1.y),
    cv::Scalar(0, 0, 255));
cv::line(colorImage, cv::Point(translation.x, translation.y),
    cv::Point(translation.x + prime2.x, translation.y - prime2.y),
    cv::Scalar(0, 255, 0));
cv::line(colorImage, cv::Point(translation.x, translation.y),
    cv::Point(translation.x + prime3.x, translation.y - prime3.y),
    cv::Scalar(255, 0, 0));
}
```

예제 7.25 초기화 처리(C#)

```csharp
private void ShowTrackingValue(PXCMTracker.TrackingValues arrData)
{
    // for the middleware being a left hand coordinate system.
    float depthnum = 630;

    //correction values for translation and movement dependent on z values
    float depthcorrectionfactor = (arrData.translation.z / depthnum);
    arrData.translation.x = arrData.translation.x / depthcorrectionfactor;
```

```csharp
arrData.translation.y = arrData.translation.y / depthcorrectionfactor;

var translation = arrData.translation;

// 객체의 카메라 좌표(화면의 중심이 원점)
arrData.translation.y = -arrData.translation.y;
arrData.translation.x += COLOR_WIDTH / 2;
arrData.translation.y += COLOR_HEIGHT / 2;

// 중심점을 표시한다
AddEllipse(CanvasPoint,
    new Point(arrData.translation.x, arrData.translation.y),
    5, Brushes.Blue, -1);

//3x1 points for scaling
PXCMPoint3DF32 trans1;
PXCMPoint3DF32 trans2;
PXCMPoint3DF32 trans3;

//changes the size of the arrows
int scalefactor = 150000; //150000
float height = scalefactor / translation.z;
float width = scalefactor / translation.z;
float depth = scalefactor / translation.z;

//creates the point vectors
trans1.x = width;
trans2.x = 0;
trans3.x = 0;
trans1.y = 0;
trans2.y = height;
trans3.y = 0;
trans1.z = 0;
trans2.z = 0;
trans3.z = depth;

PXCMPoint4DF32 rot = arrData.rotation;

//put into 3x1 vector point for matrix multiplication purposes
PXCMPoint3DF32 q;
q.x = rot.x;
```

```java
q.y = rot.y;
q.z = rot.z;
float s = rot.w;

// 이미지의 감지 각도(방향)를 구한다
double heading;
double attitude;
double bank;

float sqw = s*s;
float sqx = q.x*q.x;
float sqy = q.y*q.y;
float sqz = q.z*q.z;
float unit = sqx + sqy + sqz + sqw;
float check = q.x*q.y + q.z*s;
float rad2deg = 180 / (float)Math.PI;

heading = Math.Atan2(2 * q.y*s - 2 * q.x*q.z, sqx - sqy - sqz + sqw) * rad2deg;
attitude = Math.Asin(2.0*check / unit) * rad2deg;
bank = Math.Atan2(2 * q.x*s - 2 * q.y*q.z, -sqx + sqy - sqz + sqw) * rad2deg;


// 특정 방향으로 뻗은 선의 마지막 포인트를 계산한다
PXCMPoint3DF32 prime1;
PXCMPoint3DF32 prime2;
PXCMPoint3DF32 prime3;
float[][] rotmat = new float[3][];
rotmat[0] = new float[3];
rotmat[1] = new float[3];
rotmat[2] = new float[3];

//rotation matrix using quaternion values
rotmat[0][0] = (1 - (2 * (q.y*q.y)) - (2 * (q.z*q.z)));
rotmat[0][1] = ((2 * q.x*q.y) - (2 * s*q.z));
rotmat[0][2] = ((2 * q.x*q.z) + (2 * s*q.y));
rotmat[1][0] = ((2 * q.x*q.y) + (2 * s*q.z));
rotmat[1][1] = (1 - (2 * q.x*q.x) - (2 * q.z*q.z));
rotmat[1][2] = ((2 * q.y*q.z) - (2 * s*q.x));
rotmat[2][0] = ((2 * q.x*q.z) - (2 * s*q.y));
```

```
rotmat[2][1] = ((2 * q.y*q.z) + (2 * s*q.x));
rotmat[2][2] = (1 - (2 * q.x*q.x) - (2 * q.y*q.y));


//rotation for x point
prime1.x = (rotmat[0][0] * trans1.x) +
    (rotmat[0][1] * trans1.y) +
    (rotmat[0][2] * trans1.z);
prime1.y = (rotmat[1][0] * trans1.x) +
    (rotmat[1][1] * trans1.y) +
    (rotmat[1][2] * trans1.z);
prime1.z = (rotmat[2][0] * trans1.x) +
    (rotmat[1][2] * trans1.y) +
    (rotmat[2][2] * trans1.z);


//rotation for y point
prime2.x = (rotmat[0][0] * trans2.x) +
    (rotmat[0][1] * trans2.y) +
    (rotmat[0][2] * trans2.z);
prime2.y = (rotmat[1][0] * trans2.x) +
    (rotmat[1][1] * trans2.y) +
    (rotmat[1][2] * trans2.z);
prime2.z = (rotmat[2][0] * trans2.x) +
    (rotmat[1][2] * trans2.y) +
    (rotmat[2][2] * trans2.z);


//rotation for z point
prime3.x = (rotmat[0][0] * trans3.x) +
    (rotmat[0][1] * trans3.y) +
    (rotmat[0][2] * trans3.z);
prime3.y = (rotmat[1][0] * trans3.x) +
    (rotmat[1][1] * trans3.y) +
    (rotmat[1][2] * trans3.z);
prime3.z = (rotmat[2][0] * trans3.x) +
    (rotmat[1][2] * trans3.y) +
    (rotmat[2][2] * trans3.z);


// 각 좌표의 방향을 표시한다
AddLine(CanvasPoint, new Point(arrData.translation.x, arrData.translation.y),
    new Point(arrData.translation.x + prime1.x, arrData.translation.y - prime1.y),
```

```
      Brushes.Red);
    AddLine(CanvasPoint, new Point(arrData.translation.x, arrData.translation.y),
      new Point(arrData.translation.x + prime2.x, arrData.translation.y - prime2.y),
      Brushes.Green);
    AddLine(CanvasPoint, new Point(arrData.translation.x, arrData.translation.y),
      new Point(arrData.translation.x + prime3.x, arrData.translation.y - prime3.y),
      Brushes.Blue);
}
```

여기에서 변환 코드는 object_tracker 샘플에서 가져왔습니다. 객체의 위치는 PXC(M)Tracker. Tracking Values.translation에서 가져와서 Depth 값을 보정함으로써 화면 중심에 대한 원점의 객체 좌표를 구합니다(❶). 방향(회전)은 PXC(M) Tracker.TrackingValues.rotation에서 쿼터니온을 가져오고(❷) 그것을 기본으로 각도를 산출하여 쿼터니온에서 회전 행렬로 변환함으로써 방향의 끝점을 계산하였습니다(❸).

◆ 종료 처리

PXC(M)SenseManager 및 PXC(M)Tracker를 해제시킵니다. C++에서는 Release( )를 C#에서는 Dispose( )를 호출합니다.

예제 7.26 객체 추적의 종료 처리(C++)

```
~RealSenseApp( )
{
  if (senseManager != nullptr) {
    senseManager->Release( );
    senseManager = nullptr;
  }


  if (tracker != nullptr) {
    tracker->Release( );
    tracker = nullptr;
  }
}
```

```csharp
private void Uninitialize()
{
  if (senseManager != null) {
    senseManager.Dispose();
    senseManager = null;
  }


  if (tracker != null) {
    tracker.Dispose();
    tracker = null;
  }
}
```

7-2-3 >> 3D 객체 추적

'3D 객체 추적'에는 '특징점'과 '엣지' 2종류가 있습니다. '특징점'은 추적 대상의 특징점을 옆에 두고 SLAM(Simultaneous Localization and Mapping : 자기 위치 추정과 환경 지도 생성을 동시에 처리)에 의해 감지합니다. '엣지'는 3D 모델에서 윤곽선을 감지하고 그것을 이용하여 감지합니다. 각각 추적 대상의 특징점 및 윤곽선 감지의 사전 처리가 필요하며 그 결과가 출력된 파일을 인텔 RealSense SDK에 등록합니다.

사전 처리에 대해서는 나중에 설명하겠습니다. 프로그램으로는 2D 객체 추적에 이미지를 등록하고 그 부분을 3D용 파일로 변경합니다. 추적 데이터의 가져오기와 표시 처리는 2D 처리와 같으며 여기서는 차이가 있는 부분을 중심으로 설명하겠습니다.

◆ 실행 결과【샘플 프로그램 : 7-2_2】

샘플 프로그램을 실행하면 3차원 객체에 대한 위치와 방향이 표시됩니다.

[그림 7.6] 인식한 3차원 객체에 방향을 나타내는 선이 표시

◆ 변수 선언

3D 객체 추적 특히 '엣지' 추적은 하나의 추적 파일에 대해 복수의 ID가 반환됩니다. 그렇기 때문에 ID를 저장하는 변수는 배열로 선언합니다.

예제 7.28 3D 객체 추적의 변수 선언(C++)

```cpp
cv::Mat colorImage;
PXCSenseManager *senseManager = 0;

PXCTracker* tracker = 0;
std::vector<pxcUID> targetIds;

const int COLOR_WIDTH = 640;
const int COLOR_HEIGHT = 480;
const int COLOR_FPS = 30;
```

예제 7.29 3D 객체 추적의 변수 선언(C# 코드 비하인드)

```csharp
PXCMSenseManager senseManager;

PXCMTracker tracker;
```

```
List<int> targetIds = new List<int>();

const int COLOR_WIDTH = 640;
const int COLOR_HEIGHT = 480;
const int COLOR_FPS = 30;
```

◆ 초기화 처리

초기화 처리에서는 추적할 객체의 정의 파일에 대한 등록 부분을 변경합니다.

예제 7.30 3D 객체 추적의 초기화 처리(C++)

```cpp
void initializeObjectTracking()
{
  // 객체 추적자를 가져온다
  tracker = senseManager->QueryTracker();
  if (tracker == 0) {
    throw std::runtime_error("객체 추적자 가져오기 실패");
  }

  // 추적할 이미지를 설정한다
  pxcUID firstId = 0, lastId = 0;
  auto sts = tracker->Set3DTrack(L"target.slam", firstId, lastId);  ────①
  if (sts < PXC_STATUS_NO_ERROR) {
    throw std::runtime_error("추적할 이미지 설정 실패");
  }

  for (int i = firstId; i <= lastId; ++i) {
    targetIds.push_back(i);  ────②
  }
}
```

예제 7.31 3D 객체 추적의 초기화 처리(C#)

```csharp
private void InitializeObjectTracking()
{
  // 객체 추적자를 가져온다
  tracker = senseManager.QueryTracker();
  if (tracker == null) {
```

```
        throw new Exception("객체 추적자 가져오기 실패");
    }

    // 추적할 이미지를 설정한다
    int firstId = 0, lastId = 0;
    var sts = tracker.Set3DTrack(@"target.slam", out firstId, out lastId );  ————❶
        if (sts < pxcmStatus.PXCM_STATUS_NO_ERROR) {
            throw new Exception("추적할 객체의 설정 실패");
        }

    for (int i = firstId; i <= lastId; i++) {
        targetIds.Add(i);  ————————————————————————————————❷
    }
}
```

추적할 3D 객체의 등록에는 PXC(M)Tracker.Set3DTrack( )을 사용합니다(❶). 그리고, 첫 번째 인수에 등록할 파일 이름을 설정합니다. 파일은 사전 처리의 결과에 따라 생성되어, '특징점'의 경우 '(임의의 파일 이름).slam', '엣지'의 경우에는 'Tracking.xml'파일을 불러옵니다.

정상적으로 등록되면 ID의 가장 앞 부분과 뒷 부분이 반환되며 이것을 ID 배열에 등록합니다(❷).

◆ **업데이트 처리**

업데이트 처리의 흐름은 지금까지와 같습니다. ID가 복수가 되기 때문에 모든 ID에 대하여 업데이트 처리를 합니다.

예제 7.32 3D 객체 추적에 대한 업데이트 처리(C++)

```
void updateObjectTracking( )
{
    // 추적하고 있는 객체를 표시한다
    for (int id : targetIds) {
        PXCTracker::TrackingValues trackData;
        auto sts = tracker->QueryTrackingValues(id, trackData);
        if (sts < PXC_STATUS_NO_ERROR) {
            continue;
        }

        if (PXCTracker::IsTracking(trackData.state)) {
            showTrackingValue(&trackData);
```

```
        }
    }
}
```

예제 7.33 3D 객체 추적에 대한 업데이트 처리(C# 코드 비하인드)

```csharp
private void UpdateObjectTraking()
{
    // 캔버스를 지운다
    CanvasPoint.Children.Clear();

    // 추적하고 있는 객체를 표시한다
    foreach(int id in targetIds) {
        PXCMTracker.TrackingValues trackData;
        var sts = tracker.QueryTrackingValues(id, out trackData);
        if (sts < pxcmStatus.PXCM_STATUS_NO_ERROR) {
            continue;
        }

        if (PXCMTracker.IsTracking(trackData.state)) {
            ShowTrackingValue(trackData);
        }
    }
}
```

◆ **종료 처리**

종료 처리는 객체 추적과 같으므로(예제 7.26, 7.27) 설명을 생략하겠습니다.

7-2-4 >> 3D 인스턴트 객체 추적

마지막으로 '3D 인스턴트 객체 추적'입니다. 이것은 정의 파일 등을 생성하지 않고 공간을 SLAM 에서 인식하여 그 공간 자체를 추적합니다.

◆ **실행 결과【샘플 프로그램 : 7-2_3】**

샘플 프로그램을 실행하여 카메라를 공간으로 향하게 합니다. 잠시 기다리면 공간을 감지합니다. 이 상태에서 카메라를 움직여도 감지한 공간을 계속해서 추적합니다.

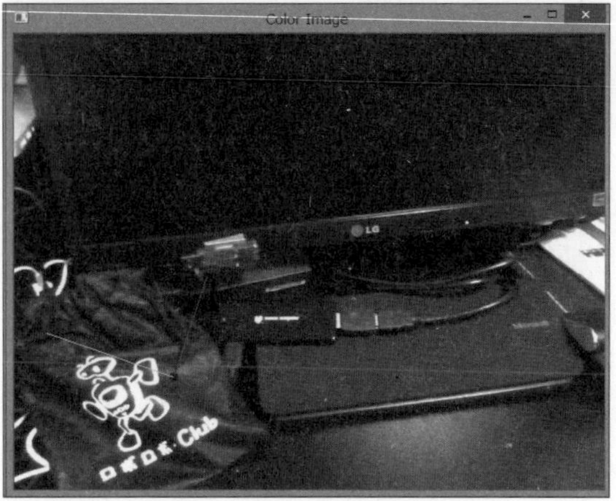

[그림 7.7] 공간을 인식하고 방향 등을 나타내는 선이 표시

◆ 변수 선언

인스턴트 객체 추적은 환경을 추적하기 위한 사전 등록은 필요하지 않습니다. 그러므로 등록용 ID
는 불필요하며 추적용의 PXC(M)Tracker만을 선언합니다.

예제 7.34 인스턴트 객체 추적의 변수 선언(C++)

```cpp
cv::Mat colorImage;
PXCSenseManager *senseManager = 0;


PXCTracker* tracker = 0;


const int COLOR_WIDTH = 640;
const int COLOR_HEIGHT = 480;
const int COLOR_FPS = 30;
```


예제 7.35 인스턴트 객체 추적의 변수 선언(C# 코드 비하인드)

```csharp
PXCMSenseManager senseManager;


PXCMTracker tracker;


const int COLOR_WIDTH = 640;
const int COLOR_HEIGHT = 480;
const int COLOR_FPS = 30;
```

◆ **초기화 처리**

초기화 처리에서는 인스턴트 객체 추적을 설정합니다.

예제 7.36 인스턴트 객체 추적의 초기화 처리(C++)

```cpp
void initializeObjectTracking()
{
    // 객체 추적자를 가져온다
    tracker = senseManager->QueryTracker();
    if (tracker == 0) {
        throw std::runtime_error("객체 추적자 가져오기 실패");
    }


    // 인스턴트 모드를 설정한다
    auto sts = tracker->Set3DInstantTrack(false, 30);                    ❶
    if (sts < PXC_STATUS_NO_ERROR) {
        throw std::runtime_error("추적할 이미지 설정 실패");
    }
}
```

예제 7.37 인스턴트 객체 추적의 초기화 처리(C#)

```csharp
private void InitializeObjectTracking()
{
    // 객체 추적자를 가져온다
    tracker = senseManager.QueryTracker();
    if (tracker == null) {
        throw new Exception("객체 추적자 가져오기 실패");
    }


    // 인스턴트 추적을 설정한다
    var sts = tracker.Set3DInstantTrack(true, 30);                       ❶
    if (sts < pxcmStatus.PXCM_STATUS_NO_ERROR) {
        throw new Exception("추적할 이미지 설정 실패");
    }
}
```

인스턴트 객체 추적은 PXC(M)Tracker.Set3DInstantTrack( )에서 활성화 합니다(❶). 인수
의 제 1인수는 좌표계의 설정 방법입니다. True로 설정하면 첫 번째 카메라 프레임을 사용합니다.

False로 설정하면 이미지 내에서 메인이 되는 면을 감지하여 사용합니다. 제 2인수는 공간 감지 추적을 실패했을 때, 재시도용으로 사용할 프레임 수를 설정합니다. 여기에서는 샘플에 따라 false와 30 값을 설정합니다.

◆ 업데이트 처리

계속하여 업데이트 처리입니다. 인스턴트 객체 추적은 사전에 추적 대상을 등록하지 않으므로 ID가 없습니다. 그러므로 모든 추적 대상을 가져와서 표시합니다.

예제 7.38 인스턴트 객체 추적의 업데이트 처리(C++)

```cpp
void updateObjectTracking()
{
    // 추적하고 있는 객체의 수를 가져온다
    pxcI32 numTracked = tracker->QueryNumberTrackingValues();        ❶
    if (numTracked == 0) {
        return;
    }

    // 추적하고 있는 객체를 표시한다
    std::vector<PXCTracker::TrackingValues> trackArr(numTracked);
    tracker->QueryAllTrackingValues(&trackArr[0]);                   ❷
    for (auto& arr : trackArr) {
        if (PXCTracker::IsTracking(arr.state)) {
            showTrackingValue(&arr);
        }
    }
}
```

예제 7.39 인스턴트 객체 추적의 업데이트 처리(C#)

```csharp
private void UpdateObjectTraking()
{
    // 캔버스를 지운다
    CanvasPoint.Children.Clear();

    // 추적하고 있는 모든 객체를 표시한다
    PXCMTracker.TrackingValues[] trackingValues;                     ❸
```

```
tracker.QueryAllTrackingValues(out trackingValues);
foreach(var trackData in trackingValues) {
  if (PXCMTracker.IsTracking(trackData.state)) {
    ShowTrackingValue(trackData);                                      ❹
  }
 }
}
```

C++에서는 현재 추적하고 있는 객체의 수를 PXC(M)Tracker.QueryNumberTrackingValues( )에서 가져옵니다(❶). 추적하고 있는 객체가 있으면 PXC(M)Tracker.QueryAllTrackingValues( )에서 추적 데이터를 가져옵니다(❷). C#의 경우에는 추적 데이터가 없어도 이를 포함하여 PXC(M)Tracker.QueryAllTrackingValues( )에서 추적 데이터가 가져올 수 있으므로 추적하고 있는 객체 수를 가져오는 것은 불필요합니다(❸). 마지막으로 가져온 추적 데이터를 표시하게 합니다(❹).

또한, PXC(M)Tracker.QueryNumberTrackingValues( ) 및 PXC(M)Tracker.QueryAllTrackingValues( )는 2D, 3D 객체 추적을 모두 이용할 수 있습니다. 방금 전에는 등록한 ID에 대한 추적 데이터를 가져왔지만 예를 들어 추적하는 대상 객체가 많은 경우에는 먼저 모든 추적 데이터를 가져오고 그 정보(ID와 객체명이 포함되어 있음)에서 역방향으로 조회하는 것이 좋을 수도 있습니다.

◆ **종료 처리**

종료 처리는 지금까지의 객체 추적과 같으므로(예제 7.26, 7.27) 설명을 생략하겠습니다.

음성인식(음성의 텍스트화)

인텔 RealSense SDK는 음성 관련 기능도 잘 되어 있습니다. 음성인식은 사용자가 말한 음성을 텍스트로 변환하는 기능입니다. 인식 방법에는 자유롭게 말한 음성을 텍스트로 변환하는 '받아쓰기 모드'와 지정한 단어을 인식시키는 '명령 모드' 두 가지가 있습니다.

7-3-1 ▶▶ 인텔 RealSense SDK의 음성 기능

인텔 RealSense SDK은 음성 관련 기능을 매우 잘 갖추고 있습니다.

여기서 소개할 음성인식은 사용자가 말하는 음성을 텍스트로 변환하는 기능과, 반대로 텍스트를 음성 데이터로 변환하는 기능입니다.

이러한 기능을 이용하면 소리를 이용한 입력 또는 입력한 것의 처리 결과를 음성으로 출력할 수 있습니다. 또한, 음성인식 받아쓰기 모드는 라이브러리에서 이용 가능한 중요한 기능입니다. 인식하는 말과 정밀도에 따라 사용 분야를 선택할 수 있으며 목적에 맞으면 매우 강력한 기능이 될 것입니다.

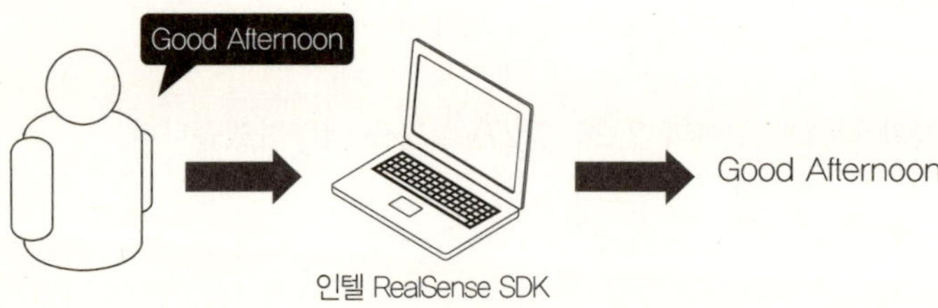

[그림 7.8] 음성인식 흐름도

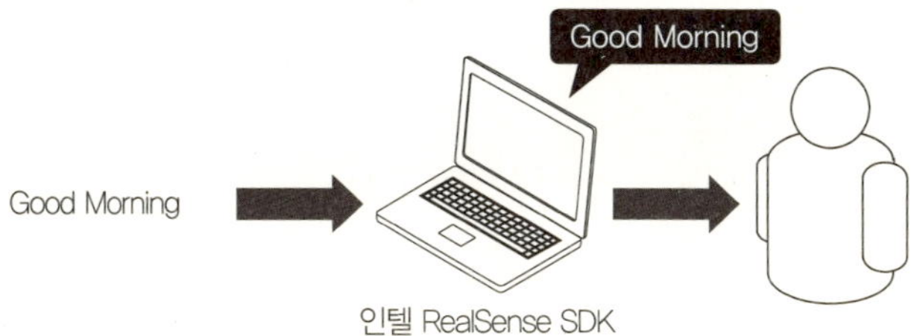

[**그림 7.9**] 음성변환 흐름도

인텔 RealSense SDK의 음성 관련 기능은 이미지 관련 기능과는 처리 흐름이 조금 변경됩니다. 음성인식의 받아쓰기 모드와 명령 모드는 인식하는 단어의 등록 여부를 제외하고 흐름은 같습니다.

1. 음성 입력용 객체를 생성합니다.
2. 음성 입력이 가능한 기기 목록에서 사용할 기기를 설정합니다.
3. 사용할 음성인식 엔진을 선택합니다.
4. 음성인식을 위한 언어를 선택합니다.
5. 받아쓰기 모드 또는 명령 모드를 선택합니다.
6. 음성인식 결과를 전달 받는 핸들러를 등록하고 음성인식을 시작합니다.

◆ **Intel RealSense SDK에서 음성 관련 기능의 상태가 좋지 않을 경우**

Intel RealSense SDK에서는 Windows 시스템 로캘이 한국어(대한민국)이면 음성 관련 처리에 문제가 발생할 수 있습니다.[1] 그러므로, 한글 Windows 사용자의 경우 설치된 그대로의 기본 환경에서는 음성 관련 기능을 사용할 수 없습니다.

이를 해결하기 위해서는 Windows의 시스템 로캘을 영어(미국)로 변경합니다. 이 설정을 변경하면 Windows의 사용자 인터페이스 언어와 폰트 관련 설정도 변경되므로 주의합니다.

이번 예제는 로캘을 영어(미국)로 변경한 환경에서 실행하도록 하겠습니다. 시스템 로캘의 변경 순서는 다음과 같습니다.

1. 제어판에서 [시계, 언어 및 국가별 옵션]을 클릭하고, 표시된 화면에서 [국가 또는 지역]을 클릭합니다(그림 7.10).

---

1) Intel RealSense SDK는 아직 한국어의 음성변환을 지원하지 않습니다(R5 기준).

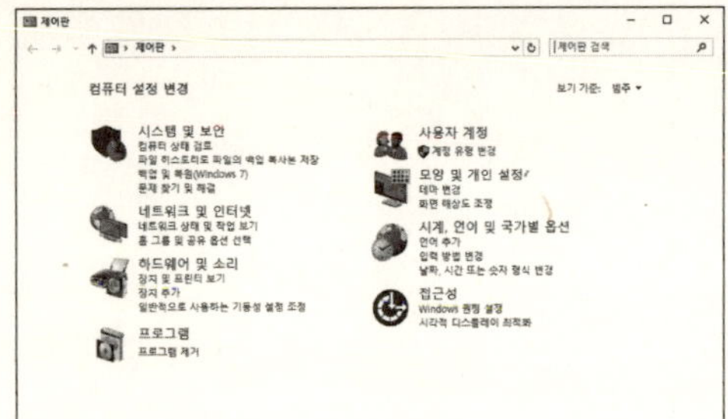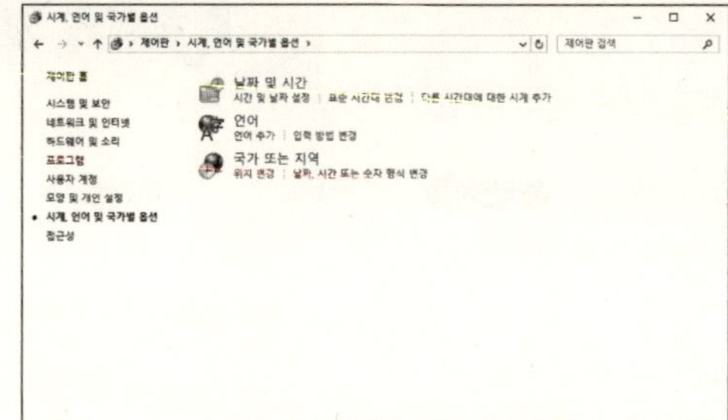

[그림 7.10] Windows 제어판

2. 표시되는 대화상자에서 [관리자 옵션] 탭의 [시스템 로캘 변경]을 클릭합니다(그림 7.11).

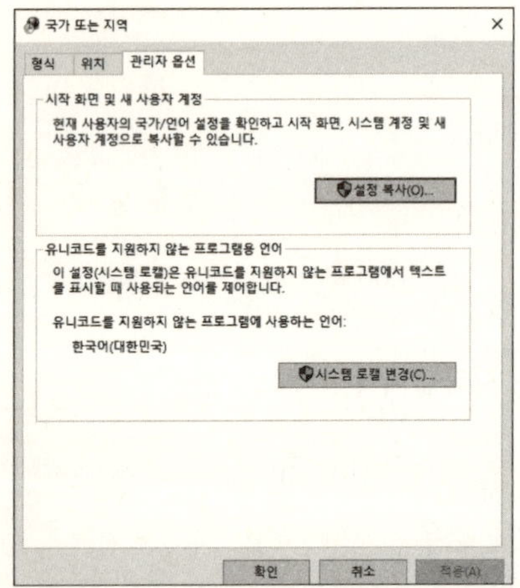

[그림 7.11] [국가 또는 지역] 대화상자

3. [국가 설정]에서 [현재 시스템 로캘]을 [영어(미국)]으로 변경하고 Windows를 재시동합니다(그림 7.12).

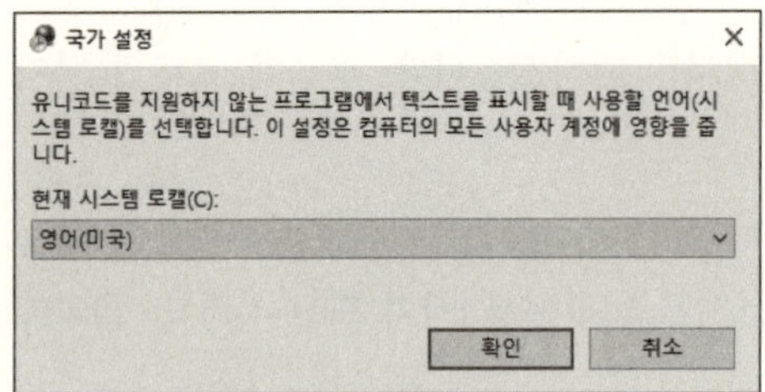

[그림 7.12] [국가 설정] 대화상자

또한, 이 변경으로 C++ 콘솔 출력에 한글이 표시되지 않으므로 현상태에서는 디버그 출력 결과만 확인합니다(그림 7.13). C#은 표시상의 문제는 없습니다.

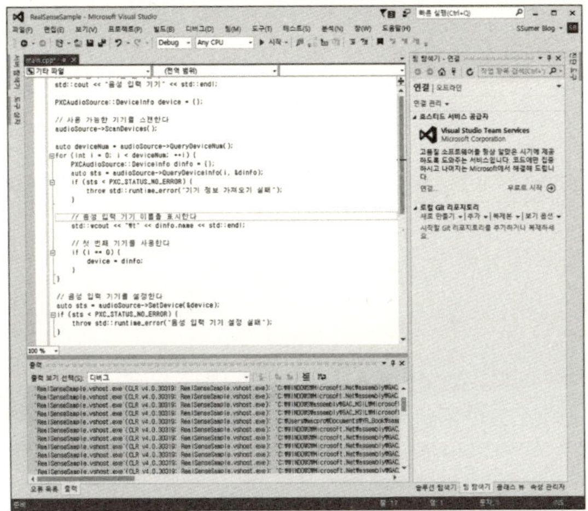

[**그림 7.13**] C++에서는 디버그 출력으로 결과를 확인

7-3-2 >> 받아쓰기 모드의 음성인식

받아쓰기 모드의 음성인식에 대해 설명하겠습니다. 응용 프로그램을 실행하여 말을 하면, 그 말이 텍스트로 표시됩니다. 샘플 프로그램에서는 컬러 이미지도 표시하고 있지만, 이번 예제에서는 음성 관련 기능에 대해서만 설명하겠습니다.

◆ **실행 결과【샘플 프로그램 : CH7-3】**

샘플 프로그램을 실행하여 마이크에 대고 말을 합니다("Hello" 등). 그 소리를 인식하여 텍스트화 된 것이 화면에 표시됩니다.

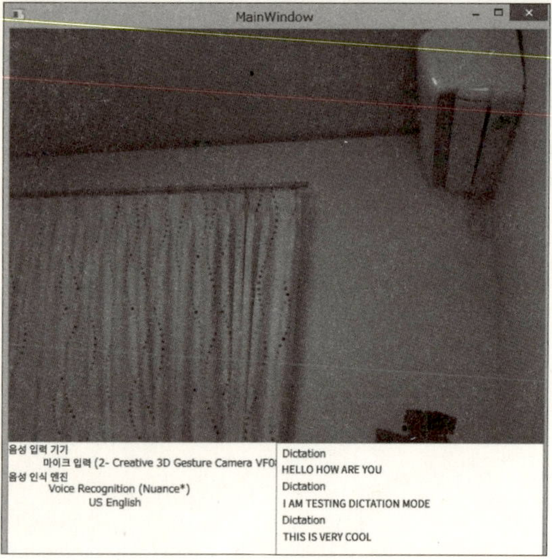

[그림 7.14] 마이크로 인식한 내용이 텍스트로 표시

◆ 변수 선언

음성 입력 소스가 되는 PXC(M)AudioSource와 음성인식을 위한 PXC(M)SpeechRecognition을 추가합니다.

예제 7.40 음성인식의 변수 선언(C++)

```cpp
cv::Mat colorImage;
PXCSenseManager *senseManager = nullptr;

PXCAudioSource *audioSource = nullptr;
PXCSpeechRecognition *recognition = nullptr;

const int COLOR_WIDTH = 640;
const int COLOR_HEIGHT = 480;
const int COLOR_FPS = 30;
```

예제 7.41 음성인식의 변수 선언(C# XAML)

```xml
<Window x:Class="RealSenseSample.MainWindow"
        xmlns="http://schemas.microsoft.com/winfx/2006/xaml/presentation"
        xmlns:x="http://schemas.microsoft.com/winfx/2006/xaml"
        Title="MainWindow" SizeToContent="WidthAndHeight"
```

```
            Loaded="Window_Loaded"
            Unloaded="Window_Unloaded"
            >
    <Grid  Width="640">
        <Grid.RowDefinitions>
            <RowDefinition Height="480"/>
            <RowDefinition Height="200"/>
        </Grid.RowDefinitions>
        <Grid Grid.Row="0">
            <Image x:Name="ImageColor" />
            <Canvas x:Name="CanvasPoint" />
        </Grid>

        <Grid Grid.Row="1">
            <Grid.ColumnDefinitions>
                <ColumnDefinition Width="1*"/>
                <ColumnDefinition Width="1*"/>
            </Grid.ColumnDefinitions>

            <TextBlock x:Name="TextDesc" Grid.Column="0"/>
            <ListBox x:Name="ListRecognition" Grid.Column="1"/>
        </Grid>
    </Grid>
</Window>
```

예제 7.42 음성인식의 변수 선언(C# 코드 비하인드)

```csharp
PXCMSenseManager senseManager;


PXCMAudioSource audioSource;
PXCMSpeechRecognition recognition;

// UI 스레드로 되돌리기 위한 콘텍스트
SynchronizationContext context = SynchronizationContext.Current;

const int COLOR_WIDTH = 640;
const int COLOR_HEIGHT = 480;
const int COLOR_FPS = 30;
```

음성인식 결과의 정보 표시는 C++에서는 OpenCV의 이미지 표시와 다른 콘솔에 표시됩니다. C#의 경우 이미지와 같은 화면에 표시하기 때문에 음성 입력 소스와 음성인식 엔진, 음성 확인 언어 등의 정보를 표시하는 TextBlock과 음성확인 결과를 표시하는 ListBox를 추가합니다.

또한, 음성인식 결과는 이벤트 핸들러로서 콜백됩니다. C#의 경우, UI와 다른 스레드에서 호출되지만, UI 객체로의 접근은 UI 스레드로 제한됩니다. 그러므로 SynchronizationContext 클래스를 준비하여 UI 스레드의 콘텍스트를 가져옵니다.

이 클래스를 사용하여 이후의 결과 핸들러를 UI 스레드로 전환합니다.

◆ 초기화 처리

음성 관련 초기화를 하기 전에 기본적인 초기화 처리를 실행합니다.

예제 7.43 음성인식 초기화 처리(C++)

```
void initilize()
{
  // SenseManager를 생성한다(코드 생략)
  // 컬러 스트림을 활성화한다(코드 생략)
  // 파이프 라인을 초기화한다(코드 생략)
  // 미러 표시한다(코드 생략)

  // 음성인식을 초기화한다
  initializeVoiceRecognition();
}
```


예제 7.44 음성인식 초기화 처리(C#)

```
private void Initialize()
{
  try {
    // SenseManager를 생성한다(코드 생략)
    // 컬러 스트림을 활성화한다(코드 생략)
    // 파이프 라인을 초기화한다(코드 생략)
    // 미러 표시한다(코드 생략)

    // 음성인식을 초기화한다
    InitializeSpeechRecognition();
  }
  catch (Exception ex) {
```

```
        MessageBox.Show(ex.Message);
        Close();
    }
}
```

◆ 음성 관련 초기화 처리(InitializeSpeechRecognition)

음성 관련 초기화 처리는 다음의 흐름과 같습니다.

1. 음성 입력용 객체를 생성합니다.

2. 음성 입력이 가능한 기기 목록에서 사용할 기기를 설정합니다.

3. 사용할 음성인식 엔진을 선택합니다.

4. 음성인식 언어를 선택합니다.

5. 받아쓰기 모드 또는 명령 모드를 선택합니다.

6. 음성인식 결과를 받는 핸들러를 등록하고 음성인식을 시작합니다.

각각의 처리가 조금 길기 때문에 순서대로 설명하겠습니다.

1. 음성 입력용 객체를 생성

가장 먼저 음성 입력 소스가 되는 객체를 생성합니다.

음성 입력 소스가 되는 PXC(M)AudioSource 클래스는 PXC(M)Session.CreateAudioSource( )
에서 생성합니다. PXC(M)Session클래스는 PXC(M)SenseManager.QuerySession( )에서 가져옵
니다.

예제 7.45 음성 입력용 객체 생성(C++)

```cpp
auto session = senseManager->QuerySession();

// 음성 입력 기기를 생성한다
audioSource = session->CreateAudioSource();
if (audioSource == 0) {
    throw std::runtime_error("음성 입력 기기 생성 실패");
}
```

```csharp
pxcmStatus sts;
var session = senseManager.QuerySession();


// 음성 입력 기기를 생성한다
audioSource = session.CreateAudioSource();
if (audioSource == null) {
  throw new Exception("음성 입력 기기 생성 실패");
}
```

2. 음성 입력이 가능한 기기 목록에서 사용할 기기 설정

음성 입력 소스를 선택합니다. 이것은 마이크를 나타냅니다. 인텔 RealSense 3D 카메라에 내장된 마이크를 사용하거나 컴퓨터에 연결된 다른 마이크도 사용할 수 있습니다.


```cpp
// 음성 입력 기기를 열거한다
std::cout << "음성 입력 기기" << std::endl;


PXCAudioSource::DeviceInfo device = {};

// 사용 가능한 기기를 스캔한다
audioSource->ScanDevices();                                          ❶

auto deviceNum = audioSource->QueryDeviceNum();                      ❸
for (int i = 0; i < deviceNum; ++i) {
  PXCAudioSource::DeviceInfo dinfo = {};
  auto sts = audioSource->QueryDeviceInfo(i, &dinfo);                ❷
  if (sts < PXC_STATUS_NO_ERROR) {
    throw std::runtime_error("기기 정보 가져오기 실패");
  }

  // 음성 입력 기기 이름을 표시한다
  std::wcout << "\t" << dinfo.name << std::endl;

  // 첫 번째 기기를 사용한다
  if (i == 0) {
    device = dinfo;
```

```cpp
  }
}

// 음성 입력 기기를 설정한다
auto sts = audioSource->SetDevice(&device);  ────────────────────────── ❹
if (sts < PXC_STATUS_NO_ERROR) {
  throw std::runtime_error("음성 입력 기기 설정 실패");
}
```

예제 7.48 음성 입력이 가능한 기기 목록에서 사용할 기기 설정(C#)

```csharp
// 음성 입력 기기를 열거한다
TextDesc.Text = "";
TextDesc.Text += "음성 입력 기기\n";

PXCMAudioSource.DeviceInfo device = null;

// 사용 가능한 기기를 스캔한다
audioSource.ScanDevices();  ─────────────────────────────────────────── ❶

var deviceNum = audioSource.QueryDeviceNum();  ──────────────────────── ❸
for (int i = 0; i < deviceNum; ++i) {
  PXCMAudioSource.DeviceInfo dinfo;
  sts = audioSource.QueryDeviceInfo(i, out dinfo);  ─────────────────── ❷
  if (sts < pxcmStatus.PXCM_STATUS_NO_ERROR) {
    throw new Exception("기기 정보 가져오기 실패");
  }

  // 음성 입력 기기 이름을 표시한다
  TextDesc.Text += "\t" + dinfo.name + "\n";

  // 첫 번째 기기를 사용한다
  if (i == 0) {
    device = dinfo;
  }
}

// 음성 입력 기기를 설정한다
sts = audioSource.SetDevice(device);  ──────────────────────────────── ❹
```

```cpp
if (sts < pxcmStatus.PXCM_STATUS_NO_ERROR) {
    throw new Exception("음성 입력 기기 설정 실패");
}
```

기기 열거는 PXC(M)AudioSource.ScanDevices( )에서 합니다(❶). 계속하여 PXC(M)AudioSource.QueryDeviceInfo( )에서 기기 정보를 가져옵니다(❷). 감지한 기기의 수는 PXC(M)AudioSource.QueryDeviceNum( )에서 가져올 수 있습니다(❸). 가져온 기기 정보의 이름을 표시하고, 첫 번째로 감지된 기기를 사용합니다. 그 외의 기기를 사용하고자 한다면 적절하게 코드를 변경합니다. 사용할 입력 기기는 PXC(M)AudioSource.SetDevice( )에서 설정합니다(❹).

3. 사용할 음성인식 엔진 선택

계속하여, 사용할 음성인식 엔진을 선택합니다. 여러 언어를 선택하는 경우는 드물겠지만 여기서는 열거 방법에 대해 설명하겠습니다.

예제 7.49 사용할 음성인식 엔진 선택(C++)

```cpp
// 음성인식 엔진을 열거한다
std::cout << "음성인식 엔진" << std::endl;

PXCSession::ImplDesc in = {};
PXCSession::ImplDesc out = {};                                    ❶
PXCSession::ImplDesc desc = {};
in.cuids[0] = PXCSpeechRecognition::CUID;

for (int i = 0; ; ++i) {
  // 음성인식 엔진을 가져온다
  auto sts = session->QueryImpl(&in, i, &out);                    ❷
  if (sts < PXC_STATUS_NO_ERROR) {
    break;
  }

  // 음성인식 엔진 이름을 표시한다
  std::wcout << "\t" << out.friendlyName << std::endl;

  // 첫 번째 음성인식 엔진을 사용한다
  if (i == 0) {
    desc = out;
```

```cpp
  }
}

// 음성인식 엔진 객체를 생성한다
sts = session->CreateImpl<PXCSpeechRecognition>(&desc, &recognition);     // ❸
if (sts < PXC_STATUS_NO_ERROR) {
  throw std::runtime_error("음성인식 엔진 객체 설정에 실패했습니다");
}
```

예제 7.50 사용할 음성인식 엔진 선택(C#)

```csharp
// 음성인식 엔진을 열거한다
TextDesc.Text += "음성인식 엔진\n";

PXCMSession.ImplDesc inDesc = new PXCMSession.ImplDesc();     // ❶
PXCMSession.ImplDesc outDesc = null;
PXCMSession.ImplDesc desc = null;
inDesc.cuids[0] = PXCMSpeechRecognition.CUID;

for (int i = 0; ; ++i) {
  // 음성인식 엔진을 가져온다
  sts = session.QueryImpl(inDesc, i, out outDesc);     // ❷
  if (sts < pxcmStatus.PXCM_STATUS_NO_ERROR) {
    break;
  }

  // 음성인식 엔진 이름을 표시한다
  TextDesc.Text += "\t" + outDesc.friendlyName + "\n";

  // 첫 번째 음성인식 엔진을 사용한다
  if (i == 0) {
    desc = outDesc;
  }
}

// 음성인식 엔진 객체를 생성한다
sts = session.CreateImpl<PXCMSpeechRecognition>(desc, out recognition);     // ❸
if (sts < pxcmStatus.PXCM_STATUS_NO_ERROR) {
  throw new Exception("음성인식 엔진 객체 설정에 실패했습니다");
}
```

방금 전의 기기 열거와 비슷한데 음성인식 엔진은 SDK 내에서 가져오기 때문에 세션 정보(PXC(M) Session)로부터 가져옵니다(❶). PXC(M)Session.QueryImpl( )에 PXC(M)SpeechRecognition의 ID를 설정한 디스크립터와 검색한 인덱스를 전달하여 음성인식 엔진 정보를 가져옵니다(❷). 또한, PXC(M)Session.QueryImpl( )의 정보 개수를 가져오는 기능은 없으므로 설정한 인덱스에서 정보를 가져올 수 없을 때까지 루프를 실행합니다. 여기에서 첫 번째 감지한 음성인식 엔진을 사용합니다. 이 디스크립터를 PXC(M)Session.CreateImpl( )로 설정하여 음성인식 엔진의 객체를 생성합니다(❸).

4. 음성인식 언어 선택

계속하여 음성을 인식하게 할 언어를 선택합니다. 인텔 RealSense SDK에서는 다국어의 음성인식용 언어팩을 지원하며 이미 설치된 언어에서 선택할 수 있습니다.

예제 7.51 음성인식 언어 선택(C++)

```cpp
// 지원되는 언어를 열거한다
PXCSpeechRecognition::ProfileInfo profile = {};

for (int j = 0;; ++j) {
    // 음성인식 엔진에 포함된 프로파일을 가져온다
    PXCSpeechRecognition::ProfileInfo pinfo;
    sts = recognition->QueryProfile(j, &pinfo);                              ❶
    if (sts < PXC_STATUS_NO_ERROR) {
        break;
    }

    // 지원되는 언어를 표시한다
    std::wcout << "\t\t" << LanguageToString(pinfo.language) << std::endl;

    // 영어 엔진을 사용한다
    if (pinfo.language == PXCSpeechRecognition::LANGUAGE_US_ENGLISH) {
        profile = pinfo;
    }
}

if (profile.language == 0) {
    throw std::runtime_error("선택한 음성인식 엔진은 지원되지 않습니다.");
}
```

```cpp
// 사용하는 언어를 설정한다
sts = recognition->SetProfile(&profile);  ─────────────────────────────── ❷
if (sts < PXC_STATUS_NO_ERROR) {
   throw std::runtime_error("음성인식 엔진 객체 설정에 실패했습니다");
}
```

예제 7.52 음성인식 언어 선택(C#)

```csharp
// 지원되는 언어를 열거한다
PXCMSpeechRecognition.ProfileInfo profile = null;

for (int j = 0;; ++j) {
   // 음성인식 엔진에 포함된 프로파일을 가져온다
   PXCMSpeechRecognition.ProfileInfo pinfo;
   sts = recognition.QueryProfile(j, out pinfo); ─────────────────── ❶
   if (sts < pxcmStatus.PXCM_STATUS_NO_ERROR) {
      break;
   }

   // 지원되는 언어를 표시한다
   TextDesc.Text += "\t\t" + LanguageToString(pinfo.language) + "\n";

   // 영어 엔진을 사용한다
   if (pinfo.language == PXCMSpeechRecognition.LanguageType.LANGUAGE_US_ENGLISH) {
      profile = pinfo;
   }
}

if (profile == null) {
   throw new Exception("선택한 음성인식 엔진은 지원되지 않습니다.");
}

// 사용하는 언어를 설정한다
sts = recognition.SetProfile(profile);  ─────────────────────────── ❷
if (sts < pxcmStatus.PXCM_STATUS_NO_ERROR) {
   throw new Exception("음성인식 엔진 객체 설정에 실패했습니다");
}
```

음성인식 엔진의 언어는 PXC(M)SpeechRecognition.QueryProfile( )에 인덱스를 주고 프로파일로서 가져옵니다(❶). 역시나 언어팩의 개수는 가져올 수 없기 때문에 QueryProfile( )이 가져올 수 없을 때 까지 계속해서 가져옵니다. 여기에서는 언어를 영어로 지정하고 있습니다.

사용하는 언어가 지정되면 PXC(M)SpeechRecognition.SetProfile( )에서 프로파일을 설정합니다(❷).

5. 받아쓰기 모드 설정

여기에서는 음성인식 모드를 설정합니다. 받아쓰기 모드는 PXC(M)SpeechRecognition.SetDictation( )에서 설정합니다.

예제 7.53 받아쓰기 모드를 설정한다(C++)

```cpp
void setDictationMode( )
{
  // 받아쓰기 모드를 설정한다
  auto sts = recognition->SetDictation( );
  if (sts < PXC_STATUS_NO_ERROR) {
    throw std::runtime_error("받아쓰기 모드 설정 실패");
  }
}
```

예제 7.54 받아쓰기 모드를 설정한다(C#)

```csharp
void SetDictationMode( )
{
  // 받아쓰기 모드를 설정한다
  var sts = recognition.SetDictation( );
  if (sts < pxcmStatus.PXCM_STATUS_NO_ERROR) {
    throw new Exception("받아쓰기 모드 설정 실패");
  }
}
```

6. 음성인식 결과를 받는 핸들러를 등록하여 음성인식 시작

마지막으로 음성인식 결과를 받는 핸들러를 설정하여 음성인식을 시작합니다.

예제 7.55 음성인식 결과를 받는 핸들러를 등록하여 음성인식 시작(C++)

```cpp
// 음성인식을 시작한다
sts = recognition->StartRec(audioSource, this);                        ❷
if (sts < PXC_STATUS_NO_ERROR) {
  throw std::runtime_error("음성인식 시작 실패");
}
```

예제 7.56 음성인식 결과의 핸들러를 기본 클래스로 설정(C++)

```cpp
class RealSenseAsenseManager : public PXCSpeechRecognition::Handler    ❶
```

예제 7.57 음성인식 결과를 받는 핸들러를 등록하여, 음성인식 시작(C#)

```csharp
// 음성인식 알림 핸들러를 생성한다
PXCMSpeechRecognition.Handler handler = new PXCMSpeechRecognition.Handler();  ❸
handler.onRecognition = OnRecognition;                                 ❶

// 음성인식을 시작한다
sts = recognition.StartRec(audioSource, handler);                      ❹
if (sts < pxcmStatus.PXCM_STATUS_NO_ERROR) {
  throw new Exception("음성인식 시작 실패");
}
```

C++에서 결과 핸들러는 PXCSpeechRecognition::Handler에 정의되어 있는 OnRecognition( )가 호출됩니다. 이것을 오버라이드하기 위해 응용 프로그램 클래스에 PXCSpeechRecognition::Handler를 계승합니다(❶). 음성인식 시작은 PXC(M) SpeechRecognition.StartRec( )를 호출합니다(❷). 첫 번째 인수에 음성 입력 소스의 기기 다음 인수에 PXCSpeechRecognition::Handler 클래스로의 포인터를 설정합니다. 이번에는 PXCSpeechRecognition::Handler를 응용 프로그램 클래스가 계승하므로 this 포인터을 전달하여 자신의 클래스 내에 있는 OnRecognition( )을 호출하도록 합니다. 핸들러의 설장에 대해서는 나중에 설명하겠습니다.

C#에서도 PXCMSpeechRecognition.Handler 클래스를 사용하지만, 이번 예제에서는 델리게이트(delegate)로 호출합니다(❸). 이것은 클래스 내에서 선언한 OnRecognition( )을 등록함으로써 호출을 받습니다. 음성인식의 시작은 PXC(M)SpeechRecognition.StartRec( )에서 첫 번째 인수에 음성 입력 소스의 기기, 다음 인수로 PXCMSpeechRecognition.Handler 클래스를 설정합니다(❹).

◈ 이벤트 핸들러

음성이 인식되어 텍스트로 변환되면 방금 전에 등록한 핸들러가 호출됩니다. 이 중에서 어떤 인식을 했는지 가져옵니다.

예제 7.58 이벤트 핸들러(C++)

```cpp
virtual void PXCAPI OnRecognition(const PXCSpeechRecognition::RecognitionData *data) {
  std::cout << "Dictation" << std::endl;

  // 받아쓰기 모드이면 레이블이 마이너스 값이 된다
  if (data->scores[0].label < 0) {                                              ❶
    std::wcout << data->scores[0].sentence << std::endl;                        ❷
  }
}
```


예제 7.59 이벤트 핸들러(C#)

```csharp
void OnRecognition(PXCMSpeechRecognition.RecognitionData data)
{
  // UI 스레드에 동기적으로 처리를 반환한다
  context.Post(state = >
  {
    ListRecognition.Items.Add("Dictation");

    // 받아쓰기 모드이면 레이블이 마이너스 값이 된다
    if (data.scores[0].label < 0) {                                            ❶
      ListRecognition.Items.Add(data.scores[0].sentence);                      ❷
    }
  }, null);
}
```


음성인식 결과는 PXC(M)SpeechRecognition.RecognitionData 클래스에 포함되어 있습니다. 받아쓰기 모드의 경우 PXC(M)SpeechRecognition.RecognitionData.scores[0]에 결과가 입력되어 있으며, label의 값이 음수이면 받아쓰기의 결과가 됩니다(❶). 인식된 결과는 PXC(M)SpeechRecognition.RecognitionData.scores[0].sentence에 입력됩니다(❷).

C#의 경우 핸들러가 UI와는 다른 스레드에서 호출됩니다. 그러나, UI로의 접근은 UI 스레드에서 수행해야 하므로 먼저 정의된 UI 스레드의 콘텍스트로 전환하여 표시 처리하고 있습니다.

◆ **종료 처리**

PXC(M)SenseManager 및 PXC(M)AudioSource, PXC(M)SpeechRecognition를 해제시킵니다.
C++에서는 Release( )를 C#에서는 Dispose( )를 호출합니다.

예제 7.60 음성인식 종료 처리(C++)

```cpp
~RealSenseApp( )
{

  if (senseManager != nullptr) {
    senseManager->Release( );
    senseManager = nullptr;
  }

  if (audioSource != nullptr) {
    audioSource->Release( );
    audioSource = nullptr;
  }

  if (recognition != nullptr) {
    recognition->Release( );
    recognition = nullptr;
  }

}
```

예제 7.61 음성인식 종료 처리(C#)

```csharp
private void Uninitialize( )
{
  if (senseManager != null) {
    senseManager.Dispose( );
    senseManager = null;
  }

  if (audioSource != null) {
    audioSource.Dispose( );
    audioSource = null;
  }
```

```
if (recognition != null) {
    recognition.Dispose();
    recognition = null;
}
}
```

7-3-3 ▶▶ 명령 모드로 음성인식

계속하여 명령 모드입니다. 명령 모드는 인식시키는 음성을 미리 문자로 등록해 두고 그 언어만을 인식시킵니다. 이것은 음성에 의한 명령 실행에 활용할 수 있습니다.

기본적인 처리의 흐름은 받아쓰기 모드와 같으며, 음성인식 모드의 설정과 인식 결과의 핸들러 내에서의 처리는 변경됩니다. 차이가 있는 부분을 중심으로 설명하겠습니다.

◆ **실행 결과【샘플 프로그램 : CH7-3_2】**

샘플 프로그램을 실행하고 마이크에 대고 말을 합니다. 입력된 말이 미리 등록된 단어이면 인식됩니다. 여러 개의 단어를 등록한 경우에는 인식한 음성과 일치성 및 정확도가 높은 순서로 단어가 반환됩니다.

[**그림 7.15**] 인식한 음성이(여러 개의 단어가 등록된 경우 일치성과 정확도가 높은 순서로) 등록된 단어에서 반환

◆ **초기화 처리**

초기화 처리는 받아쓰기 모드와 같으며 받아쓰기 모드로 설정한 StDictationMode( )를
SetCommandMode( )로 변경하였습니다. SetCommandMode( )의 구현은 다음 예제와 같습니다.

예제 7.62 명령 모드 설정(C++)

```cpp
void setCommandMode( )
{
  pxcUID grammar = 1;

  // 인식시키고 싶은 명령
  pxcCHAR* commands[] = {
    L"Hello",
    L"Good",
    L"Bad",
  };                                                              ❶

  // 인식시키고 싶은 명령을 분석한다
  auto sts = recognition->BuildGrammarFromStringList(grammar, commands, 0, 3);  ❷
  if (sts < PXC_STATUS_NO_ERROR) {
    throw std::runtime_error("명령 분석 실패");
  }

  // 인식시키고 싶은 명령을 등록한다
  sts = recognition->SetGrammar(grammar);                         ❸
  if (sts < PXC_STATUS_NO_ERROR) {
    throw std::runtime_error("명령 설정 실패");
  }
}
```

예제 7.63 명령 모드에서 설정한다(C#)

```csharp
void SetCommandMode( )
{
  int grammar = 1;

  // 인식시키고 싶은 명령
  string[] commands = new string[]{
    "Hello",
```

```
      "Good",
      "Bad",
    };

    // 인식시키고 싶은 명령을 분석한다
    var sts = recognition.BuildGrammarFromStringList(grammar, commands, null);
    if (sts < pxcmStatus.PXCM_STATUS_NO_ERROR) {
      throw new Exception("명령 분석 실패");
    }

    // 인식시키고 싶은 명령을 등록한다
    sts = recognition.SetGrammar(grammar);
    if (sts < pxcmStatus.PXCM_STATUS_NO_ERROR) {
      throw new Exception("명령 설정 실패");
    }
}
```

인식시키고 싶은 명령을 배열로 준비합니다(❶). 여기에서는 함수내에서 정의하고 있지만 외부 파일과 사용자 입력 등으로 생성할 수 있습니다. 이것을 PXC(M)SpeechRecognition. BuildGrammarFromStringList( )에 전달하여 ID와 연결시킵니다(❷). 이 ID를 PXC(M) SpeechRecognition.SetGrammar( )에 전달하여 인식 언어를 설정합니다(❸). ID를 전환하면 연속적인 명령도 사용할 수 있습니다.

◆ **이벤트 핸들러**

명령 모드에서의 이벤트 핸들러는 언어의 인식 정확도에 따라 여러 개의 후보 단어를 보냅니다. 기본적으로 후보 단어들 중 가장 높은 정확도의 단어가 선택됩니다.

예제 7.64 이벤트 핸들러(C++)

```cpp
virtual void PXCAPI OnRecognition(const PXCSpeechRecognition::RecognitionData *data) {
  // 명령 모드이면 레이블에 등록한 명령의 인덱스가 설정된다
  std::cout << "Command" << std::endl;
  for (int i = 0; i < PXCSpeechRecognition::NBEST_SIZE; i++) {
    if (data->scores[i].label < 0 || data->scores[i].confidence == 0) {
      continue;
    }
```

```cpp
        // 인식한 언어가 안정성이 높은 순서로 설정된다
        std::wcout << data->scores[i].label << " "
            << data->scores[i].confidence << " "                              ❶
            << data->scores[i].sentence << std::endl;                        ❷
    }
}
```

예제 7.65 이벤트 핸들러(C#)

```csharp
void OnRecognition(PXCMSpeechRecognition.RecognitionData data)
{
  // UI 스레드에 동기적으로 처리를 반환한다
  context.Post(state = >
  {
    ListRecognition.Items.Add("Command");

    // 명령 모드이면 레이블에 등록한 명령의 인덱스가 설정된다
    for (int i = 0; i < PXCMSpeechRecognition.NBEST_SIZE; i++) {
      if (data.scores[i].label < 0 || data.scores[i].confidence == 0) {
        continue;
      }

      // 인식한 언어가 안정성이 높은 순서로 설정된다
      ListRecognition.Items.Add(string.Format("{0}, {1}, {2}",
        data.scores[i].label, data.scores[i].confidence,                     ❶
        data.scores[i].sentence));                                           ❷
    }
  }, null);
}
```

  명령 모드도 음성인식 결과는 PXC(M)SpeechRecognition.RecognitionData 클래스에 포함
되어 있습니다. 명령 모드의 경우 PXC(M)SpeechRecognition.RecognitionData. Scores의 배
열에 후보 단어를 포함하고 있습니다. PXC(M)SpeechRecognition.RecognitionData.scores[i].
confidence의 값에 따라 인식되는 단어의 정확도를 알 수 있습니다(❶). 이 값이 높은 만큼 정확하
게 일치하는 것으로 판단합니다. 인식된 단어는 PXC(M)SpeechRecognition.RecognitionData.
scores[i].sentence에 포함되어 있습니다(❷).

ㄱ-ㄴ 음성변환(텍스트의 음성화)

여기서는 음성변환에 대해 설명하겠습니다. 음성변환은 음성인식의 반대로 텍스트를 음성 데이터로 변환합니다. 음성인식 후의 응답 메시지와 자동 응답, 사용자에 대한 알림 등 여러 방면에서 활용 가능합니다.

ㄱ-ㄴ-1 ≫ 음성변환

음성변환은 텍스트에서 음성 데이터를 생성하는 기능입니다. 생성된 음성 데이터는 PCM 형식으로 생성됩니다. 이 데이터를 스피커로 출력하면, 음성 메시지와 같이 되며 파일로 저장하면 Wave 형식의 데이터 파일이 저장됩니다.

음성 메시지로서 이용하는 경우 텍스트에서 자동적으로 음성 데이터를 생성 가능하기 때문에 미리 음성 데이터를 준비하지 않아도 된다는 장점이 있습니다. 또한, 사용자 입력에 있어서 메시지를 변경하는 경우(명령어의 반대)에도 텍스트를 생성하여 음성변환함으로써 실현할 수 있습니다.

[그림 7.3] 음성변환 흐름도

인텔 RealSense SDK의 음성변환 기능도 음성인식과 처리의 흐름이 같습니다. 초기화 처리로서 다음의 2가지를 실행합니다.

1. 사용할 음성변환 엔진을 선택합니다.
2. 음성변환 언어를 선택합니다.

이후, 음성으로 변환하는 문장(텍스트)이 입력되면 이를 음성 데이터로 변환합니다.

◆ **실행 결과【샘플 프로그램 : CH7-4】**

샘플 프로그램을 실행하여 음성으로 변환하고자 하는 문장을 입력하면 스피커에서 음성이 출력됩니다.

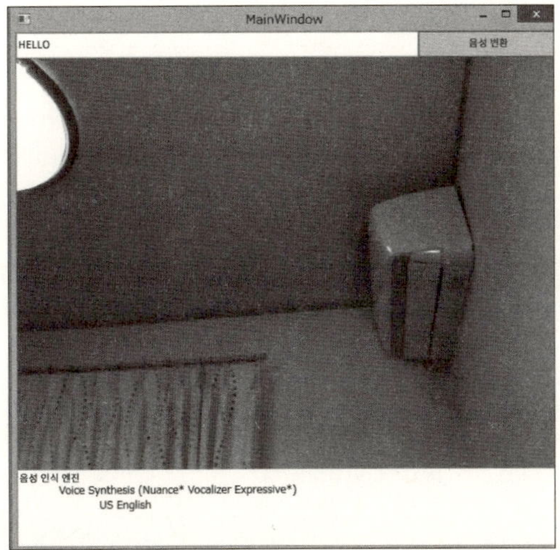

[그림 7.17] 입력한 문장이 음성으로 스피커에서 출력

◆ **변수 선언**

음성변환을 위한 PXC(M)SpeechSynthesis 및 음성변환의 데이터 정보를 가지고 있는 PXC(M)SpeechSynthesis.ProfileInfo를 선언합니다.

예제 7.66 음성변환의 변수 선언(C++)

```cpp
cv::Mat colorImage;
PXCSenseManager *senseManager = nullptr;


PXCSpeechSynthesis *synthesis = nullptr;
PXCSpeechSynthesis::ProfileInfo profile;
```

예제 7.67 음성변환의 변수 선언(C# XAML)

```xml
<Window x:Class="RealSenseSample.MainWindow"
        xmlns="http://schemas.microsoft.com/winfx/2006/xaml/presentation"
        xmlns:x="http://schemas.microsoft.com/winfx/2006/xaml"
        Title="MainWindow" SizeToContent="WidthAndHeight"
        Loaded="Window_Loaded"
        Unloaded="Window_Unloaded"
```

```xml
        >
    <Grid  Width="640">
        <Grid.RowDefinitions>
            <RowDefinition Height="30"/>
            <RowDefinition Height="480"/>
            <RowDefinition Height="100"/>
        </Grid.RowDefinitions>

        <Grid Grid.Row="0">
            <Grid.ColumnDefinitions>
                <ColumnDefinition Width="3*"/>
                <ColumnDefinition Width="1*"/>
            </Grid.ColumnDefinitions>

            <TextBox x:Name="TextSentence" Grid.Column="0"/>
            <Button x:Name="ButtonSpeechSynthesis" Grid.Column="1"
                    Content="음성변환"
                    Click="ButtonSpeechSynthesis_Click"/>
        </Grid>

        <Grid Grid.Row="1">
            <Image x:Name="ImageColor" />
            <Canvas x:Name="CanvasPoint" />
        </Grid>

        <Grid Grid.Row="2">
            <TextBlock x:Name="TextDesc" Grid.Column="0"/>
        </Grid>
    </Grid>
</Window>
```

예제 7.68 음성변환의 변수 선언(C# 코드 비하인드)

```csharp
PXCMSenseManager senseManager;


PXCMSpeechSynthesis synthesis;
PXCMSpeechSynthesis.ProfileInfo profile = null;



const int COLOR_WIDTH = 640;
```

```
const int COLOR_HEIGHT = 480;
const int COLOR_FPS = 30;
```

C++에서는 음성변환 문장을 콘솔에서 키보드로 입력할 때에 입력 대기가 발생하므로 이미지 표시는 실행하지 않습니다.

C#은 버튼 이벤트로 음성변환 문장을 가져올 수 있기 때문에 이미지 표시와 음성변환을 동시에 실행하고 있습니다. C#의 화면에서는 음성변환 문장을 입력하는 TextBox와 음성변환을 시작하는 Button, 음성변환 엔진, 언어를 표시하기 위한 TextBlock을 추가합니다.

◆ 초기화 처리

초기화 처리는 파이프 라인 초기화 후 음성변환을 초기화합니다.

C++에서는 이미지 표시를 하지 않지만 어떤 형태로든 기능을 활성화 하지 않으면 초기화에 실패하므로 컬러 스트림을 활성화 시킵니다.

예제 7.69 음성변환의 초기화 처리(파이프 라인)(C++)

```
void initilize()
{
    // SenseManager를 생성한다(코드 생략)
    // 컬러 스트림을 활성화한다(코드 생략)
    // 파이프 라인을 초기화한다(코드 생략)
    // 미러 표시한다(코드 생략)


    // 음성인식을 초기화한다
    initializeSpeechSynthesis();
}
```

예제 7.70 음성변환의 초기화 처리(파이프 라인)(C#)

```
private void Initialize()
{
    try {
        // SenseManager를 생성한다(코드 생략)
        // 컬러 스트림을 활성화한다(코드 생략)
        // 파이프 라인을 초기화한다(코드 생략)
        // 미러 표시한다(코드 생략)
```

```
      // 음성변환 초기화
      InitializeSpeechSynthesis();
   }
  catch (Exception ex) {
     MessageBox.Show(ex.Message);
     Close();
   }
}
```

◆ 음성변환의 초기화 처리(InitializeSpeechSynthesis)

음성변환의 초기화 처리는 다음의 2가지가 있습니다. 여기에서는 가장 먼저 음성변환의 초기화를 처리하고 있지만 인텔 RealSense SDK에 포함된 샘플에서는 음성변환을 할 때마다 매번 초기화 처리를 하고 있습니다. 음성변환하는 언어가 고정되어 있다면 미리 초기화 처리하고 언어가 빈번하게 변경된다면 음성변환을 하는 시점에서 초기화 처리합니다.

1. 사용할 음성변환 엔진을 선택합니다.
2. 음성변환 언어를 선택합니다.

1. 사용할 음성변환 엔진을 선택합니다.

가장 먼저 사용할 음성변환 엔진을 선택합니다. 음성인식 엔진과 같이 여러 언어를 동시에 사용하는 경우는 드문 일이지만 열거와 선택의 방법에 대해 설명하겠습니다.

예제 7.71 사용할 음성변환 엔진 선택(C++)

```
auto session = senseManager->QuerySession();                              ❶

// 음성변환 엔진을 열거한다
std::cout << "음성변환 엔진" << std::endl;

PXCSession::ImplDesc in = {};
PXCSession::ImplDesc out = {};
in.cuids[0] = PXCSpeechSynthesis::CUID;


for (int i = 0;; ++i) {
```

```cpp
    // 음성변환 엔진을 가져온다
    auto sts = session->QueryImpl(&in, i, &out);  ──────────────②
    if (sts < PXC_STATUS_NO_ERROR) {
      break;
    }

    // 음성변환 엔진의 이름을 표시한다
    std::wcout << "\t" << out.friendlyName << std::endl;
}


// 첫 번째 음성변환 엔진을 사용한다
auto sts = session->QueryImpl(&in, 0, &out);
if (sts < PXC_STATUS_NO_ERROR) {
  throw std::runtime_error("음성변환 엔진 가져오기 실패");
}

// 음성변환 엔진 객체를 생성한다
sts = session->CreateImpl<PXCSpeechSynthesis>(&out, &synthesis);  ──────────────③
if (sts < PXC_STATUS_NO_ERROR) {
  throw std::runtime_error("음성변환 엔진 객체의 생성 실패");
}
```

예제 7.72 사용할 음성변환 엔진 선택(C#)

```csharp
pxcmStatus sts;
var session = senseManager.QuerySession();  ──────────────①

// 음성변환 엔진을 열거한다
TextDesc.Text += "음성변환 엔진\n";

PXCMSession.ImplDesc inDesc = new PXCMSession.ImplDesc();
PXCMSession.ImplDesc outDesc = null;
PXCMSession.ImplDesc desc = null;
inDesc.cuids[0] = PXCMSpeechSynthesis.CUID;

for (int i = 0; ; ++i) {
    // 음성변환 엔진을 가져온다
    sts = session.QueryImpl(inDesc, i, out outDesc);  ──────────────②
```

```
  if (sts < pxcmStatus.PXCM_STATUS_NO_ERROR) {
    break;
  }


  // 음성변환 엔진의 이름을 표시한다
  TextDesc.Text += "\t" + outDesc.friendlyName + "\n";


  // 첫 번째 음성변환 엔진을 사용한다
  if (i == 0) {
    desc = outDesc;
  }
}


// 음성변환 엔진 객체를 생성한다
sts = session.CreateImpl<PXCMSpeechSynthesis>(desc, out synthesis);  ───────❸
if (sts < pxcmStatus.PXCM_STATUS_NO_ERROR) {
  throw new Exception("음성변환 엔진 객체의 생성 실패");
}
```

음성변환의 첫 번째 처리는 PXC(M)Session을 통해 실행합니다. PXC(M)Session은 PXC(M)
SpeechSynthesis.QuerySession( )에서 가져옵니다(❶). PXC(M)Session.QueryImpl( )에
PXC(M)SpeechSynthesis의 ID를 설정한 디스크립터와 가져오는 인덱스를 전달하여 음성변환 엔
진 정보를 가져옵니다(❷). 또한, PXC(M)Session.QueryImpl( ) 정보의 개수를 가져오는 기능은 없
으므로 설정한 인덱스에서 정보를 가져올 수 없을 때까지 루프를 실행합니다.

이번에는 첫 번째로 감지한 음성변환 엔진을 사용합니다. 이 디스크립터를 PXC(M)Session.
CreateImpl( )에 설정하여, 음성변환 엔진의 객체(PXC(M) SpeechSynthesis)를 생성합니다(❸).

2. 음성변환 언어 선택

계속하여 음성변환 언어를 선택합니다. 인텔 RealSense SDK에서는 다국어의 음성변환용 언어팩
을 지원하며 설치된 언어를 선택할 수 있습니다.

예제 7.73 음성변환 언어 선택(C++)

```
// 지원되는 언어를 열거한다
for (int j = 0;; ++j) {
  // 음성변환 엔진에 포함된 프로파일을 가져온다
```

```cpp
    PXCSpeechSynthesis::ProfileInfo pinfo;
    sts = synthesis->QueryProfile(j, &pinfo);  ──────────────────────────────────❶
    if (sts < PXC_STATUS_NO_ERROR) {
      break;
    }


    // 지원되는 언어를 표시한다
    std::wcout << "\t\t" << LanguageToString(pinfo.language) << std::endl;


    // 영어 엔진을 사용한다
    if (pinfo.language == PXCSpeechSynthesis::LANGUAGE_US_ENGLISH) {
      profile = pinfo;
    }
  }


if (profile.language == 0) {
  throw std::runtime_error("선택한 음성인식 엔진은 지원되지 않습니다");
}


// 음성변환의 파라미터를 설정한다
profile.volume = 80;  ─┐
profile.pitch = 100;    ├──────────────────────────────────────────────❷
profile.rate = 100;  ──┘


// 사용하는 언어를 설정한다
sts = synthesis->SetProfile(&profile);
if (sts < PXC_STATUS_NO_ERROR) {
  throw std::runtime_error("음성변환 엔진의 객체 설정에 실패했습니다");
}
  }
```

예제 7.74 음성변환 언어 선택(C#)

```csharp
// 지원되는 언어를 열거한다
for (int j = 0; ; ++j) {
  // 음성변환 엔진에 포함된 프로파일을 가져온다
  PXCMSpeechSynthesis.ProfileInfo pinfo;
  sts = synthesis.QueryProfile(j, out pinfo);  ──────────────────────────────────❶
  if (sts < pxcmStatus.PXCM_STATUS_NO_ERROR) {
```

```csharp
        break;
      }

      // 지원되는 언어를 표시한다
      TextDesc.Text += "\t\t" + LanguageToString(pinfo.language) + "\n";

      // 영어 엔진을 사용한다
      if (pinfo.language == PXCMSpeechSynthesis.LanguageType.LANGUAGE_US_ENGLISH) {
        profile = pinfo;
      }
    }


    if (profile == null) {
      throw new Exception("선택한 음성인식 엔진은 지원되지 않습니다");
    }

    // 음성변환의 파라미터를 설정한다
    profile.volume = 80;
    profile.pitch = 100;
    profile.rate = 100;

    // 사용하는 언어를 설정한다
    sts = synthesis.SetProfile(profile);
    if (sts < pxcmStatus.PXCM_STATUS_NO_ERROR) {
      throw new Exception("음성변환 엔진의 객체 설정에 실패했습니다");
    }
```

음성변환 엔진의 언어는 PXC(M)SpeechSynthesis.QueryProfile( )에 인덱스를 주고 프로파일을 가져옵니다(❶). 언어팩의 개수는 가져올 수 없기 때문에 QueryProfile( )이 실패할 때까지 계속해서 가져옵니다. 이번 예제에서는 언어를 영어로 지정하였습니다.

사용하는 언어가 지정되면 음성변환 때의 volume, pitch, rate를 설정하고, PXC(M)SpeechSynthesis.SetProfile( )에서 프로파일을 설정합니다(❷).

Volume, pitch, rate는 [표 7.1]과 같습니다.

변수	개요
volume	음량을 0~100의 범위에서 설정가능. 0에 가까워지는 만큼 소리가 작아지고 100에 가까워지는 만큼 커진다.
pitch	소리의 높고 낮음을 50~200 의 범위에서 설정가능. 50에 가까워지는 만큼 소리가 낮아지고 200에 가까워지는 만큼 높아진다.
rate	소리의 속도를 50~200의 범위에서 설정가능. 50에 가까워지는 만큼 소리가 늦어지고 200에 가까워지는 만큼 소리가 빨라진다.

◆ 음성변환 처리

텍스트를 음성으로 변환하는 처리입니다. 흐름은 입력된 텍스트를 PXC(M)SpeechSynthesis.BuildSentence( )에서 음성 데이터화 하고(❶), PXC(M)SpeechSynthesis.QueryBuffer( )에서 음성 데이터를 가져옵니다(❷). 이번 예제에서 음성 데이터 출력은 인텔 RealSense SDK의 샘플(voice_synthesis 및 voice_synthesis.cs)에 포함된 VoiceOut 클래스를 사용하고 있습니다. VoiceOut 클래스에서는 음성 데이터의 스피커 출력 및 파일 출력을 지원하고 있습니다.

예제 7.75 음성변환 처리(C++)

```cpp
void speechSynthesis(const std::wstring& sentence)
{
    auto sts = synthesis->BuildSentence(1, (pxcCHAR*)sentence.c_str());    ❶
    if (sts < PXC_STATUS_NO_ERROR) {
        throw std::runtime_error("문장 작성 실패");
    }

    // 음성변환 결과를 출력한다
    VoiceOut vo(&profile);
    int bufferNum = synthesis->QueryBufferNum(1);
    for (int i = 0; i < bufferNum; ++i) {
        auto sample = synthesis->QueryBuffer(1, i);    ❷
        vo.RenderAudio(sample);
    }
}
```

```csharp
private void ButtonSpeechSynthesis_Click(object sender, RoutedEventArgs e)
{
    var sts = synthesis.BuildSentence(1, TextSentence.Text); ————————————————————❶
    if (sts < pxcmStatus.PXCM_STATUS_NO_ERROR) {
        return;
    }


    // 음성변환 결과를 출력한다
    VoiceOut vo = new VoiceOut(profile.outputs);
    int bufferNum = synthesis.QueryBufferNum(1);
    for (int i = 0; i < bufferNum; ++i) {
        PXCMAudio sample = synthesis.QueryBuffer(1, i); ————————————————————❷
        vo.RenderAudio(sample);
    }
    vo.Close();
}
```

◆ 종료 처리

PXC(M)SenseManager 및 PXC(M)SpeechSynthesis를 해제시킵니다.

C++에서는 Release( )를 C#에서는 Dispose( )를 호출합니다.

예제 7.77 음성변환의 종료 처리(C++)

```cpp
~RealSenseApp()
{
    if (senseManager != nullptr) {
        senseManager->Release();
        senseManager = nullptr;
    }


    if (synthesis != nullptr) {
        synthesis->Release();
        synthesis = nullptr;
    }
}
```

```csharp
private void Uninitialize()
{
  if (senseManager != null) {
    senseManager.Dispose();
    senseManager = null;
  }


  if (synthesis != null) {
    synthesis.Dispose();
    synthesis = null;
  }
}
```

3D 스캔

인텔 RealSense 3D 카메라와 같은 Depth 카메라를 사용하면 3D 스캔을 할 수 있습니다. 3D 스캔은 카메라가 가져온 Depth 데이터를 바탕으로 3차원 데이터를 생성하고 3D 모델을 출력합니다(3차원의 재구축 : Reconstruct). 인텔 RealSense SDK에서 3D 스캔 데이터는 OBJ, PLY, STL 포맷의 3D 모델 데이터(색상 데이터 포함)로 저장할 수 있습니다. 인텔 RealSense SDK의 3D 모델 기능은 마이크로소프트사가 판매 중인 Kinect for Windows SDK의 Kinect Fusion과 같이 세밀한 설정은 할 수 없지만 간단한 코드로 3D 스캔 기능을 추가할 수 있습니다.

7-5-1 ▶▶ 3D 스캔

인텔 RealSense SDK에서의 3D 스캔의 흐름은 다음과 같습니다.

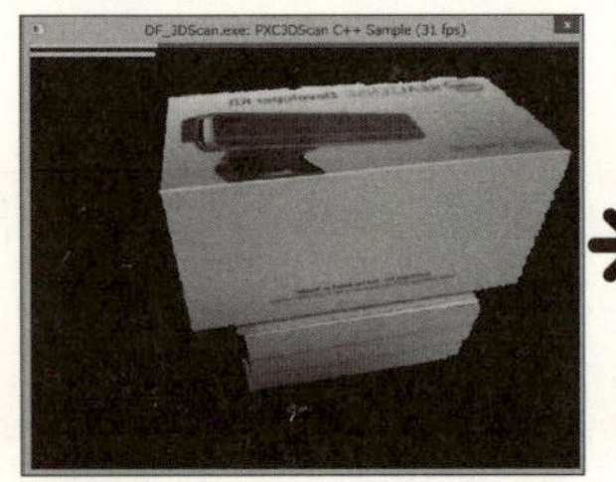

타겟팅
(스캔 대상을 선택한다)

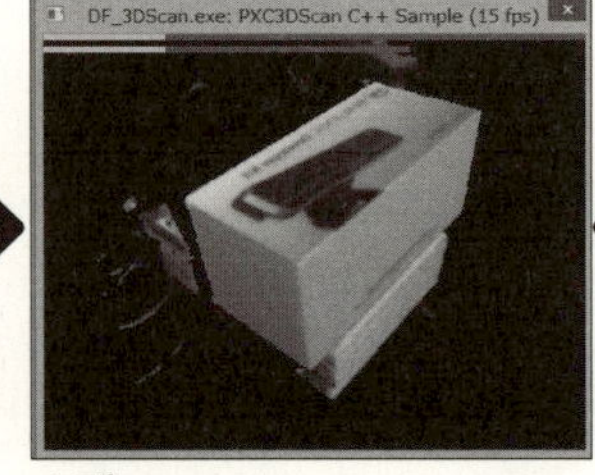

스캔

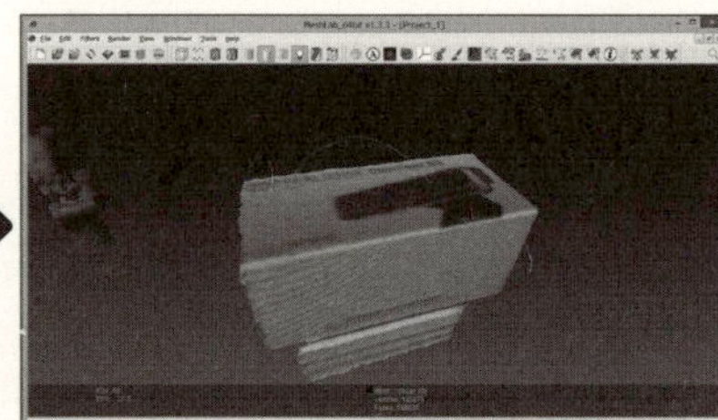
3D 모델 출력

[그림 7.18] 3D 스캔의 흐름

스캔 대상 선택과 스캔 작업에서는 미리보기용 이미지를 가져올 수 있습니다. 이것을 표시함으로써 스캔 이미지를 가져올 수 있습니다.

출력한 3D 모델은 일반적인 3D 모델링 프로그램에서 불러오거나 편집할 수 있습니다. [그림 7.19]는 오픈 소스 'MeshLab'(http://meshlab.sourceforge.net/) 3D 모델링 프로그램에서 불러온 예입니다.

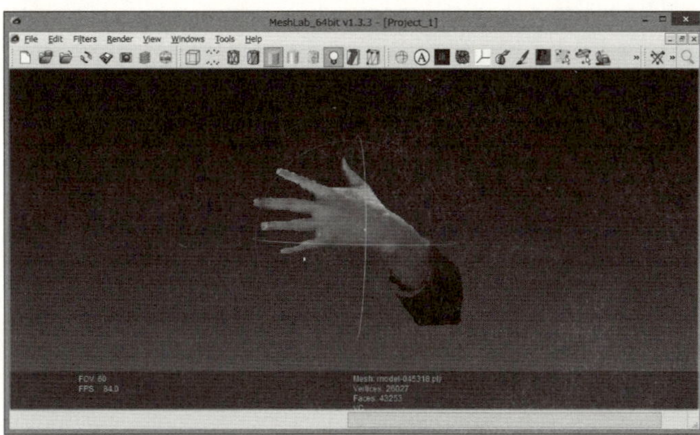

[그림 7.19] MeshLab에서 불러온 RealSense의 3D 모델

◆ 실행 결과【샘플 프로그램 : CH7-5】

샘플 프로그램을 실행하면 3D 스캔한 모델 데이터가 파일로 출력됩니다.

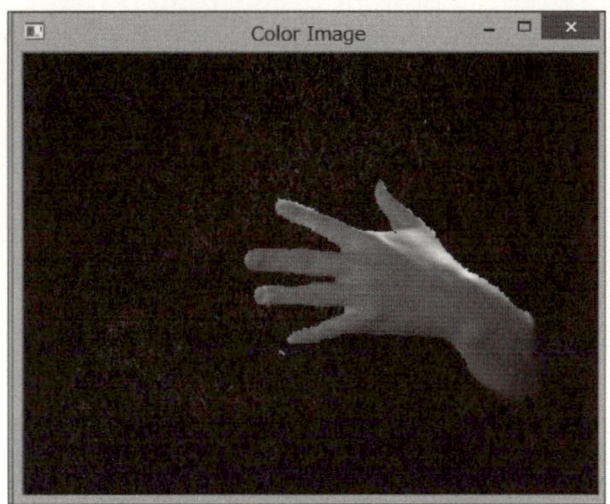

[그림 7.20] 3D 스캔한 모델 데이터

◆ 변수 선언

3D 스캔을 위한 PXC(M)3DScan을 선언합니다. 그리고 3D 모델 구축의 방법 및 출력 파일 형식을 저장하기 위한 변수를 선언합니다.

예제 7.79 3D 스캔의 변수 선언(C++)

```cpp
cv::Mat colorImage;
PXCSenseManager *senseManager = nullptr;
PXC3DScan* scanner = nullptr;


PXC3DScan::ReconstructionOption reconstructionOption =
```

```
PXC3DScan::ReconstructionOption::NO_RECONSTRUCTION_OPTIONS;
PXC3DScan::FileFormat fileFormat = PXC3DScan::FileFormat::OBJ;
```

C#의 XAML에서는 미리보기 표시용의 Image와 상태 표시용의 TextBlock을 배치합니다.

예제 7.80 3D 스캔의 변수 선언(C# XAML)

```xml
<Window x:Class="RealSenseSample.MainWindow"
        xmlns="http://schemas.microsoft.com/winfx/2006/xaml/presentation"
        xmlns:x="http://schemas.microsoft.com/winfx/2006/xaml"
        Title="MainWindow" SizeToContent="WidthAndHeight"
        Loaded="Window_Loaded"
        Unloaded="Window_Unloaded"
        KeyDown="Window_KeyDown"
        >
    <StackPanel Orientation="Horizontal">
        <Image x:Name="ImageColor" Width="640" Height="480"/>

        <StackPanel Orientation="Vertical" Width="200">
            <TextBlock x:Name="TextResolution" />
            <TextBlock x:Name="TextReconstructOption" />
            <TextBlock x:Name="TextModelFormat" />
            <TextBlock x:Name="TextMode" />
            <TextBlock x:Name="TextOutputFile" />
        </StackPanel>
    </StackPanel>
</Window>
```

예제 7.81 3D 스캔의 변수 선언(C# 코드 비하인드)

```
PXCMSenseManager senseManager;
PXCM3DScan scanner;

PXCM3DScan.ReconstructionOption reconstructionOption =
    PXCM3DScan.ReconstructionOption.NO_RECONSTRUCTION_OPTIONS;
PXCM3DScan.FileFormat fileFormat = PXCM3DScan.FileFormat.OBJ;
```

◆ **초기화 처리**

초기화 처리는 3D 스캔을 활성화 하여 파이프 라인을 초기화합니다. 컬러 및 Depth 스트림은 3D 스캔의 기본 설정을 사용하기 때문에 활성화 할 필요 없습니다.

예제 7.82 3D 스캔 초기화 처리(C++)

```cpp
void initilize()
{
  // SenseManager를 생성한다(코드 생략)
  // 3D 스캔을 활성화한다
  pxcStatus sts = senseManager->Enable3DScan();
  if (sts < PXC_STATUS_NO_ERROR) {
    throw std::runtime_error("3D 스캔 활성화 실패");
  }


  // 파이프 라인을 초기화한다(코드 생략)
  // 미러 표시한다(코드 생략)
  // 3D 스캔 초기화
  initialize3dScan();
}
```

예제 7.83 3D 스캔 초기화 처리(C#)

```csharp
private void Initialize()
{
  try {
    // SenseManager를 생성한다(코드 생략)
    // 3D 스캔을 활성화한다
    var sts = senseManager.Enable3DScan();
    if (sts < pxcmStatus.PXCM_STATUS_NO_ERROR) {
      throw new Exception("초기화 실패");
    }


    // 파이프 라인을 초기화한다(코드 생략)
    // 미러 표시한다(코드 생략)
    // 3D 스캔 초기화
    Initialize3dScan();
  }
  catch (Exception ex) {
```

```cpp
        MessageBox.Show(ex.Message);
        Close();
    }
}
```

◆ 3D 모델의 초기화 처리

3D 스캔용의 객체 및 현재 설정을 표시한 후 3D 스캔의 설정을 초기화합니다.

예제 7.84 3D 모델의 초기화 처리(C++)

```cpp
void initialize3dScan()
{
    // 스캐너를 가져온다
    scanner = senseManager->Query3DScan();
    if (scanner == nullptr) {
        throw std::runtime_error("스캐너 가져오기 실패");
    }
    // 컬러와 Depth의 해상도를 표시한다
    PXCVideoModule::DataDesc VideoProfile;
    auto sts = scanner->QueryInstance<PXCVideoModule>()->
        QueryCaptureProfile(PXCBase::WORKING_PROFILE, &VideoProfile);
    if (sts < PXC_STATUS_NO_ERROR) {
        throw std::runtime_error("해상도 가져오기 실패");
    }
    // 대상 옵션을 설정한다
    setTargetingOption(
        PXC3DScan::TargetingOption::NO_TARGETING_OPTIONS);
    // 스캔 모드를 설정한다
    setScanMode(PXC3DScan::Mode::TARGETING);
    // 모델 생성 옵션을 표시한다
    showReconstructionOption();
    showModelFormat();
}
```

예제 7.85 3D 모델의 초기화 처리(C#)

```csharp
// 3D 스캔의 초기화 처리
private void Initialize3dScan()
```

```
{
  // 스캐너를 가져온다
  scanner = senseManager.Query3DScan();
  if (scanner == null) {
    throw new Exception("스캐너 가져오기 실패");
  }

  // 대상 옵션을 설정한다
  SetTargetingOption(
    PXCM3DScan.TargetingOption.NO_TARGETING_OPTIONS);

  // 스캔 모드를 설정한다
  SetScanMode(PXCM3DScan.Mode.TARGETING);

  // 모델 생성 옵션을 표시한다
  ShowReconstructionOption();
  ShowModelFormat();
}
```

3D 스캔을 위한 PXC(M)3DScan을 PXC(M)SenseManager.Query3DScan()에서 가져옵니다.
계속하여 스캔 대상 설정 및 스캔 모드를 설정합니다. 이것으로 3D 스캔의 초기화는 완료됩니다. 또
한, 이 상태에서는 스캔이 실행되지 않습니다. 3D 스캔은 이 후의 스캔 모드 설정에서 시작합니다.

◆ 업데이트 처리

스캔 대상 선택 및 스캔 작업을 할 때 미리보기 이미지를 가져와서 표시합니다.

예제 7.86 3D 스캔의 프레임 데이터 업데이트 처리(C++)

```
void updateFrame()
{
  // 프레임을 가져온다
  pxcStatus sts = senseManager->AcquireFrame(false);
  if (sts < PXC_STATUS_NO_ERROR) {
    return;
  }

  // 프레임 데이터를 가져온다
  updateColorImage(scanner->AcquirePreviewImage());
```

```cpp
    // 프레임을 해제한다
    senseManager->ReleaseFrame();

}
```

예제 7.87 3D 스캔의 프레임 데이터 업데이트 처리(C#)

```csharp
void CompositionTarget_Rendering(object sender, EventArgs e)
{
  try {
    // 프레임을 가져온다
    pxcmStatus ret = senseManager.AcquireFrame(false);
    if (ret < pxcmStatus.PXCM_STATUS_NO_ERROR) {
      return;
    }

    // 프레임 데이터를 가져온다
    UpdateColorImage(scanner.AcquirePreviewImage());

    // 프레임을 해제한다
    senseManager.ReleaseFrame();
  }
  catch (Exception ex) {
    MessageBox.Show(ex.Message);
    Close();
  }
}
```

미리보기 이미지는 PXC(M)3DScan.AcquirePreviewImage( )에서 가져올 수 있습니다. 이 함수는
컬러 이미지의 PXC(M)Image를 반환하기 때문에 컬러 이미지를 표시하는 updateColorImage( )
(컬러 이미지의 표시 참조)에서 표시합니다. 표시 방법은 컬러 이미지의 표시와 같습니다.

C#에서는 이미지의 폭과 높이를 가져와서 표시하도록 코드를 조금 변경하였습니다. 왜냐하면 스
캔 대상 선택 모드와 스캔 모드에서 미리보기 이미지의 해상도가 변경되기 때문입니다.

예제 7.88 미리보기 이미지 가져오기(C#)

```csharp
private void UpdateColorImage(PXCMImage colorFrame)
{
```

```
// 데이터를 가져온다
PXCMImage.ImageData data;
pxcmStatus ret = colorFrame.AcquireAccess(PXCMImage.Access.ACCESS_READ,
    PXCMImage.PixelFormat.PIXEL_FORMAT_RGB24, out data);
if (ret < pxcmStatus.PXCM_STATUS_NO_ERROR) {
    return;
}

// 비트맵으로 변환한다
var buffer = data.ToByteArray(
    0, colorFrame.info.width * colorFrame.info.height * 3);
ImageColor.Source = BitmapSource.Create(
    colorFrame.info.width, colorFrame.info.height, 96, 96,
    PixelFormats.Bgr24, null, buffer, colorFrame.info.width * 3);

ImageColor.Width = colorFrame.info.width;
ImageColor.Height = colorFrame.info.height;

// 데이터를 해제한다
colorFrame.ReleaseAccess(data);
}
```

◆ 키보드 처리

키보드로 3D 스캔의 설정과 3D 스캔의 시작을 제어합니다.

예제 7.89 스캔 제어를 위한 키보드 처리(C++)

```
// 이미지를 표시한다
bool showImage()
{
    // 이미지 표시
    cv::imshow("Color Image", colorImage);

    int c = cv::waitKey(10);
    if ((c == 27) || (c == 'q') || (c == 'Q')) {
        // ESC|q|Q for Exit
        return false;
    }
```

```cpp
        else if (c == 't') {
            // 대상 옵션을 변경한다
            auto option = scanner->QueryTargetingOptions();
            if (option == PXC3DScan::TargetingOption::NO_TARGETING_OPTIONS) {
                setTargetingOption(
                    PXC3DScan::TargetingOption::OBJECT_ON_PLANAR_SURFACE_DETECTION);
            }
            else {
                setTargetingOption(
                    PXC3DScan::TargetingOption::NO_TARGETING_OPTIONS);
            }
        }
        else if (c == 's') {
            // 스캐너 모드를 변경한다
            auto scanMode = scanner->QueryMode();
            if (scanMode == PXC3DScan::Mode::TARGETING) {
                setScanMode(PXC3DScan::Mode::SCANNING);
            }
            else {
                setScanMode(PXC3DScan::Mode::TARGETING);
            }
        }
        else if (c == 'o') {
            // 모델 생성 옵션을 변경한다
            changeReconstructionOption();
        }
        else if (c == 'f') {
            // 모델 생성 포맷을 변경한다
            changeModelFormat();
        }
        else if (c == 'r') {
            // 모델을 생성한다
            reconstruct();
        }

    return true;
}
```

```csharp
private void Window_KeyDown(object sender, System.Windows.Input.KeyEventArgs e)
{
    if (e.Key == System.Windows.Input.Key.T) {
        // 대상 옵션을 변경한다
        var option = scanner.QueryTargetingOptions();
        if (option == PXCM3DScan.TargetingOption.NO_TARGETING_OPTIONS) {
            SetTargetingOption(
                PXCM3DScan.TargetingOption.OBJECT_ON_PLANAR_SURFACE_DETECTION);
        }
        else {
            SetTargetingOption(
                PXCM3DScan.TargetingOption.NO_TARGETING_OPTIONS);
        }
    }
    else if (e.Key == System.Windows.Input.Key.S) {
        // 스캔 모드를 변경한다
        var scanMode = scanner.QueryMode();
        if (scanMode == PXCM3DScan.Mode.TARGETING) {
            SetScanMode(PXCM3DScan.Mode.SCANNING);
        }
        else {
            SetScanMode(PXCM3DScan.Mode.TARGETING);
        }
    }
    else if (e.Key == System.Windows.Input.Key.O) {
        // 모델 생성 옵션을 변경한다
        ChangeReconstructionOption();
    }
    else if (e.Key == System.Windows.Input.Key.F) {
        // 모델 생성 포맷을 변경한다
        ChangeModelFormat();
    }
    else if (e.Key == System.Windows.Input.Key.R) {
        // 모델을 생성한다
        Reconstruct();
    }
}
```

T 로 스캔 대상 옵션을 변경합니다. 스캔 대상 옵션은 PXC(M)3DScan.TargetingOption 열거형으로 [표 7.2]에 값이 정의되어 있습니다.

[표 7.2] PXC(M)3DScan.TargetingOption 열거형

값	의미
NO_TARGETING_OPTIONS	타겟 지정 없음
OBJECT_ON_PLANAR_SURFACE_DETECTION	서페이스를 감지한다.

각각의 모드에서의 미리보기는 다음과 같습니다(그림 7.21, 7.22).

[그림 7.21] NO_TARGETING_OPTIONS

[그림 7.22] OBJECT_ON_PLANAR_SURFACE_ DETECTION

S 로 스캔 모드를 설정합니다. 스캔 모드에서 3D 스캔을 시작하고 값은 PXC(M)3DScan.Mode 열거형으로 [표 7.3]과 같이 정의되어 있습니다.

[표 7.3] PXC(M)3DScan.Mode 열거형

값	의미
TARGETING	타겟팅 모드 (3D 스캔하지 않음)
SCANNING	3D 스캔 모드 (3D 스캔함)

O 로 모델 생성 옵션을 변경합니다. 모델 생성 옵션은 PXC(M)3DScan.Reconstruction Option 열거형으로 [표 7.4]와 같이 정의되어 있습니다.

[표 7.4] PXC(M)3DScan.ReconstructionOption 열거형

값	의미
NO_RECONSTRUCTION_OPTIONS	계측한 점(Depth)만으로 모델화한다.
SOLIDIFICATION	구멍을 가리듯이 모델화한다.

‘NO_RECONSTRUCTION_OPTIONS’은 보이는 포인트만으로 와이어프레임을 생성하고 모델로 출력합니다(그림 7.23). 3D 모델에는 외부와 내부가 존재합니다. ‘SOLIDIFICATION’은 보이는 포인트로 와이어프레임을 생성하고, 와이어프레임을 생성하지 못한 부분은 자동적으로 가리게 합니다(그림 7.24). 이를 통해서 모델 전체가 표면이 됩니다.

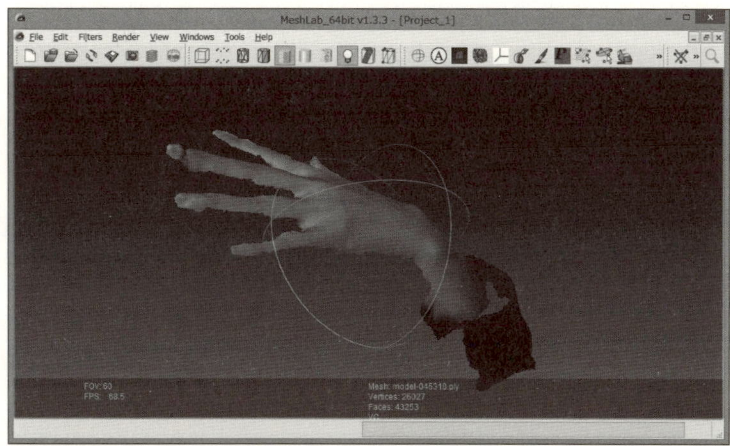

[그림 7.23] NO_RECONSTRUCTION_OPTIONS

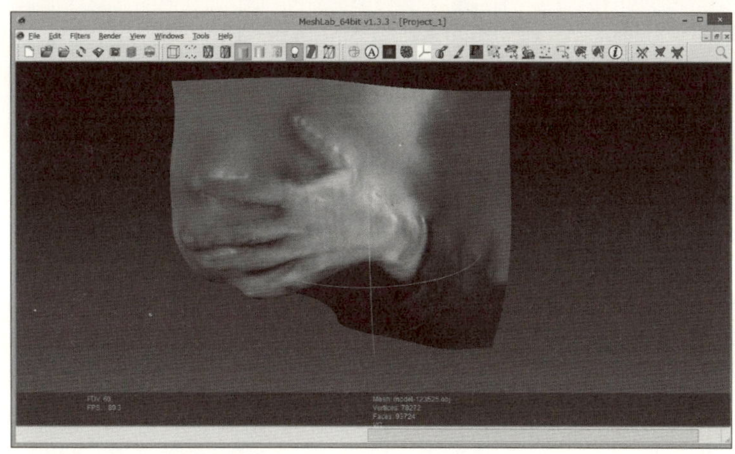

[그림 7.24] SOLIDIFICATION

Ｆ로 모델의 포맷을 변경합니다. 모델의 포맷은 PXC(M)3DScan.FileFormat 열거형으로 [표 7.5]와 같이 정의되어 있습니다.

[표 7.5] PXC(M)3DScan.FileFormat 열거형

값	의미
OBJ	OBJ 포맷 (CG 등에서 이용되는 포맷)
STL	STL 포맷 (CAD 나 CT 등에서 이용되는 포맷)
PLY	PLY 포맷

마지막으로 ⒭로 3D 모델을 생성(Reconstruct)합니다.

◆ **3D 스캔 설정**

키 입력으로 설정하는 각각의 항목에 대한 처리입니다.

스캔 대상 옵션은 PXC(M)3DScan.SetTargetingOptions( )에서 설정합니다.

설정치는 PXC(M)3DScan.TargetingOption에 정의되어 있습니다.

예제 7.91 스캔 대상 옵션의 설정(C++)

```cpp
void setTargetingOption(PXC3DScan::TargetingOption targetingOption)
{
  std::cout << "setTargetingOption " << targetingOption << std::endl;
  auto sts = scanner->SetTargetingOptions(targetingOption);
  if (sts < PXC_STATUS_NO_ERROR) {
    throw std::runtime_error("대상 옵션 설정에 실패했습니다");
  }
}
```


예제 7.92 스캔 대상 옵션의 설정(C#)

```csharp
private void SetTargetingOption(PXCM3DScan.TargetingOption targetingOption)
{
  TextMode.Text = "TargetingOption " + targetingOption.ToString();
  var sts = scanner.SetTargetingOptions(targetingOption);
  if (sts < pxcmStatus.PXCM_STATUS_NO_ERROR) {
    throw new Exception("대상 옵션 설정에 실패했습니다");
  }
}
```


스캔 모드는 PXC(M)3DScan.SetMode( )에서 설정합니다. 설정치는 PXC(M)3DScan.Mode에 정의되어 있습니다.

```cpp
// 스캔 모드를 설정한다
void setScanMode(PXC3DScan::Mode scanMode)
{
    std::cout << "setScanMode " << scanMode << std::endl;
    auto sts = scanner->SetMode(scanMode);
    if (sts < PXC_STATUS_NO_ERROR) {
        throw std::runtime_error("스캔 모드 설정에 실패했습니다");
    }
}
```

예제 7.94 스캔 모드의 설정(C#)

```csharp
private void SetScanMode(PXCM3DScan.Mode scanMode)
{
    TextMode.Text = "ScanMode " + scanMode.ToString();
    var sts = scanner.SetMode(scanMode);
    if (sts < pxcmStatus.PXCM_STATUS_NO_ERROR) {
        throw new Exception("스캔 모드 설정에 실패했습니다");
    }
}
```

모델 생성 옵션은 3D 모델을 생성할 때 사용합니다. PXC(M)3DScan.ReconstructionOption 열거형에 정의되어 있습니다.

예제 7.95 모델 생성 옵션의 설정(C++)

```cpp
// 모델 생성 옵션을 변경한다
void changeReconstructionOption()
{
    if (reconstructionOption ==
        PXC3DScan::ReconstructionOption::NO_RECONSTRUCTION_OPTIONS) {
        reconstructionOption = PXC3DScan::ReconstructionOption::SOLIDIFICATION;
    }
    else {
        reconstructionOption = PXC3DScan::ReconstructionOption::NO_RECONSTRUCTION_OPTIONS;
    }
```

```cpp
    showReconstructionOption();
}

// 모델 생성 옵션을 표시한다
void showReconstructionOption()
{
   auto option = (reconstructionOption ==
      PXC3DScan::ReconstructionOption::NO_RECONSTRUCTION_OPTIONS) ?
      "NO_RECONSTRUCTION_OPTIONS" : "SOLIDIFICATION";

   std::cout << "Reconstruction Option : " << option << std::endl;
}
```

예제 7.96 모델 생성 옵션의 설정(C#)

```csharp
// 모델 생성 옵션을 변경한다
private void ChangeReconstructionOption()
{
   if (reconstructionOption ==
      PXCM3DScan.ReconstructionOption.NO_RECONSTRUCTION_OPTIONS) {
      reconstructionOption = PXCM3DScan.ReconstructionOption.SOLIDIFICATION;
   }
   else {
      reconstructionOption = PXCM3DScan.ReconstructionOption.NO_RECONSTRUCTION_OPTIONS;
   }

   ShowReconstructionOption();
}

// 모델 생성 옵션을 표시한다
private void ShowReconstructionOption()
{
   TextReconstructOption.Text =
      "Reconstruction Option : " + reconstructionOption.ToString();
}
```

모델 출력 포맷은 3D 모델을 생성할 때 사용합니다. 값은 PXC(M)3DScan.FileFormat 열거형에
정의되어 있습니다.

예제 7.97 모델 출력 포맷의 설정(C++)

```cpp
// 모델 포맷을 변경한다
void changeModelFormat()
{
  if (fileFormat == PXC3DScan::FileFormat::OBJ) {
    fileFormat = PXC3DScan::FileFormat::STL;
  }
  else if (fileFormat == PXC3DScan::FileFormat::STL) {
    fileFormat = PXC3DScan::FileFormat::PLY;
  }
  else {
    fileFormat = PXC3DScan::FileFormat::OBJ;
  }

  showModelFormat();
}


// 모델 포맷을 표시한다
void showModelFormat()
{
  std::wcout << L"Model Format          : " <<
    PXC3DScan::FileFormatToString(fileFormat) << std::endl;
}
```

예제 7.98 모델 출력 포맷의 설정(C#)

```csharp
// 모델 포맷을 변경한다
private void ChangeModelFormat()
{
  if (fileFormat == PXCM3DScan.FileFormat.OBJ) {
    fileFormat = PXCM3DScan.FileFormat.STL;
  }
  else if (fileFormat == PXCM3DScan.FileFormat.STL) {
    fileFormat = PXCM3DScan.FileFormat.PLY;
  }
  else {
    fileFormat = PXCM3DScan.FileFormat.OBJ;
  }
```

```
  ShowModelFormat();
}
```

```
// 모델 포맷을 표시한다
private void ShowModelFormat()
{
  TextModelFormat.Text =
    "Model Format : " + PXCM3DScan.FileFormatToString(fileFormat);
}
```

3D 모델을 생성하여 파일로 출력합니다.

예제 7.99 모델의 생성과 파일 출력(C++)

```cpp
// 모델을 생성한다
void reconstruct()
{
  // 스캔되어 있지 않으면 모델을 생성하지 않는다
  auto scanMode = scanner->QueryMode();
  if (scanMode != PXC3DScan::Mode::SCANNING) {
    return;
  }

  // 파일 이름을 생성한다
  WCHAR fileTitle[MAX_PATH];
  GetTimeFormatEx(0, 0, 0, L"hhmmss", fileTitle, _countof(fileTitle));

  std::wstringstream ss;
  ss << L"model-" << fileTitle << L"." << PXC3DScan::FileFormatToString(fileFormat);

  std::wcout << L"create " << ss.str() << "...";


  // 3D 모델을 생성한다
  scanner->Reconstruct(fileFormat, ss.str().c_str(), reconstructionOption);

  std::cout << "done." << std::endl;
}
```

```csharp
// 모델을 생성한다
private void Reconstruct()
{
    // 스캔되어 있지 않으면 모델을 생성하지 않는다
    var scanMode = scanner.QueryMode();
    if (scanMode != PXCM3DScan.Mode.SCANNING) {
        return;
    }

    // 파일 이름을 생성한다
    var time = DateTime.Now.ToString("hhmmss",
        System.Globalization.CultureInfo.CurrentUICulture.DateTimeFormat);
    var fileName = string.Format("model-{0}.{1}",
        time, PXCM3DScan.FileFormatToString(fileFormat));

    // 3D 모델을 생성한다
    scanner.Reconstruct(fileFormat, fileName, reconstructionOption);

    TextOutputFile.Text = fileName;
}
```

3D 모델의 생성은 스캔 모드가 PXC(M)3DScan.Mode.SCANNING 일때만 유효합니다. 3D 모델의 파일 이름은 모델이 생성되는 시간으로 지정됩니다.

3D 모델의 생성은 PXC(M)3DScan.Reconstruct()에서 합니다. 여기에서 파일포맷, 파일 이름, 3D 모델 생성 옵션을 설정합니다. PXC(M)3DScan.Reconstruct()이 실행되면 3D 모델 파일이 출력되며 스캔 모드는 PXC(M)3DScan.Mode.TARGETING으로 설정됩니다. 3D 모델은 항상 파일로 출력됩니다. 계속하여 3D 모델을 사용하여 처리하고 싶다면 출력한 3D 모델 파일을 다시 불러와야 합니다.

또한, 스캔 대상 선택 모드에는 PXC(M)3DScan.TargetingOption.NO_TARGETING_OPTIONS이 PXC(M)3DScan.TargetingOption.OBJECT_ON_PLANAR_SURFACE_DETECTION이 있는데, 현재 스캔 모드에서 사용 가능한 것은 PXC(M)3DScan.TargetingOption.NO_TARGETING_OPTIONS 입니다.

◆ 종료 처리

PXC(M)3DScan 및 PXC(M)SenseManager를 해제시킵니다.

```cpp
~RealSenseAsenseManager( )
{
  if (scanner != nullptr) {
    scanner->Release( );
    scanner = nullptr;
  }


  if (senseManager != nullptr) {
    senseManager->Release( );
    senseManager = nullptr;
  }
}
```

예제 7.102 3D 스캔의 종료 처리(C#)

```csharp
private void Uninitialize( )
{
  if (scanner != null) {
    scanner.Dispose( );
    scanner = null;
  }


  if (senseManager != null) {
    senseManager.Dispose( );
    senseManager = null;
  }
}
```

응용 프로그램 개발 사례

마지막으로, Unity 5, Visual Studio, openFrameworks를
사용한 응용 프로그램 개발의 사례를 소개하겠습니다.
각각의 개발 환경에서 인텔 RealSense SDK의 활용 분야를 참고하면 좋을 것입니다.
지면상 전체 프로그램 코드를 소개할 수는 없으므로, 필요하다면 샘플 프로그램을
정보문화사 홈페이지(http://www.infopub.co.kr)에서 다운로드하여 직접 확인해 봅니다.

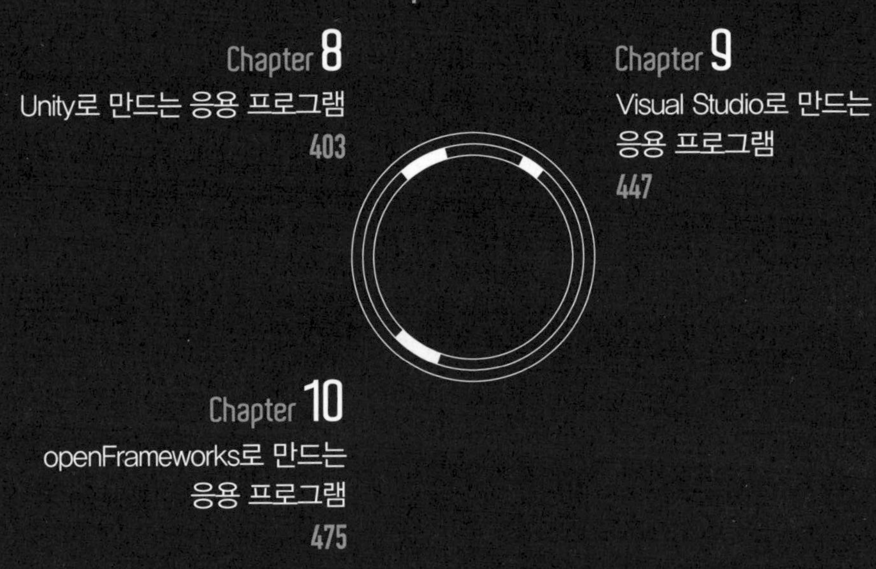

Chapter 8

Unity로 만드는 응용 프로그램

이번 장에서는 Unity로 개발하는 응용 프로그램의 사례를 소개하겠습니다. 인텔 RealSense 기술의 활용에 참고가 될 것입니다.

8-1 SDK Unity Toolkit

인텔 RealSense SDK는 Unity에서 편리하게 이용할 수 있도록 Unity패키지 형식으로 툴킷 'SDK Unity Toolkit'이 제공됩니다. 먼저 이 툴킷에 대해 설명하겠습니다.

8-1-1 》 SDK Unity Toolkit에 대해

'SDK Unity Toolkit'은 Unity 응용 프로그램을 개발할 때 인텔 RealSense SDK를 적은 코딩으로 손쉽게 이용할 수 있도록 해주는 스크립트와 Prefab로 구성된 유틸리티 세트입니다. SDK Unity Toolkit을 이용하면 간단한 응용 프로그램은 기능 파트(part)를 화면에 배치하고 속성을 설정하는 것만으로 완성된 프로그램을 만들 수 있습니다. 초보자들도 SDK Unity Toolkit을 사용하면 눈에 보면서 움직이고 바로 테스트할 수 있는 응용 프로그램을 손쉽게 만들 수 있습니다.

물론 전문적인 개발자라면 SDK Unity Toolkit을 기본으로 인텔 RealSense SDK의 C# SDK를 직접 이용할 수 있으므로 고도의 기능도 빠짐없이 이용할 수 있습니다.

◆ SDK Unity Toolkit의 구조

SDK Unity Toolkit과 인텔RealSense SDK의 관계는 [그림 8.1]과 같은 계층 구조로 되어 있습니다. SDK Unity Toolkit 을 통해 SDK Unity C#의 객체를 가져올 수 있으므로, 개발자의 능력과 지식에 따라 유연하게 개발할 수 있습니다.

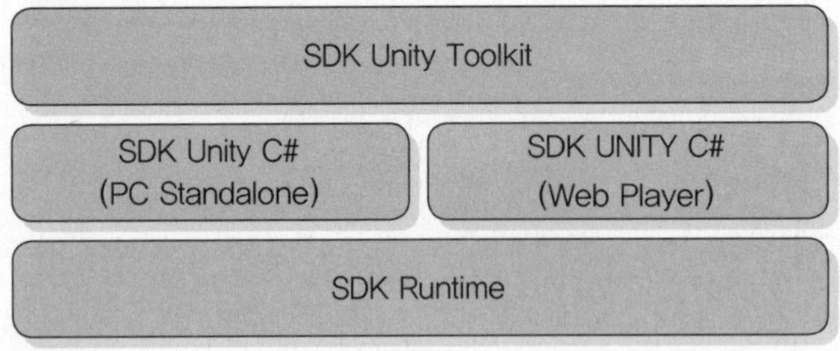

[**그림 8.1**] SDK Unity Toolkit 의 구조[1]

각 중간 계층의 패키지는 'C:\Program Files (x86)\Intel\RSSDK\framework\Unity'

---

1) 출처 : https://software.intel.com/sites/landingpage/realsense/camera-sdk/v1.1/documentation/html/index.html?toolkit_unity_toolkit.html

폴더에 위치하고 있으므로 Unity에 해당 패키지를 먼저 포함(import)시킨 후 사용합니다. 이 때, Unity Web Player용 패키지 Unity.WebPlayer.unitypackage를 포함시키면 대량의 컴파일 에러가 발생하는데 이것은 PC용의 라이브러리와의 중복 부분이 있기 때문입니다. 이 문제는 'Assets\Plugins.Managed\libpxcclr.unity.dll'를 수동으로 삭제하면 해결할 수 있습니다.

◆ SDK Unity Toolkit의 구성 요소

SDK Unity Toolkit은 [표 8.1]의 4가지 구성 요소로 되어 있습니다. 특히 'Action', 'Trigger', 'Rule'은 각각 [표 8.2]와 같이 연관되어 있습니다.

[표 8.1] SDK Unity Toolkit의 구성 요소

요소	설명
Prefab	Prefab는 인텔 RealSense SDK 의 기능이 미리 설정이 되어 있어 바로 이용 가능한 파트입니다. 예를 들면 컬러 이미지를 표시하는 Image 또는 디버그 표시를 해주는 Debug Viewer 등 편리한 것들이 준비되어 있습니다.
Action	Action은 화면 내의 GameObject에 대한 특정 동작을 나타냅니다. 예를 들면 '이동'은 Translation Action, '회전'은 Rotation Action 과 같이 Action이 미리 준비되어 있습니다. Action은 Trigger에 의해 활성화 됩니다. Action은 종류에 따라 고정적인 Trigger가 설정된 것과 임의의 Trigger를 추가하여 이용할 수 있는 것이 있습니다.
Trigger	Trigger는 센서가 감지하는 사용자의 동작과 이벤트를 나타냅니다. Trigger는 종류에 따라 설정할 수 있는 규칙(Rule)의 종류가 정해져 있으며, 그 규칙들 중에서 선택 및 적용합니다. 예를 들면 일련의 동작 시작에서 완료까지를 나타내는 TrackingTrigger, 회전동작을 나타내는 RotationTrigger 등이 준비되어 있습니다.
Rule	Rule은 Trigger가 어떤 조건에서 Action을 활성화시킬 것인지 조건을 나타냅니다. 하나의 Trigger에는 여러 개의 Rule을 설정할 수 있으며, 어느 것 하나라도 Rule 조건이 충족되면 Trigger 가 활성화 됩니다. 예를 들면 EventTrigger에 적용할 수 있는 HandClosed Rule의 경우에는 · 왼손, 오른손 중 어느 쪽 손을 감지하는가? · 거리가 가까운 손, 먼 손 어느 쪽을 감지하는가? · 어느 정도 손이 펼쳐진 상태인가? 와 같은 상세한 규칙(Rule)을 설정 할 수 있습니다.

1. 웃음 레벨이 50 이상이 되어 Rule 조건을 충족하면 Trigger가 활성화 !

2. Action이 GameObject를 이동 !

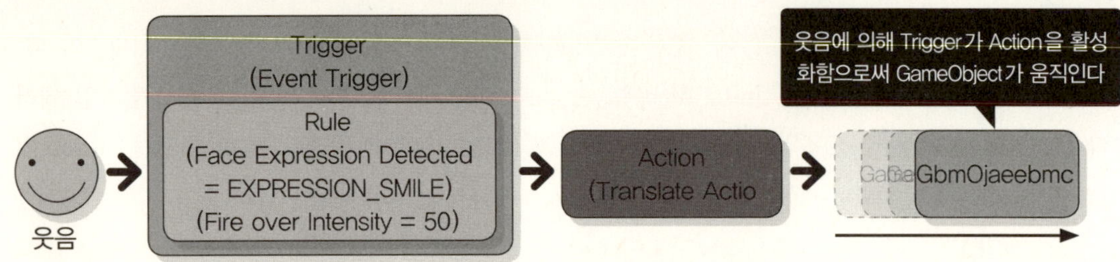

[그림 8.2] Action, Trigger, Rule의 관계. 웃음으로 GameObject 를 이동시키는 예

8-1-2 >> SDK Unity Toolkit의 Prefab

여기에서는 SDK Unity Toolkit에 포함된 Prefab를 간단히 소개하겠습니다. Unity 화면에 배치하는 것만으로 사용할 수 있으므로 독자들도 직접 테스트해 보는 것을 추천합니다.

◆ Debug Viewer

Unity 프로젝트에서 인텔 RealSense SDK를 인텔 RealSense 3D 카메라가 정상적으로 이용할 수 있는지 간단히 테스트할 수 있는 Prefab입니다. 깊이지각(Depth) 영상과 손 등의 인식 상태를 실시간으로 표시해 줍니다.

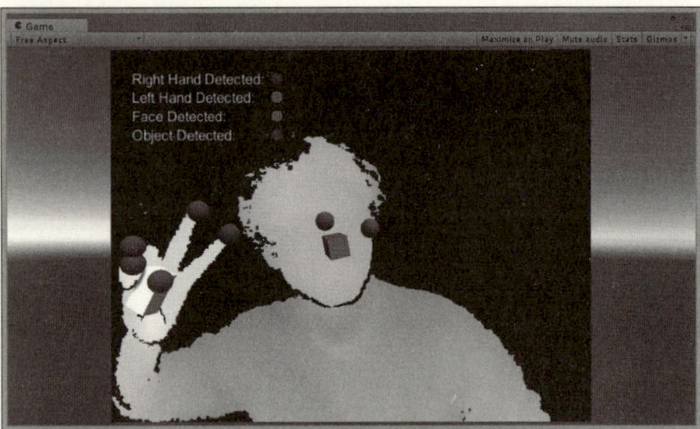

[그림 8.3] Debug Viewer Prefab 실행

◆ Face tracking, Full Hand tracking-(left, right), Image, ImageSegmentation

얼굴의 추적(Face tracking), 손의 추적(Full Hand tracking-left 또는 Right), 컬러 영상(Image), 배경이 제거된 컬러 영상(ImageSegmentation)을 실시간으로 표시해 주는 Prefab입니다.

[그림 8.4] Face tracking, Full Hand tracking−(left,right), Image, ImageSegmentation Prefab 실행

◆ **PointCloudMesh**

3D 스캔을 하고, 깊이(Depth) 정보로부터 다각형으로 구성된 메쉬(mesh) 객체를 실시간으로 표시하는 Prefab입니다. PointCloudMaterial 속성을 변경함으로써 표면의 색상 및 재질을 변경할 수 있습니다.

[그림 8.4] PointCloudMesh Prefab 실행 화면

◆ Sense AR

AR(Augmented Reality, 증강 현실) 응용 프로그램을 개발하기 위해 이용할 수 있는 Prefab 입니다. 2개의 카메라(현실 및 가상 세계를 비추는 카메라)를 겹쳐서 화면에 표시합니다.

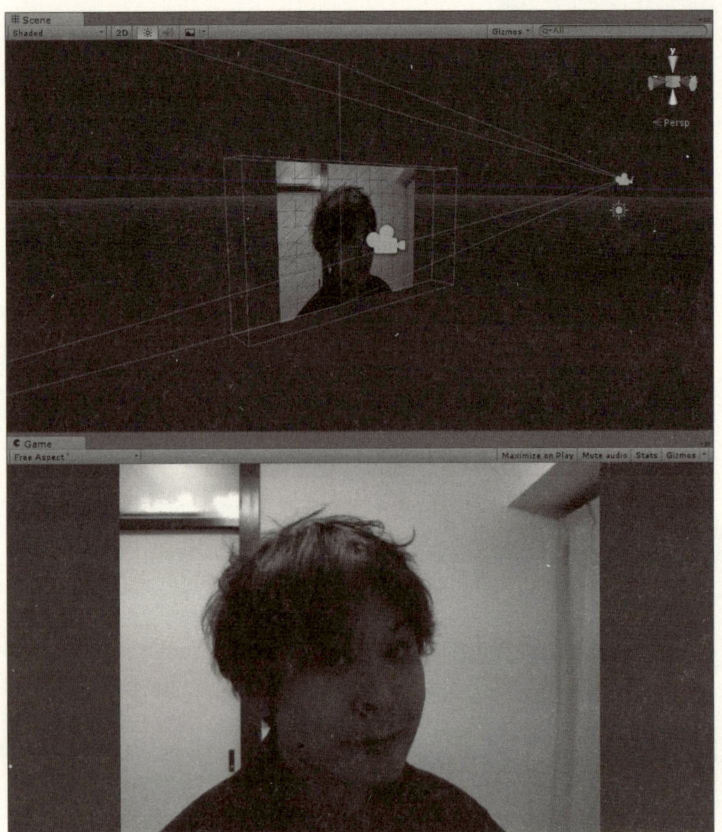

[그림 8.6] Sense AR Prefab 실행 화면

8-1-3 ▶▶ SDK Unity Toolkit의 Action

여기에서는 SDK Unity Toolkit에 포함된 Action의 이용 방법을 소개하겠습니다.

◆ Action의 추가

Action의 추가는 Unity 메뉴에서 할 수 있습니다. 여기에서는 손을 움켜쥐면 정육면체가 사라지는 예제 프로그램을 만들어 봅니다.

먼저 빈 화면에 Direction Light와 Cube를 배치합니다(그림 8.7).

Cube는 Main Camera에서 보이는 위치에 배치합니다. 이번 에제에서는 원점(Position : X=0,Y=0, Z=0)에 배치했습니다.

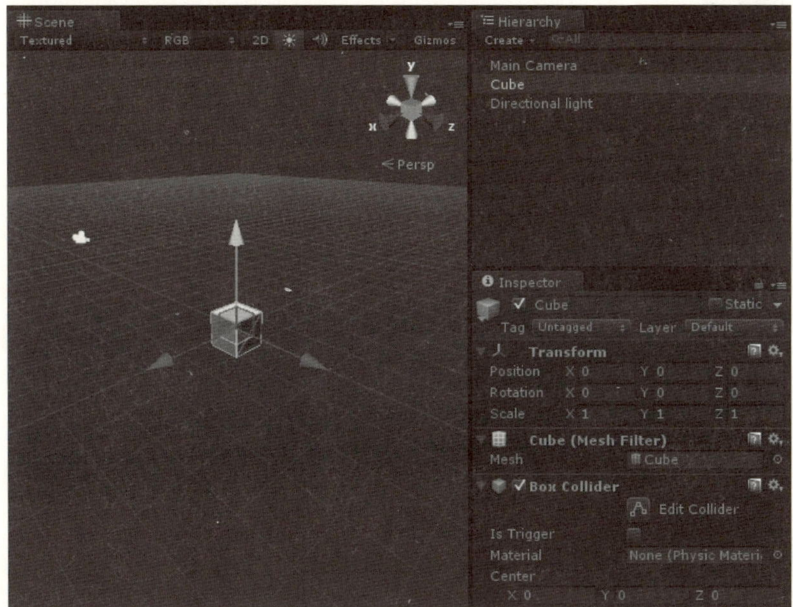

[그림 8.7] 화면에 광원과 Cube를 배치

Cube를 선택한 상태에서 Unity의 [RealSense Unity Toolkit] 메뉴에서[Add Action]→[Hide]를 선택합니다(그림 8.8).

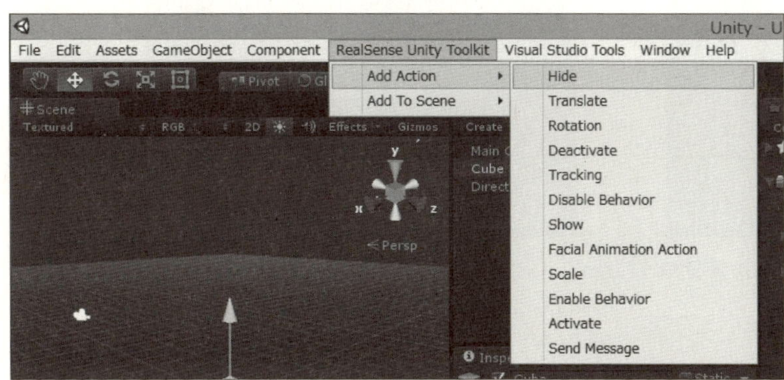

[그림 8.8] HideAction을 추가

이것으로 Cube에 HideAction이 추가됩니다. Inspector 패널을 보면 기본 값에서 Gesture Detected의 Rule이 적용되었으며, 제스처를 인식했을 때에 Action이 활성화 되도록 합니다(그림 8.9).

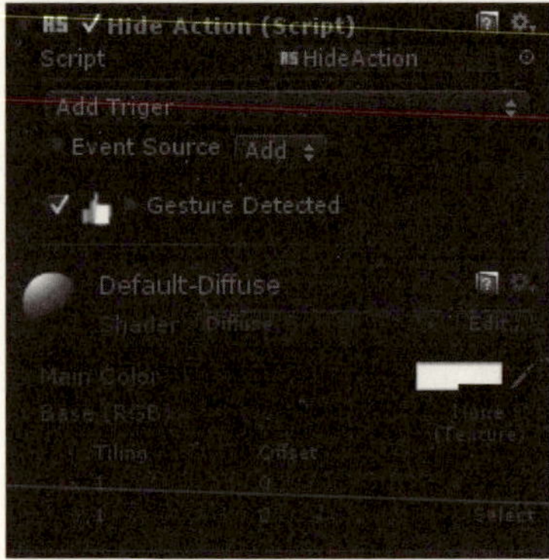

[그림 8.9] HideAction 기본 값 상태의 Inspector 패널

그러면 여기에서 제작한 프로그램을 실행합니다. 게임 화면이 표시되면 손을 카메라에 대고 움켜쥡니다. 오른손이든 왼손이든 상관 없습니다.

어떻습니까? 손을 쥔 순간에 Cube가 사라집니다(그림 8.10).

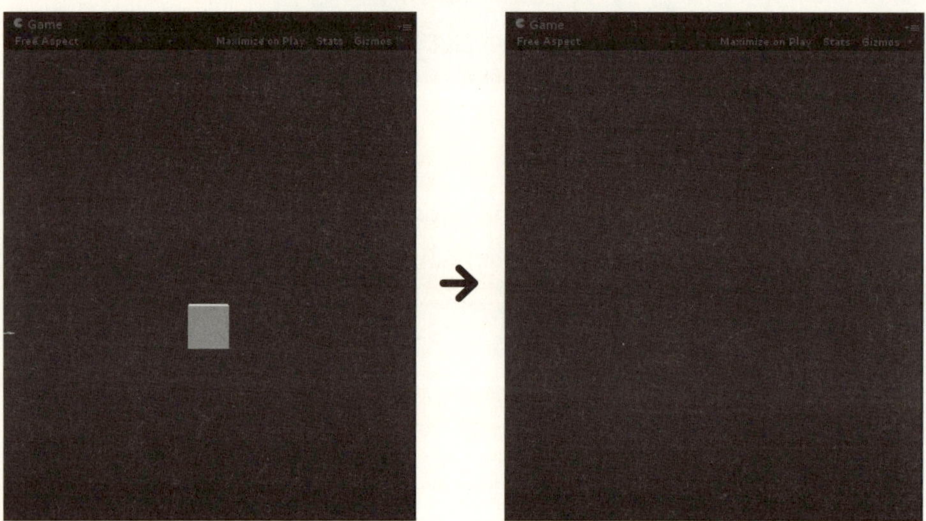

[그림 8.10] 손을 쥐면 HideAction이 동작하여 Cube가 사라짐

◆ Action의 종류

SDK Unity Toolkit에는 여러 가지 Action이 준비되어 있습니다. [표 8.2]는 주요한 Action 목록입니다.

[표 8.2] SDK Unity Toolkit의 Action 목록

Action	설명
Hide	GameObject를 renderer.enabled = false로 표시하지 않습니다. 기본 값에서는 손을 쥐면 활성화 됩니다.
Translate	GameObject를 이동합니다. 이동 시작, 이동, 이동 종료 등 3가지의 트리거를 설정할 수 있습니다. 기본 값에서는 손을 쥐면 이동이 시작되고 쥐고 있는 동안 계속해서 이동하며 손을 펴면 이동을 멈춥니다.
Rotation	GameObject를 회전합니다. 회전 시작, 회전, 회전 종료의 3가지 트리거를 설정할 수 있습니다. 기본 값에서는 양손을 쥐면 회전이 시작되고 양손을 쥐고 있는 동안 회전이 계속됩니다. 그리고 손을 펴면 회전이 종료됩니다.
Deactivate	GameObjects 속성에 지정된 대상 GameObject를 Active = false 로서 비활성화합니다. 기본 값에서는 손을 쥐면 비활성화 됩니다. 이 Action은 연결된 GameObject 자체에는 영향을 주지 않으며, GameObjects 속성에서 지정된 GameObject 그룹을 처리대상으로 합니다.
Tracking	GameObject의 위치와 회전 방향을 트리거의 인식으로 추적하며 변경합니다. 추적 시작, 추적, 추적 종료의 3개의 트리거를 설정할 수 있습니다. 기본 값에서는 손을 인식하면 추적 시작, 손을 인식하는 동안 계속해서 추적하며, 손을 인식할 수 없으면 추적이 종료됩니다.
Disable Behavior	GameObject내의 Behaviour를 enabled = false 로서 구성 요소를 비활성화시킵니다. 기본 값에서는 손을 쥐면 비활성화됩니다.
Show	GameObject를 renderer.enabled = true로서 표시합니다. 기본 값에서는 손을 쥐면 실행됩니다.
Facial Animation	표정의 상태를 GameObject의 혼합 모형으로 반영하고 애니메이션을 하게 합니다.
Scale	GameObject의 확대 또는 축소합니다. 확대/축소 시작, 확대/축소, 확대/축소 종료의 3가지 트리거를 설정할 수 있습니다. 기본 값에서는 양손을 쥐면 확대/축소 시작, 양손을 쥐고 있는 동안 계속해서 확대/축소를 하며, 양손을 펴면 확대/축소가 종료됩니다.
Enable Behavior	GameObject내 Behaviour를 enabled = true로서 구성 요소를 활성화합니다. 기본 값에서는 손을 쥐면 활성화 됩니다.
Activate	GameObjects 속성에 지정된 대상 GameObject를 Active = true로서 활성화합니다. 기본 값에서는 손을 쥐면 활성화 됩니다. 이 Action은 연결된 GameObject 자체에는 영향을 주지 않으며 GameObjects 속성에서 지정된 GameObject 그룹을 처리 대상으로 합니다.
Send Message	트리거가 활성화되면 FunctionName 속성에서 지정한 Unity 내에서의 메시지를 송신합니다. 기본 Action에서는 할 수 없는 사용자화 처리를 스크립트를 이용하여 할 수 있습니다.

여기에서는 SDK Unity Toolkit에 준비되어 있는 Trigger와 Rule의 이용 방법을 소개하겠습니다.

◆ **Trigger와 Rule의 추가**

Trigger는 Action에 추가하여 이용합니다. 앞에서 소개한 샘플에 추가적인 설정을 해 봅니다. 현재 Cube의 Action 설정은 [그림 8.11]과 같이, 손을 쥐면 객체를 표시하지 않는 Trigger와 Rule이 설정되어 있습니다.

그러면, 추가적으로 방긋 웃고 있을 때만 얼굴로 Cube를 움직이게 해봅니다. Cube를 선택한 상태에서 Unity의 [RealSense Unity Toolkit] 메뉴에서[Add Action]→[Tracking]을 선택합니다(그림 8.12).

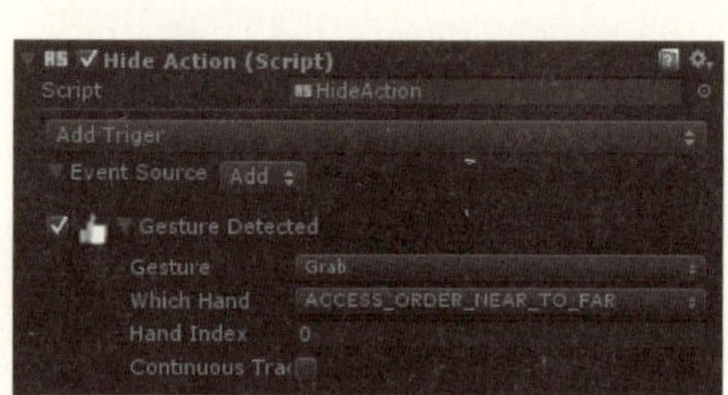

[그림 8.11] Cube의 Action 설정(기본 값 상태)

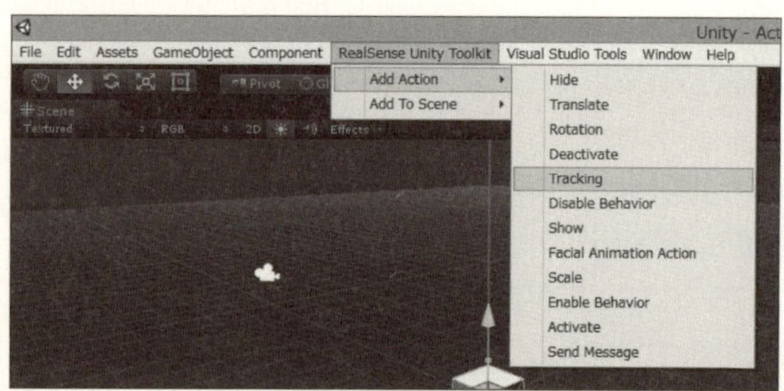

[그림 8.12] TrackingAction을 추가

TrackingAction이 추가되었습니다. 기본 값은 손 움직임의 인식에 따라 객체를 이동시키는 Trigger와 Rule이 미리 설정되어 있습니다.

Inspector 패널을 보면, Action의 시작을 나타내는 StartEvent의 Trigger에는 손을 인식한 것을 나타내는 'HandDetected'의 Rule, 인식하고 있음을 나타내는 Tracking Source의 Trigger에는 손의 추적을 나타내는 'HandTracking'의 Rule, Action의 종료를 나타내는 StopEvent의 Trigger에는 손의 추적이 유실된 것을 나타내는 'HandLost'의 Rule이 미리 적용되어 있습니다[그림 8.13].

그러면, 인식 시작을 나타내는 Trigger, StartEvent에 웃는 얼굴의 인식 Rule을 추가합니다. StartEvent의 [Add]버튼을 클릭하면 추가 가능한 Rule의 예제가 표시되므로 [Facial Expression Detected]을 선택합니다(그림 8.14).

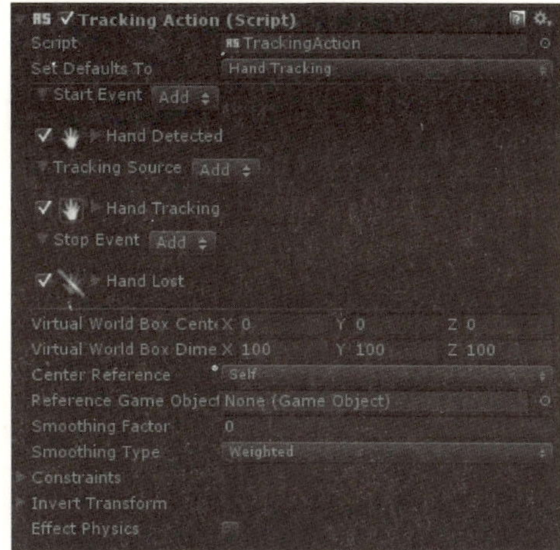

[**그림 8.13**] TrackingAction의 기본 값 설정

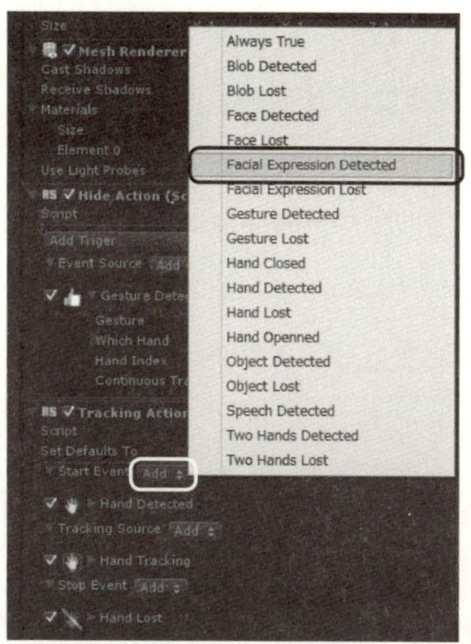

[**그림 8.14**] 표정 인식 Rule의 추가

추가된 Facial Expression Detected를 확장하면 기본적으로 웃는 얼굴(EXPRESSION_SMILE)이 레벨 30을 넘으면 Trigger를 활성화하는 조건이 설정되어 있으므로 이대로 이용합니다(그림 8.15). Hand Detected의 Rule은 이용하지 않으므로 체크 표시를 비활성화합니다.

같은 순서로 Tracking Source에 Face Tracking, Stop Event에 Facial Expression Lost를 추가합니다. Hand 계열의 Rule은 체크 표시를 비활성화로 합니다.

설정을 끝내면 [그림 8.16]과 같은 설정이 됩니다.

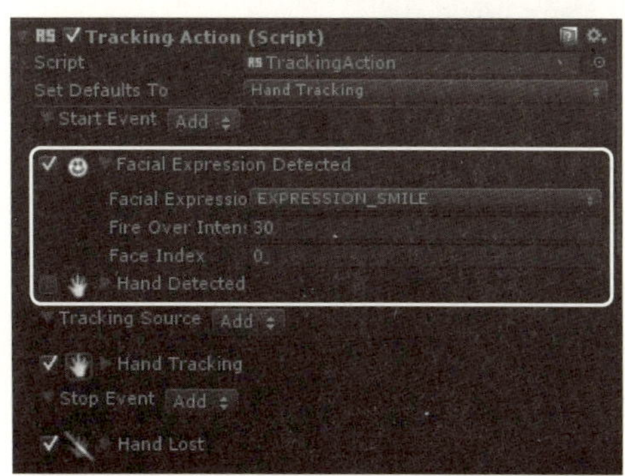

[**그림 8.15**] 웃는 얼굴로 Trigger를 활성화시키는 Rule 설정

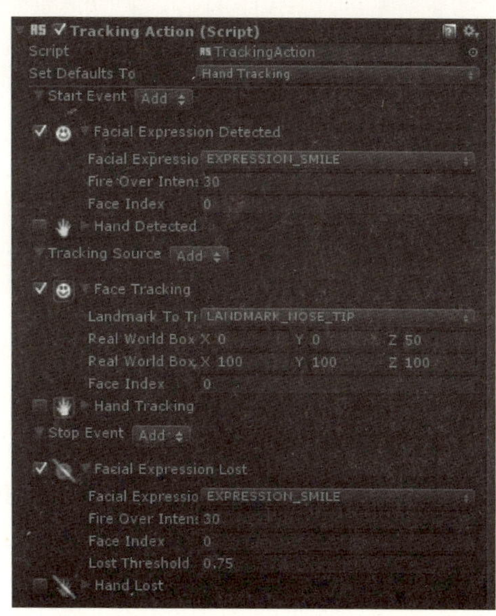

[**그림 8.16**] 웃는 얼굴을 하고 있는 동안 Trigger를 활성화시키는 Rule 설정

그러면, 여기에서 수정한 프로그램을 실행해 봅니다. 조금 코믹한 움직임이 되므로 주위 사람의 시선에 주의하면서 카메라를 향하여 멋지게 웃는 웃음을 만들어 봅니다.

그리고, 그대로 얼굴을 앞, 뒤, 왼쪽, 오른쪽 등으로 움직여 봅니다

어떻습니까? 얼굴의 움직임에 맞추어 Cube가 이동할 것입니다. 또, 웃음을 멈추거나 얼굴을 인식하지 못하면 Cube는 이동을 정지합니다.

만약 얼굴 움직임과 Cube의 움직임이 맞지 않을 때는 초점이 어긋나 있을 수도 있습니다. 그 경우에는 Main Camera의 방향과 위치를 조정해 봅니다.

실행 상태를 보다 알기 쉽도록 ImagePrefab에서 Image 객체를 추가하면 [그림 8.17]과 같이 됩니다.

[그림 8.17] 웃는 얼굴이 되면 Cube가 이동

◆ **Trigger와 Rule의 종류**

SDK Unity Toolkit에는 여러 가지 Trigger와 Rule이 준비되어 있습니다. 방대한 조합이 있기 때문에 여기에서 모두 다 소개할 수 없으므로, 독자들이 여러 가지 조합의 설정을 시도하여, 어떠한 움직임이 되는지 테스트해 볼 것을 추천합니다.

아주 간단한 과정만으로 상호 작용하는 프로그램을 개발할 수 있음을 알게 될 것입니다.

8-2 게임 앱 'Smile Shooter'

여기에서는 Unity를 개발 환경으로 한 게임 앱을 예제로 설명하겠습니다.
이번 예제는 Unity의 Asset Store에서 Unity Technologies가 제공하는 'Space Shooter' 샘플 게임의 Asset을 이용하여 RealSense를 통해 조작하도록 변경하였습니다. 그럼 지금부터 얼굴의 움직임과 표정의 변화를 이용한 게임을 제작해 봅니다.

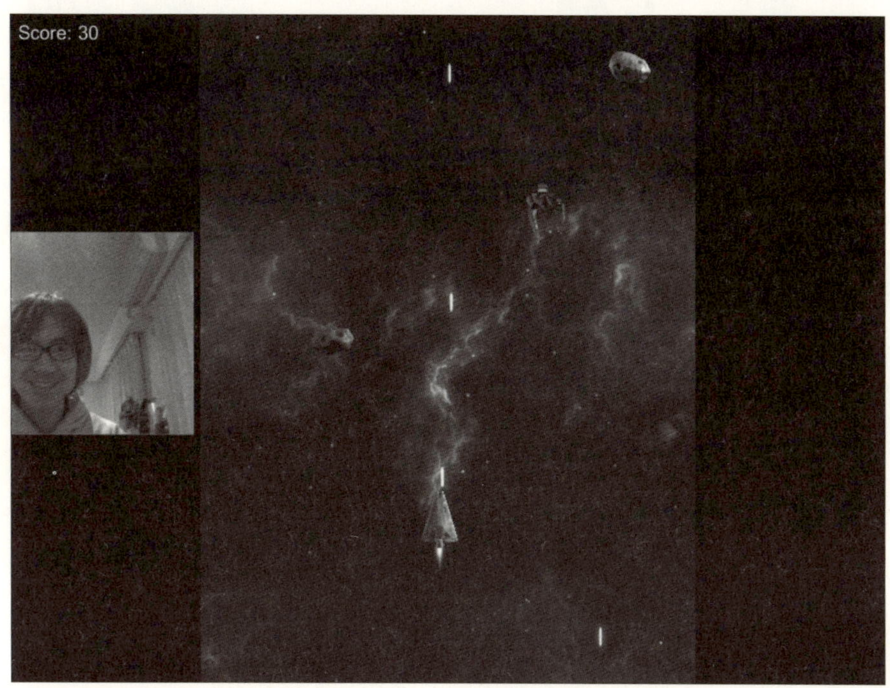

[그림 8.18] 표정으로 조작하는 슈팅 게임

8-2-1 >> 샘플 프로젝트 가져오기

먼저 Unity에서 새로운 프로젝트를 만들고 Asset Store에서 'Space Shooter' Asset을 다운로드합니다. Asset Store의 디렉토리를 'Unity Essentials'→'SampleProjects'로 검색하면 [그림 8.19]와 같은 화면이 표시됩니다. 여기에서 'SpaceShooter'를 선택하면 Space Shooter의 상세 화면 [그림 8.20]이 표시되므로 Asset을 다운로드한 후 생성한 프로젝트로 가져 옵니다(그림 8.21).

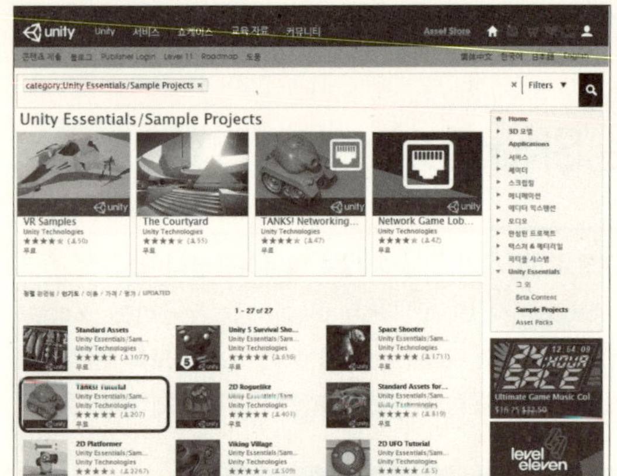

[그림 8.19] Asset Store의 'Sample Project'　　　[그림 8.20] 'Space Shooter'의 상세 화면

[그림 8.21] 가져오기(Import) 대화상자

　가져오기가 완료되면 Project 패널의 Assets/Done/Done_Scene이하의 'Done_Main'을 선택합니다(그림 8.22).

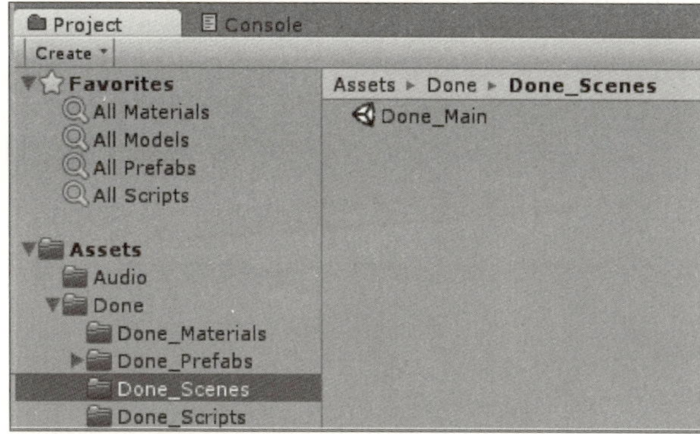

[그림 8.22] 'Done_Main' 열기

　'Done_Main'을 열고 실행하면, 슈팅 게임이 시작됩니다. 마우스 클릭으로 총알을 발사하고 화살표 키로 우주선을 이동 할 수 있습니다(그림 8.23). 그럼 지금부터 얼굴 추적을 통해 우주선을 이동시키고 웃는 표정을 감지하면 총알이 발사되도록 수정하겠습니다.

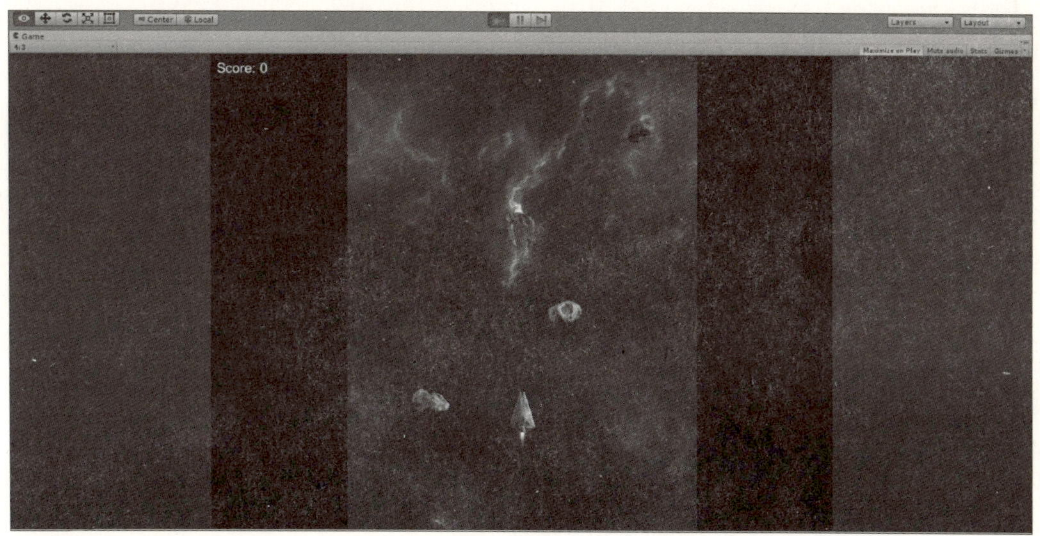

[그림 8.23] 초기 상태의 'Space Shooter'

8-2-2 >> 인텔 RealSense 3D 카메라의 영상을 화면에 표시

　Unity에서 인텔 RealSense SDK를 사용하기 위해서는 'SDK Unity Toolkit'을 프로젝트에 포함시켜야 합니다. 포함시키는 방법은 '3-4 Unity에서의 인텔 RealSense SDK 개발 환경의 구축'을 참조합니다.

인텔 RealSense 3D 카메라의 영상을 모니터링하기 위해 RSUnityToolkit에서 Image Prefab를 배치합니다. Project 패널에서 Hierarchy 패널로 드래그&드롭을 합니다.

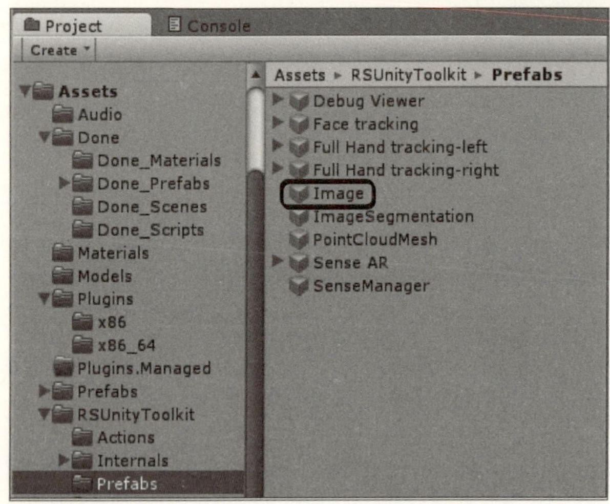

[그림 8.24] Image Prefab를 Hierarchy 패널에 배치

배치한 Image 객체는 Inspector 패널에서 다음과 같이 조정합니다.

- Position ··· X : − 10, Y : − 12, Z : 7.5
- Rotation ··· X : 0, Y : 0, Z : 0
- Scale ······ X : 0.4, Y : 0.1, Z : 0.3

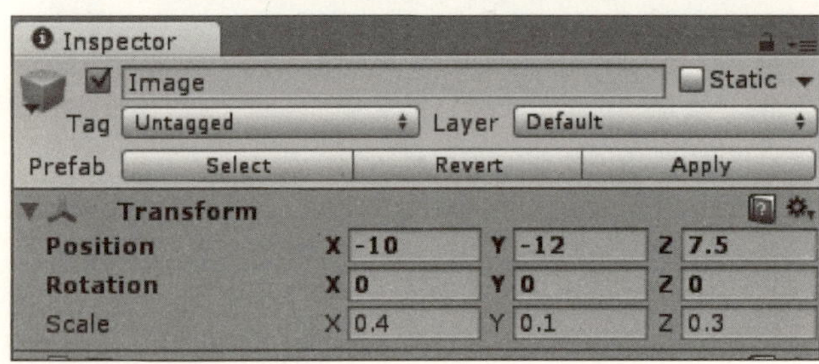

[그림 8.25] Image 객체의 Transform 값을 조절

이 상태에서 실행하면 [그림 8.26]과 같이 인텔 RealSense 3D 카메라에서 가져온 영상이 게임 화면의 왼쪽에 표시됩니다.

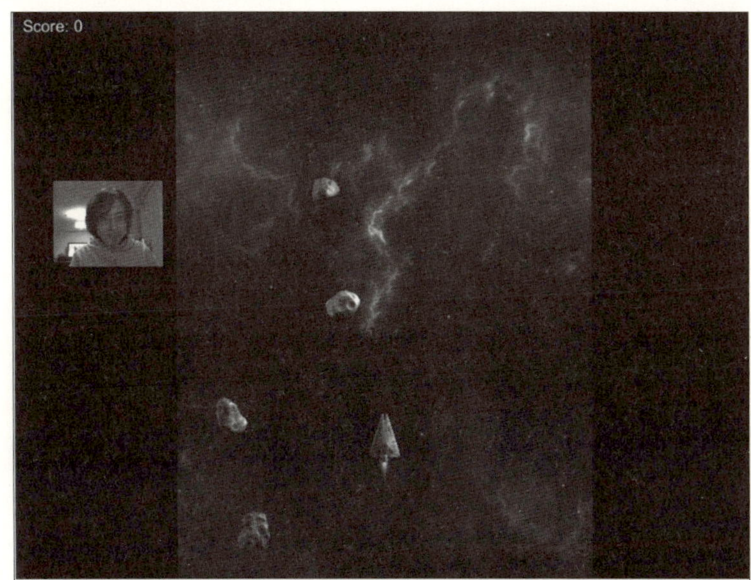

[그림 8.26] 인텔 RealSense 카메라의 영상이 게임화면에 표시

8-2-3 >> 얼굴로 우주선 움직이기

그러면, RealSense가 가져오는 얼굴의 추적 정보로 슈팅 게임의 우주선을 움직입니다.

◆ 얼굴 추적용 객체 배치

먼저 Unity의 [GameObject] 메뉴에서 [CreateEmpty]를 선택하여 'FaceTracking' 게임 객체를 생성합니다.

Hierarchy 패널에 있는 'Done_Player'가 우주선 객체이므로 생성한 FaceTracking 객체에 종속 (Child)되도록 배치합니다. 계층 구조는 [그림 8.27]와 같이 됩니다.

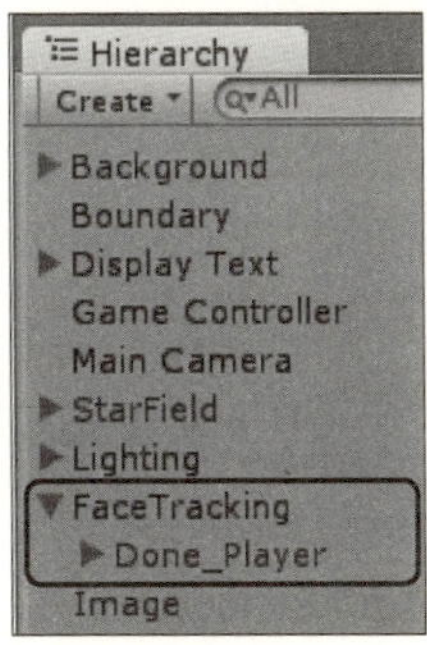

[그림 8.27] Done_Player 객체를 FaceTracking 객체에 종속되도록 설정

◆ FaceTracking 객체에 RealSense Unity Toolkit의 Tracking 추가하기

　Hierarchy 패널의 FaceTracking 객체를 선택한 상태에서 Unity의 [RealSense Unity Toolkit] 메뉴에서 [Add Action]→[Tracking]을 선택하고 Tracking의 Action을 추가합니다. 그러면, FaceTracking 객체의 Inspector 패널에 'TrackingAction'이 추가됩니다. Tracking Action에 있는 'Set Defaults To'를 [Face Tracking]으로 변경합니다(그림 8.28). 이것으로 Face Tracking 객체에서는 얼굴을 감지하면 추적 액션을 시작하며 얼굴의 움직임을 추적하여 객체를 움직이게 합니다. 얼굴이 감지되지 않으면 추적 액션을 중지합니다.

　이것으로 Done_Player(우주선 객체)가 얼굴의 움직임을 따라오게 됩니다.

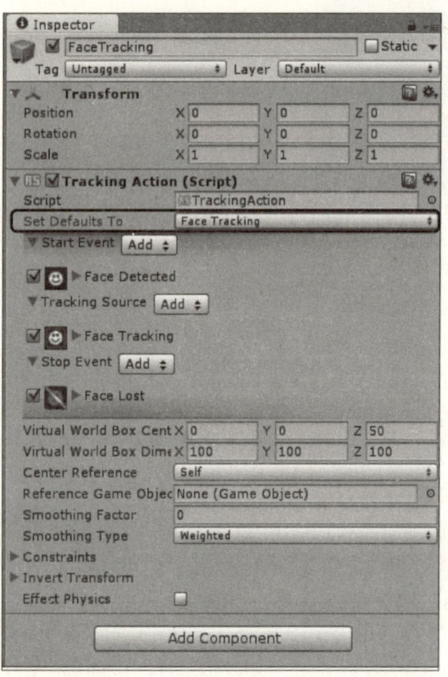

[그림 8.28] Tracking Action으로 [Face Tracking]을 설정

◆ FaceTracking의 매개 변수 조정

　게임 플레이를 더욱 수월하게 하도록 FaceTracking의 매개 변수를 조정합니다. 먼저 Done_Player 객체를 선택하고 Inspector 패널에 있는 'Mesh Collider'를 해제시킵니다. 이것에 의해 Done_Player의 충돌 효과는 발생하지 않게 되며 적과 부딪히거나 적의 총알에 맞아도 죽지 않는 무적상태가 됩니다. 이 상태에서 천천히 매개 변수를 조정합니다.

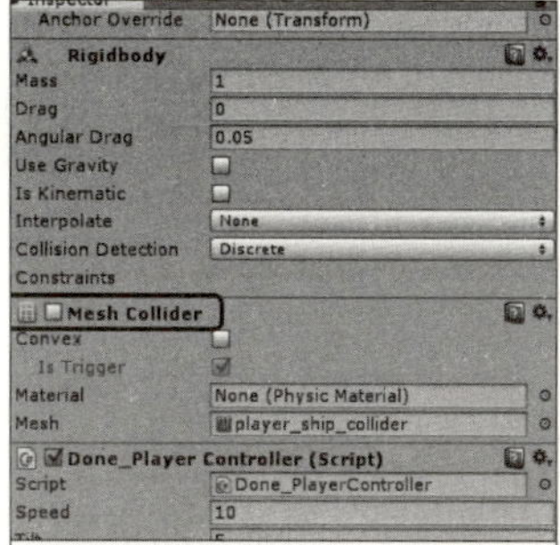

[그 8.29] Done_Player의 'Mesh Collider'를 해제

◆ 위, 아래 방향의 움직임 조정

기본적으로 얼굴을 왼쪽, 오른쪽으로 움직이면 우주선도 왼쪽, 오른쪽으로 움직이며 얼굴을 카메라에서 멀리하면 우주선은 위로 움직이고, 반대로 얼굴을 카메라에 가까이하면 우주선은 아래로 움직입니다. 왼쪽, 오른쪽의 이동은 이대로 좋겠지만 위, 아래 방향의 움직임은 조작이 불편하므로 조정해 봅니다.

여기에서 얼굴의 위, 아래 방향의 움직임으로 우주선을 위, 아래로 움직이도록 하는 것이 직감적인 조작이므로 바람직한 방법이겠지만 실제로 얼굴을 위, 아래 방향으로 움직이는 것은 힘듭니다. 그러므로 얼굴을 가까이 하면 우주선은 위쪽으로, 얼굴을 멀리하면 우주선이 아래 방향으로 움직이도록(기본 값과는 반대의 움직임) 조정합니다.

FaceTracking 객체의 Inspector 패널에서 'Tracking Action'의 'InvertTransform'을 확장하여 Position의 'X'와 'Z'에 체크 표시합니다. 이것으로 추적의 액션 X 및 Z 방향의 움직임이 반대 방향으로 게임에 반영됩니다.

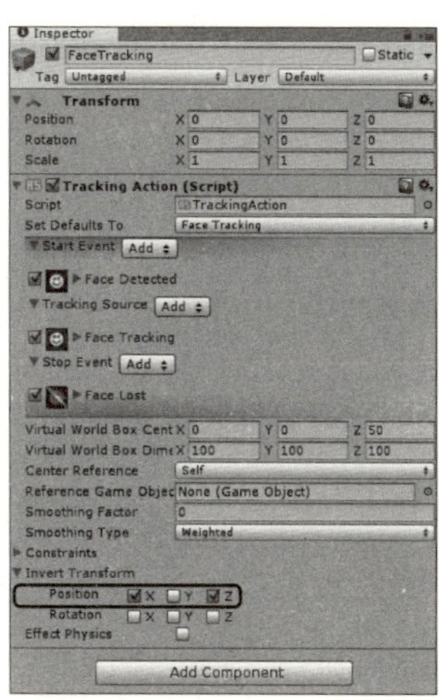

[그림 8.30] 추적 액션을 반대 방향으로 설정

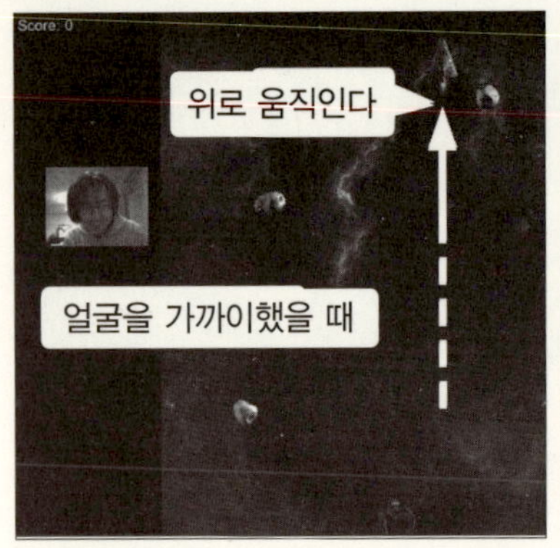

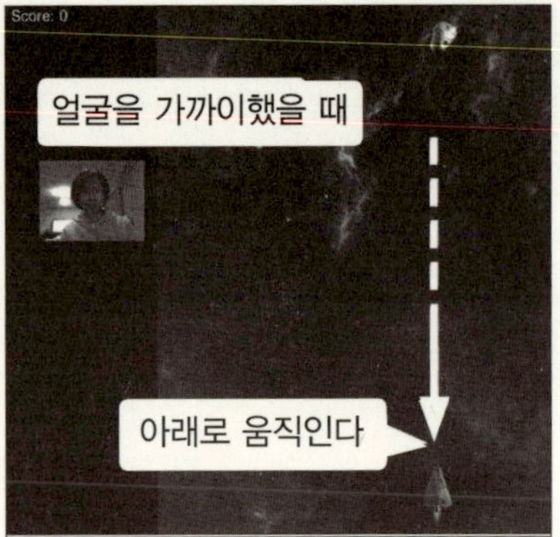

[그림 8.31] 얼굴의 거리에 따라 우주선이 위, 아래로 움직임

◆ 움직임의 범위 조정

Face Tracking으로 움직임에 대한 매개 변수의 조정을 계속합니다. 이번 예제에서 사용하고 있는 'Space Shooter' Asset은 3D로 만들어져 있지만 움직임은 2D의 수직 스크롤 슈팅 게임이므로 FaceTracking 객체의 Inspector 패널에서 'Tracking Action'의 [Virtual World Box Dimensions](게임 필드의 범위 설정)의 Y를 [1]로 설정하여 Y 방향으로 움직이지 않게 합니다. 또한, X를 50, Z를 50으로 설정하면 우주선이 흔들거리며 비행합니다. 기본 설정 값(X: 100, Z: 100)을 그대로 사용하면 큰 필드에서의 일부를 사용하게 되어 추적의 움직임이 민감해집니다.

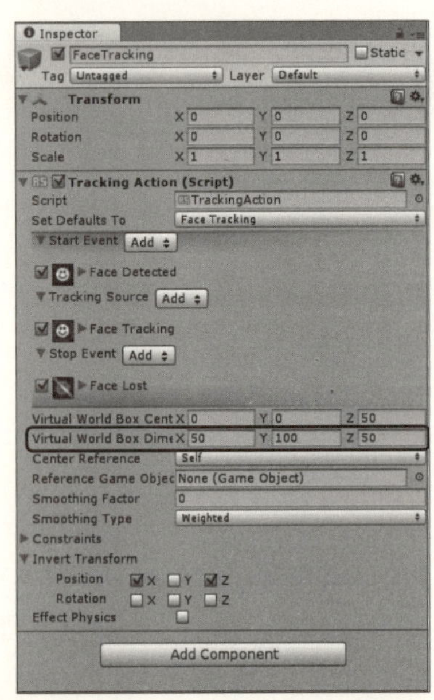

[그림 8.32] 게임 필드의 범위를 좁게 설정

8-2-4 >> 웃는 얼굴로 총알 발사하기

드디어 Space Shooter 개발의 마지막 단계입니다. 이번 단계에서는 RealSense가 웃는 얼굴을 감지하면 탄알을 발사하게 합니다.

◆ Send Message Action의 추가

RealSense의 트리거에서 메시지를 보낼 수 있는 'Send Message Action'을 추가합니다. Done_Player 객체를 선택한 상태에서 Unity의 [RealSense UnityToolkit] 메뉴에서 [Add Action]→ [Send Message]를 선택하면 Send MessageAction이 Done_Player의 Inspector 패널에 추가됩니다.

[Add Trigger]에서 「Event Source」를 선택한 후 Event Source에서 [Facial Expression Detected]를 선택하면, [그림 8.33]과 같이 됩니다. 기본적으로 얼굴을 감지하게 되어 있으므로 그 외의 조작은 필요없습니다.

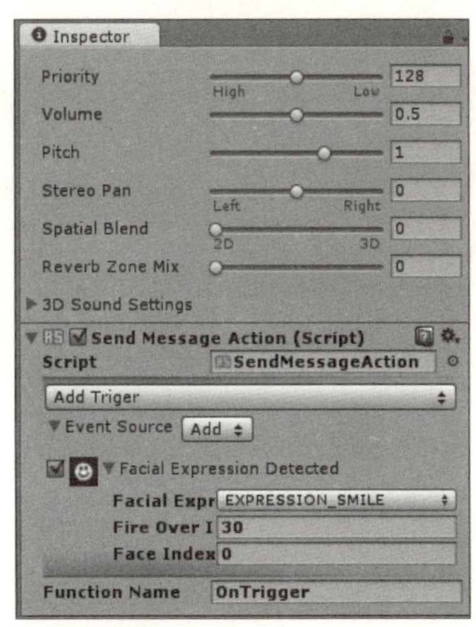

[그림 8.33] 웃는 얼굴을 감지하면 메시지 전송

◆ 웃는 얼굴의 트리거로 총알 쏘기

플레이어 제어의 스크립트는 Assets/Done/Done_Scripts/Done_PlayerController이며 이것을 조금 수정합니다(예제 8.1).

예제 8.1 Done_PlayerController 수정 전

```csharp
using UnityEngine;
using System.Collections;


[System.Serializable]
public class Done_Boundary
{
  public float xMin, xMax, zMin, zMax;
}


public class Done_PlayerController : MonoBehaviour
{
  public float speed;
  public float tilt;
  public Done_Boundary boundary;

  public GameObject shot;
  public Transform shotSpawn;
  public float fireRate;

  private float nextFire;


  void Update()
  {

    if (Input.GetButton("Fire1") && Time.time > nextFire)
    {
      nextFire = Time.time + fireRate;
      Instantiate(shot, shotSpawn.position, shotSpawn.rotation);
      audio.Play();
    }
  }


  void FixedUpdate()
  {
    float moveHorizontal = Input.GetAxis("Horizontal");
    float moveVertical = Input.GetAxis("Vertical");

    Vector3 movement = new Vector3(moveHorizontal, 0.0f, moveVertical);
```

```
        rigidbody.velocity = movement * speed;

        rigidbody.position = new Vector3
            (
                Mathf.Clamp(rigidbody.position.x, boundary.xMin, boundary.xMax),
                0.0f,
                Mathf.Clamp(rigidbody.position.z, boundary.zMin, boundary.zMax)
                );

        rigidbody.rotation = Quaternion.Euler(0.0f, 0.0f, rigidbody.velocity.x * -tilt);
    }
}
```
❷

웃는 얼굴을 감지하면 총알을 발사하도록 되어 있으므로 우선은 웃는 상태를 저장하는 변수를 정의합니다(❶).

```
private bool smiling = false;
```

다음으로 웃고 있는 상태를 설정하는 함수를 추가합니다(❷). 이 함수가 Send Message Action에 정의된 OnTrigger라고 합니다.

```
void setSmile()
{
    smiling = true;
}
```

그리고, 총알을 쏘는 조건을 수정합니다(❸). 기본적으로 마우스로 클릭하거나 총알을 쏘는 시간 간격이 경과하면 발사합니다. 이것을 웃음이 감지되었을 때와 총알을 쏘는 시간 간격이 경과하면 발사하도록 수정합니다.

```
// 웃고 있을 때
if (smiling && Time.time > nextFire)
{
    nextFire = Time.time + fireRate;
    Instantiate(shot, shotSpawn.position, shotSpawn.rotation);
```

```csharp
        audio.Play();
        // 발사하면 플래그 지우기
        smiling = false;
    }
```

위의 변경 사항을 반영하면 전체적으로 **예제 8.2**와 같이 됩니다.

예제 8.2 Done_PlayerController 수정 후

```csharp
using UnityEngine;
using System.Collections;

[System.Serializable]
public class Done_Boundary
{
    public float xMin, xMax, zMin, zMax;
}

public class Done_PlayerController : MonoBehaviour
{
    public float speed;
    public float tilt;
    public Done_Boundary boundary;

    public GameObject shot;
    public Transform shotSpawn;
    public float fireRate;

    private float nextFire;
    private bool smiling = false;                                        ❶

    void Update()
    {
        // 웃고 있을 때
        if (smiling && Time.time > nextFire)
        {
            nextFire = Time.time + fireRate;
            Instantiate(shot, shotSpawn.position, shotSpawn.rotation);
            audio.Play();
```

```csharp
        // 발사하면 플래그 지우기
        smiling = false;
    }
}


void FixedUpdate()
{
    float moveHorizontal = Input.GetAxis("Horizontal");
    float moveVertical = Input.GetAxis("Vertical");

    Vector3 movement = new Vector3(moveHorizontal, 0.0f, moveVertical);
    rigidbody.velocity = movement * speed;

    rigidbody.position = new Vector3
        (
            Mathf.Clamp(rigidbody.position.x, boundary.xMin, boundary.xMax),
            0.0f,
            Mathf.Clamp(rigidbody.position.z, boundary.zMin, boundary.zMax)
            );

    rigidbody.rotation = Quaternion.Euler(0.0f, 0.0f, rigidbody.
        velocity.x * -tilt);
}

void setSmile()
{
    smiling = true;
}

}
```

◆ 웃는 얼굴의 트리거로 setSmile( ) 호출

Project 패널에서 Asset/Scripts 폴더를 생성하고 웃는 얼굴의 트리거로 setSmile( )을 호출하는 스크립트를 작성합니다. 이 스크립트가 RealSense의 트리거와 슈팅 게임을 연결하는 역할을 하게 됩니다.

Asset/Scripts폴더 내에서 [Create]→[C# Script]를 선택하여 SmileTriggerRegistration 이름으로 스크립트를 생성합니다.

이후 **예제 8.3과** 같이 스크립트를 수정합니다.

```csharp
using UnityEngine;
using System.Collections;
using RSUnityToolkit;                                              ❶

public class SmileTriggerRegistration : MonoBehaviour
{

  // Use this for initialization
  void Start() {

  }


  // Update is called once per frame
  void Update() {

  }


  void OnTrigger(Trigger trigger)
  {
    Done_PlayerController playerController =
        GetComponent<Done_PlayerController>();              ❷
    playerController.SendMessage("setSmile");
  }

}
```

우선 (❶)에서 RSUnityToolkit를 사용하기 위한 선언을 추가하고 있습니다.

계속하여 OnTrigger 함수의 추가 RealSense가 웃는 표정을 감지할 때에 호출하는 함수를 추가합니다(❷). 그리고, Done_PlayerController 구성 요소를 가져오고 SendMessage("setSmile");로서 방금 전에 작성한 setSmile 함수를 호출하고 있습니다(예제 8.2 ❷).

◆ **SmileTriggerRegistration 스크립트를 Done_Player 객체에 추가하기**

Unity의 Hierarchy 패널에서 'Done_Player'를 선택한 상태에서 SmileTriggerRegistration 스크립트를 Done_Player에 드래그&드롭하면 SmileTriggerRegistration 스크립트를 Done_Player 객체에 추가할 수 있습니다. 이것에 의해 OnTrigger에서 Done_PlayerController의 setSmile( )이 호출됩니다.

[그림 8.34] 진지한 얼굴일 때, 총알은 발사되지 않음

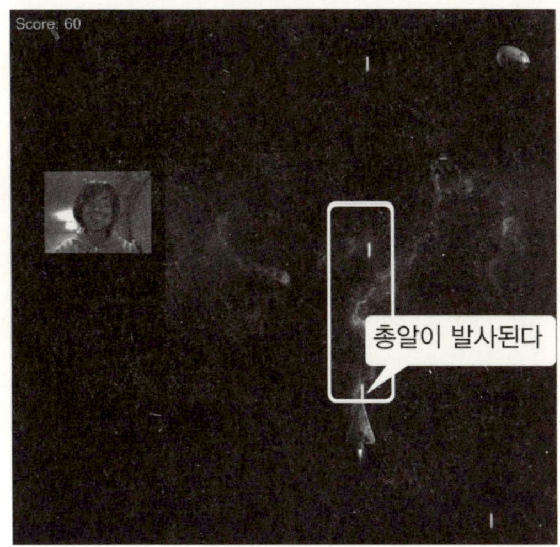

[그림 8.35] 입끝이 올라갔을(웃고 있을) 때 총알이 발사

8-2-5 ≫ 난이도 조정하기

이것으로 일단 'Smile Shooter'가 완성되는데 얼굴로 게임을 플레이하는 것은 조금 힘들기 때문에 적의 수를 조금 줄여서 게임을 쉽게 만듭니다.

◆ 우주선의 충돌 탐지 활성화

지금까지 움직임을 조정하기 위해 Done_Player 객체의 MeshCollider를 해제하여 우주선의 충돌 탐지를 비활성화 하였지만 실제 게임을 플레이하기 위해 활성화시킵니다.

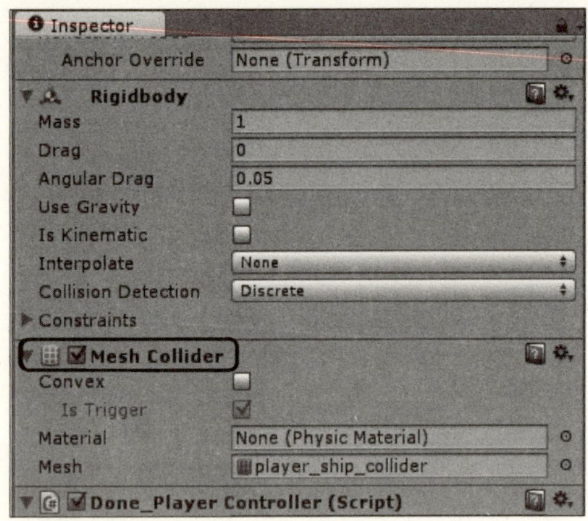

[그림 8.36] MeshCollider 를 활성화

◆ **적의 출현 빈도 낮추기**

Unity의 Hierarchy 패널에서 'Game Controller'를 선택하여 Inspector 패널에 'Done_Game Controller'를 표시하게 합니다. 여기에서 난이도 조정을 할 수 있습니다. 이번에는 'Hazard Count'를 [5]로 하여 적의 출현수를 낮게 설정합니다.

이 외에도 다른 매개 변수가 있으므로 필요에 따라 조정합니다.

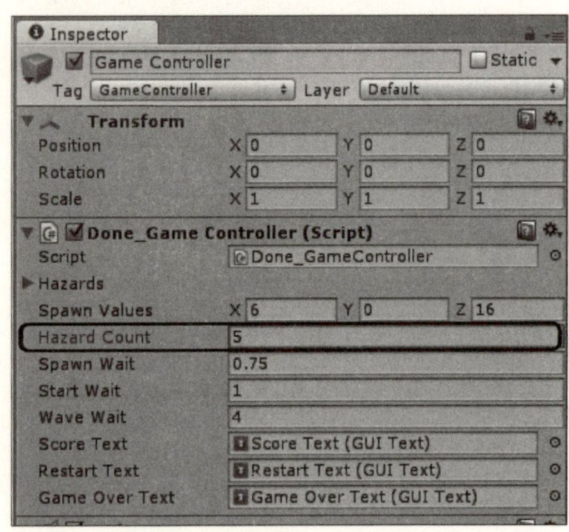

[그림 8.37] 게임의 난이도 조정하기

이것으로 완성입니다. 많이 웃어서 마음껏 총알을 발사해 봅니다! 그리고, 손의 움직임으로 우주선을 움직이거나 그 외의 표정으로 총알을 발사하는 등 다양한 응용을 시도해 봅니다.

일반 앱 '웃음 트레이닝'

'Unity'라 하면 게임 엔진 게임의 개발 환경으로 알려져 있는데 게임 이외의 영역에서도 Unity를 사용하면 풍부한 표현력을 가진 생활에 도움이 되는 응용 프로그램을 편리하게 만들 수 있습니다. 여기에서는 인텔 RealSense SDK와 Unity를 사용한 예제 프로그램을 소개하겠습니다.

[그림 8.38] 웃음 트레이닝 프로그램

8-3-1 >> 센서 응용 프로그램과 건강 관리

방긋하며 웃는 '웃음'은 여러 면에서 좋은 영향을 끼친다고 흔히들 말합니다. 면역 기구를 활성화하여 신체의 건강과 질병 예방 뿐만 아니라 스트레스 해소와 정신적인 건강에도 도움이 된다고 합니다. 그리고, 역시 웃는 얼굴이 멋진 사람은 매력적이고 좋은 인상을 다른 사람에게 줍니다. 이런 좋은 점이 많은 '웃음'인데, 웃자 웃자라고 해도 자유롭게 바로 웃을 수 있는 것은 아닙니다. 그래서 매일 조금이라도 웃음 트레이닝을 함으로써 자연스럽게 웃는 얼굴이 나오도록 지원하는 프로그램을 이미지 인식이 가능한 센서인 RealSense를 이용하여 만들어 봅니다.

사람의 움직임을 인식하는 3D 인식 센서는 의료, 건강 관리 분야와 친화성이 높으며 큰 주목을 받고 있는 분야 중의 하나입니다. 거기에 Unity를 조합하면, 지금까지의 의료, 건강 관리 분야와는 상관없다고 여겨져 왔던 '즐거움'을 동반한 보다 계속적이고 효과적인 응용 프로그램을 손쉽게 구축할 수 있습니다.

8-3-2 >> 응용 프로그램의 개요

이번에 구축하는 응용 프로그램은 '매일 단 시간에 즐겁게 웃는 연습을 한다'는 목적으로 [그림 8.39]와 같은 흐름으로 구축합니다. 지루하게 진행하는 것이 아니라 즐거운 요소도 담고 있습니다. 사용자의 표정과 캐릭터의 표정을 동기화시켜서 웃음이 일정 기준을 넘으면 특수 효과가 표시되도록 합니다.

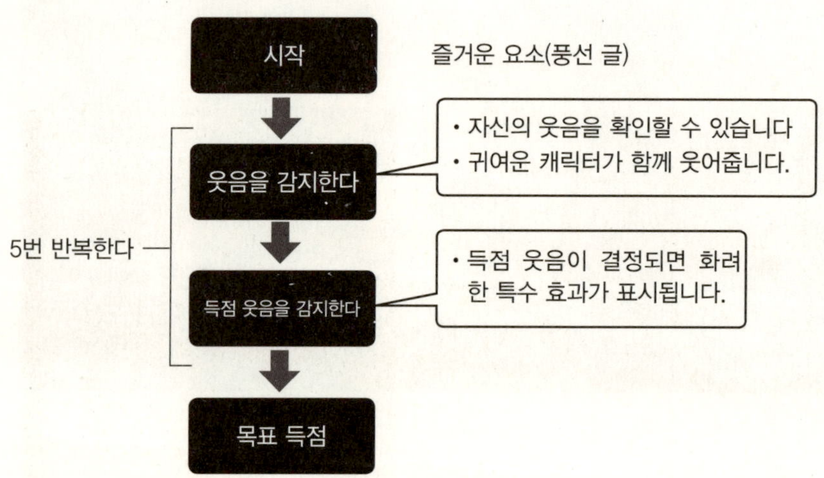

[**그림 8.39**] 응용 프로그램의 흐름

귀여운 캐릭터로서 Unity Technologies Japan이 제공하는 개발자를 위한 오리지널 캐릭터 '유니티짱'을 이용하겠습니다.

유니티짱의 데이터 파일은 'http://unity-chan.com/'에서 다운로드 할 수 있습니다.

이용할 때는 사용 조건에 동의하고 준수하는 것이 필요합니다. 본 샘플 프로그램에서도 출처를 표기하고 설명하고 있습니다.

이번에는 'SD 유니티짱 3D모델 데이터'를 다운로드하여 이용하겠습니다.

이 Asset은 '유니티짱 라이선스'에서 제공되고 있습니다.
이 Asset을 이용하는 경우에는 '캐릭터 이용의 가이드 라인'도 병행하여 확인합니다.

8-3-3 >> 응용 프로그램 구축

◆ 화면 구성

먼저 Unity에서 아래와 같은 화면을 만들어 봅니다. 객체의 위치는 정확하지 않아도 상관 없으므로 주요 객체에 대해서만 설명하도록 하겠습니다.

[**그림 8.40**] Unity의 화면 구성

◆ Image

사용자의 얼굴 영상을 실시간으로 표시하는 SDK Unity Toolkit의 Image Prefab 인스턴스입니다. 위치 및 크기 이외에는 변경하지 않습니다. Main Camera의 종속 객체로 함으로써 카메라가 이동하면 자동으로 추적하게 합니다.

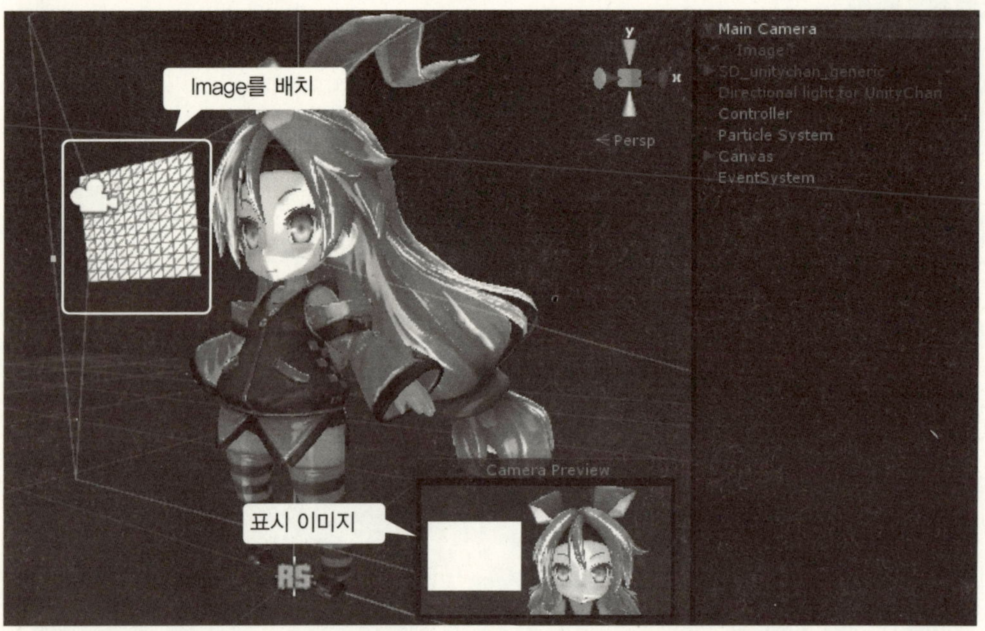

[그림 8.41] 사용자의 얼굴 영상을 표시하는 Image를 배치

◆ SD_unitychan_generic

SD 유니티짱의 패키지를 가져온 후 Assets/UnityChan/SD_unitychan/Prefabs/SD_unitychan_genericPrefab를 인스턴스화 한 것입니다. [그림 8.42]와 같이 몇 가지의 설정을 변경합니다.

◆ Directional light for UnityChan

SD 유니티짱 패키지의 Assets/UnityChan/Prefabs/Directional light for UnityChan Prefab를 인스턴스화 한 것입니다.

◆ Controller

응용 프로그램의 진행을 관리하는 제어기입니다. 빈 GameObject를 우선 준비합니다. 상세한 내용은 나중에 설명하겠습니다.

◆ Particle System

득점 웃음으로 결정되면 재생하는 파티클입니다. 이번 예제에서는 [그림 8.43]과 같이 설정하였지만 필요에 따라 설정을 변경합니다.

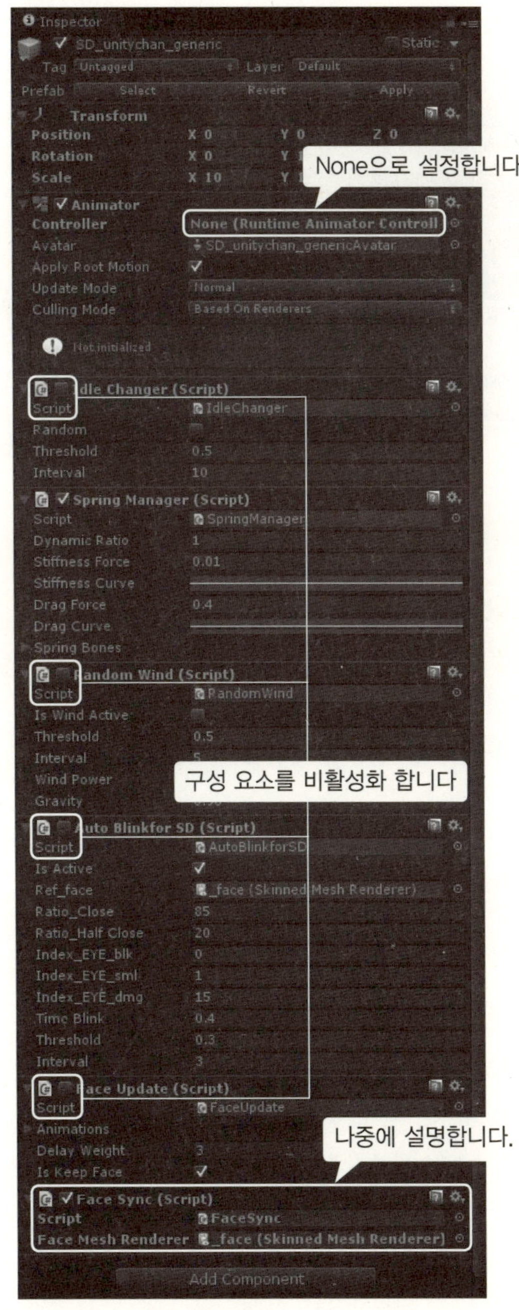

[그림 8.42] SD 유니티짱의 Inspector 설정

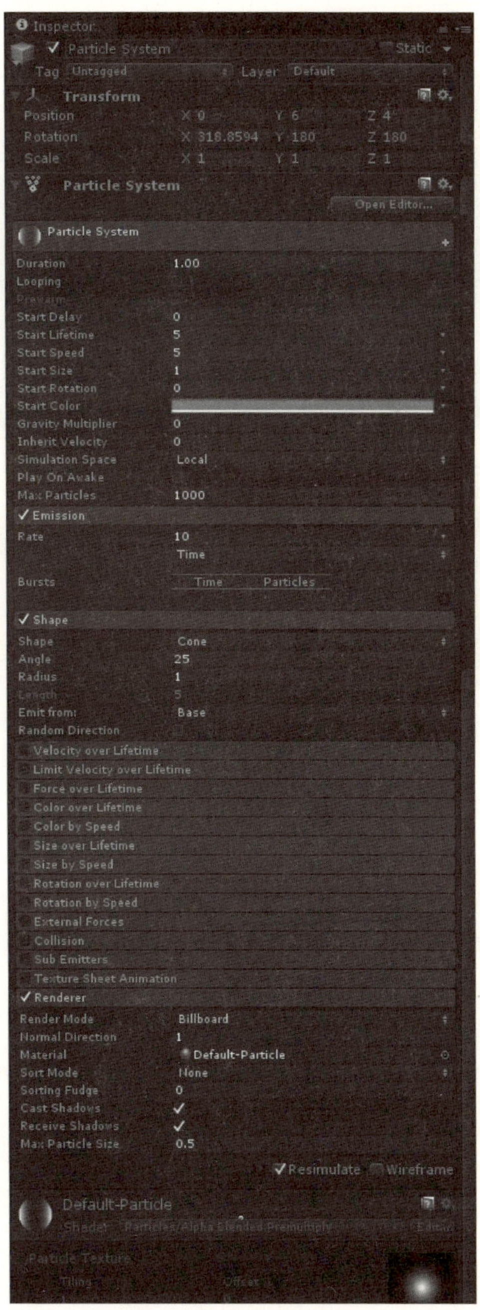

[그림 8.43] 득점 웃음일 때의 파티클 설정

◆ Canvas

안내 텍스트와 유니티짱의 로고 등을 표시하는 UI 레이어입니다. Unity 4.6이상 버전에서 지원하는 uGUI 파트를 배치합니다.

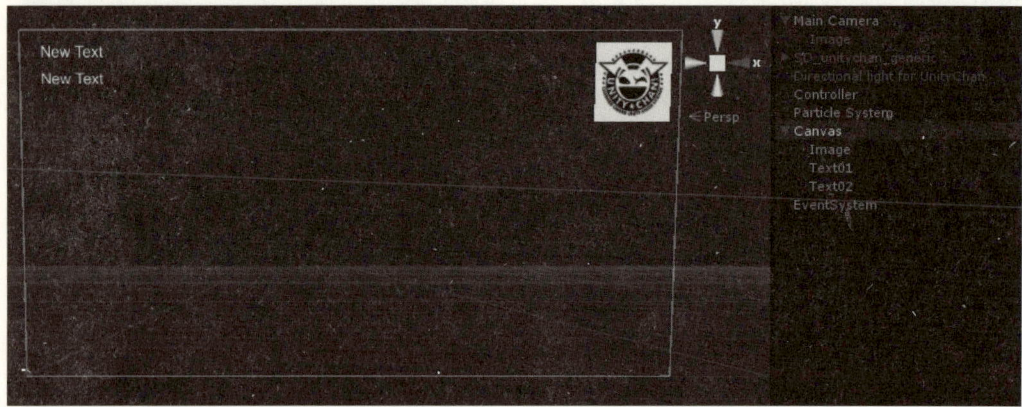

[그림 8.44] UI를 표시하는 레이어

◆ 표정의 동기화

사용자의 표정 상태와 유니티짱의 표정을 동기화하는 처리를 만듭니다. 인텔 RealSense SDK에서는 표정(웃거나 화내는 등)과 그 표정의 강도 레벨을 확인할 수 있습니다.

한편, 유니티짱의 얼굴에는 '혼합 모형'이라는 지정한 무게 수준에 따라 연속적으로 변형하는 객체가 준비되어 있습니다. 이들을 연결함으로서 표정을동기화 합니다. 구체적인 처리는 FaceSync.cs 스크립트를 작성하여 SD_unitychan_generic에 연결시킵니다.

먼저 Unity와의 인터페이스에서 혼합 모형을 유지하는 SkinnedMeshRenderer 속성을 생성합니다(예제 8.4). 혼합 모형에는 변형 포인트의 목록이 있으므로 생성하려는 포인트의 인덱스를 확인하여 정수화 합니다.

예제 8.4　인터페이스(FaceSync.cs에서 발췌)

```
public class FaceSync : MonoBehaviour {
  public SkinnedMeshRenderer faceMeshRenderer; // 얼굴의 메쉬 객체
  private int mouthSmileIndex = 17;            // 입이 웃는 상태의 혼합 얼굴 모양
  private int mouthLeftIndex = 24;             // 입이 왼쪽으로 잡아끌린 상태의 혼합 모형
  private int mouthRightIndex = 25;            // 입이 오른쪽으로 잡아끌린 혼합 모형
  private int eyeSmileIndex = 1;               // 눈이 웃는 상태의 혼합 얼굴 모양
  private int browSmileIndex = 2;              // 눈썹이 웃는 상태의 혼합 얼굴 모양
```

faceMeshRenderer 속성에는 SD 유니티짱 객체 내의 '_face'라는 객체를 설정합니다(그림 8.45). 이것으로 혼합 모형과 스크립트의 연결이 완성됩니다.

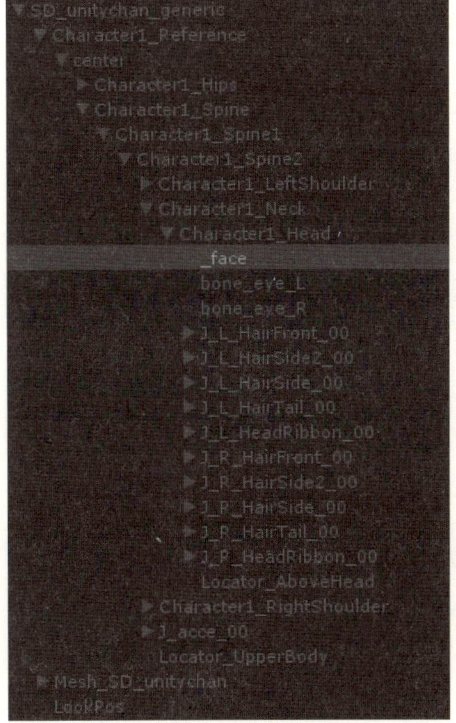

[그림 8.45] SD 유니티짱의 얼굴 객체

매번 프레임에 호출되는 Update 메소드는 인텔 RealSense SDK, Unity SDKToolkit의 SenseToolkitManager의 인스턴스에서 얼굴 정보를 가져옵니다. 여러 개의 얼굴이 인식되더라도 가장 처음에 발견한 얼굴을 대상으로 QueryExpressions 메소드로 표정 정보 ExpressionData를 가져옵니다.

예제 8.5 프레임 처리(FaceSync.cs에서 발췌)

```
void Update() {
  if (SenseToolkitManager.Instance.FaceModuleOutput == null)
  {
    return;
  }
```

```csharp
    // 감지한 얼굴의 목록을 가져온다
    var faces = SenseToolkitManager.Instance.FaceModuleOutput.QueryFaces();
    if (faces.Length == 0)
    {
        return;
    }


    // 첫 번째 얼굴 표정을 가져온다
    var face = faces[0];
    var expression = face.QueryExpressions();
    if (expression == null)
    {
        return;
    }


    if (this.faceMeshRenderer != null)
    {
        this.SyncMouth(expression);
        this.SyncEye(expression);
    }
}
```

ExpressionData에서 QueryExpression 메소드에 EXPRESSION_SMILE 값을 전달하여 호출
하면 웃음 정보를 가져올 수 있습니다. 그리고 웃음의 강도를 나타내는 intensity 값을 입 주변의 3
개 포인트의 혼합 모형으로 SetBlendShapeWeight 메소드를 호출하여 설정함으로써 SD유니티짱
의 입 주위가 사용자의 입 움직임과 동기화되어 움직입니다(예제 8.6).

예제 8.6 입의 동기화 처리(FaceSync.cs에서 발췌)

```csharp
/// <summary>
/// 입 모양새 동기화
/// </summary>
/// <param name="expression">표정 객체</param>
private void SyncMouth(PXCMFaceData.ExpressionsData expression)
{
    // 입을 움직인다
    PXCMFaceData.ExpressionsData.FaceExpressionResult result;
    expression.QueryExpression(PXCMFaceData.ExpressionsData.
```

```
    FaceExpression.EXPRESSION_SMILE, out result);
    var level = (int)result.intensity;
    this.faceMeshRenderer.SetBlendShapeWeight(this.mouthSmileIndex, level);
    this.faceMeshRenderer.SetBlendShapeWeight(this.mouthLeftIndex, level);
    this.faceMeshRenderer.SetBlendShapeWeight(this.mouthRightIndex, level);
}
```

눈의 움직임도 동기화하면 보다 자연스러운 분위기가 연출 되므로 입 주변과 같이 오른쪽 눈과 왼쪽 눈의 감는 정도를 동기화합니다(예제 8.7). SD 유니티짱의 혼합 모형은 오른쪽 눈과 왼쪽 눈을 독립적으로 제어할 수 없으므로 왼쪽, 오른쪽의 평균값을 구하여 설정하고 있습니다.

예제 8.7 눈의 동기화 처리(FaceSync.cs에서 발췌)

```
/// <summary>
/// 눈과 눈썹의 모양새 동기화
/// </summary>
/// <param name="expression">표정 객체</param>
private void SyncEye(PXCMFaceData.ExpressionsData expression)
{
    PXCMFaceData.ExpressionsData.FaceExpressionResult left;
    expression.QueryExpression(PXCMFaceData.ExpressionsData.FaceExpression.
        EXPRESSION_EYES_CLOSED_LEFT, out left);

    PXCMFaceData.ExpressionsData.FaceExpressionResult right;
    expression.QueryExpression(PXCMFaceData.ExpressionsData.
    FaceExpression.EXPRESSION_EYES_CLOSED_RIGHT, out right);
    var level = (int)((left.intensity + right.intensity) / 2);
    this.faceMeshRenderer.SetBlendShapeWeight(this.eyeSmileIndex, level);
    this.faceMeshRenderer.SetBlendShapeWeight(this.browSmileIndex, level);
}
```

여기까지 실행하면 사용자의 표정에 따라 SD 유니티짱의 표정도 동기화하여 변화됩니다.

◆ 단계 진행

다음으로 응용 프로그램의 단계 진행을 만들어 봅니다. 단계 진행을 담당하는 것은 화면 내의 Controller 객체입니다. Inspector는 [그림 8.46]과 같이 되어 있습니다.

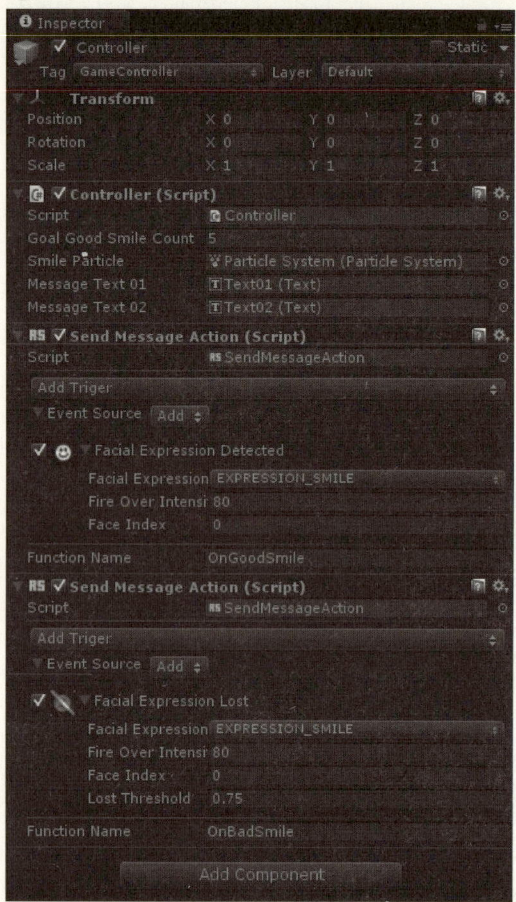

[그림 8.46] Controller 객체의 Inspector 패널

Controller.cs 스크립트는 이 샘플 응용 프로그램의 핵심 부분으로 중앙 집중식 관리 제어를 합니다. Controller.cs 스크립트는 새로운 C# 스크립트로 작성하고 설정한 것입니다.

먼저 Unity와의 인터페이스(예제 8.8)의 goalGoodSmileCount는 트레이닝의 목표라고 할 수 있는 멋진 웃음의 횟수입니다. 기본적으로 5번의 멋진 웃음으로 목표가 달성되도록 설정하고 있습니다.

그외, 파티클과 텍스트 객체는 게임 화면에서 연결되도록 합니다.

예제 8.8 인터페이스(Controller.cs에서 발췌)

```
public class Controller : MonoBehaviour {
    /// <summary>
    /// 목표 달성에 필요한 웃음 횟수
```

```
/// </summary>
public int goalGoodSmileCount = 5;

/// <summary>
/// 웃을 때 재생하는 파티클
/// </summary>
public ParticleSystem smileParticle;

/// <summary>
/// 메시지 표시용 텍스트01
/// </summary>
public Text messageText01;

/// <summary>
/// 메시지 표시용 텍스트02
/// </summary>
public Text messageText02;
```

계속하여 상태 관리용의 내부 열거형, 속성 등을 정의합니다(예제 8.9).

CurrentStage 속성은 트레이닝에서 현재 진행중인 단계를 나타냅니다. 이번 샘플에서는 그다지 이용하지 않지만 복잡한 게임이나 응용 프로그램일 경우 현재의 단계 상태는 많은 부분에서 참조하기 때문에 잘 관리해야 합니다.

그 외에 현재 웃고 있는지를 확인하는 IsGoodSmiling, 모든 득점 웃음의 수를 저장하는 GoodSmileCount 속성을 준비하고 있습니다.

예제 8.9 상태 관리용 속성(Controller.cs에서 발췌)

```
/// <summary>
/// 단계 정의
/// </summary>
public enum Stage
{
    None,
    Start,
    Practice,
    Goal
}
```

```
/// <summary>
/// 현재 단계
/// </summary>
public Stage CurrentStage{ get; private set; }

/// <summary>
/// 득점 웃음 플래그
/// </summary>
public bool IsGoodSmiling{ get; private set; }

/// <summary>
/// 득점 웃음 횟수
/// </summary>
public int GoodSmileCount{ get; private set; }
```

프레임 처리는 **예제 8.10**과 같습니다.

Start 메소드에서는 현재의 단계 속성을 초기화합니다. Update 메소드에서는 현재의 단계가 초기 상태라면 단계를 시작합니다.

이 샘플 응용 프로그램에서는 목표가 달성되면 초기 상태로 돌아가도록 하기 때문에 반복적으로 단계가 진행됩니다.

예제 8.10 프레임 처리(Controller.cs에서 발췌)

```
// Use this for initialization
void Start()
{
    this.CurrentStage = Stage.None;
}


// Update is called once per frame
void Update()
{
    if (this.CurrentStage == Stage.None)
    {
        // 일련의 단계 진행을 반복한다
        this.StartCoroutine(this.ProcessStart());
    }
}
```

예제 8.11은 멋진 웃음을 인텔 RealSense SDK가 감지했을 때에 득점 웃음 횟수를 추가하는 부분입니다. 득점은 트레이닝 단계 이외에는 처리되면 안되므로, 조건 판단을 통하여 제어합니다. 또한, 득점이 발생하면 파티클을 재생하여 사용자의 기분을 고조시킵니다.

예제 8.11 Action 연계 부분(Controller.cs에서 발췌)

```
/// <summary>
/// 득점 웃음이 감지될 때
/// </summary>
void OnGoodSmile()
{
  if ((this.CurrentStage == Stage.Practice) && !this.IsGoodSmiling)
  {
      // 웃음 횟수를 늘여서 파티클 재생
      this.GoodSmileCount++;
      this.smileParticle.Play();
  }
  this.IsGoodSmiling = true;
}

/// <summary>
/// 무득점 웃음이 감지될 때
/// </summary>
void OnBadSmile()
{
  this.IsGoodSmiling = false;
}
```

그러면 이 메소드와 인텔 RealSense SDK는 어떻게 링크되어 있을까요? 그것이 Controller에 연결된 2개의 SendMessageAction입니다(그림 8.47).

하나는 표정을 감지했을 때에 Trigger를 활성화하는 FacialExpressionDetected Rule을 설정하고 있습니다. Fire Over Intensity를 80으로 함으로써 멋진 웃음을 하지 않으면 Trigger는 활성화되지 않게 합니다. 그리고 Trigger가 활성화되면 Unity의 메시지 메커니즘이 호출되어 Controller. cs의 OnGoodSmile 메소드 호출을 받습니다.

또 하나의 SendMessageAction은 FacialExpressionLost Rule을 적용하여 반대의 인식을 하게 합니다. 웃음이 멈추었을 때를 감지하여 Trigger를 활성화합니다.

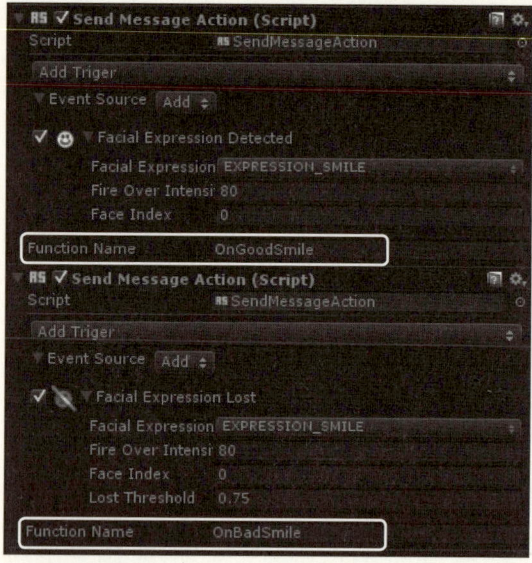

[그림 8.47] Unity의 메시지를 사용한 Action과 스크립트의 연결

이 후의 단계별 처리는 Unity의 프레임 처리를 방해하지 않는 동시 루틴(coroutine)으로 정의합니다. 연습의 시작 단계에서는 키 입력 대기를 하고 키 입력이 있으면 연습 단계로 이동합니다(예제 8.12).

예제 8.12 시작 단계(Controller.cs에서 발췌)

```
/// <summary>
/// 시작 단계
/// </summary>
/// <returns></returns>
private IEnumerator ProcessStart()
{
  this.CurrentStage = Stage.Start;
  this.GoodSmileCount = 0;
  this.messageText01.color = Color.white;
  this.messageText02.color = Color.white;
  this.messageText01.text = "웃음 연습을 시작합니다!";
  this.messageText02.text = "Enter를 누르면 시작합니다!";
  while (!Input.GetKeyDown(KeyCode.Return) && !Input.GetKeyDown(KeyCode.KeypadEnter))
  {
    yield return 0;
```

```csharp
    }
    yield return this.StartCoroutine(this.ProcessPractice());
}
```

연습 단계에서는 웃음 횟수가 골 조건을 충족시킬때까지 반복을 합니다(예제 8.13).

예제 8.13 연습 단계(Controller.cs에서 발췌)

```csharp
/// <summary>
/// 웃는 얼굴 연습 단계
/// </summary>
/// <returns></returns>
private IEnumerator ProcessPractice()
{
    this.CurrentStage = Stage.Practice;
    this.messageText01.color = Color.white;
    this.messageText02.color = Color.yellow;
    while (this.GoodSmileCount < this.goalGoodSmileCount)
    {
        this.messageText01.text = string.Format("그리고 {0}회", this.
            goalGoodSmileCount - this.GoodSmileCount);
        this.messageText02.text = this.IsGoodSmiling ?
            "멋진 웃음이네요!" : "방긋하고 웃어 보세요!";
        yield return 0;
    }
    yield return this.StartCoroutine(this.ProcessGoal());
}
```

마지막으로 목표 달성 단계 입니다(**예제 8.14**). 감사의 인사말을 전하고 조금 대기하면 단계를 초기 상태로 되돌리게 됩니다.

예제 8.14 연습 단계(Controller.cs에서 발췌)

```csharp
/// <summary>
/// 득점 후 단계
/// </summary>
/// <returns></returns>
private IEnumerator ProcessGoal()
```

```
{
    this.CurrentStage = Stage.Goal;
    this.messageText01.color = Color.yellow;
    this.messageText02.color = Color.yellow;
    this.messageText01.text = "수고하셨습니다!";
    this.messageText02.text = "멋진 웃음, 감사합니다!";
    yield return new WaitForSeconds(3.0f);
    //처음으로 돌아가기
    this.CurrentStage = Stage.None;
    yield break;
}
```

이상으로 웃음 트레이닝 응용 프로그램을 Unity와 인텔 RealSense SDK를 조합하여 만들 수 있었습니다. 덧붙여 음악을 추가하거나 목표를 달성했을 때 표현을 풍부하게 하는 등 간단한 수정으로 더욱더 즐거운 결과물을 만들 수 있으므로 다양한 시도를 해보길 바랍니다.

Visual Studio로 만드는 응용 프로그램

이번 장에서는 Windows 데스크톱에서 실행하는 WPF(Windows Presen tation Foundation) 앱으로 RealSense를 사용하는 방법을 소개하겠습니다.

WPF 앱의 화면 디자인과 프로그램 구조는 Windows 10에서 실행하는 'Windows 10 universal app' 개발에서도 활용되는 노하우입니다. 이번 예제는 Windows 10과 호환되도록 코드를 작성하였습니다.

9-1 표정과 기분에 따른 커피 추천 앱

이번 장에서 예로 드는 예제 프로그램은 'Sensor Coffee'라는 앱입니다.
Sensor Coffee는 인텔 RealSense 3D 카메라로 감지한 표정을 바탕으로 그 날의
기분에 맞는 커피를 추천해 주는 앱입니다.

9-1-1 >> Sensor Coffee

WPF 앱으로서의 예제는 무엇이 좋을지 생각했을 때 역시 WPF가 실제로 많이 사용되는 분야가 좋을 것이라고 생각했습니다. 그래서 아이디어를 내며 진행하는 과정에서 역시 게임보다는 업무용 앱, 어쩌면 B to C 앱이 좋지 않을까라는 생각에 이르게 되었습니다. 이렇게 방향성을 좁혀나가는 중에 떠오른 것이 이전에 개발했던 그 날의 기분에 맞는 커피를 추천해 주는 'Selfi & Coffee'라고 하는 앱으로 이것을 RealSense와 연동 하기로 했습니다.

이번에 예로 드는 Sensor Coffee는 카페의 계산대에서 커피 주문을 망설이게 될 때 사용하는 것을 염두에 두고 있습니다. 그래서, 가능한한 조작은 간단하고 필요할 때에만 감지함으로써 계산대에 줄을 선 사람을 부주의하게 감지하지 않도록 하고 있습니다.

9-2 화면 디자인

이미 활용 분야를 결정했으므로 실제 이용에 문제 없도록 화면의 흐름과 디자인을 검토합니다. 동시에 어느 타이밍에서 어떠한 센서값을 가져 올지도 생각합니다. 이 검토 과정에서 경우에 따라 더 적절한 센서가 필요하게 될지도 모릅니다. 그런 면에서 RealSense는 다양한 감지 기능을 갖추고 있고, 유연한 대응이 가능하므로 센서 자체를 변경해야 하는 일은 없을 겁니다.

9-2-1 >> 앱의 전체적인 흐름

먼저 앱 화면의 흐름을 결정하고, 각각의 화면 디자인을 구성합니다. 이번 예제에서는 다음의 4개 화면으로 구성하기로 합니다.

[그림 9.1] 앱의 전체적인 흐름

1. 'TRY 화면'에서는 앱에 대한 설명을 합니다.
2. '카메라 화면'에서 카운트다운 후 셀프 카메라를 실행합니다.
3. '결과 화면'에서는 촬영된 사진과 측정 결과를 표시합니다.
4. 마지막으로 '추천 화면'에서 측정 결과로부터 결정된 추천 커피를 표시합니다.

RealSense는 2번째 단계의 '카메라 화면'에서 이미지 표시와 감지를 위해 사용합니다.

전체적인 흐름이 결정되면 각각의 화면에 대한 디자인을 합니다. 이번 화면 디자인은 'Selfi & Coffee'라는 앱의 디자인을 따라했습니다. 이 앱의 디자인은 301 Inc[1]에서 디자인해 주었습니다. 상세하지 않은 의뢰였음에도 불구하고 앱 개발 의욕이 생길만한 멋진 디자인이었기 때문에, 재차 부탁을 하여 본 예제 앱에도 디자인을 사용할 수 있도록 부탁하였습니다(감사합니다). 그렇다면, 독자들도 이번 장을 읽고 싶은 의욕이 왕성하게 생기도록 완성한 앱의 실행 장면을 먼저 소개하겠습니다.

[그림 9.2] 화면 디자인

---

1) http://www.301.jp/

개발 프로젝트의 준비

Visual Studio에서 WPF 앱을 개발하기 위해 화면 정의와 코드 기술에 앞서 WPF 응용 프로그램 프로젝트에서 미리 준비할 내용에 대해 설명하겠습니다.

9-3-1 >> 새로운 프로젝트의 생성

Visual Studio를 실행하고 WPF 응용 프로그램을 개발하기 위해 [파일] 메뉴에서 [새로 만들기] →[프로젝트] 메뉴를 클릭하여 '새 프로젝트'대화상자를 열고, WPF 응용 프로그램의 프로젝트를 생성합니다. WPF 응용 프로그램의 프로젝트를 생성하기 위한 설정은 다음과 같습니다(그림 9.3).

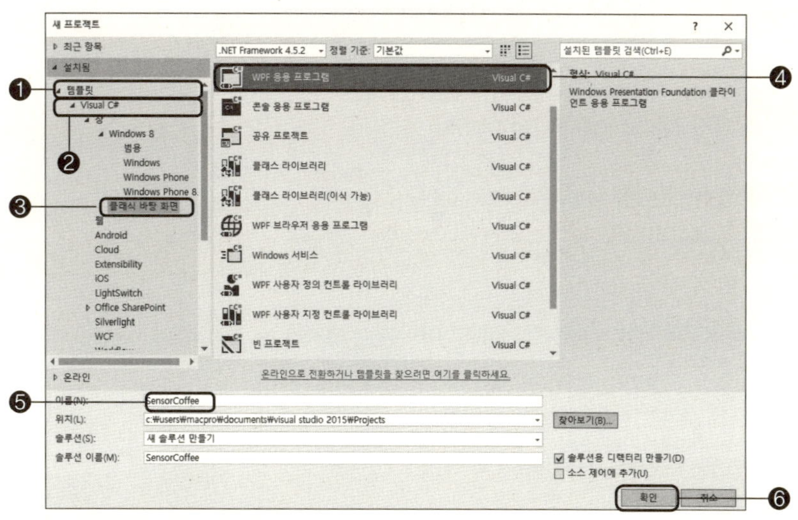

[**그림 9.3**] 새로운 프로젝트의 생성

❶ [템플릿]을 클릭합니다.

❷ 개발 언어 중에서 [Visual C#]를 클릭합니다.

❸ 앱 유형 선택을 [창]→[클래식 바탕화면]을 차례로 클릭합니다.

❹ 템플릿 목록에서 [WPF 응용 프로그램]을 클릭합니다.

❺ [이름] 항목에 앱 이름을 입력합니다(이번 예제에서는 「SensorCoffee」를 입력).

❻ 입력 내용을 확인하고 [확인]을 클릭합니다.

이번 장에서는 운영체제가 64비트인 경우라도 Visual Studio에서의 WPF 에디터로의 작동을 고려하여 솔루션 플랫폼으로 'x86', 즉 32비트를 지정합니다. 솔루션 플랫폼을 'Any CPU'에서 'x86'로 변경하려면 Visual Studio의 [빌드] 메뉴에서 [구성 관리자]를 클릭합니다(그림 9.4).

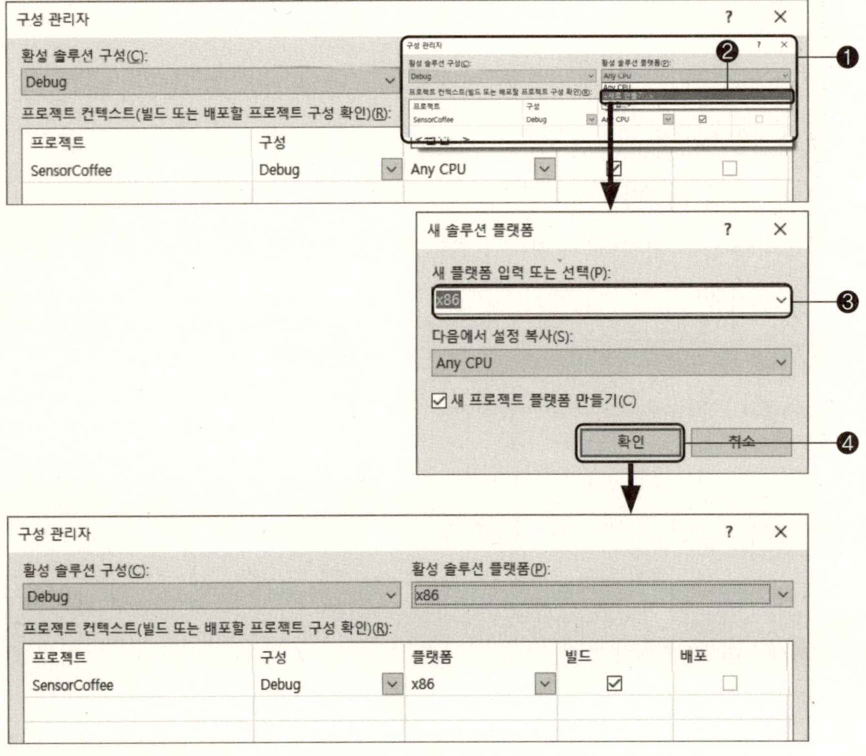

[**그림 9.4**] 구성 관리자

❶ [활성 솔루션 플랫폼] 항목을 클릭합니다.

❷ [x86]을 선택합니다. 만약 'x86'이 없으면 [새로 만들기]를 선택합니다.

❸ [새 플랫폼 입력 또는 선택]에서 [x86]을 선택합니다.

❹ [확인]을 클릭합니다.

솔루션 플랫폼 설정이 완료되면 32비트의 인텔 RealSenseSDK을 설정합니다.

인텔 RealSense SDK의 설정에 관한 자세한 내용은 이 책의 'Chapter 2 Visual Studio에 의한 개발 준비'를 참조합니다.

9-3-3 ▶▶ 프로젝트 구조

이번 장에서 개발하는 예제 앱은 로직 부분과 화면 디자인을 명확하게 분리하고 있습니다. 그리고, 로직과 화면 디자인에 포함되어 있는 코드를 시각적으로도 알기 쉽게 하기 위해 로직은 Models 폴더, 화면 디자인은 Views 폴더에 저장합니다.

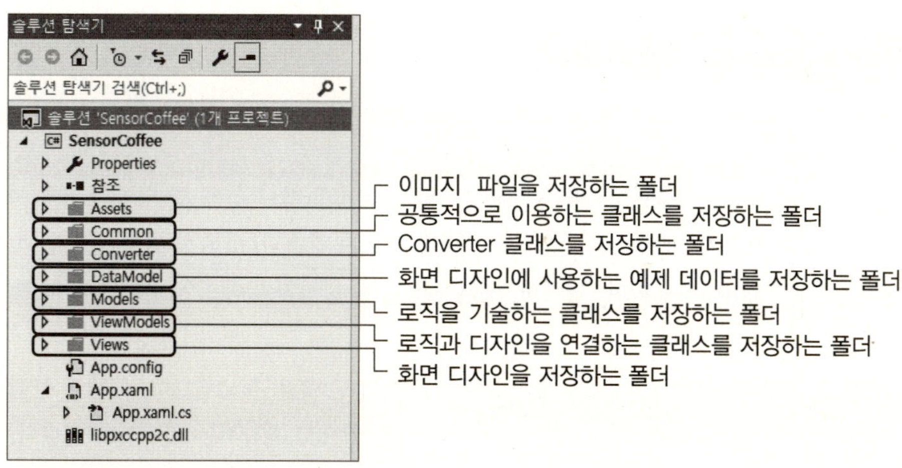

[**그림 9.5**] 프로젝트 구조

이렇게 하면 센서 관련 코드와 화면 디자인을 분리할 수 있으므로, 화면 디자인을 디자이너에게 부탁할 때에 관리가 편리해 집니다.

로직과 화면 디자인 이외에도 이미지 파일을 저장하는 폴더와 디자인용의 예제 데이터를 포함하는 클래스를 위한 저장 폴더 등도 준비합니다.

Visual Studio에서 [그림 9.5]와 같은 각 폴더를 생성합니다.

9-3-4 ▶▶ 데이터 바인딩과 M-V-VM

이번 장의 예제에서는 데이터 바인딩(Binding) 방법을 사용하여 로직과 화면을 연결합니다(그림 9.6).

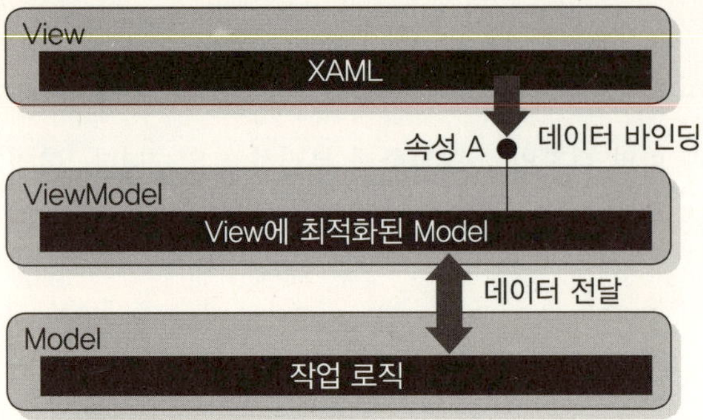

[**그림 9.6**] M-V-VM

이 방법의 특징은 화면 디자인(UI)과 로직을 분리할 수 있는 점에 있습니다. 화면 디자인 중에서 'Text="{Binding A}"'라 하였는데, 속성 A는 반드시 존재할 필요는 없습니다. 속성 A가 있다면 속성 A의 값이 자동적으로 Text에 할당되며, 없으면 Text에는 값이 설정되지 않고 컴파일 에러도 발생하지 않습니다.

즉, ViewModel의 속성 구현 상태에 신경쓰지 않고 화면 디자인을 진행할 수 있습니다. 이렇게 분리해두면 로직을 변경하여 센서를 교체하거나, UI를 변경하여 다른 앱으로 제작하는 것도 용이합니다. 이번 장의 예제 앱도 다른 센서용으로 제작된 앱의 로직을 RealSense용으로 교체하고 하고 있습니다.

Binding을 사용하면 구현과는 분리되어 화면 디자인이 가능하지만 그렇다면, XAML에서는 어떻게 속성 A의 값이 업데이트 되었을 때에 표시도 업데이트 할까요? XAML측에서 일정 간격으로 속성의 값이 업데이트되는 것을 확인하는 방법도 생각할 수 있겠지만, 그것으로는 화면 항목수가 많아질 경우 업데이트 확인 처리가 복잡해 집니다. 사실 WPF에서는 InotifyPropertyChanged 인터페이스를 사용하여 업데이트를 할 때마다 알림을 XAML에 전달하는 구조가 준비되어 있습니다.

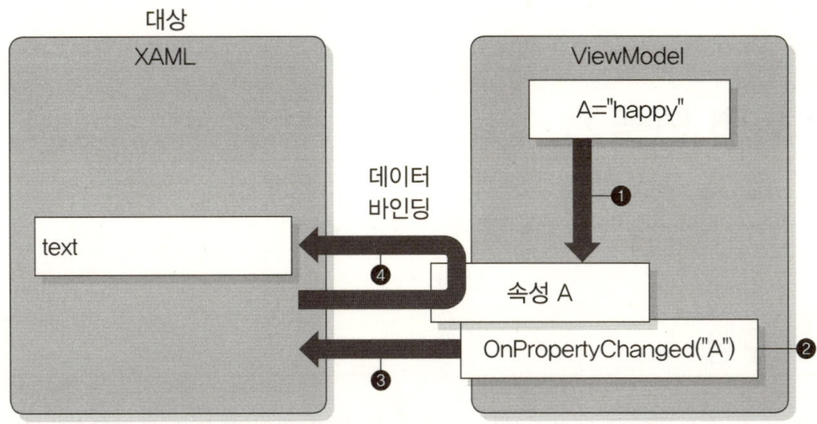

[**그림 9.7**] 데이터 바인딩에 의한 값의 전달

❶ 속성 A 값을 업데이트 합니다.

❷ PropertyChanged 이벤트를 발생시킵니다.

❸ 대상 측에서 이벤트를 전달 받습니다.

❹ 이벤트 매개변수에 지정된 속성 A의 값을 가져와서 속성을 설정합니다.

9-4 화면 만들기

Sensor Coffee 앱의 화면 정의에 대해 설명하겠습니다.

9-4-1 >> 전체 화면 구성

디자이너가 제작한 화면 디자인은 그대로 사용할 이미지 부분과 문자 등의 부분을 분리하여 이용합니다. 그러므로 디자이너로부터 넘겨받은 이미지 데이터는 미리 이용 부분 별로 레이어를 나누어 놓습니다. 이렇게 하면 개발 작업도 굉장히 편리해 지고, 디자이너에게 일부분을 편집해 달라고 또 다시 요청할 필요가 없어집니다.

가장 처음에 확인하였듯이 이번 앱은 다음의 4가지 장면으로 구성되어 있습니다.

- Try 화면
- 카메라 화면
- 결과 화면
- 추천 화면

각각의 화면을 페이지로 정의하고 내비게이션 윈도우(MainWindow.xaml)를 사용하여 화면 간의 이동을 제어하도록 합니다. Visual Studio에서 [Views] 폴더를 오른쪽 클릭하여 [그림 9.8]과 같이 메뉴를 선택하고, [새 항목 추가] 대화상자에서 [창]을 선택하여 이름을 'MainWindow.xaml'로 한 후 [추가] 버튼을 클릭합니다. 그러면 [Views] 폴더에 'MainWindow.xaml'가 추가됩니다.

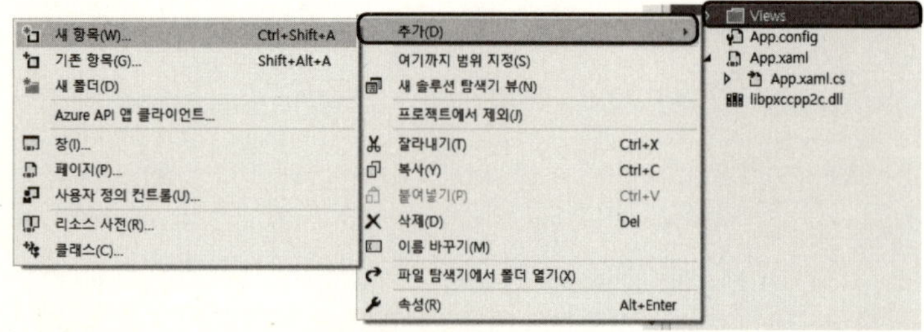

[그림 9.8] 창(Window)의 추가

[Views] 폴더에 MainWindow.xaml가 추가되면 내비게이션 윈도우로 사용하기 위해 **예제 9.1**과 같이 코드를 변경합니다.

예제 9.1 MainWindow.xaml

```xml
<NavigationWindow
    x:Class="SensorCoffee.Views.MainWindow"
    xmlns="http://schemas.microsoft.com/winfx/2006/xaml/presentation"
    xmlns:x="http://schemas.microsoft.com/winfx/2006/xaml"
    Title="Sensor Coffee" Height="854" Width="480" ResizeMode="NoResize"
    ShowsNavigationUI="False" WindowStartupLocation="CenterScreen" >
</NavigationWindow>
```

다음으로 MainWindow.xaml를 오른쪽 클릭하여 [코드 보기]를 선택하고, MainWindow.xaml의 코드 비하인드인 MainWindow.xaml.cs를 열어서 **예제 9.2**와 같이 코드를 수정합니다.

예제 9.2 MainWindow.xaml.cs

```csharp
using System.Windows.Navigation;

namespace SensorCoffee.Views
{
    public partial class MainWindow : NavigationWindow
    {
        public MainWindow()
        {
            InitializeComponent();
            this.DataContext = App.MainVM;
            this.NavigationService.Navigate(new LaunchPage());
        }
    }
}
```

'App.MainVM'와 'LaunchPage( )'부분에 빌드 에러가 발생하지만, 나중에 해결되므로 신경쓰지 말고 작업을 진행시킵시다.

같은 방법으로 [Views] 폴더를 오른쪽 클릭하여 [추가]→[새 항목]을 선택하고, [새 항목 추가] 대화상자에서 [페이지]를 선택하여 4개의 페이지도 추가합니다(그림 9.9).

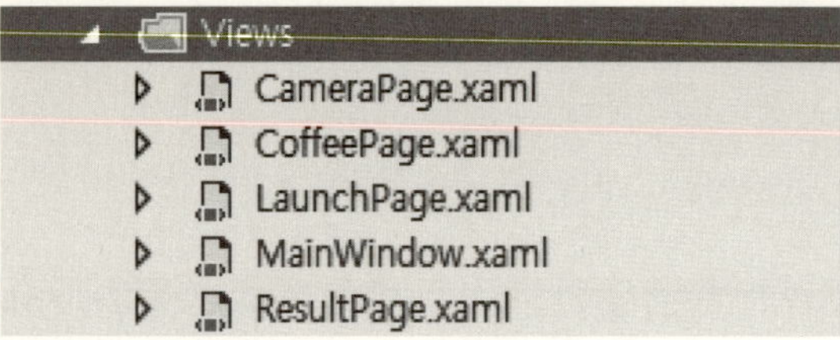

[그림 9.9] [Views] 폴더

❶ 'Try 화면'을 LaunchPage.xaml 이름으로 추가

❷ '카메라 화면'을 CameraPage.xaml 이름으로 추가

❸ '결과 화면'을 ResultPage.xaml 이름으로 추가

❹ '추천 화면'을 CoffeePage.xaml 이름으로 추가

9-4-2 >> CameraPage 만들기

각각의 화면 중에서 특히 중요한 것이 CameraPage.xaml입니다. 이 화면은 인텔 RealSense 3D 카메라가 촬영한 이미지를 표시하면서, 동시에 표정도 감지하여 표시하는 화면입니다. 이 화면의 디자인은 다음과 같습니다.

[그림 9.10] CameraPage

이 화면을 정의하기 위한 XAML 코드는 **예제 9.3**과 같습니다.

예제 9.3 CameraPage.xaml(일부 생략)

```xml
<Page
      x:Class="SensorCoffee.Views.CameraPage"
      xmlns="http://schemas.microsoft.com/winfx/2006/xaml/presentation"
      xmlns:x="http://schemas.microsoft.com/winfx/2006/xaml"
      xmlns:mc="http://schemas.openxmlformats.org/markup-compatibility/2006"
      xmlns:d="http://schemas.microsoft.com/expression/blend/2008"
      xmlns:local="clr-namespace:SensorCoffee.Views"
      mc:Ignorable="d"
      d:DesignHeight="854" d:DesignWidth="480" Background="#FFE5DBD0">

    <Grid>
        <Grid.RowDefinitions>
            <RowDefinition Height="80" />
            <RowDefinition />
            <RowDefinition Height="80" />
        </Grid.RowDefinitions>
        <Label Grid.Row="0" Background="#736357"/>

        <Grid Grid.Row="1">
            <Image Source="{Binding ColorImageElement}"
                   Stretch="UniformToFill"
                   HorizontalAlignment="Center" />
            <TextBlock Text="{Binding Counter}"
                   FontSize="500"
                   Foreground="#FF00B26C"
                   HorizontalAlignment="Center"
                   VerticalAlignment="Center" />
        </Grid>

        <Label Grid.Row="2" Background="#736357"/>
    </Grid>
</Page>
```

이 코드 중에서 특히 중요한 것이 Image 제어입니다.

```
<Image Source="{Binding ColorImageElement}"
                Stretch="UniformToFill"
                HorizontalAlignment="Center" />
```

ColorImageElement 요소를 Binding하여 Source 속성으로 지정하고 있습니다. 이 지정에 따라 ColorImageElement의 내용을 이미지로 표시합니다.

내용이 변경되면 자동적으로 이미지 표시도 변경되므로 RealSense 카메라로 촬영한 영상이 한장씩 전송되면 그것을 계속해서 변경 표시함으로써 촬영된 영상을 미리 확인하는데 상당히 편리합니다.

이 ColorImageElement는 코드 비하인드에서 DataContext를 다음과 같이 지정하여 사용합니다.

```
this.DataContext = App.MainVM;
```

이대로라면 'App.MainVM' 부분에서 빌드 에러가 발생합니다.

9-4-3 >> App.xaml.cs의 업데이트

MainWindow.xaml.cs 또는 CameraPage.xaml.cs의 컴파일 에러를 해결하기 위해 App.xaml의 코드 비하인드인 App.xaml.cs를 **예제 9.4**와 같이 업데이트합니다.

예제 9.4 App.xaml.cs

```
using System.Windows;

namespace SensorCoffee
{
    public partial class App : Application
    {
        private static SensorCoffee.ViewModels.MainViewModel _MainVM = null;
        public static SensorCoffee.ViewModels.MainViewModel MainVM
```

```
        {
            get
            {
                if (_MainVM == null)
                {
                    _MainVM = new SensorCoffee.ViewModels.MainViewModel();
                }
                return _MainVM;
            }
        }
    }
}
```

이것으로 각 빌드 에러 부분이 App.xaml.cs의 'MainViewModel' 부분으로 변경됩니다.

9-4-4 >> MainViewModel 클래스의 추가

솔루션 탐색기에서 [ViewModels] 폴더를 오른쪽 클릭하여 [추가]→[새 항목]으로 선택하고, [클래스]를 선택하여 대화상자에서 「MainViewModel.cs」이름으로 클래스를 추가합니다.

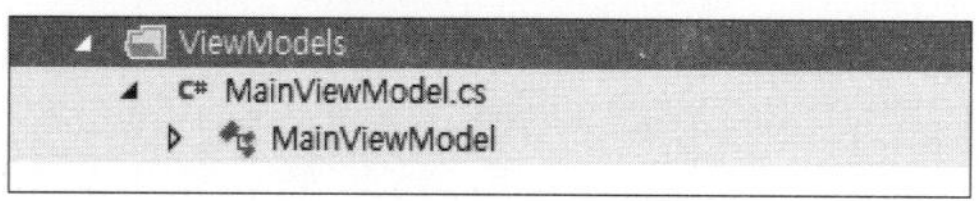

[**그림 9.11**] [ViewModels] 폴더

생성된 'MainViewModel.cs'에서 ColorImageElement를 정의합니다(예제 9.5).

예제 9.5 ColorImageElement의 정의(MainViewModel.cs)

```
private Models.RSModel RS = new Models.RSModel();


public ImageSource ColorImageElement
{
    get { return this.RS.ColorImageElement; }
    set { this.RS.ColorImageElement = value; }
}
```

이것으로 표시 부분은 준비가 되었으므로, 지금부터는 감지 부분에 만들어 보겠습니다.

9-5 감지 로직

RealSense에서 앱이 필요한 정보를 가져오는 방법을 설명합니다.

9-5-1 >> 감지 로직을 위한 클래스 만들기

RealSense와 상호 작용하는 클래스를 생성합니다. 솔루션 탐색기에서 Models 폴더를 오른쪽 클릭하여 [추가]→[클래스]를 선택하고, 대화상자에서 'RSModel.cs' 이름으로 클래스를 추가합니다.

이 앱에는 핵심요소라 할 수 있는 부분이 2개 있는데, 하나는 앞에서 설명한 'CameraPage'이고, 또 하나가 이 'RSModule' 클래스입니다. 여기에서는 이 클래스의 내용을 순서대로 설명하겠습니다.

9-5-2 >> RSModel 외부 사양

RSModel 클래스의 외부 사양을 설명하겠습니다. RealSense에서 가져온 값은 이 외부 사양을 통해서만 볼 수 있습니다.

◆ **이미지 데이터를 출력하는 ImageSource 속성 정의**

RSModel.cs에서 RealSense로부터 전달받은 이미지 데이터를 출력하는 속성을 정의하겠습니다.

예제 9.6 이미지 데이터를 출력하는 속성(RSModel.cs에서 발췌)

```
private ImageSource _ColorImageElement;
public ImageSource ColorImageElement
{
    get { return this._ColorImageElement; }
    set
    {
        this._ColorImageElement = value;
        OnPropertyChanged();
    }
}
```

◆ **표정 데이터를 출력하는 Result 속성 정의**

RSModel.cs에서 RealSense로부터 전달받은 표정 데이터를 출력하는 속성을 정의하겠습니다.

예제 9.7 표정 데이터를 출력하는 속성(RSModel.cs에서 발췌)

```
private TResult _Result = null;
public TResult Result
{
    get { return this._Result; }
    set
    {
        this._Result = value;
        OnPropertyChanged();
        this.IsResult = (this._Result != null);
    }
}
```

Tresult 유형은 **예제 9.8과** 같이 정의합니다.

예제 9.8 TResult 유형의 정의(RSModel.cs에서 발췌)

```
public class TResult
{
    public int Face { get; set; }
    public int Score { get; set; }
    public int Sentiment { get; set; }
    public int SScore { get; set; }
}
```

◆ **클래스 생성의 초기화 처리**

이번 예제에서는 주기적으로 RealSense로부터 데이터를 가져오는 방법을 사용하고 있습니다. 초기화 처리에서는 주기적 처리를 위한 타이머 준비를 합니다. 타이머 값은 30미리초 간격으로 합니다.

예제 9.9 타이머의 준비(RSModel.cs에서 발췌)

```csharp
private DispatcherTimer Timer = new DispatcherTimer();
public RSModel()
{
    this.Timer.Interval = new TimeSpan(0, 0, 0, 0, 30);
    this.Timer.Tick += Timer_Tick;
}
```

◆ 감지의 시작 처리

RSStart 메소드를 실행하면 감지를 시작하도록 구현합니다.

예제 9.10 감지의 시작 처리(RSModel.cs에서 발췌)

```csharp
private PXCMSenseManager SenseManager;
private PXCMFaceData FaceData;
public void RSStart()
{
    try
    {
        this.SenseManager = PXCMSenseManager.CreateInstance();        ❶
        /* */
        if (InitializeFace() >= pxcmStatus.PXCM_STATUS_NO_ERROR)      ❷
        {
            this.Timer.Start();                                       ❸
        }
    }
    catch (Exception ex)
    {
        this.Message = ex.Message;
    }
}
```

CreateInstance에서 RealSense로 접속합니다(❶). InitializeFace 내부 메소드[2] 에서 감지 기능을 활성화하고(❷), 활성화가 성공하면 타이머를 시작하여 주기적으로 감지 데이터를 가져옵니다(❸).

PXCMSenseManager는 libpxccle.cs.dll에 정의된 클래스입니다. 이 클래스를 통해서 인텔 RealSense SDK의 본체인 'libpxccpp2c.dll'를 경유하여 RealSense에 연결됩니다.

---

2) 감지 기능의 활성화는 9-5-3 항에서 상세하게 설명할 것이다.

◆ **감지의 종료 처리**

감지할 필요가 더 이상 없어지면 감지를 종료 처리합니다.

이 예제에서는 타이머의 정지와 RealSense와의 연결 끊기, 화면표시용 데이터의 지우기 등을 실행하고 있습니다.

예제 9.11 감지의 종료 처리(RSModel.cs에서 발췌)

```
public void RSStop()
{
    this.Timer.Stop();
    this.SenseManager.Dispose();
    this.Result = null;
    this.ColorImageElement = null;
}
```

9-5-3 ▷▷ 감지 기능의 활성화

감지가 시작될 때의 기능 활성화 부분을 조금 더 상세하게 살펴보도록 하겠습니다. Initialize Face 내부 메소드는 크게 나누어 다음과 같은 처리의 흐름으로 되어 있습니다.

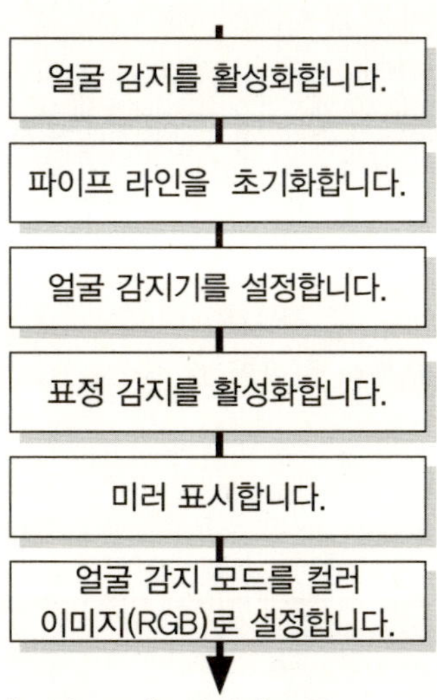

[그림 9.12] 처리의 흐름

◆ 얼굴 감지의 활성화

이번 제작한 예제 앱에서는 표정 감지가 필요합니다. 그것을 위해서는 얼굴 감지가 필요하므로 얼굴 감지를 활성화합니다. 얼굴 감지를 활성화 하기 위해서는 EnableFace 메소드를 실행합니다.

예제 9.12 얼굴 감지의 활성화(RSModel.cs에서 발췌)

```
result = this.SenseManager.EnableFace();
```

◆ 표정 감지의 활성화

얼굴 감지가 활성화 되면, 다음으로 표정 감지를 활성화합니다. 표정 감지를 활성화 하기 위해서는 EnableEmotion 메소드를 실행합니다.

예제 9.13 표정 감지의 활성화(RSModel.cs에서 발췌)

```
result = this.SenseManager.EnableEmotion();
```

◆ 파이프 라인의 초기화

감지 기능을 활성화하면 파이프 라인을 초기화하여 RealSense로부터의 측정값 수신을 준비합니다.

예제 9.14 파이프 라인의 초기화(RSModel.cs에서 발췌)

```
result = this.SenseManager.Init();
```

◆ 미러 표시

이번 예제는 얼굴을 촬영하는 앱이기 때문에 거울과 같이 얼굴의 오른쪽이 화면의 오른쪽에 표시되도록 데이터를 SDK에서 미러 표시하도록 지시합니다.

예제 9.15 미러 표시를 위한 처리(RSModel.cs에서 발췌)

```
this.SenseManager.QueryCaptureManager().QueryDevice().SetMirrorMode(
            PXCMCapture.Device.MirrorMode.MIRROR_MODE_HORIZONTAL);
```

◆ **얼굴 감지기의 생성**

얼굴을 감지한 결과를 수신하기 위한 얼굴 감지기를 생성하여 설정합니다.

예제 9.16 얼굴 감지기의 생성(RSModel.cs에서 발췌)

```csharp
// 얼굴 감지기를 생성한다
var faceModule = this.SenseManager.QueryFace();

// 얼굴 감지기를 설정한다
var device = this.SenseManager.QueryCaptureManager().QueryDevice();
PXCMCapture.DeviceInfo info = null;
device.QueryDeviceInfo(out info);
                if (info.model == PXCMCapture.DeviceModel.DEVICE_MODEL_IVCAM)
                {
                        device.SetDepthConfidenceThreshold(1);
                        device.SetIVCAMFilterOption(6);
                        device.SetIVCAMMotionRangeTradeOff(21);
                }
```

◆ **감지 모드를 컬러 이미지 모드로 설정**

얼굴의 추적을 컬러 이미지로 실행하도록 설정합니다. 이번 앱에서는 컬러 이미지만으로도 충분한 정확도가 있지만, 앱의 특성에 따라서는 FACE_MODE_COLOR_PLUS_DEPTH를 지정하는 것도 검토해 봅니다.

예제 9.17 얼굴 감지 모드를 컬러 이미지 모드로 설정(RSModel.cs에서 발췌)

```csharp
var config = faceModule.CreateActiveConfiguration();
config.SetTrackingMode(PXCMFaceConfiguration.TrackingModeType.FACE_MODE_COLOR);
                config.ApplyChanges();
                config.Update();
                this.FaceData = faceModule.CreateOutput();
```

9-5-4 >> 감지한 데이터 가져오기

이번 예제에서는 타이머를 사용하여 30미리초 마다 감지 데이터를 가져오고 있습니다.

```csharp
private void UpdateFrame()
{
    // 프레임을 가져온다
    if (this.SenseManager.AcquireFrame(false) >= pxcmStatus.PXCM_STATUS_NO_ERROR) ①
    {
        // 프레임 데이터를 가져온다
        var sample = this.SenseManager.QuerySample();                                ②
        if (sample != null)
        {
            // 각 데이터를 표시한다
            UpdateColorImage(sample.color);                                          ③
        }
        UpdateFaceFrame();                                                           ④

        // 프레임을 해제한다
        this.SenseManager.ReleaseFrame();                                            ⑤
    }
}
```

AcquireFrame 메소드에서 그 시점의 감지 프레임을 가져옵니다(❶). QuerySample에서 프레임에 포함된 감지 데이터를 가져옵니다(❷). UpdateColorImage 내부 메소드에서 이미지 데이터를 저장합니다(❸). UpdateFaceFrame 내부 메소드를 호출하여 표정 데이터를 저장합니다(❹). ReleaseFrame 메소드에서 프레임을 해제시킵니다(❺).

9-5-5 ▶▶ 이미지 데이터의 저장

이미지 데이터를 저장하는 UpdateColorImage 내부 메소드는 **예제 9.19**와 같습니다.

예제 9.19 이미지 데이터의 저장(RSModel.cs에서 발췌)

```csharp
private void UpdateColorImage(PXCMImage colorFrame)
{
    if (colorFrame != null)
    {
        PXCMImage.ImageData data = null;
```

```csharp
        var ret = colorFrame.AcquireAccess(
            PXCMImage.Access.ACCESS_READ,
            PXCMImage.PixelFormat.PIXEL_FORMAT_RGB24,
            out data);                                          ❶
    if (ret >= pxcmStatus.PXCM_STATUS_NO_ERROR)
    {
        var info = colorFrame.QueryInfo();
        var length = data.pitches[0] * info.height;
        var buffer = data.ToByteArray(0, length);
        this.ColorImageElement = BitmapSource.Create(
            info.width,
            info.height,
            96,
            96,
            PixelFormats.Bgr24,
            null,
            buffer,
            data.pitches[0]);
        colorFrame.ReleaseAccess(data);
    }
    }
}
```

UpdateColorImage 내부 메소드에서는 이미지 프레임 데이터로부터 AcquireAccess 메소드에 의해 RGB24(8비트×3원색)의 이미지 데이터를 가져와 비트맵으로 변환하여 ColorImageElement 속성을 업데이트합니다(❶).

ColorImageElement 속성을 업데이트하면 MainViewModel 클래스를 통하여 카메라 화면 표시에 반영됩니다. 이것으로 RealSense에서 송신된 이미지가 이 앱의 카메라 화면에서 표시됩니다.

9-5-6 >> 표정 데이터의 저장

UpdateFaceFrame 내부 메소드는 표정 데이터를 가져와 저장하기 위해 [그림 9.13]과 같은 흐름으로 처리합니다.

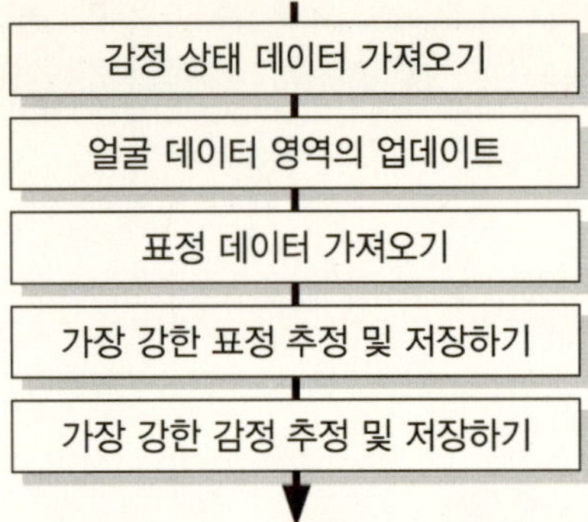

[**그림 9.13**] 표정 데이터 처리의 흐름

각각 다음과 같은 코드로 구현되어 있습니다(예제 9.20~9.22).

예제 9.20 감정 상태 데이터의 취득(RSModel.cs에서 발췌)

```
var emotionDet = this.SenseManager.QueryEmotion();
```

예제 9.21 얼굴 데이터 영역의 업데이트(RSModel.cs에서 발췌)

```
this.FaceData.Update();
```

예제 9.22 표정 데이터 가져오기(RSModel.cs에서 발췌)

```
PXCMEmotion.EmotionData[] datas;
emotionDet.QueryAllEmotionData(index, out datas);
```

예제 9.22에서 사용하고 있는 QueryAllEmotionData 메소드에서는 감지한 얼굴의 하나를 지정하여, 표정과 감정의 추정치를 datas 배열에 저장합니다. Datas 배열의 내용은 [표 9.1]과 같습니다.

요소위치	열거값	의미
0	EMOTION_PRIMARY_ANGER	화난 상태
1	EMOTION_PRIMARY_CONTEMPT	모욕적인 상태
2	EMOTION_PRIMARY_DISGUST	혐오스러운 상태
3	EMOTION_PRIMARY_FEAR	공포스러운 상태
4	EMOTION_PRIMARY_JOY	즐거운 상태
5	EMOTION_PRIMARY_SADNESS	슬픈 상태
6	EMOTION_PRIMARY_SURPRISE	놀란 상태
7	EMOTION_SENTIMENT_POSTIVE	긍정적인 표정 상태
8	EMOTION_SENTIMENT_NEGATIVE	부정적인 표정 상태
9	EMOTION_SENTIMENT_NEUTRAL	긍정적이지도 부정적이지도 않는 상태

◆ **가장 강한 표정의 저장**

가져온 지정 값의 배열 인덱스 위치 0~6 사이에서 값이 가장 큰 것을 표정으로서 저장합니다.

예제 9.23 가장 강한 표정의 저장(RSModel.cs에서 발췌)

```
PXCMEmotion.EmotionData[] datas;
emotionDet.QueryAllEmotionData(index, out datas);
                    // 추가 : 표정 (PRIMARY) 을 추정한다
                    if (datas != null)
                    {
                        int primaryDataInxex = int.MinValue;
                        float maxscoreI = 0;
                        for (var emotionIndex = 0; emotionIndex <=
                                NUM_PRIMARY_EMOTIONS - 1; emotionIndex++)
                        {
                            if (datas[emotionIndex].intensity > maxscoreI)
                            {
                                maxscoreI = datas[emotionIndex].intensity;
                                primaryDataInxex = emotionIndex;
                            }
                        }
                        if (primaryDataInxex >=0)
                        {
                            this.Result = new TResult
                            {
                                Face = primaryDataInxex,
                                Score = (int)Math.Truncate((maxscoreI * 100))
```

◆ **가장 강한 감정의 저장**

가져온 지정 값의 배열 인덱스 위치 7~9 사이에서 값이 가장 큰 것을 감정으로서 저장합니다.

예제 9.24 가장 강한 감정의 저장

```
if (Result != null)
                {
                        // 추가 : 감정 (Sentiment) 상태를 추정한다
                        // 표정 (PRIMARY) 의 추정과 같으므로 설명은 생략합니다
                        int primaryDataInxex = int.MinValue;
                        float maxscoreI = 0;
                        for (var sentimentIndex = NUM_PRIMARY_EMOTIONS;
            sentimentIndex <= NUM_PRIMARY_EMOTIONS + NUM_SENTIMENT_EMOTIONS - 1;
                        sentimentIndex++)
                        {
                                if (datas[sentimentIndex].intensity > maxscoreI)
                                {
                                        maxscoreI = datas[sentimentIndex].intensity;
                                        primaryDataInxex = sentimentIndex - NUM_
                                                PRIMARY_EMOTIONS;
                                }
                        }
                        if (primaryDataInxex >= 0)
                        {
                                this.Result.Sentiment = primaryDataInxex;
                                this.Result.SScore = (int)Math.Truncate(
                                        (maxscoreI * 100));
                        }
                }
```

 이상으로 Sensor Coffee 앱이 완성되었습니다. 지면상 코드를 발췌한 부분도 있으며, 디자인할 때의 예제 데이터 등에 대한 설명도 생략하였습니다. 예제 코드를 Visual Studio에서 직접 불러와서 실제로 보면서 이해를 하면 좋을 것입니다(이 예제에 사용된 소스 코드는 정보문화사 홈페이지(http://www.infopub.co.kr)에서 다운로드할 수 있습니다).

openFrameworks로
만드는 응용 프로그램

이번 장에서는 미디어아트에서 자주 사용되는 'openFrameworks'에서 인텔 RealSense SDK를 사용하는 사례에 대해 설명하겠습니다.

10-1 이번 장에서 제작하는 예제 앱에 대해

이번 장에서는 [그림 10.1]과 같이 GPU를 사용하여 파티클을 움직이는 앱을 openFrameworks의 addOn을 사용하여 개발하는 순서를 설명하겠습니다. 이 예제에서는 파티클 100만 개를 움직입니다. 쉐이더를 사용하여 GPU 상에서 파티클의 움직임을 계산함에 따라 다수의 파티클이라도 실시간으로 움직일 수 있습니다. Chapter 5에서 설명한 손의 움직임을 추적하는 테크닉과 openFrameworks의 커뮤니티에서 개발된 addOn을 사용하여 RealSense와 상호작용하는 앱을 이번 장에서 소개하겠습니다.

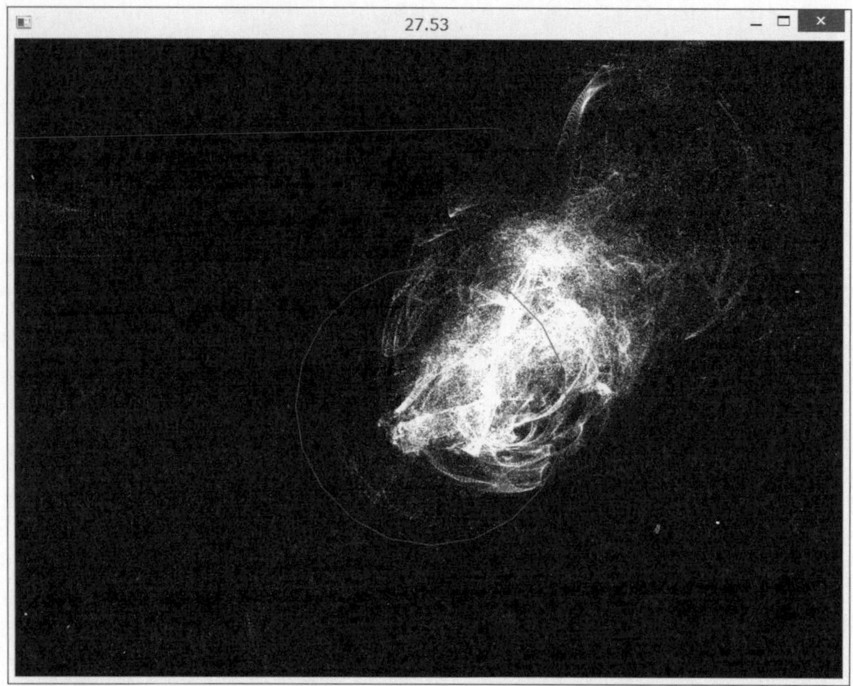

[그림 10.1] 100만 개의 파티클을 손의 움직임으로 조작하는 예제 앱

openFrameworks의 환경 설정

먼저, openFrameworks의 환경 설정을 시작합시다. 개발 환경은 Visual Studio 2015 Community Edition을 사용하기 때문에 빌드가 호환되도록 openFrameworks의 환경 설정을 합니다.

10-2-1 ▶▶ openFrameworks의 다운로드

다음의 웹사이트에서 openFrameworks를 다운로드합니다.

http://openframeworks.cc/download/

웹사이트에 접속하여 [Windows] 섹션에 있는[Visual studio(2015)]의 링크를 클릭하여 다운로드 합니다. Zip파일로 다운로드되기 때문에 다운로드 후 적당한 위치에 압축을 해제합니다.

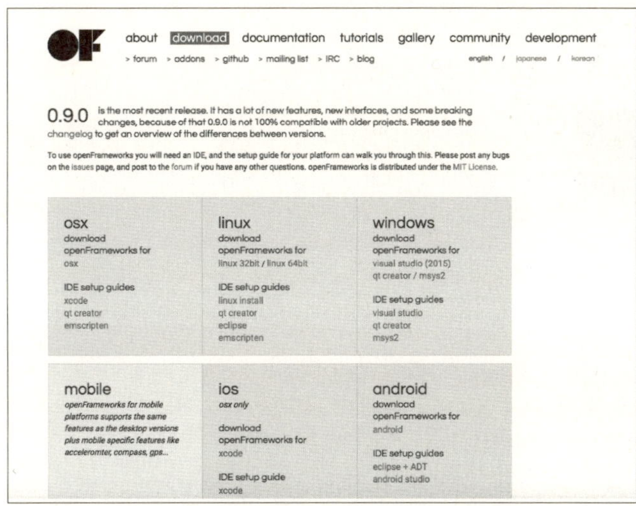

[그림 10.2] 웹사이트에서 Visual Studio 용을 다운로드

10-2-2 ▶▶ 라이브러리 다운로드(openFrameworks 0.8.4 이하 버전일 경우)

만약 Visual Studio에서 openFrameworks의 앱을 빌드했을 때 링크 에러가 발생한다면 이를 해결하기 위해 별도의 라이브러리를 다운로드 합니다. 다음 주소에서 Visual Studio 2012 및

openFrameworks 0.8.4 버전과 호환되는 openFrameworks을 다운로드할 수 있습니다.

https://github.com/liquidzym/openFrameworks

[Download ZIP]을 클릭하면 ZIP으로 된 파일이 다운로드되므로 이를 압축 해제한 후 사용합니다.

10-2-3 ▶▶ openFrameworks의 프로젝트 사용하기

openFrameworks에는 'ProjectGenerator'라고 하는 편리한 도구가 첨부되어 있으므로 이를 사용하여 프로젝트를 생성하면 VisualStudio2015와 호환되는 프로젝트 파일이 준비됩니다.
Project Generator는 다음과 같은 경로에 위치하고 있습니다.

of_v0.9.0_vs_release₩ projectGenerator-vs₩projectGenerator.exe

Project Generator를 실행하면 [그림 10.3]과 같은 화면이 표시됩니다.

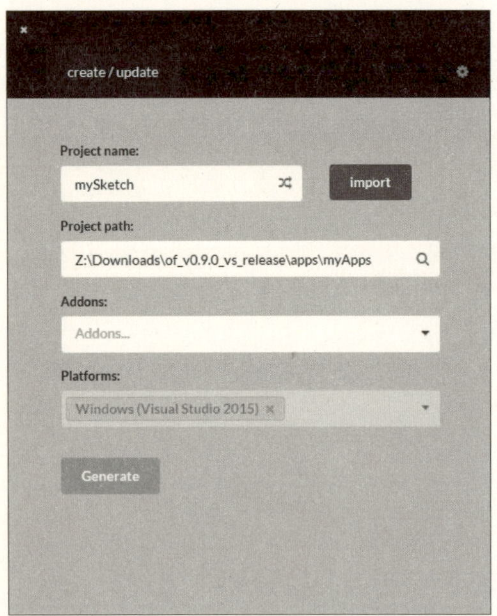

[그림 10.3] Project Generator의 실행 화면

먼저 기본 설정 그대로 [GENERATE] 버튼을 클릭합니다. 그러면 프로젝트가 다음 위치에 생성됩니다.

of_v0.9.0_vs_release₩apps₩myApps₩mySketch

생성된 폴더 안에는 아래와 같은 파일과 폴더가 생성됩니다.

- bin
- src
- addons.make
- icon.rc
- mySketch.sln
- mySketch.vcxproj
- mySketch.vcxproj.filters
- mySketch.vcxproj.user

이 중의 'mySketch.sln'을 더블클릭하면 Visual Studio가 실행됩니다. OpenFrameworks 0.8.4 이하 버전의 경우 기본 설정 그대로 빌드를 하면 에러가 발생하므로 ofVbo.cpp 파일의 329~331번째 줄을 수정합니다.

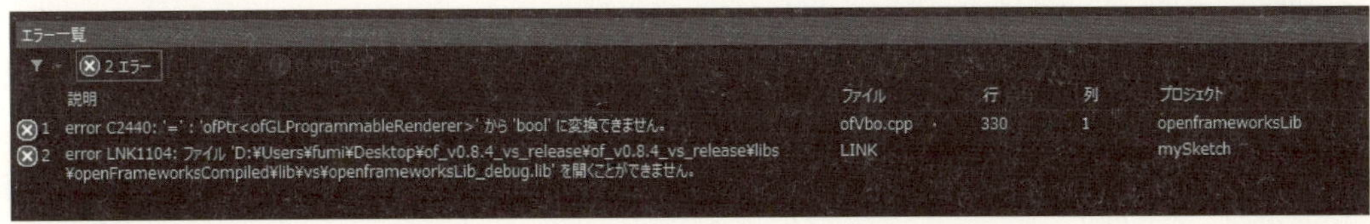

[**그림 10.4**] 빌드에서 에러가 발생한다.

예제 10.1 수정 전의 ofVbo.cpp(329~331 번째줄, 0.8.4 이하 버전일 경우)

```
if (!vaoChecked) {
  // || glewIsSupported("GL_ARB_vertex_array_object");<- this should work
  // but has false positives on some cards like emulation in vm's
  supportVAOs = ofGetGLProgrammableRenderer();
  vaoChecked = true;
}
```

```cpp
if (ofGetGLProgrammableRenderer()) {
    supportVAOs = true;
}
```

이렇게 수정하면 컴파일은 문제없이 진행되지만 링크 에러가 대량으로 발생합니다.

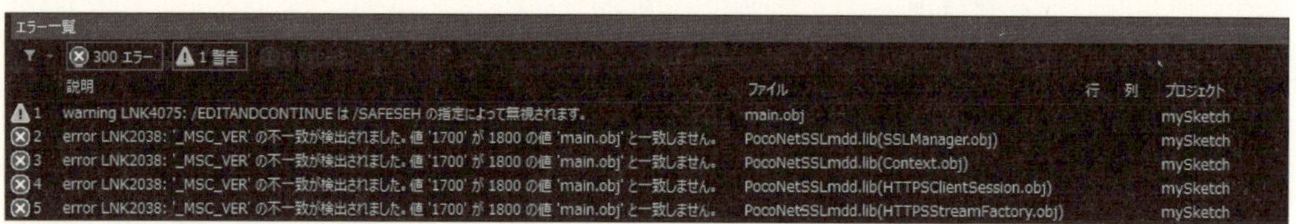

[그림 10.5] 링크의 에러가 대량으로 발생

여기에서 10-2-2 과정에서 다운로드한 라이브러리를 사용합니다. openFrameworks-master￦libs￦poco의 폴더를 '.￦libs￦poco'에 덮어쓰기 합니다.

다시 빌드를 하면 성공하고 이를 실행하면 openFrameworks를 사용한 응용 프로그램이 실행됩니다. 그러나, 이 시점에서는 표시될 내용에 아무것도 없기 때문에 [그림 10.6]과 같은 빈 화면이 표시됩니다.

[그림 10.6] 빈 화면의 응용 프로그램이 실행

10-2-4 ▶▶ ofGPUParticles의 다운로드

openFrameworks의 사용자 커뮤니티에서는 많은 추가 기능(addOn)을 얻을 수 있습니다. 이번 예제에서는 GPU를 사용하여 대량의 파티클을 생성하고 움직일 수 있는 'ofGPUParticles' addOn 을 사용합니다. 다음의 주소에서 ofGPUParticles를 다운로드합니다.

https://github.com/neilmendoza/ofxGpuParticles

다운로드가 완료하면 이를 압축해제하고 openFramework의 [addOn] 폴더(of_v0.9.0_ vs_releaseWaddons)에 [ofxGpuParticles] 폴더를 복사합니다. 복사 후 폴더의 이름은 ofxGpuParticles-master에서 ofxGpuParticles로 변경합니다. 복사를 하면 [그림 10.7]과 같은 폴더 구성이 됩니다.

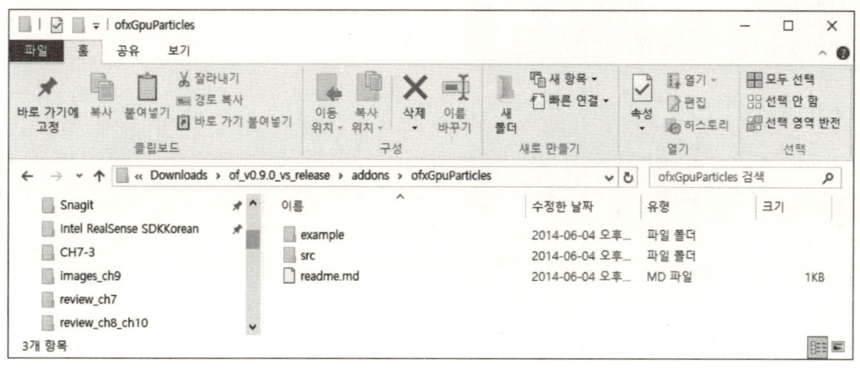

[그림 10.7] 추가한 [ofGPUParticles] 폴더

10-3 대량의 파티클을 제어하는 앱 만들기

드디어 openFrameworks를 사용하여 앱을 만들겠습니다.

다시 한번 준비된 예제를 확인하고, 인텔 RealSense SDK에서 연동해 나가도록 하겠습니다.

10-3-1 >> ofGPUParticles을 사용한 openFrameworks 앱 프로젝트 생성

10-2-3 과정에서 사용한 Project Generator를 다시 실행합니다. Addons 드롭다운 메뉴를 클릭하면 추가할 애드온 목록이 표시되는데, 여기서 'ofGPUParticles'을 선택합니다(그림 10.8).

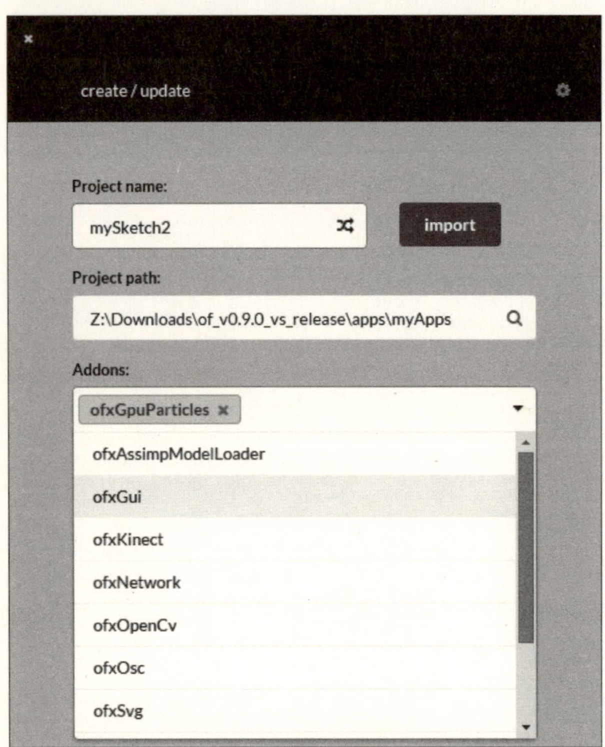

[그림 10.8] ProjectGenerator에서 AddOn 선택

응용 프로그램의 이름은 'mySketch2'로 지정합니다(그림 10.9).

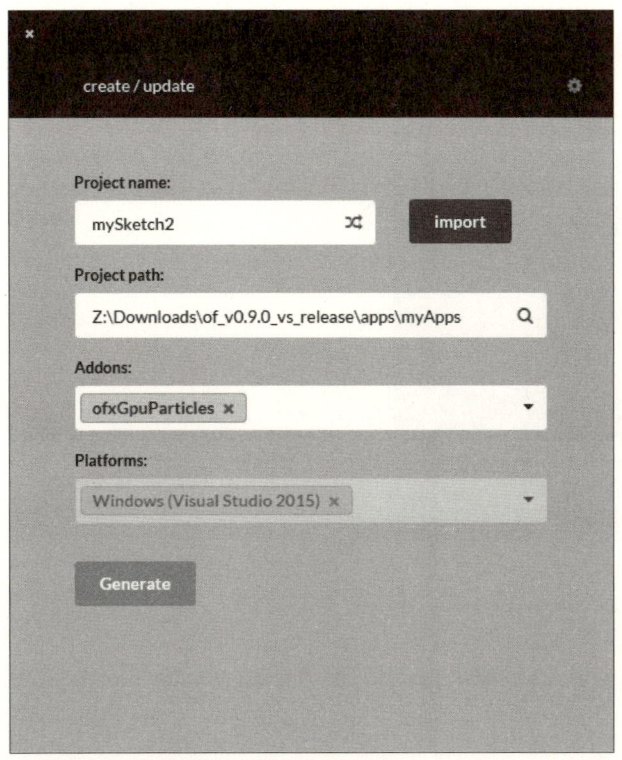

[그림 10.9] 프로젝트의 설정

이 상태에서 [GERERATE]를 클릭하면 ofGPUParticles을 사용할 수 있는 프로젝트 mySketch2
가 생성됩니다.

10-3-2 ofGPUParticles 예제의 실행

여기에서, 추가한 ofGPUParticles 애드온에 준비되어 있는 예제를 살펴 봅시다. 다음 경로에 예
제 프로젝트가 위치하고 있습니다.

of_v0.9.0_vs_release₩addons₩ofxGpuParticles₩example

Visual Studio에서 열고 실행하면 마우스 커서에 파티클이 집중되는 것을 확인할 수 있습니다. 이
것을 앞으로 진행할 과정을 통하여 RealSense가 손을 인식하게 하고 거기에 파티클이 집중되도록
할 것입니다. 그리고 손의 펴짐 상태에 따라 파티클이 집중되는 범위를 변화시켜 보겠습니다.

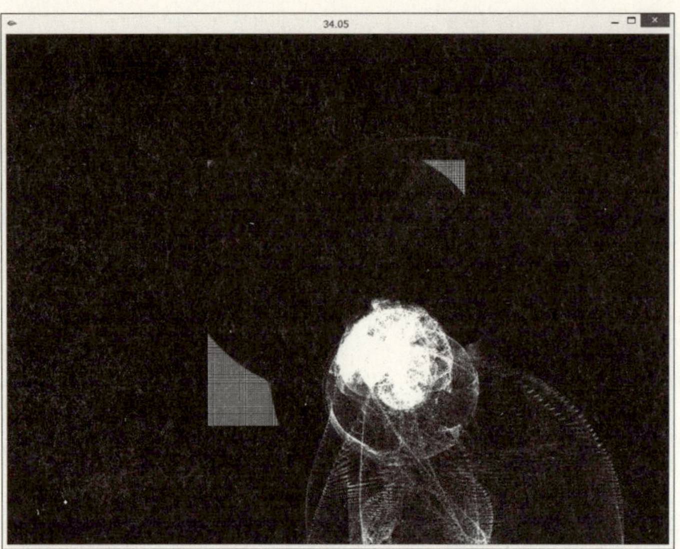

[그림 10.10] 파티클이 마우스 커서에 집중되는 예제

10-3-3 ▶▶ ofGPUParticles의 예제 코드를 사용하기 위한 설정

먼저 '10-3-1' 과정에서 생성한 프로젝트에서 ofGPUParticles가 움직이게 한 후 인텔 RealSense SDK에서 손을 인식하는 기능을 추가합니다. 'Chapter 5 손가락 감지'에서 설명한 기능을 사용합니다.

또한, 여기에서 기술하는 코드는 '10-3-2' 과정의 예제 프로젝트에 포함되어 있는 코드이므로 이를 복사해서 사용해도 됩니다.

◆ **ofApp.h의 편집**

ofGPUParticles를 사용하기 위해 다음과 같이 ofApp.h의 코드를 추가합니다.

예제 10.3 추가 후의 ofApp.h

```
#pragma once


#include "ofMain.h"
#include "ofxGpuParticles.h"                                         추가


class ofApp : public ofBaseApp {
```

```cpp
public:
  void setup();
  void update();
  void draw();
  void initializeHandTracking();
  void updateHandFrame();
  void keyPressed(int key);
  void keyReleased(int key);
  void mouseMoved(int x, int y);
  void mouseDragged(int x, int y, int button);
  void mousePressed(int x, int y, int button);
  void mouseReleased(int x, int y, int button);
  void mouseEntered(int x, int y);
  void mouseExited(int x, int y);
  void windowResized(int w, int h);
  void dragEvent(ofDragInfo dragInfo);
  void gotMessage(ofMessage msg);

private:
  // set any update uniforms in this function
  void onParticlesUpdate(ofShader& shader);
  ofxGpuParticles particles;
  ofEasyCam cam;
};
```


◆ ofApp.cpp의 편집

계속해서 openFrameworks의 앱 자체에 기능을 추가합니다.

setup( )의 편집

openFrameworks 앱을 초기화하는 함수 setup( )에 **예제 10.4**의 코드를 추가합니다.

예제 10.4 앱의 초기화 처리(ofApp.cpp)

```cpp
ofBackground(0);
ofSetFrameRate(60);


// 1,000,000 particles
```

```cpp
unsigned w = 1000;
unsigned h = 1000;

particles.init(w, h);

// initial positions
// use new to allocate 4,000,000 floats on the heap rather than
// the stack
float* particlePosns = new float[w * h * 4];
for (unsigned y = 0; y < h; ++y)
{
  for (unsigned x = 0; x < w; ++x)
  {
    unsigned idx = y * w + x;
    particlePosns[idx * 4] = 400.f * x / (float)w - 200.f; // particle x
    particlePosns[idx * 4 + 1] = 400.f * y / (float)h - 200.f; // particle y
    particlePosns[idx * 4 + 2] = 0.f; // particle z
    particlePosns[idx * 4 + 3] = 0.f; // dummy
  }
}
particles.loadDataTexture(ofxGpuParticles::POSITION, particlePosns);
delete[] particlePosns;

// initial velocities
particles.zeroDataTexture(ofxGpuParticles::VELOCITY);

// listen for update event to set additonal update uniforms
ofAddListener(particles.updateEvent, this, &ofApp::onParticlesUpdate);
```

◆ update( )의 편집

update( )는 프레임별 처리를 하는 함수입니다. update( )에 **예제 10.5**의 코드를 추가합니다.

예제 10.5 프레임별 처리(ofApp.cpp)

```cpp
ofSetWindowTitle(ofToString(ofGetFrameRate(), 2));
particles.update();
```

◆ onParticlesUpdate( )의 추가

particles에 대해서 프레임별 처리를 하는 함수 onParticlesUpdate( )를 추가합니다(예제 10.6). 여기에서는 마우스의 위치를 변화하여 쉐이더의 변수로 설정하고 있습니다.

또한, ofGetLastFrameTime( )을 사용하여 경과 시간을 설정하고 있습니다.

예제 10.6 particles 에 대한 프레임별 처리(ofApp.cpp)

```cpp
// set any update uniforms in this function
void ofApp::onParticlesUpdate(ofShader& shader)
{
  ofVec3f mouse(ofGetMouseX() - .5f * ofGetWidth(), .5f * ofGetHeight()   -
    ofGetMouseY(), 0.f);
  shader.setUniform3fv("mouse", mouse.getPtr());
  shader.setUniform1f("elapsed", ofGetLastFrameTime());
  shader.setUniform1f("radiusSquared", 200.f * 200.f);
}
```

◆ draw( )의 편집

draw( )는 렌더링 처리를 하는 함수입니다. draw( )에 **예제 10.7**의 코드를 추가합니다. 이것으로 GPUParticle을 움직이는 코드의 추가는 완료됩니다.

예제 10.7 렌더링 처리(ofApp.cpp)

```cpp
cam.begin();
ofEnableBlendMode(OF_BLENDMODE_ADD);
particles.draw();
ofDisableBlendMode();
cam.end();
```

◆ 쉐이더의 추가

코드의 추가가 끝났으므로, 이제 시험삼아 앱을 실행해 보면, 에러가 계속 발생하고 openFrameworks 의 앱 화면은 마우스를 움직여도 변화하지 않으며 아무런 렌더링도 되지 않을 것입니다(그림 10.11).

[그림 10.11] 마우스를 움직여도 변화 없는 앱 화면

이를 해결하기 위해 샘플 쉐이더를 복사하여 배치합니다.

of_v0.9.0_vs_release₩addons₩ofxGpuParticles₩example₩bin₩data에서 다음 4개의 파일을 of_v0.9.0_vs_release₩apps₩myApps₩mySketch2₩bin₩data에 복사합니다.

- draw.frag
- draw.vert
- update.frag
- update.vert

다시 실행하면 파티클이 표시되어 마우스에 커서에 집중되는 것을 확인할 수 있습니다.

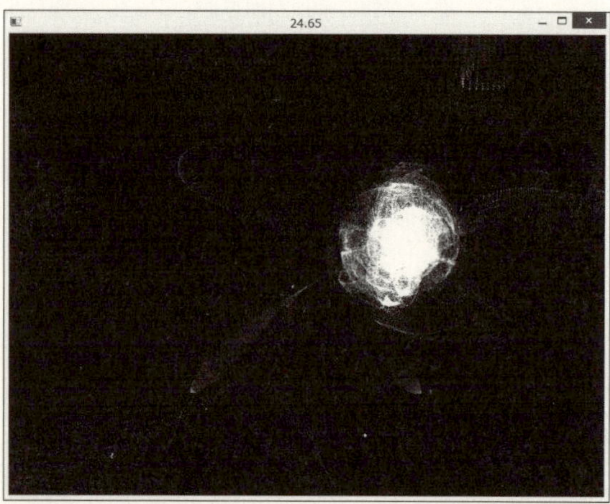

[그림 10.12] 파티클이 마우스 커서에 집중된다.

10-3-4 >> 인텔 RealSense SDK를 사용하기 위한 설정

지금부터 인텔 RealSense SDK를 openFrameworks 앱에 추가하겠습니다.

◆ 포함(include) 경로의 설정

Visual Studio의 mySketch2 프로젝트의 속성에서 [C/C++]→[일반]을 선택하고 [추가 포함 디렉터리]에서 C++의 포함 경로에 $(RSSDK_DIR)/Include를 추가합니다(그림 10.13).

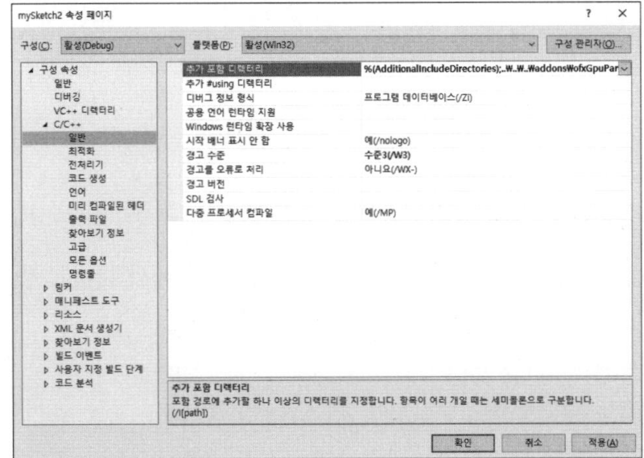
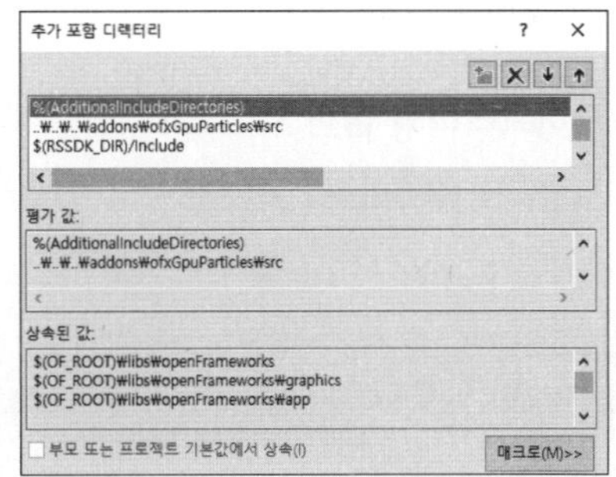

[그림 10.13] 포함 경로의 설정

◆ 라이브러리 경로의 설정

포함 경로 설정과 마찬가지로 mySketch2 프로젝트의 속성에서 [링커]→[일반]을 선택하고 [추가 라이브러리 디렉터리]에서 C++의 라이브러리 경로에 $(RSSDK_DIR)/lib/$(PlatformName)을 추가합니다(그림 10.14).

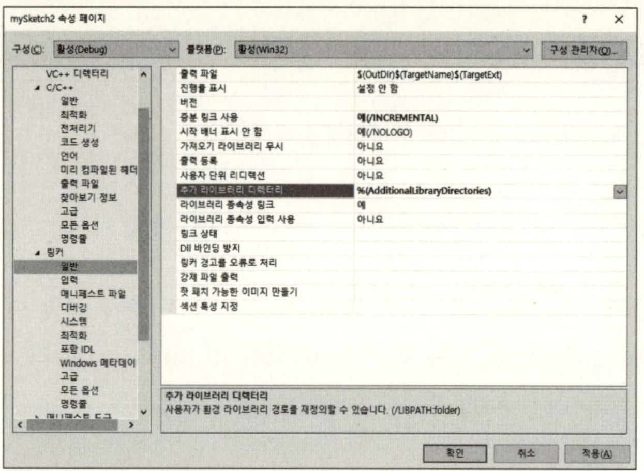
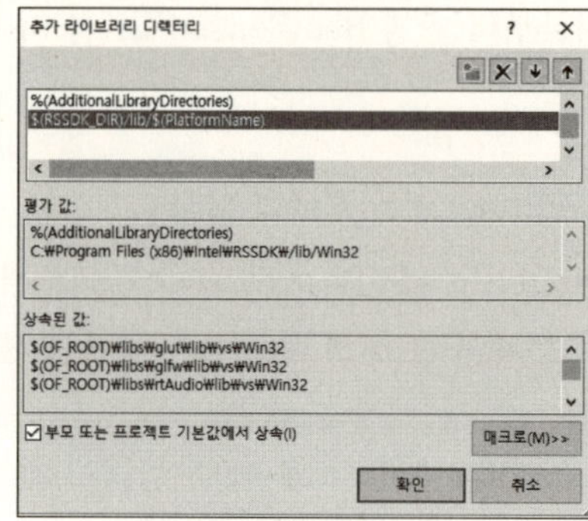

[그림 10.14] 라이브러리 경로 설정

◆ **라이브러리의 설정**

그리고 mySketch2 프로젝트의 속성에서 [링커]→[입력]을 선택하고 [추가 종속성]에서 디버그 빌드에서는 libpxc_d.lib를 추가하고 Release 빌드에서는 libpxc.lib를 추가합니다(그림 10.15).

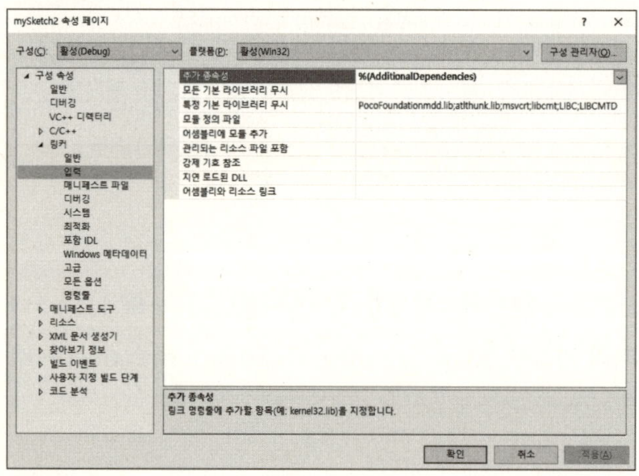
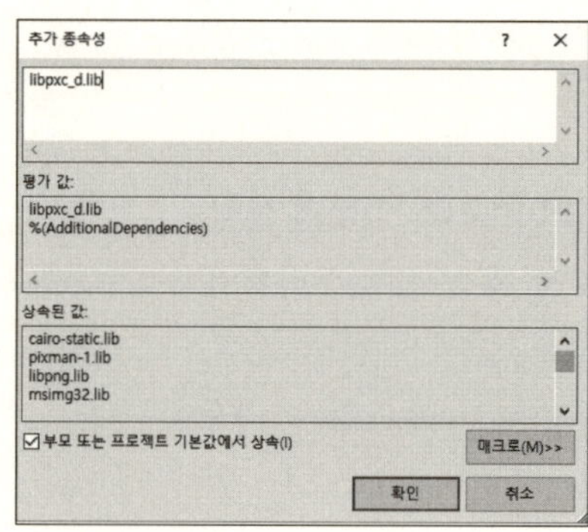

[그림 10.15] 라이브러리 설정

10-3-5 >> 인텔 RealSense SDK 코드 추가

준비가 완료되었으므로, 인텔 RealSense SDK 사용을 위한 코드를 앱에 추가해 보겠습니다.

이번에 사용하는 코드는 'Chapter 5 손가락 감지'에서 예제로서 사용된 코드와 거의 같습니다.

◆ include 파일의 추가

인텔 RealSense SDK를 사용하기 위한 포함 파일을 ofApp.cpp에 추가합니다.

예제 10.8 인텔 RealSense SDK 용의 include 파일 추가(ofApp.cpp)

```cpp
#include "pxccapture.h"
#include "pxchandmodule.h"
#include "pxchandconfiguration.h"
#include "pxchanddata.h"
#include "pxcsensemanager.h"
```

◆ 손의 분석에 사용하는 클래스의 인스턴스 추가

계속하여 손의 분석에 사용하는 클래스의 인스턴스를 ofApp.cpp에 추가합니다.

예제 10.9 인텔 RealSense SDK에서 손의 분석에 사용하는 클래스의 인스턴스 추가(ofApp.cpp)

```cpp
PXCSenseManager* senseManager = 0;
PXCHandModule* handAnalyzer = 0;
PXCHandData* handData = 0;
```

◆ 변수의 추가

그리고, Depth 스트림의 정의를 위한 변수, 손의 정보를 저장하는 변수, openFramework에서 렌더링하기 위한 변수를 ofApp.cpp에 추가합니다.

예제 10.10 Depth 스트림의 정의를 위한 변수 추가(ofApp.cpp)

```cpp
const int DEPTH_WIDTH = 640;
const int DEPTH_HEIGHT = 480;
const int DEPTH_FPS = 30;
```

예제 10.11 손의 정보를 저장하는 변수 추가(ofApp.cpp)

```cpp
int sides[2];
float openesses[2];
```

```cpp
ofPoint centers[2];
ofColor circleColor;
ofColor clearWhiteColor;
```

이상으로 include 파일, 글로벌 변수의 추가는 완료됩니다. 정리하자면, 추가한 코드는 **예제 10.13**과 같습니다.

예제 10.13 include 파일과 변수를 추가한 완성된 코드(ofApp.cpp)

```cpp
#include "pxccapture.h"
#include "pxchandmodule.h"
#include "pxchandconfiguration.h"
#include "pxchanddata.h"
#include "pxcsensemanager.h"

PXCSenseManager* senseManager = 0;
PXCHandModule* handAnalyzer = 0;
PXCHandData* handData = 0;

const int DEPTH_WIDTH = 640;
const int DEPTH_HEIGHT = 480;
const int DEPTH_FPS = 30;

int sides[2];
float openesses[2];
ofPoint centers[2];
ofColor circleColor;
ofColor clearWhiteColor;
```

◆ 설정 코드 추가

계속하여 인텔 RealSense SDK를 사용하여 손을 분석하기 위한 설정, 분석한 손의 데이터를 표시하기 위한 설정 코드를 setup( )에 추가해 보도록 하겠습니다. 지금부터 기술하는 코드는 '10-3-3' 과정에서 추가한 GPU 파티클의 설정 코드(**예제 10.4**) 이후에 각각 추가합니다.

이번 예제 앱은 손의 중심을 빨간색의 원형으로 표시하므로 openFrameworks에서 빨간색을 사용할 수 있도록 정의해 둡니다.

예제 10.14 빨간색의 정의(ofApp.cpp)

```cpp
circleColor.r = 255;
circleColor.g = 0;
circleColor.b = 0;
circleColor.a = 128;
```

◆ 인텔 RealSense SDK의 설정

인텔 RealSense SDK 의 설정을 하기 위한 코드를 추가합니다.

예제 10.15 인텔 RealSense SDK 의 설정을 위한 코드 추가(ofApp.cpp)

```cpp
senseManager = PXCSenseManager::CreateInstance();
if (senseManager == 0) {
  throw std::runtime_error("SenseManager의 생성 실패");
}


// Depth 스트림을 활성화한다
auto sts = senseManager->EnableStream(PXCCapture::StreamType::STREAM_TYPE_DEPTH,
  DEPTH_WIDTH, DEPTH_HEIGHT, DEPTH_FPS);
if (sts < PXC_STATUS_NO_ERROR) {
  throw std::runtime_error("Depth 스트림의 활성화 실패");
}
// 손 감지를 활성화한다
sts = senseManager->EnableHand();
if (sts < PXC_STATUS_NO_ERROR) {
  throw std::runtime_error("손 감지의 활성화 실패");
}
// 파이프 라인을 초기화한다
sts = senseManager->Init();
if (sts < PXC_STATUS_NO_ERROR) {
  throw std::runtime_error("파이프 라인의 초기화 실패");
}


initializeHandTracking();
```

◆ 손의 인식 설정

인텔 RealSense SDK의 손 인식 설정을 위한 코드로 initializeHandTracking( )을 추가합니다.

예제 10.16 손을 인식하기 위한 설정 코드 추가(ofApp.cpp)

```cpp
void ofApp::initializeHandTracking()
{
  // 손 감지기를 가져온다
  handAnalyzer = senseManager->QueryHand();
  if (handAnalyzer == 0) {
    throw std::runtime_error("손 감지기 가져오기 실패");
  }
  // 손 데이터를 생성한다
  handData = handAnalyzer->CreateOutput();
  if (handData == 0) {
    throw std::runtime_error("손 감지기 생성 실패");
  }
  PXCCapture::Device *device = senseManager->QueryCaptureManager()->QueryDevice();
  PXCCapture::DeviceInfo dinfo;
  device->QueryDeviceInfo(&dinfo);
  if (dinfo.model == PXCCapture::DEVICE_MODEL_IVCAM) {
    device->SetDepthConfidenceThreshold(1);
    //device->SetMirrorMode( PXCCapture::Device::MIRROR_MODE_DISABLED );
    device->SetIVCAMFilterOption(6);
  }
  // 손 감지의 설정
  PXCHandConfiguration* config = handAnalyzer->CreateActiveConfiguration();
  config->EnableSegmentationImage(true);
  config->ApplyChanges();
  config->Update();
```

여기까지 진행하면, setup( ) 함수는 **예제 10.17**과 같이 됩니다.

예제 10.17 설정을 추가한 ofApp.cpp

```cpp
void ofApp::setup() {
  ofBackground(0);
  ofSetFrameRate(60);
```

```cpp
// 1,000,000 particles
unsigned w = 1000;
unsigned h = 1000;

particles.init(w, h);

// initial positions
// use new to allocate 4,000,000 floats on the heap rather than
// the stack
float* particlePosns = new float[w * h * 4];
for (unsigned y = 0; y < h; ++y)
{
   for (unsigned x = 0; x < w; ++x)
   {
      unsigned idx = y * w + x;
      particlePosns[idx * 4] = 400.f * x / (float)w - 200.f; // particle x
      particlePosns[idx * 4 + 1] = 400.f * y / (float)h - 200.f; // particle y
      particlePosns[idx * 4 + 2] = 0.f; // particle z
      particlePosns[idx * 4 + 3] = 0.f; // dummy
   }
}
particles.loadDataTexture(ofxGpuParticles::POSITION, particlePosns);
delete[] particlePosns;

// initial velocities
particles.zeroDataTexture(ofxGpuParticles::VELOCITY);

// listen for update event to set additonal update uniforms
ofAddListener(particles.updateEvent, this, &ofApp::onParticlesUpdate);
circleColor.r = 255;
circleColor.g = 0;
circleColor.b = 0;
circleColor.a = 128;

senseManager = PXCSenseManager::CreateInstance();
if (senseManager == 0) {
   throw std::runtime_error("SenseManager의 생성 실패");
}

// Depth 스트림을 활성화한다
```

```cpp
auto sts = senseManager->EnableStream(PXCCapture::StreamType::STREAM_TYPE_DEPTH,
    DEPTH_WIDTH, DEPTH_HEIGHT, DEPTH_FPS);
if (sts < PXC_STATUS_NO_ERROR) {
    throw std::runtime_error("Depth 스트림의 활성화 실패");
}
// 손 감지를 활성화한다
sts = senseManager->EnableHand();
if (sts < PXC_STATUS_NO_ERROR) {
    throw std::runtime_error("손 감지의 활성화 실패");
}
// 파이프 라인을 초기화한다
sts = senseManager->Init();
if (sts < PXC_STATUS_NO_ERROR) {
    throw std::runtime_error("파이프 라인의 초기화 실패");
}

initializeHandTracking();

}
```

추가

◆ 프레임별 추적 처리 추가

프레임별로 손을 추적하기 위한 처리를 ofApp::update( )에 추가합니다.

예제 10.18 프레임별로 손을 추적하기 위한 처리 추가(ofApp.cpp)

```cpp
void ofApp::update() {

    pxcStatus sts = senseManager->AcquireFrame(false);
    if (sts < PXC_STATUS_NO_ERROR) {
        return;
    }
    // 손 데이터를 업데이트한다
    updateHandFrame();
    // 프레임을 해제시킨다
    senseManager->ReleaseFrame();

    ofSetWindowTitle(ofToString(ofGetFrameRate(), 2));
    particles.update();

}
```

추가

◆ 손 데이터의 업데이트 처리 추가

이번에는 손의 중심과 손의 펴짐 상태를 가져옵니다. 이를 위한 코드는 업데이트 처리의 update HandFrame( )으로 추가합니다.

예제 10.19 손 데이터의 업데이트 처리 추가(ofApp.cpp)

```cpp
void ofApp::updateHandFrame() {

  handData->Update();
  // 감지한 손의 수를 가져온다
  auto numOfHands = handData->QueryNumberOfHands();
  for (int i = 0; i < numOfHands; i++) {
    // 손 데이터를 가져온다
    pxcUID handID;
    PXCHandData::IHand* hand;
    auto sts = handData->QueryHandData(
        PXCHandData::AccessOrderType::ACCESS_ORDER_BY_ID, i, hand);
    if (sts < PXC_STATUS_NO_ERROR) {
      continue;
    }

    auto side = hand->QueryBodySide();
    auto openness = hand->QueryOpenness();
    auto center = hand->QueryMassCenterImage();

    if (i < 2) {
      sides[i] = side;
      openesses[i] = openness;
      centers[i].x = center.x;
      centers[i].y = center.y;
    }
  }
}
```

이것으로 openFrameworks의 앱에서 RealSense에 의한 손의 추적이 가능하게 됩니다.

계속하여 인텔 RealSense 카메라에서 추적한 손의 정보를 openFrameworks의 앱에서 표시해 봅니다. 이번 예제에서는 'ofEasyCam'이라는 간단히 3D 표시가 가능한 클래스를 사용하고 있습니다. 기본 상태에서는 화면 중앙이(0,0)으로 되어 있습니다.

또한, RealSense 분석에서 정의되어 있는 범위가 X방향은 DEPTH_WIDTH, Y방향은 DEPTH_HEIGHT이므로 손의 중심 값은 그 범위에서 반환되는 값을 openFrameworks 앱의 화면 크기에 맞추고 있습니다. 그리고, X방향의 움직임에 -1을 곱하여 미러링하고 있습니다.

손의 펴짐 정도는 원형의 크기로 표시합니다.

예제 10.20과 같이 ofApp::draw( )에 코드를 추가합니다.

예제 10.20 추적하고 있는 손 정보를 openFrameworks 앱에 표시(ofApp.cpp)

```cpp
void ofApp::draw() {
  cam.begin();
  ofEnableBlendMode(OF_BLENDMODE_ADD);
  particles.draw();
  ofDisableBlendMode();

  // 원형의 위치 계산
  ofVec3f handPoint(
     -1.0f * (centers[0].x * ofGetWidth() / DEPTH_WIDTH - .5f * ofGetWidth()),
     .5f * ofGetHeight() - (centers[0].y * ofGetHeight() / DEPTH_HEIGHT), 0.f);
  // 원형의 색상 지정
  ofSetColor(circleColor);
  // 테두리만 렌더링
  ofNoFill();
  // 원형의 렌더링
  ofCircle(handPoint.x, handPoint.y, 2.0f * openesses[0]);

  cam.end();
}
```

추가

예제 앱의 마지막 단계입니다. RealSense에서 추적한 손에서 GPU 파티클을 움직이게 해봅니다. ofApp::onParticlesUpdate 함수를 조금 수정하여 손의 위치, 펴짐 정도를 쉐이더로 보냅니다.

다음의 코드를 변경합니다.

```
ofVec3f mouse(ofGetMouseX()-.5f * ofGetWidth(),.5f * ofGetHeight()-ofGetMouseY(), 0.f);
```

예제 10.21과 같이 코드를 변경합니다. 좌표 변환은 '10-3-6' 과정에서 손 위치의 표시에 사용한 로직(예제 10.20)과 같습니다.

예제 10.21 손의 위치를 쉐이더의 좌표계에 맞추어 계산

```
ofVec3f mouse(-1.0f * (centers[0].x * ofGetWidth() / DEPTH_WIDTH - .5f * ofGetWidth()),
.5f * ofGetHeight() - (centers[0].y * ofGetHeight() / DEPTH_HEIGHT), 0.f);
```

이것으로 파티클을 손의 추적으로 움직일 수 있게 되었습니다.

다음으로 손의 펴짐 정도에 따라 파티클이 모이는 정도를 변화시킵니다. 손의 펴짐 정도의 값은 최대 100입니다. 손을 오므리면 파티클이 모이고, 손을 펴면 파티클이 흩어지므로 손의 펴짐 정도를 100으로 나눈 값을 1.0에서 뺍니다. 이렇게 함으로써 손이 펴지면 파티클이 모이는 힘이 약해지고, 손을 쥐면 파티클이 모이는 힘이 강해지게 됩니다.

다음의 코드를 변경합니다.

```
shader.setUniform1f("radiusSquared", 200.f * 200.f);
```

예제 10.22와 같이 코드를 변경합니다.

예제 10.22 손의 펴짐 정도에 따라 파티클이 모이는 상태를 변화시키기

```
float openForRad;
if (openesses[0] < 10.0f) {
  openForRad = 10.0f;
}
else if (openesses[0] > 100.0f) {
```

```
    openForRad = 100.0f;
  }
else {
  openForRad = openesses[0];
}
openForRad = 1.0f - (openForRad / 100.0f) + 0.01f;


shader.setUniform1f("radiusSquared", 200.f * 200.f * 10.0f * openForRad);
```

모든 수정이 끝나면 ofApp::onParticlesUpdate( ) 함수는 **예제 10.23**과 같이 됩니다.

예제 10.23 손의 펴짐 정도로 파티클을 조작할 수 있는 코드(ofApp.cpp)

```
void ofApp::onParticlesUpdate(ofShader& shader)
{
  // 손의 위치를 쉐이더의 좌표계에 맞추어 계산한다
  ofVec3f mouse(-1.0f * (centers[0].x * ofGetWidth() / DEPTH_WIDTH - .5f * ofGetWidth()),
.5f * ofGetHeight() - (centers[0].y * ofGetHeight() / DEPTH_HEIGHT), 0.f);

  // 계산한 손의 위치를 쉐이더에 설정한다
  shader.setUniform3fv("mouse", mouse.getPtr());
  shader.setUniform1f("elapsed", ofGetLastFrameTime());

  // 손의 펴짐 상태 값으로 파티클의 모이는 상태를 변화시킨다
  float openForRad;
  if (openesses[0] < 10.0f) {
    openForRad = 10.0f;
  }
  else if (openesses[0] > 100.0f) {
    openForRad = 100.0f;
  }
  else {
    openForRad = openesses[0];
  }
  openForRad = 1.0f - (openForRad / 100.0f) + 0.01f;

  shader.setUniform1f("radiusSquared", 200.f * 200.f * 10.0f * openForRad);
}
```

예제 앱을 빌드하면 손의 움직임으로 파티클이 제어할 수 있습니다. 손을 쥐면 파티클이 모이고,
펴면 파티클이 분산됩니다.

[그림 10.16] 손의 펴짐 정도에 따라 파티클을 제어

◆ **예제에 사용한 코드 출처:**

이번 예제에는 Neil Mendoza 씨가 만든 ofxGpuParticles을 사용하였습니다.

https://github.com/neilmendoza/ofxGpuParticles

부록 PCX(M)FaceData.LandmarkType 구조

Chapter 6에서 예로 든 PXC(M)FaceData.LandmarkType 구조에 대해 설명합니다. 여기에서 index 번호란 PXC(M)LandmarkPointSource::alias에서의 index 번호를 나타냅니다.

updateFaceFrame 함수(**예제6.24 및 6.25**)에서 landmarkPoints에 저장된 j번째의 특징 포인트 LandmarkType를 가져오기 위한 예제로, C++에서는「landmarkPoints[j].source.alias」에서 index 번호를 int형으로 가져옵니다. C#에서는 landmarkPoints[j].source.alias.ToString()에 의해 LandmarkType을 string형으로 가져오게 됩니다.

[표 A] PXC(M)FaceData.LandmarkType 구조의 값

index 번호	LandmarkType 의 이름	의미
0	LANDMARK_NOT_NAMED	특별히 명명되지 않은 위치
1	LANDMARK_EYE_RIGHT_CENTER	오른쪽 눈의 중심부
2	LANDMARK_EYE_LEFT_CENTER	왼쪽 눈의 중심부
3	LANDMARK_EYELID_RIGHT_TOP	오른쪽 눈꺼플의 위쪽
4	LANDMARK_EYELID_RIGHT_BOTTOM	오른쪽 눈꺼플의 아래쪽
5	LANDMARK_EYELID_RIGHT_RIGHT	오른쪽 눈꺼플의 오른쪽 끝
6	LANDMARK_EYELID_RIGHT_LEFT	오른쪽 눈꺼플의 왼쪽 끝
7	LANDMARK_EYELID_LEFT_TOP	왼쪽 눈꺼플의 위 측
8	LANDMARK_EYELID_LEFT_BOTTOM	왼쪽 눈꺼플의 아래 측
9	LANDMARK_EYELID_LEFT_RIGHT	왼쪽 눈꺼플의 오른쪽 끝
10	LANDMARK_EYELID_LEFT_LEFT	왼쪽 눈꺼플의 왼쪽 끝
11	LANDMARK_EYEBROW_RIGHT_CENTER	오른쪽 눈썹의 중심부
12	LANDMARK_EYEBROW_RIGHT_RIGHT	오른쪽 눈썹의 오른쪽 끝
13	LANDMARK_EYEBROW_RIGHT_LEFT	오른쪽 눈썹의 왼쪽 끝
14	LANDMARK_EYEBROW_LEFT_CENTER	왼쪽 눈썹의 중심부
15	LANDMARK_EYEBROW_LEFT_RIGHT	왼쪽 눈썹의 오른쪽 끝
16	LANDMARK_EYEBROW_LEFT_LEFT	왼쪽 눈썹의 왼쪽 끝
17	LANDMARK_NOSE_TIP	코의 끝
18	LANDMARK_NOSE_TOP	코의 정점
19	LANDMARK_NOSE_BOTTOM	코의 아래부분
20	LANDMARK_NOSE_RIGHT	코의 오른쪽 끝
21	LANDMARK_NOSE_LEFT	코의 왼쪽 끝
22	LANDMARK_LIP_RIGHT	입술의 오른쪽 끝
23	LANDMARK_LIP_LEFT	입술의 왼쪽 끝
24	LANDMARK_UPPER_LIP_CENTER	윗입술의 중심부
25	LANDMARK_UPPER_LIP_RIGHT	윗입술의 오른쪽 끝
26	LANDMARK_UPPER_LIP_LEFT	윗입술의 왼쪽 끝
27	LANDMARK_LOWER_LIP_CENTER	아래입술의 중심부
28	LANDMARK_LOWER_LIP_RIGHT	아래입술의 오른쪽 끝
29	LADNMARK_LOWER_LIP_LEFT	아래입술의 왼쪽 끝
30	LADNMARK_FACE_BORDER_TOP_RIGHT	얼굴 윤곽의 오른쪽 정점
31	LADNMARK_FACE_BORDER_TOP_LEFT	얼굴 윤곽의 왼쪽 정점
32	LADNAMRK_CHIN	턱

프로필

Tokyo MotionControl Network.
Kinect와 Oculus Rift 등 저렴한 가격에 구입 가능한 센서 및 기기와 관련된 오픈 엔지니어링 커뮤니티입니다.
디지털로 무언가를 제작하는데 관심있는 개발자나 디자이너들의 네트워크이며, 함께 제작하고 창작하는 커뮤니티입니다.
[Facebook] https://www.facebook.com/TokyoMotioncontrolNetwork

나카무라 가오루【Chapter 1, 2, 4, 5, 7을 집필】
Microsoft MVP for Kinect for Windows, TMCN 테크니컬 에반젤리스트 프리랜서.
Kinect와 RealSesne 등을 사용한 응용 프로그램의 개발, 강연, 집필 등을 중심으로 활동하고 있습니다. 센서를
아주 좋아해서 자택에 센서가 산 만큼 쌓여 있기도 한답니다.
저서로『KINECT for Windows SDK 프로그램 C# / C++ 』(슈와시스템),『LeapMothion 프로그래밍 가이드』(고가쿠샤) 등이 있습니다.
[blog] http://www.naturalsoftware.jp/
[Twitter] kaorun55
[Facebook] https://www.facebook.com/kaorun55

마에모토 사토시【Chapter 3, 8-1, 8-3을 집필】
Tokyo MotionControl Network Co-founder. 주식회사 시스템 프렌드 센서&디바이스 부장.
Kinect 등의 센서를 사용한 앱(이벤트용 콘텐츠 및 의료 건강관리 관련)과 스마트폰 AR 앱 개발자입니다.
Kinect 관련 TV 프로그램에 출연한 경험도 있습니다.
[웹사이트] http://www.systemfriend.co.jp/kinect_nui
[Facebook] https://www.facebook.com/satoshi.maemoto

사이토 유스케【Chapter 6을 집필】
도쿄 이과 대학 이공학연구과 경영공학 전공, 박사과정에 재학 중이며, 니시야마 연구실 소속 연구원.
연구분야는 기계학습, 휴먼인터페이스, 인공지능이며, 현재는 행동 인식을 핵심 연구 주제로 삼고 있습니다. 연구과정에서 여러 가지 기기에 관심을 갖게 되어 앱 개발을 시작하게 됐습니다. RealSense의 전신인 Perceptual Computing 기기를 이용한 여러 가지 앱을 개발한 경험이 있습니다.
[Twitter] Sai10kundayooo
[Facebook] https://www.facebook.com/saito.yusuke.144

다니구치 나오지【Chapter 8-2, 10을 집필】
CG스튜디오의 R&D 부문에 근무하다가 현재는 프리랜서
컨슈머 게임, 웹 앱, 스마트폰 앱, 터랙티브 전시의 기획, 개발을 직접 하고 있습니다. 최근의 관심사는 VR과 로봇 관련 개발입니다.
[LinkedIn] https://www.linkedin.com/in/naojitaniguchi

하쓰네 아키라【Chapter 9를 집필】
Microsoft MVP for Windows Platform Development, TMCN 테크니컬 에반젤리스트, 일본 대기업 시스템 개발회사 근무.
테크니컬 웹사이트에서 Windows 계열 시스템 개발의 기술 정보를 주로 집필하고 있습니다. 주요 저작물로는『처음으로 하는 Visual Basic 2012』,『처음으로 하는 Visual C# 2012』(슈와 시스템), Kinect에 관한 외국서적의 번역 및 감수가 있습니다.
최근에는 일본 전국의 AED 위치를 동일한 API로 가져올 수 있는 AED 오픈 데이터 플랫폼을 개발하여 운영하고 있습니다.
[blog] http://hatsune.hatenablog.jp/